Hintergründe & Infos

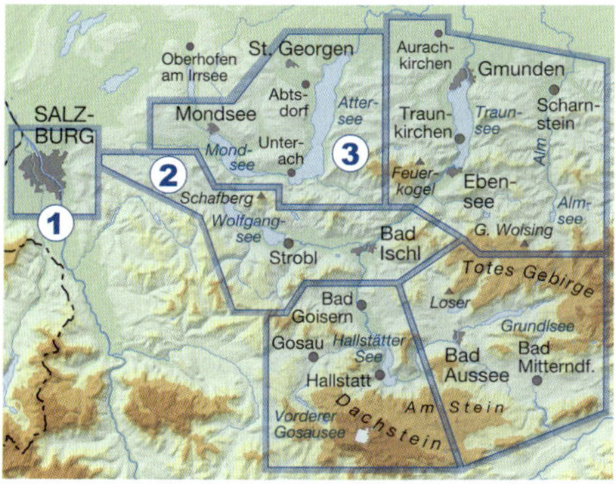

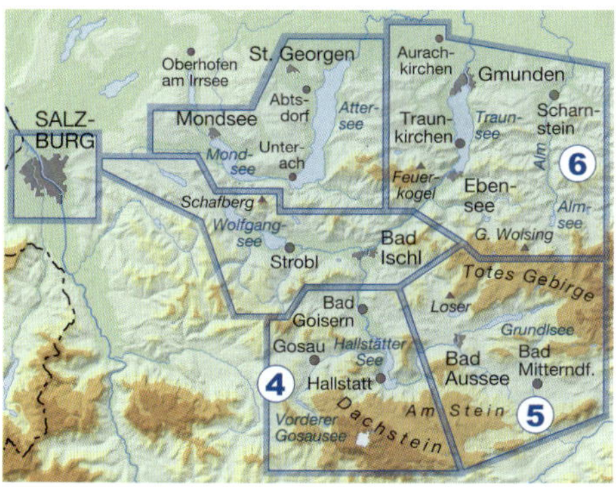

Kleiner Wanderführer

UNTERWEGS MIT BARBARA REITER UND MICHAEL WISTUBA

Was uns regelmäßig in die Stadt Salzburg und ins Salzkammergut zieht? Es hat uns einfach erwischt. Sehnsuchtsort, Glücksplatz oder wie der Schriftsteller Jakob Wassermann formulierte: „Altaussee ist kein Dorf, sondern eine Krankheit, die

man nie mehr los wird." So geht es uns auch, nicht nur mit Altaussee, sondern mit der ganzen Region von Salzburg bis zum Almsee, von Gmunden bis in die Gosau. Wir sind in den österreichischen Voralpen aufgewachsen – Berge, klare Flüsse, Tradition und Brauchtum sind uns nicht fremd, doch hier ist einfach alles perfekt. Und so kommen wir immer wieder: in den bitterkalten Raunächten, wenn das Thomasfeuer am Hallstätter Seeufer lodert und die Glöckler vor der Ischler Trinkhalle auflaufen; im Winter zum Langlauf auf die Postalm, im Frühjahr zur Narzissenblüte ins Ausseerland, zwischendurch zum „Fürst" nach Salzburg oder zum „Zauner" nach Ischl, um unseren Gusto nach Mozartkugeln und Stollen zu stillen; im Sommer zu den Salzburger Festspielen (wenn wir günstige Karten ergattern) und zum Altausseer Bierzelt oder einfach so, wenn es andernorts zu schwül wird, um sich im Traunsee, Attersee oder Hallstätter See abzukühlen und die frische Luft zu genießen. Und im Herbst in der Wanderkluft, um den Nebeln in den Niederungen zu entfliehen, und im Advent nach St. Gilgen. Und so weiter und so fort und keine Heilung in Sicht.

Text und Recherche: Barbara Reiter & Michael Wistuba **Lektorat:** Angela Nitsche, Horst Christoph (Überarbeitung) **Redaktion und Layout:** Dirk Thomsen **Karten:** Carlos Borell, Judit Ladik, Gábor Strecska, Michaela Nitzsche **Fotos:** Barbara Reiter & Michael Wistuba **Covergestaltung:** Karl Serwotka **Covermotive:** oben: Ausblick von der Trisselwand in Altaussee, unten: Stadt Salzburg

3. KOMPLETT ÜBERARBEITETE AUFLAGE 2012

SALZBURG SALZKAMMERGUT

BARBARA REITER & MICHAEL WISTUBA

An Mondsee und Attersee 156

Inneres Salzkammergut 186

Im Ausseerland 212

Am Traunsee und im Almtal 238

Was haben Sie entdeckt? Was war Ihr Lieblingswirtshaus, in welchem Hotel haben Sie sich wohl gefühlt, welchen Campingplatz würden Sie wieder besuchen? Bitte schreiben Sie uns, wenn Sie Kritik, Verbesserungsvorschläge, Anregungen oder Empfehlungen zu diesem Buch haben.

Schreiben Sie an: Barbara Reiter, Michael Wistuba, Stichwort „Salzburg & Salzkammergut" | c/o Michael Müller Verlag GmbH | Gerberei 19, D – 91054 Erlangen | barbara.reiter@michael-mueller-verlag.de

Vielen Dank! Ein ganz besonders herzlicher Dank an alle Leser und Leserinnen, die mit ihren Tipps und Anregungen geholfen haben, das Buch weiter zu verbessern.

[GPS] Mittels GPS kartierte Wanderungen. Waypoint-Dateien zum Downloaden unter: www.michael-mueller-verlag.de/gps

Mit dem grünen Blatt haben unsere Autoren Betriebe hervorgehoben, die sich bemühen, regionalen und nachhaltig erzeugten Produkten den Vorzug zu geben.

Kartenverzeichnis

Zeichenerklärung für die Karten und Pläne

Autobahn
Bundesstraße
Hauptstraße
Landstraße
Fahrweg
Fußweg
Wanderweg mit Wegpunkt
Schifflinie
Bahnlinie
Seilbahnstation
Gipfel
Höhle
Aussichtspunkt
Hütte
Wasserfall
Kloster
Kirche
Schloss/Burg
Tierpark
Tunnel
Fußweg/ Fußgängerzone
Grünanlage
Friedhof
Wald
Apotheke
Supermarkt
Geldautomat
Flughafen
Bushaltestelle
Straßenbahn
Parkplatz
Information
Post
Krankenhaus
Sehenswürdigkeit
Museum

Alles im Kasten

Wohin in Salzburg und im Salz

① Salzburg → S. 64

Das Barockjuwel an der Salzach, einst fürsterzbischöfliche Residenz mit Dom und imposanter Festung ist neben Wien die berühmteste Stadt Österreichs. Als UNESCO-Weltkulturerbe und Mozarts Geburtsstadt zieht sie jährlich über zwei Millionen Besucher an. Den größten Andrang erlebt man im Hochsommer zur Zeit der weltberühmten Salzburger Festspiele und im Advent, wenn Weihnachtsmärkte und Schneeflocken romantische Gemüter locken.

③ Mondsee und Attersee → S. 156

Eine Augenweide sind die beiden wärmsten Salzkammergutseen, die sich zwischen schroffen Felswänden und sanften Voralpenhügeln erstrecken. Baden, Segeln, Surfen und Tauchen sind hier angesagt, doch auch Kultur gibt es zu entdecken: den Ort Mondsee mit Museen und Basilika, barocke Dorfkirchen und Spuren des Malgenies Gustav Klimt rund um den Attersee.

② Von Salzburg nach Bad Ischl → S. 114

Zwischen Salzburg und der kaiserlichen Sommerfrische Bad Ischl liegen der Fuschlsee und der Wolfgangsee. Die glasklaren Badeseen, eingebettet in einer saftig grünen Wald- und Wiesenlandschaft sind ein Eldorado für den Aktivurlauber. Neben Badestränden und Seebädern mit großem Wassersportangebot locken ringsum zahllose Rad- und Wanderwege, Bergbahnen bringen auf die markanten Aussichtsgipfel Schafberg, Zwölferhorn und Katrin.

kammergut?

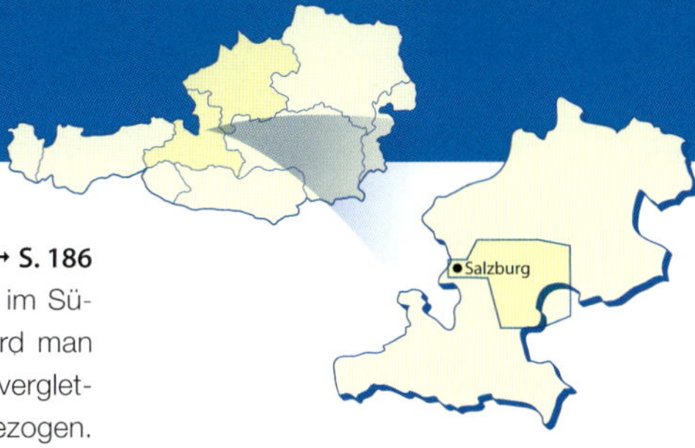

4 Inneres Salzkammergut → S. 186

Dringt man in die Welterberegion im Süden des Salzkammerguts vor, wird man magisch von der Kulisse des vergletscherten Dachsteinmassivs angezogen. Der Seeort Hallstatt, berühmt durch die jahrtausendealte Salztradition, ist sowieso Pflichtprogramm. Daneben faszinieren die Höhlen im Dachsteinkarst, die malerischen Gosauseen, Wanderwege mit grandiosen Panoramen und anspruchsvolle Mountainbikerouten.

5 Ausseerland → S. 212

Wer die Naturidylle um den Altausseer See und den Grundlsee nicht kennt, kennt das Salzkammergut nicht. Hier fügt sich alles perfekt zusammen – Narzissenwiesen mit Fernblick zum Dachsteingletscher, kristallklare, unverbaute Trinkwasserseen, in denen sich Felswände spiegeln, verträumte Streusiedlungen mit unverwechselbaren Holzhäusern und lebendiges Brauchtum mit Dirndl und Lederhose. Ein Idealziel für Sommerfrischler und Individualisten.

6 Am Traunsee und im Almtal → S. 238

Mit eleganten Bauten und Flanierzeilen präsentiert sich die historische Salzhandelsstadt Gmunden, zugleich Ausgangspunkt für Rundfahrten am Traunsee. Der Landgang lohnt sich besonders im idyllischen Traunkirchen, den Bergsteiger zieht der mächtige Traunstein an. Sportsegler schätzen die Winde vor Ebensee und Wanderer das aussichtsreiche Plateau am Feuerkogel. Mit stiller Schönheit begeistern die einsamen Bergseen, wie jener am Ende des Almtals.

Salzburg & Salzkammergut: Die Vorschau

Bilderbuchland

Eine wahre Bilderbuchlandschaft ist es, in die sich die Stadt Salzburg und das Salzkammergut gebettet haben. Erstere zwängt sich an den Salzach-Ufern zwischen aussichtsreiche Stadtberge, im Hintergrund markiert eine großartige Kulisse den Nordrand der Alpen. Und das östlich der Stadt gelegene Salzkammergut entfaltet auf nur 2500 Quadratkilometern Fläche eine Seen- und Gebirgswelt, die zu den schönsten Regionen Österreichs zählt: Von mediterranen Seepromenaden wie am Traunseeufer bis zum ewigen Gletschereis am Dachstein, vom sanft welligen Alpenvorland hinter dem Mondsee bis zu markanten Aussichtsgipfeln wie Schafberg und Loser reicht das Kaleidoskop der Landschaftsformen. Und mittendrin exakt sechsundsiebzig kristallklare Seen von tiefblau bis smaragdgrün – so viele wie sonst nirgends zwischen Wienerwald und Bodensee.

Kunst, Kultur und Tradition

Das „Salz" im Namen haben beide, dennoch sind sie ein gegensätzliches Paar, das sich zugleich prächtig ergänzt: Hier die mit 148.000 Einwohnern „kleine" Großstadt Salzburg, einst Residenz prunksüchtiger und durch den Salzabbau zu Reichtum gelangter Fürsterzbischöfe, eine Stadt mit barocker Pracht, hochkarätigem Kulturleben und breitem Kunstangebot, das auch den Liebhaber zeitgenössischer Kunst beglückt. Auf der anderen Seite das dünn besiedelte Salzkammergut mit viel Natur, alpiner Tradition und lebendigem Brauchtum – eine Region, die bis zur Mitte des 19. Jahrhunderts Privateigentum der Habsburgerkaiser

war und die sie wegen der lukrativen Salzvorkommen weitgehend unzugänglich hielten. Erst zu Zeiten Kaiser Franz Josephs, der das heutige Bad Ischl zu seinem Urlaubsdomizil erkor, entwickelte sich das Salzkammergut zur noblen Sommerfrische und im 20. Jahrhundert zum beliebten Feriengebiet. Wer also das trubelige Salzburg besucht, sollte eine Landpartie ins stille Salzkammergut ins Auge fassen. Und wer die Idylle des Salzkammerguts bevorzugt und Lust auf großstädtisches Flair verspürt, plant einen Stadtausflug ein.

Gaumenkitzel

Allein der Tafelfreuden wegen lohnt eine Reise in die Region. Hoch droben in einer Almhütte verwöhnt goldgelber Kaiserschmarrn und ein Glas frische Milch den Gaumen. Drunt' am See lockt im Fischrestaurant fangfrischer gebratener Saibling – und zum Dessert ein Ischler Törtchen mit Mokka in der Konditorei. Wer's mal ganz fein mag, genießt die viel gelobte Gourmetküche in einer der noblen Villen und Bürgerhäuser, auf die man überall in Salzburg und selbst im entlegensten Winkel des Salzkammerguts trifft. Oder doch lieber ein saftiges Bauernbratl im Dorfwirtshaus, ein Grillhendl im lauschigen Biergarten und dazu eine frisch gezapfte Halbe?

Ob deftig oder edel: Bei der Zubereitung der Salzburger und Salzkammergut-Spezialitäten spielt die traditionelle Küche ebenso eine Rolle wie innovative Kreationen. Bei den Zutaten setzen die Köche meist auf erstklassige Qualität – und bevorzugt auf heimische Bio-Produkte, eben auf das, was Wälder, Felder, Seen und Flüsse im Überfluss hergeben.

Salzburg & Salzkammergut: Die Vorschau

Aktivurlaub zwischen Berg und See

Landschaftliche Vielfalt auf kleinstem Raum macht das Salzkammergut zu einem Dorado für Freizeitsportler, Ausflügler und Aktivurlauber. Mit einsamen Badeplätzen locken beispielsweise der erfrischende Altauseer See und der Offensee, moderne Strandbäder und renommierte Segelschulen bieten Mondsee, Attersee und Traunsee. Aussichtsreiche Wanderwege, kühne Klettersteige und atemberaubende Mountainbikerouten erschließen die schroffen Felsen rund um Traunstein, Predigstuhl, Loser und Drachenwand – und ein gemütlicher Promenadenweg das einst unzugängliche Ostufer des Hallstätter Sees. Mit Zahnrad- oder Seilbahn sind der Schafberg, der Feuerkogel und das Zwölferhorn auch für Gehfaule einfach zu bezwingen. Und auf Alpenstraßen erreicht man die Tauplitzalm und den Gaisberg – allesamt Aussichtsbalkone, die ihresgleichen suchen.

Kinder, Kinder

Eine Riesengaudi für die Kleinen ist es, als Bergknappe verkleidet die Holzrutschen in den Salzwelten Hallein, Hallstatt oder Altaussee hinunterzusausen. Länger rutscht man nur noch auf den Sommerrodelbahnen in Fuschl und am Wolfgangsee. Aufregend sind der unterirdische Gletscher in der Dachstein-Eishöhle und die rauschenden Wassermassen in der Koppenbrüllerhöhle in Obertraun. Noch aufregender kann eine Fahrt mit der schnaufenden Schafbergbahn oder mit dem Raddampfer am Traunsee und am Wolfgangsee sein. Badefreuden mit Riesenrutschen gibt es am Mondsee, am Attersee und in den Freibädern von Bad Ischl und Bad

Goisern. Tiere bieten der Hellbrunner Zoo in Salzburg und die Wildparks im Almtal und bei Strobl am Wolfgangsee. Ein Dorado für Entdecker ist das Haus der Natur in Salzburg, und viel Platz zum Spielen bietet (nicht nur bei trübem Wetter) das neue Spielzeug Museum. Kurzum: Spaß und Kurzweil für die Kleinen und die Größeren bietet die Region mehr als genug.

Und wenn's mal regnet ...

So grün, so feucht: Salzburg und das Salzkammergut gehören zu den niederschlagreichsten Gebieten Österreichs. Ein Problem ist das nicht, denn für das Schlechtwetterprogramm ist üppig gesorgt: Neben einem genussvollen Nachmittag im Kaffeehaus gehört der Museumsbesuch zu den Klassikern, wobei allein die Stadt Salzburg mit gut zwei Dutzend Ausstellungen lockt, darunter zwei Schlösser und eine riesige Festung. In Bad Ischl, St. Gilgen, Mondsee, Bad Aussee, Gmunden und Ebensee finden sich weitere bedeutende Museen. Auch die unterirdischen Salzwelten in Hallein, Hallstatt und Altaussee und die spektakulären Dachsteinhöhlen in Obertraun sind für nasse Tage ideal. Wer die richtige Garderobe eingepackt hat, ist auch für Regenwanderungen gerüstet, die, wenn Tropfen fallen und Nebelschwaden ziehen, besonders eindrucksvoll sein können. Idealerweise wählt man dann Wege im Wald, bei denen es weniger auf die Aussicht ankommt, oder man wandert zu Wasserfällen wie den Waldbachstrub und den Zimitzfall, die erst bei Regen ihre ganze Pracht entfalten. Und wenn dann die Sonne wieder strahlt, ist der Himmel so tiefblau, die Landschaft so satt und grün und die Seen so kristallklar, dass jeder feuchte Tag schnell vergessen ist.

Am Altausseer See

Hintergründe & Infos

Weite „Karstwüste“ am Dachstein

Natur- und Kulturlandschaften

Geologischer Formenreichtum

Die Stadt Salzburg und das Salzkammergut liegen am Übergang von den Alpen zum Alpenvorland, eine Region, die sich durch großen geologischen Formenreichtum auszeichnet. Im Urmeer *(Tethys)*, das vor 250 bis 65 Mio. Jahren ganz Europa bedeckte, lagerten sich Salz und mehrere Tausend Meter dicke, horizontale Kalkschichten ab. Als 100 Mio. Jahre später Afrika gegen Europa driftete, wurden diese abgelagerten Schichten zerrissen, übereinander geschoben, aufgetürmt und zu den Alpen geformt. Als nördlichste Gebirgskette entstanden die **Nördlichen Kalkalpen**, die von schroffen, hellgrauen Felsstöcken und riesigen Karsthochflächen geprägt sind. Beste Beispiele sind das Dachsteingebirge (höchste Erhebung: *Hoher Dachstein*, 2995 m) und das Tote Gebirge (*Großer Priel*, 2515 m), deren durchlässiges, wasserlösliches Kalkgestein gewaltige, unterirdische Hohlräume entstehen ließ. Von den 400 Höhlen im Dachstein sind jene in Obertraun (→ S. 205) die bekanntesten.

Eine bei der Alpenfaltung angehobene Gesteinsschicht ist das in den Nördlichen Kalkalpen vorkommende **Haselgebirge**, ein Gemenge aus Ton, Sandstein, Gips und Steinsalz mit bis zu 70 % Kochsalzgehalt. Es bildet die ostalpinen Salzlagerstätten, die in Bad Reichenhall, Berchtesgaden, Hall in Tirol, Hallein, Bad Ischl, Hallstatt und Altaussee abgebaut wurden bzw. werden (→ Kasten S. 19).

Das Salzkammergut formte die letzte **Eiszeit** (Würmeiszeit) vor 60.000 bis 10.000 Jahren. Der Traungletscher ergoss sich als gewaltiger Eisstrom vom Dachstein herab durch das Hallstätter Becken bis Bad Ischl und spaltete sich dort am Höllengebirge. Eine Zunge zog sich durch das trogförmige Trauntal bis nach Gmunden und wurde unterwegs von den Gletschern des Langbathtals und des Traunsteins genährt.

Salzabbautechnik im Salzkammergut

Die Bergleute der Bronze- und Eisenzeit bauten trocken ab: Sie brachen Steinsalz in festen Brocken und förderten diese mühsam aus bis zu 300 m tiefen Stollen zu Tage. Seit dem 12. Jh. wird der nasse Abbau praktiziert, das sog. **Soleverfahren**: Dabei wird ein künstlicher Hohlraum im Salzstock mit Wasser geflutet, ob als unterirdischer Salzsee, in tiefen Schächten oder in über 100 m langen Bohrlöchern, wie beim heutigen Bohrlochsondenverfahren, und das Wasser mit dem herausgelösten Salz, die sog. Sole, zu den Sudhäusern der Saline geleitet. Dort wird die Sole erhitzt, das Wasser verdampft und reines Salz bleibt zurück. Heute gibt es dafür thermische Verdampferanlagen, in früheren Zeiten geschah dies in riesigen, befeuerten Eisenpfannen, wofür der Brennholzbedarf enorm war.

Der andere Eisstrom erstreckte sich über den Wolfgangsee bis zum Fuschlsee mit Abzweigungen zum Attersee und Mondsee. Im Westen reichte der mächtige Salzachgletscher bis über die Stadt Salzburg hinaus ins Alpenvorland und schürfte das Salzachtal aus. Nur die Kalkstöcke des *Festungsbergs* (542 m) und des *Kapuzinerbergs* (636 m), der das Nordende der Nördlichen Kalkalpen darstellt, konnten den Eismassen widerstehen. Letzter Rest der gewaltigen Eisströme ist heute der Dachsteingletscher. Nach dem Abschmelzen der Gletscher füllten sich die Becken mit Schmelzwasser, und es entstanden die Salzkammergutseen. Manche Aussichtskuppe in den Voralpen ist Überbleibsel erodierter Schuttmassen, etwa der *Gmundnerberg* (822 m) und die Salzburger Stadthügel *Mönchsberg* (508 m) und *Rainberg* (510 m), deren braungraues Konglomeratgestein das heutige Stadtbild als Baustoff prägt. Und weil die Endmoränen einst dem Schmelzwasser den Weg versperrten, entwässern heute manche Seen entgegen der Richtung des ehemaligen Eisstroms: Die Ischl rinnt aus dem Wolfgangsee nach Bad Ischl, vereinigt sich dort mit dser Traun und fließt durch den Traunsee zur Donau. Irrsee und Fuschlsee entwässern über ihre Achen in den Mondsee und dieser über den Attersee und die Ager in die Traun. Wo Gletscherbrocken liegen blieben und als Toteis unter Geröll eingeschlossen wurden, findet man heute kleine sumpfige Seen oder Moore (z. B. den *Egelsee* bei Unterach oder den *Krottensee* bei Gmunden).

Jüngeren Datums sind einige beachtliche Felsstürze, die ihre Ursache im weichen, leicht verformbaren Haselgebirge haben. Der größte ereignete sich 1920 am Sandling bei Altaussee. 1978 und 1983 donnerten haushohe Felsbrocken von der Zwerchwand nahe der Hütteneckalm zu Tal und schufen ein spektakuläres Durcheinander (→ Wanderung 7). Im Gschliefgraben, der sich unterhalb des Traunsteins 3 km bis zum Traunseeufer zieht und seit alters her für Hangrutsche und Felslawinen bekannt ist, gerieten zuletzt 2007 vier Millionen Kubikmeter Erd- und Geröllmassen in Bewegung. Ein Drittel des Grabens wurde vernichtet, 22 Hektar Wald mussten gerodet werden. Die Sanierungsmaßnahmen (Errichtung von Ableitungsgräben und Drainagekanälen, Wiederaufforstung) werden bis 2017 andauern (→ Wanderung 15).

Flora und Fauna

Fast zwei Drittel der Bodenfläche der Region sind mit **Wald** bedeckt. Neben Buche, Tanne und Ahorn findet man aufgeforstete Fichtenwälder, in höheren Lagen gesellen sich Lärchen, an trockenen Südhängen, etwa um Traunsee und Attersee Kiefern hinzu. Den Waldboden besiedeln Orchideen- und Veilchenarten, Seidelbast und Heidelbeeren. Auf den **Wiesen** gedeihen Glockenblumen, Margeriten, Klee- und Lilienarten, Narzissen kommen im Almtal und im Ausseerland vor. Die Karsthochflächen von Dachstein, Höllengebirge und Totem Gebirge dominieren Latsche (Legföhre) und der im Sommer dunkelrot blühende Almrausch (Alpenrose). Weil Weideflächen wegen des Holzbedarfs der Salinen und kaiserlicher Jagdinteressen nicht gerodet werden durften, gibt es kaum große Almen. Ausnahmen sind die Post- und die Tauplitzalm, die mit bunten Bergblumen von Enzian bis Silberwurz erfreuen. Unbewirtschaftete Almen verwalden zunehmend oder wurden bereits aufgeforstet.

Ein kapitaler Vierzehnender

Von der **Tierwelt** des Salzkammerguts zeugt die Abschussliste von Kaiser Franz Joseph im Ischler Stadtmuseum: Hirsche, Damwild, Rehe, Wildschweine, Hasen, Füchse, Auer- und Birkhähne und Gämsen. Letztere sind auch am Kapuzinerberg mitten in Salzburg heimisch. Weit verbreitet sind Schlangen wie die Ringelnatter und die giftige Kreuz- bzw. die ganz schwarze Höllenotter, der man bis 2000 m Höhe begegnet. Mit Glück sieht man Feuer- und Alpensalamander sowie den rot gepunkteten Apollofalter – alles streng geschützte Arten. Unangenehm sind die blutsaugenden Zecken, die vor allem im Gesträuch von Mischwäldern zu Hause sind. Gänse- und Entenarten bevölkern die Salzkammergutseen, der Traunsee ist für seine im 19. Jh. angesiedelten Höckerschwäne bekannt. Von den einheimischen Fischen landen Forelle, Saibling und Reinanke (Renke oder Felchen) bevorzugt in der Pfanne.

Apollofalter

Winterlandschaft am Fuschlsee

Klima und Reisezeit

Da hilft kein Herumreden: Das Klima von Salzburg und dem Salzkammergut ist feucht. Wenn der Westwind atlantische Luftmassen heranbringt, die sich am Nordrand der Alpen stauen und Wolken bilden, dann trommelt bald der berühmte **Schnürlregen** (der in Schnüren vom Himmel fällt) auf Salzburg und die Seenlandschaft – oft auch tagelang (Schlechtwettertipps → S. 15). Die Sommersaison ist leider auch die regenreichste Zeit: Gewitter sind im Juni und Juli häufig, der August zählt durchschnittlich 14 Regentage, Sonnentage sind dann eine Kostbarkeit. Aber das Wetter ist nicht grundsätzlich schlecht. Statistisch gesehen, ist die Zahl der Sonnenscheinstunden pro Jahr mit 1700 bis 1900 sogar relativ hoch.

Zur Reisezeit gilt: Die Stadt Salzburg hat immer Saison. Am dichtesten drängt sich das Publikum zur Festspielzeit (Ende Juli bis Ende August) und von Anfang Dezember bis über Neujahr hinaus, wenn die schneeverhüllte Stadt mit Adventsingen und Christkindlmarkt winterliche Romantik versprüht.

In das Salzkammergut reist man im Mai und Juni, wenn die Frühlingswiesen blühen, im Sommer, wenn Badeseen und Abende am wärmsten sind, und im stabilen Herbstwetter von September bis Oktober, wenn die Sonne das Gelb der Lärchen aufleuchten lässt und die klare Luft die Fernsicht zu den schneebedeckten Gipfeln freigibt. Trotz der Seen gibt es im Inneren Salzkammergut und im Ausseerland kaum Herbstnebel – an Mond-, Atter- und Traunsee halten sie sich hingegen oft bis zum Nachmittag. Im Dezember locken stimmungsvolle Adventveranstaltungen ins Salzkammergut. Die überaus schneereiche Wintersaison dauert von Weihnachten bis März und bietet Schifahrern zahlreiche Möglichkeiten zu Abfahrt und Langlauf.

Brauchtum und Traditionen

Im Salzkammergut haben sich dank der Abgeschiedenheit und dem regionalen Selbstbewusstsein alte Bräuche und Sitten lebendig und unverfälscht erhalten.

Das Brauchtumsjahr beginnt mit dem 5. Januar, der letzten der vier **Raunächte** (21., 24., 31.12. und 5.1.), die eine geheimnisvolle Bedeutung für die Zukunft haben sollen. Durch Räuchern (daher der Name) mit Weihrauch will man künftiges Unheil von Haus und Hof fernhalten. Während in dieser Nacht im Ausseerland (und in anderen Teilen Österreichs und Süddeutschlands) **Perchten** als Winterdämonen unterwegs sind, ist das übrige Salzkammergut Schauplatz von **Glöcklerläufen**, die sich aus mehreren Brauchtumselementen, u. a. dem „Glöckeln" (Anklopfen und um Gabe bitten) entwickelt haben. Die Glöckler, weiß gekleidete Burschen mit meterhohen, kunstvollen, von innen beleuchteten Kappen am Kopf, ziehen durch die Ortschaften und laufen dabei in kleinen Gruppen *(Passen)* Kreise, Achter und Spiralen. Hochburgen des Glöcklerlaufs sind Ebensee und Bad Ischl. Am 6. Januar ziehen die **Heiligen Drei Könige** von Haus zu Haus, in St. Wolfgang und Bad Ischl hoch zu Ross, in Gmunden kommen sie per Schiff über den See. Höhepunkt der **Faschingszeit** sind die drei Tage vor Aschermittwoch. Die berühmtesten Umzüge finden in Ebensee *(Fetzenzug)* und im Ausseerland (→ Kasten S. 218) statt. Die anschließende Fastenzeit dauert bis Karsamstag, an dem vielerorts **Osterfeuer** brennen. Am 1. Mai werden **Maibäume** aufgestellt, am **Fronleichnamstag** Prozessionen abgehalten, von denen jene in Hallstatt und Traunkirchen zu den stimmungsvollsten gehören, weil sie auf den See führen. Sie sind ein Relikt der prunkvollen Inszenierungen der Gegenreformation. Am langen Himmelfahrts- oder Fronleichnamswochenende findet jährlich im Ausseerland das **Narzissenfest** statt (→ Kasten S. 214).

Rund um den 21. Juni leuchten von vielen Bergen **Sonnwendfeuer**, mit denen früher die Sennen die gesunde Ankunft der Herde auf der Alm bekanntgaben. Der

Beim Paschen klatschen Vorpascher, Zuahipascher und Sechsterer

Almabtrieb mit geschmückten Kühen Mitte/Ende September wird etwa in St. Wolfgang-Rußbach, Bad Ischl (Rettenbachalm) und in Grünau im Almtal besonders zelebriert. Zuvor, am 15. August, treffen sich die Seitelpfeifenspieler des Salzkammerguts auf einer Alm zum **Pfeifertag**. Rund geht es wieder mit **Nikolo- und Krampusbräuchen** um den 5. Dezember. Die Krampusse, teuflische, mit Fell und Masken verkleidete und mit Schellengurt und Rute ausgerüstete Begleiter des Hl. Nikolaus, vermischen sich im Aussehen immer mehr mit Perchten, die eigentlich zur Raunacht unterwegs sind. Ein althergebrachter Brauch ist das **Nikolospiel** in Bad Mitterndorf (→ S. 233). Zur Weihnachtszeit gehören im Salzkammergut kunstvolle **Krippen**. In den Museen werden jahrhundertealte, vielfigurige Krippenlandschaften hervorgeholt, in Bad Ischl und am Traunsee können sie auch in Privathäusern besichtigt werden, im Rahmen einer *Kripperlroas* – einer Reise von Haus zu Haus zwischen Weihnachten und Ende Januar. Alle vier Jahre findet in Bad Ischl auch ein Krippenspiel statt.

Vom Gwand und von der Musi

Salzkammergütler tragen gerne Tracht, an Sonntagen, beim Kirchgang und zu Volksfesten. Im steirischen Salzkammergut, dem Ausseerland, ist die Tracht sogar Alltagsgewand. Auch wenn Schnitt, Material und Farbe von Tal zu Tal variieren, gilt generell: Die Frauen tragen Dirndl mit engem Mieder, Faltenrock, Schürze und Seidentuch, die Männer eine grau-grüne Lodenjacke, eine kurze Leder- oder Bundhose in Braun oder Schwarz mit je vier Knöpfen seitlich am Bein und grüne Wollstutzen. Der weibliche Kopfschmuck reicht, je nach Anlass, vom Filz- oder Strohhut bis zur Goldhaube, Männer veredeln ihre Lodenhüte mit einem Gamsbart, der bekanntlich nicht vom Haupt, sondern vom Rückgrat der Tiere stammt. Salonfähig wurde das Tragen der Tracht im 19. Jh. mit Erzherzog Johann, der sich im praktischen Outfit der Ausseer-Jäger gewandete. Ihm folgte sein Großneffe Kaiser Franz Joseph, der sich in seiner Ischler Sommerfrische in Sachen Kleidung nicht vom einfachen Volk unterscheiden wollte. Selbst an den **Goiserern**, den genagelten, zwiegenähten Bergschuhen, fand er Gefallen. Adel und Großbürgertum eiferten dem bald nach. Der Einfluss von Sommergästen und Stadtmode entwickelte die Tracht schließlich behutsam weiter, so dass sie bis heute tragbar blieb.

Wie die Tracht ist auch die echte Volksmusik im Salzkammergut allgegenwärtig. Aufgespielt wird im Dorfwirtshaus, auf der Alm und auf der Festbühne, meist mit Geigen, steirischer Harmonika, Gitarre und Kontrabass. Im Freien kommen auch Trommel und **Seitelpfeife**, eine hölzerne, klappenlose Querflöte, zum Einsatz. Die typischen Tänze sind **Landler** (Urform des Walzers) und **Steirer**, gesungen werden **Jodler** und **Gstanzln**, vierzeilige, scherzhafte Reime. Eine Spezialität ist das **Paschen**, ein rhythmisches Klatschen mit flachen oder hohlen Händen, dessen Tempo und Ablauf von Ort zu Ort unterschiedlich ist und nur von Einheimischen wirklich beherrscht wird. Junge Musiker aus dem Salzkammergut (Hubert von Goisern, Ausseer Hardbradler, Die Seer) haben seit den 1990ern die Volksmusik ihrer Heimat mit Rock, Punk, Jazz oder Reggae verschmolzen und so das Crossover-Genre der Neuen Volksmusik populär gemacht.

Museum Hallstatt – eine Reise in die Eisenzeit

Geschichte

Von den Anfängen bis zu den Kelten

Schon in der **Altsteinzeit** (180.000–6000 v. Chr.) streiften Jäger und Sammler durch das Land. Sie fanden Unterschlupf in Höhlen, wo sie Spuren in Form von Stein- und Knochengeräten hinterließen. Entdeckt wurden diese in den Bergen des Salzburger Beckens (Dürrnberg bei Hallein, Rainberg), aber auch in alpinen Regionen, wie in der Salzofenhöhle oberhalb des Grundlsees auf rund 2000 m Höhe. Seit der **Jungsteinzeit** (6000–2200 v. Chr.) waren die Menschen sesshaft und lebten von Ackerbau und Viehzucht. Erste Siedlungen entstanden im Salzachtal, in Hallstatt und an den Ufern von Traunsee, Mondsee und Attersee, wo um 1870 Reste jungsteinzeitlicher Pfahlbauten entdeckt wurden. Die darin aufgefundenen Keramikgefäße, Stein- und Kupfergeräte waren so einzigartig, dass man ihrer Entstehungszeit (3800 bis 3300 v. Chr.) den Namen *Mondseekultur* gab. Vier dieser Pfahlbaufundstellen wurden 2011 Teil des grenzüberschreitenden UNESCO-Welterbes „Prähistorische Pfahlbauten um die Alpen".

Der Einsatz metallener Werkzeuge in der **Bronzezeit** (2300–800 v. Chr.) erleichterte den Bergbau, in Hallstatt begann der bergmännische Abbau von Salz. Im Laufe des 8. Jh. setzte die Ältere Eisenzeit ein, die in Mittel- und Nordeuropa nach der Ausgrabungsstätte am Hallstätter Salzberg auch *Hallstattkultur* genannt wird. Seit 1846 wurden dort an die 1500 Gräber freigelegt, deren kostbare Grabbeigaben den durch den Salzhandel erwirtschafteten Reichtum bezeugen.

Um 450 v. Chr. breitete sich von Westen her die **Jüngere Eisenzeit** (La-Tène-Zeit) aus. Träger dieser Kultur waren die Kelten, die sich auch am Halleiner Dürrnberg ansiedelten und den dortigen Salzbergbau übernahmen. Die Reste ihrer Siedlung zählen heute zu den bedeutendsten Fundplätzen keltischer Kultur in Europa. Unter Führung des keltischen Stammes der Noriker entstand ab dem 2. Jh. v. Chr. das Königreich *Noricum*, das sich von den Karnischen Alpen im Süden bis an die Donau und vom Inn bis an den Neusiedler See erstreckte.

Römer, Völkerwanderung und erste Christen

15 v. Chr. annektierten die **Römer** das keltische *Noricum*. 45 n. Chr. erhob es Kaiser Claudius zur gleichnamigen Provinz und machte *Iuvavum*, die zu Beginn der Römerzeit an der Salzach gegründete Siedlung (heutige Stadt Salzburg), zur Stadt. Funde belegen auch römische Siedlungen am Hallstätter See, im Ausseerland und am Traunsee. Dort schienen sich die Römer besonders wohl gefühlt zu haben, nannten sie das Gewässer doch *Lacus felix*, also „glücklicher See". Am Salzabbau im Gebirge hatten die Römer kein Interesse. Sie versorgten sich mit Meersalz, das im Imperium reichlich vorhanden und einfacher zu gewinnen war. Um 170 n. Chr. gelang es den **Germanen** erstmals, in das Römische Reich vorzudringen. Nach wiederholten Einfällen im 4. und 5. Jh. zogen sich die Römer 488 in den Süden zurück.

Im 6. Jh. breiteten sich von Norden her **Bajuwaren** donauabwärts bis in die Alpentäler aus und besiedelten die heutigen Bundesländer Salzburg und Oberösterreich. Von Südosten stießen **Alpenslawen** ins Ausseerland und entlang der Traun ins Ischler Becken. Orts- und Gewässernamen slawischen Ursprungs, wie *Aussee*, *Toplitz-* und *Grundlsee* erinnern daran. Im 7. Jh. setzte sich die christliche Missionierung auf bairischem Territorium durch und damit gegen Ende dieses Jahrhunderts auch im Raum Salzburg/Salzkammergut: Um 700 erhielt der Wormser Bischof *Rupert* vom Baiernherzog *Theodo* das zwischenzeitlich verwaiste Iuvavum zum Geschenk. Er ließ dort Kirchen errichten und wurde zum eigentlichen Gründer der Stadt Salzburg, die bald Bischofssitz war. Bairische Herzöge errichteten im 8./9. Jh. die Klöster *Mondsee* und *Trunseo* am Traunsee, von denen aus das spätere Salzkammergut missioniert wurde. Nachdem *Karl der Große* 788 den letzten bayerischen Agilolfinger-Herzog Tassilo III. gestürzt hatte, gliederte er dessen Herzogtum (mitsamt den heute österreichischen Gebieten) in sein fränkisches Reich ein und ließ Salzburg 798 von Papst Leo III. zum Erzbistum erheben. Durch Landschenkungen der bairischen Herzöge und fränkischen Könige reich geworden, erstreckte sich das Salzburger Gebiet Mitte des 9. Jh. vom Chiemsee bis zur Drau im Süden und vom Unterinntal bis zum Plattensee. Es umfasste damit auch das gesamte Gebiet des heutigen Salzkammerguts.

Hochmittelalter und die Entstehung des Salzkammerguts

Ende des 9. Jh. fielen die aus dem Osten herandrängenden **Magyaren** (Ungarn) mehrmals in das Frankenreich ein. 907 bereiteten sie dem fränkisch-bairischen Heer in Pressburg eine vernichtende Niederlage: Der Salzburger Erzbischof Theotmar I. fiel und die Salzburger Besitzungen östlich der Enns gingen endgültig verloren. Nachdem der Expansionszug der Ungarn 955 mit der Schlacht auf dem Lechfeld bei Augsburg schließlich beendet war, wurden die erstmals unter Karl dem Großen zum Schutz der Ostgrenze des Reichs eingerichteten Marken reorganisiert: Die Verwaltung der sog. *Ostmark* (oder Ostarrichi) östlich der Enns erhielt 976 das bairische Geschlecht der **Babenberger** übertragen, das seine Gebiete in den folgenden 270 Jahren beträchtlich ausdehnte. Als es 1246 ausstarb, beherrschte es ein reichsunmittelbares Herzogtum mit Residenz in Wien und erstreckte sich in etwa über das heutige Nieder- und Oberösterreich und die Steiermark. Das spätere Salzkammergut war damit in seinen östlichen Gebieten babenbergisch. Der Attersee, das Mondseeland und Teile des Wolfgangsees hingegen gehörten weiter unmittelbar zum Herzogtum Bayern, der Fuschlsee und der übrige Wolfgangsee zum Erzbistum Salzburg. Letzteres war wie ganz Mitteleuropa im 11./12. Jh. von den politischen Rivalitäten zwischen Papst und Kaiser (Investiturstreit) betroffen und hatte – auf Seiten Roms stehend – die Verhängung der Reichsacht und eine Brandschatzung der Stadt Salzburgs 1167 durch Kaiser *Friedrich Barbarossa* erlitten. Mit der Wiederaufnahme der seit der Römerzeit eingestellten Salzproduktion am Halleiner Dürrnberg erfuhr das Erzbistum im 13. Jh. jedoch einen wirtschaftlichen Aufstieg. An Stelle des früheren bergmännischen Abbaus wurde nun das wirtschaftlich günstigere Soleverfahren angewandt (→ Kasten S. 19) und damit das konkurrierende Reichenhall mit seinen Solequellen überflügelt. Ab etwa 1230 war die Saline Hallein die ertragreichste im gesamten Südostalpenraum.

Auch im ehemaligen Babenbergerreich, das östlich an das Gebiet des Erzbistums Salzburg grenzte und seit 1278 von König *Rudolf I. von Habsburg* regiert wurde, waren die Salzvorkommen mittlerweile wieder reaktiviert worden: Benediktinerinnen vom Traunsee hatten die Gewinnung in Hallstatt wieder aufgenommen und bergbaukundige steirische Zisterziensermönche jene im Ausseerland. Aus dem Konkurrenzverhältnis zwischen diesen habsburgischen und den erzbischöflichen Salzbergwerken resultierte unter Erzbischof Konrad IV. und Rudolf von Habsburgs Sohn Albrecht I 1291–97 der *Salzkrieg*, an den noch heute der als Verteidigungsbau errichtete Rudolfsturm am Hallstätter Salzberg erinnert. Das zum Gebiet der Habsburger gehörende Hallstatt wurde zerstört, dafür kam das bislang salzburgische Gosautal unter habsburgische Herrschaft. Albrechts Witwe Elisabeth von Görz-Ti-

Das Kammergut – einst die Privatschatulle des Landesherrn

Als Kammergut bezeichnete man jene Teile des Römischen Reichs, über deren Einkünfte die Landesfürsten ohne Genehmigung der Stände verfügen konnten, die also gleichsam Privatbesitz waren. Der Name lehnt sich ab von der Hofkammer, die für die Verwaltung zuständig war. Und die Einkünfte aus einem Kammergut, in dem Salz produziert wurde, waren enorm. Weil im kühlschranklosen Mittelalter Salz zur Konservierung von Nahrungsmitteln unerlässlich war, hatte es den Wert von Gold. Kein Wunder, dass die Habsburger mit Argusaugen über dieses Privatreich wachten und das Leben der in Salzgewinnung und -transport, Holzbeschaffung und Lebensmittelversorgung der Region beschäftigten Personen streng regelten: Sesshaftigkeit war Gebot, Ein- und Ausreise wurden reglementiert, Hochzeiten mussten genehmigt werden und seinen kargen Lohn erhielt der Untertan in Naturalien. Im Gegenzug gab es eine Befreiung von Militärdienst und Steuern und medizinische Versorgung. Verhungern musste keiner, aber reich wurden nur die **Salzfertiger**, jene Bürger, die von den Habsburgern Salzhandelsrechte erhielten. Ab 1800 ging es mit dem Kammergut im ursprünglichen Sinn allmählich zu Ende, doch der Name lebt als Landschaftsbegriff weiter.

Moosberg: einstiges Zentrum des Altausseer Salzbergbaus

rol reorganisierte schließlich 1311 das Hallstätter Salzwesen und machte den Salzberg und das für Weiterverarbeitung und Handel notwendige Trauntal über Ischl bis Gmunden (sog. *Ischlland*) zum Kammergut der habsburgischen Landesfürsten.

Dank dem Halleiner Salz florierte die Wirtschaft im Erzbistum Salzburg. Das weiße Gold wurde auf Salzach und Inn bis Passau verschifft oder auf Saumpfaden über die Alpen nach Süden getragen. Auch die Habsburger waren erfolgreich und erwarben 1380 den *Attergau* rund um den Attersee. Etwa zu selben Zeit spaltete sich ihr Reich unter den Söhnen Rudolfs IV. in zwei Linien auf, wobei das Ausseerland vom übrigen Salzkammergut abgetrennt wurde. Als die selbstständigen Ausseer Salzhandelsherren (sog. *Hallinger*) zu mächtig wurden, unterstellte der spätere Kaiser *Friedrich III.* 1449 das dortige Salzwesen einem Salzverweser, der ihm direkt verpflichtet war. Friedrichs Sohn *Maximilian I.* vereinigte 1491 nicht nur die beiden Habsburgerlinien wieder, sondern reformierte auch die Salinen zu straff organisierten Großbetrieben und ließ die vom riesigen Brennholzbedarf der Sudpfannen vernichteten Wälder wieder aufforsten (was auch der habsburgischen Jagdleidenschaft zugutekam). Zusätzlich erwarb er 1506 das waldreiche Mondseeland und Teile des Wolfgangsees. Anfang des 16. Jh. war die Salzproduktion ein landesfürstliches Monopol der Habsburger bzw. der Salzburger Erzbischöfe geworden.

Reformation und Gegenreformation

Die durch *Martin Luther* ab 1517 verbreitete **Reformation** hatte sich in Salzburg und im Salzkammergut gegen 1550 durchgesetzt. Adelige Salzhandelsherren, Stadtbürger, Bergknappen, Salinen- und Holzarbeiter sowie Bauern waren überwiegend protestantisch, das Kloster in Mondsee zählte nur mehr wenige Mönche, jenes in Traunkirchen verwaiste 1571. Wirtschaftlich erfuhr das Salzwesen im Kammergut Mitte des 16. Jh. durch die Ausdehnung des Absatzmarktes auf Böhmen, das Teil des Habsburgerreiches geworden war, einen enormen Auftrieb. Neue Salinen gingen 1571 in Ischl und 1595 in Ebensee in Betrieb. Von Hallstatt aus wurde dorthin eine 42 km lange *Soleleitung* errichtet, die bis heute besteht (→ S. 200).

Ende des 16. Jh. setzte die **Gegenreformation** ein. Lutherische Bauern und Bergknappen wurden gewaltsam rekatholisiert, protestantischer Adel verlor Grund und Vermögen. Unterstützung kam von dem ins Land geholten Jesuitenorden, der im Salzkammergut das Kloster Traunkirchen übernahm und mit dessen prächtig barockem Ausbau und festlichen Seeprozessionen das Volk beeindruckte. Im Erzbistum Salzburg brach 1587 die Ära jener Fürsterzbischöfe an, deren Bauten bis heute das Gesicht der Stadt prägen: *Wolf Dietrich von Raitenau, Markus Sittikus von Hohenems* und *Paris Lodron*, dem es gelang, Salzburg vor dem **Dreißigjährigen Krieg** (1618–48) zu bewahren – durch geschickte Neutralitätspolitik und den Ausbau der Stadtbefestigung. Auch das abgeschiedene Salzkammergut war von Kampfhandlungen verschont.

Das Wappen mit Rübe führte Erzbischof Leonhard von Keutschach

Gegenreformatorische Maßnahmen hielten bis ins 18. Jh. an und trafen nun Geheimprotestanten, die sich in abgelegenen Tälern (Gosautal, Inneres Salzkammergut) den neuen Glauben bewahrt hatten. 20.000 wurden um 1732 von Fürsterzbischof Leopold Anton Firmian nach Ostpreußen vertrieben, Bergknappen vom Halleiner Dürrnberg emigrierten nach Holland, andere fanden im amerikanischen Georgia eine neue Heimat. An die 1000 Protestanten wurden 1734–37 per Dekret des Salzkammerguts verwiesen und im bevölkerungsarmen Siebenbürgen (Transsilvanien/Rumänien) angesiedelt, das seit 1691 zum Habsburgerreich gehörte. 1752–56 kamen auf Geheiß von Kaiserin *Maria Theresia* noch Tausende aus dem „Landl“, einem Gebiet nördlich von Gmunden, dazu. In Siebenbürgen erhielten sie den Namen *Landler*, in Bad Goisern ist ihnen heute ein Museum gewidmet.

Von der Aufklärung zum Wiener Kongress

Erst Maria Theresias Sohn *Joseph II*, ein Vertreter des aufgeklärten Absolutismus', legalisierte mit dem **Toleranzpatent** 1781 den Protestantismus in Österreich. Im Salzkammergut konnte sich der Großteil der Goiserer, Hallstätter und Gosauer nun offiziell zum neuen Glauben bekennen und Bethäuser errichten. Joseph II. verringerte auch die kirchlichen Feiertage, schränkte die Wallfahrten ein (was St. Wolfgang zu spüren bekam) und hob rund 700 „entbehrliche“ Klöster im Reich auf, darunter auch jenes in Mondsee.

Im Erzbistum Salzburg hielt die Aufklärung 1772 mit *Hieronymus Graf Colloredo* Einzug, der zugleich Salzburgs letzter Fürsterzbischof war. Als **Napoleons Truppen** die Stadt 1800 besetzten, floh Colloredo nach Wien. Drei Jahre später wurde das geistliche Fürstentum Salzburg säkularisiert und in ein Kurfürstentum umgewandelt. Nach mehrmaligem Herrscherwechsel wurde es im **Wiener Kongress** 1814/1815, der nach der Niederlage Napoleons die territoriale Neuordnung Europas festlegte, der Habsburgermonarchie zugeschlagen. Das Gebiet um den Attersee, das als einzige Region des Salzkammerguts von Napoleons Verbündeten besetzt wurde, kam ebenfalls an die Habsburger.

Touristischer Aufbruch im 19. Jahrhundert

Die ersten Jahrzehnte unter den Habsburgern stellten einen Tiefpunkt in der Salzburger Stadtgeschichte dar. Die frühere Fürstenresidenz war in der ersten Hälfte des 19. Jh. eine bedeutungslose **Kreisstadt**.

Für das Salzkammergut hingegen brach eine neue Ära an, als ein kaiserlicher Leibarzt 1823 die Heilkraft der Salzsole entdeckte und in Ischl ein **Kurbad** eröffnete. Kaiser *Franz I.* war einer der ersten Gäste, ihm folgten gekrönte Häupter, Bischöfe und Adelige aus allen Teilen Europas. Sie kurten in der Sole und erfreuten sich an der unberührten Natur der abgeschiedenen Gegend. Deren Schönheit war schon zuvor Malern und Dichtern der Romantik aufgefallen, Reiseschriftsteller hatten zu Beginn des 19. Jh. von einer „österreichischen Schweiz“ geschwärmt. Als dem kinderlosen habsburgischen Erzherzogspaar Franz Carl und Sophie die Kur in Ischl zum lang ersehnten Nachwuchs verhalf, und 1830 der erste „Salzprinz“ Franz Joseph zur Welt kam, stieg die Stadt endgültig zum europäischen Modebad auf. Das 19. Jh. brachte auch neue Verkehrsmittel: 1836 erreichte die für den Salztransport nach Böhmen errichtete *Pferdeeisenbahn* von Budweis aus Gmunden, 1839 verkehrte der erste Dampfer am Traunsee.

Während es im Salzkammergut friedlich zuging, kam es 1848 in Wien unter dem Einfluss der französischen Februarrevolution ebenfalls zur **Revolution**, die von kaiserlichen Truppen blutig niedergeworfen wurde. Kaiser *Ferdinand I.* (1835–48) musste abdanken und sein Neffe, der bereits erwähnte „Salzprinz“ Franz Joseph übernahm die Regierung. Unter dem Eindruck der Aufstände machte er die Stadt Salzburg 1850 zum Mittelpunkt eines eigenen Kronlandes der Monarchie, das 1861 eine gewählte Landesregierung erhielt. Er beendete die Sonderstellung des Salzkammerguts, die bereits seit *Joseph II.* ausgehöhlt war, und verstaatlichte den Vertrieb des Salzes, der bisher in Händen selbstständiger Salzfertiger lag.

Das Zeitalter Kaiser Franz Josephs

Mit Kaiser Franz Joseph hielt der Höhenflug von Ischl an. 1853 verlobte er sich hier mit seiner bayerischen Kusine, der Wittelsbacherprinzessin *Elisabeth in Bayern (Sisi)*, 1854 bezog er die Ischler Kaiservilla und nutzte sie bis 1914 als Sommerresidenz, wo er mit Kaisern und Königen aus aller Welt zusammentraf. Das waldreiche Salzkammergut kam seiner exzessiven Jagdleidenschaft entgegen, deren erschreckendes Ausmaß in der Ischler Kaiservilla bestens dokumentiert ist. Weniger erfolgreich als der Kaiser bei der Jagd war seine Armee. Die Kriege gegen Frankreich und Piemont-Sardinien 1859 und gegen Preußen 1866 endeten mit Niederlagen. 1859 ging dabei die Lombardei verloren, 1861 wurde schließlich auch die Toskana, wo eine habsburgische Nebenlinie regierte, Teil des neuen vereinigten Königreichs Italien. Großherzog *Leopold II. von Toskana* musste Florenz verlassen und fand im Schloss Ort in Gmunden am Traunsee, das mittlerweile Kurstadt geworden war, Zuflucht. Der *Deutsche Krieg* von 1866 bescherte Gmunden mit den entthronten Königen von Hannover, die hier im Exil lebten, ein weiteres Adelshaus.

Seine Majestät Kaiser Franz Joseph auf der Jagd

Wo die Aristokratie ihre Sommersitze unterhielt, verbrachte meist auch das Großbürgertum seine Ferien. Dazu kamen Maler, Literaten und Komponisten, die der Schönheit der Landschaft auf der Spur und ihren Mäzenen auf den Fersen waren – **Sommerfrische** hieß die neue Mode, die in der zweiten Hälfte des 19. Jh. ihre Blütezeit erlebte. Voraussetzung dafür waren neue Straßen, Schiffe und Eisenbahnen, die das Salzkammergut erschlossen. 1860 erreichte von Wien aus eine nach Kaiserin Elisabeth benannte Bahnlinie, die heutige Westbahn, Salzburg. 1865 wurde die Straße am Westufer des Traunsees aus dem Felsen gesprengt, über die man Bad Ischl erstmals auf dem Landweg erreichen konnte. 1877 fuhr die erste Dampflok auf der Salzkammergutbahn, die die Westbahn über Gmunden, Ischl und Aussee mit der Ennstalbahn verband. Sie diente dem Salz- und Gütertransport und vervielfachte im Ausseerland die Zahl der Sommerfrischler und Kurgäste. Altaussee zog den Adel, Jagdliebhaber und Literaten an, am Grundlsee waren englische Sportfischer die ersten Touristen. Der Fremdenverkehr am Mondsee setzte 1870 ein, die ersten Dampfschiffe folgten bald. 1890 ging die schmalspurige Salzkammergut-Lokalbahn in Betrieb. Sie verband die Stadt Salzburg mit dem Wolfgangsee, Bad Ischl und Mondsee (→ S. 114). 1893 wurde die Zahnradbahn auf den Schafberg eröffnet. Gute Geschäfte machten auch die Salinen: Der gestiegene Soleverbrauch – Salz ist einer der wichtigsten Grundstoffe der chemischen Industrie – erforderte 1906 den Bau einer Soleleitung von Altaussee nach Ebensee.

Erster und Zweiter Weltkrieg

Nach der Ermordung des österreichischen Thronfolgers *Franz Ferdinand* durch serbische Nationalisten 1914 in Sarajewo, stellte Österreich-Ungarn (Ungarn war seit 1867 selbstständiger Reichsteil) an Serbien ein Ultimatum, dem am 28. Juli 1914 eine Kriegserklärung folgte. Das berühmt gewordene Manifest mit den Anfangsworten „An meine Völker!“ wurde von Kaiser Franz Joseph in seiner Villa in Ischl unterzeichnet, auf jenem Schreibtisch, der heute noch dort steht. Der Erste Weltkrieg endete 1918 mit der Niederlage Österreich-Ungarns und dem Zerfall des Habsburgerreichs. *Karl I.*, Nachfolger des 1916 verstorbenen Franz Joseph, musste auf die Regentschaft verzichten, Österreich wurde Republik und im *Friedensvertrag von Saint-Germain* 1919 im Wesentlichen auf die deutschsprachigen Teile der Monarchie beschränkt. Salzburg und das Salzkammergut waren von Kriegshandlungen verschont geblieben, doch hatten Tausende der Bewohner ihr Leben an der Front gelassen. Wirtschaftskrisen, Hunger und Armut kennzeichneten die ersten Nachkriegsjahre. Die neue Republik setzte auf die alten Stärken Kunst und Kultur, ein Meilenstein waren die ersten Salzburger Festspiele 1920. Die Elektrifizierung der Salzkammergutbahn 1924, der Bau des Flughafens und des Kleinen Festspielhauses 1926 in Salzburg und des Kurhauses in Bad Ischl 1927 sowie der Straße auf den Gaisberg 1929 sollten die Wirtschaft ankurbeln. Die Österreichischen Salinen wurden 1926 Bundesbetrieb, die Hälfte des einheimischen Absatzmarktes war durch das Ende des Habsburgerreichs verloren gegangen. Jetzt blühte der Fremdenverkehr, die Sommerfrische erreichte in den 1920er und 30er Jahren noch einmal einen Höhepunkt. Der Attersee und Altaussee waren begehrt, St. Wolfgang verwandelte sich mit der 1930 in Berlin uraufgeführten Operette „Im Weißen Rößl“ vom Wallfahrts- zum Touristenort.

Während sich die wirtschaftliche Lage in Österreich konsolidierte, verstärkten sich die innenpolitischen Gegensätze zwischen Bürgerlichen und Sozialdemokraten. Parteien gründeten bewaffnete Wehrverbände, und Nationalsozialisten lieferten großdeutsche Anschlussparolen. Am 12. März 1938 marschierten Hitlers Truppen in Österreich ein, einen Tag später war der **Anschluss** an das nationalsozialistische Deutsche Reich vollzogen, den auch viele Österreicher begrüßten. Österreich wurde zur Ostmark und in Reichsgaue unterteilt. Das steirische Ausseerland kam an

Unfreiwilliger Tourismus-Pionier: Ralph Benatzky, Komponist der Operette „Im Weißen Rößl“

das Land Oberösterreich, das nun Oberdonau hieß. Die österreichischen Salinen und andere Großbetriebe wurden deutsches Eigentum. Jüdisches Vermögen in Salzburg wurde beschlagnahmt, Sommerfrischevillen im Salzkammergut wurden enteignet und von Nationalsozialisten bezogen – die Gegend war schön und die Lage günstig, residierte doch der Führer seit 1936 am Obersalzberg im nahen Berchtesgaden. Auf Schloss Fuschl, das Reichsaußenminister Joachim von Ribbentrop seit 1939 für sich beanspruchte, soll der deutsch-sowjetische Nichtangriffspakt vorbereitet worden sein, der zum Überfall auf Polen und damit zum Zweiten Weltkrieg (1939–45) führte. Im November 1943 wurde am Traunsee das Konzentrationslager Ebensee errichtet, am Toplitzsee unternahm das Deutsche Reich Versuche mit Wasserbomben. Angriffe der amerikanischen Luftwaffe zerstörten Anfang 1945 Teile der Salzburger Altstadt. Gegen Kriegsende war das Salzkammergut ein Rückzugsgebiet für NS-Parteigrößen. Propagandaminister Joseph Goebbels brachte seine Familie eine Zeit lang am Grundlsee unter, Ernst Kaltenbrunner, Heydrich-Nachfolger und Leiter des Reichsicherheitshauptamts, versteckte sich in einer Almhütte im Toten Gebirge. Während das Ischler Salzbergwerk im Krieg die Sammlungen des Wiener Naturhistorischen Museums aufnahm, versteckten die Nazis Beutekunst in den Salzstollen von Altaussee. Nach der Kapitulation Deutschlands Anfang Mai 1945 eroberten amerikanische Truppen Salzburg und das Salzkammergut. Die Republik Österreich wurde wieder errichtet und das ganze Land kam für 10 Jahre unter Besatzung durch die Siegermächte. Salzburg, Oberösterreich südlich der Donau und das Ausseerland gehörten dabei zur amerikanischen Zone.

Staatsvertrag, Ende des Salzmonopols, Weltkulturerbe

1955 wurde mit der Unterzeichnung des **Staatsvertrages** die volle Souveränität Österreichs wieder hergestellt und die Besatzungstruppen verließen das Land. Salzburg und das Salzkammergut erlebten bald einen wirtschaftlichen Aufschwung, den die Festspiele und der Fremdenverkehr ankurbelten. In den 1960er Jahren kam es zum massiven Ausbau von Straßen, die Gebirgswelt wurde endgültig erschlossen: 1952–54 entstanden die Seilbahnen auf den Dachstein, 1961 die Alpenstraße auf die Tauplitz, 1975 jene auf den Loser. Von 1955 bis 1959 errichtete man Gondelbahnen auf den Hallstätter Salzberg, den Gmundner Grünberg und auf die Katrin in Bad Ischl. Kurorte im Salzkammergut erhielten Badeanstalten, Kongresshäuser, Hotel- und Apartmentanlagen, die dem Landschaftsbild nicht immer zuträglich waren. 1962 nahm die Universität Salzburg wieder ihren Betrieb auf. Rationalisierungsmaßnahmen führten zur Stilllegung der Salinen in Bad Ischl (1965), Hallstatt (1965) und Bad Aussee (1983) sowie des gesamten Salzbergbaus in Hallein (1989). 1995 trat Österreich der **Europäischen Union** bei. Damit verfiel auch das Salzmonopol der Österreichischen Salinen. Anfang 1997 fanden sowohl die Salzburger Altstadt als auch die Region Hallstatt-Dachstein-Salzkammergut Aufnahme in das Weltkulturerbe der UNESCO. Die 1997 privatisierten und von einem Konsortium unter dem früheren Finanzminister Hannes Androsch erworbenen *Salinen Austria* gewinnen heute nach wie vor Salz und Sole in Hallstatt und Altaussee und verarbeiten es in der Großsaline in Ebensee. Die Landesausstellung 2008 brachte eine Erneuerung und Modernisierung wichtiger touristischer Einrichtungen in der Region mit sich (Dachstein-Seilbahn in Obertraun, Trinkhalle und Thermalbad in Bad Ischl, HandWerkHaus in Bad Goisern, Kammerhof in Gmunden, Rudolfsturm in Hallstatt etc.).

Schmuckstück aus der Romanik: die Kirche von Pürgg

Kunstgeschichte

Ur- und Frühgeschichte

Stein-, Bronze- und Eisenzeit: Die ältesten kulturellen Zeugnisse der Region stammen aus der Salzofenhöhle und sind im *Kammerhofmuseum Bad Aussee* zu sehen. Das *Museum Hallstatt* und der *K-Hof Gmunden* zeigen jungsteinzeitliche Werkzeuge sowie Keramik und Schmuck aus der Bronzezeit. Das Pfahlbaumuseum in *Mondsee* widmet sich der jungsteinzeitlichen Mondseekultur mit ihrer typischen Töpferware. Die kostbarsten Exponate der Hallstattkultur vom Hallstätter Salzberg sind heute Highlights der Prähistorischen Abteilung im Naturhistorischen Museum in Wien. Das Museum Hallstatt verfügt dennoch über eine respektable Sammlung an Fundstücken. Im großartigen Keltenmuseum in *Hallein* wird die keltische Kultur der jüngeren Eisenzeit umfassend präsentiert. Dort ist auch seit 2012 das Original der berühmten Schnabelkanne vom Dürrnberg zu sehen.

Römerzeit: Relikte dieser Epoche gibt es in der Region nur wenige. Über einzelne Fundstücke verfügen die oben genannten Museen in Hallstatt und Gmunden und das Salzburg Museum.

Romanik

Architektur: Die hochromanische Domkirche der Stadt *Salzburg*, die im 12. Jh. zu den größten ihrer Zeit gehörte, ging durch den barocken Neubau bis auf wenige Mauerreste (zu sehen im Domgrabungsmuseum) verloren. Erhalten hat sich dagegen in Salzburg trotz Umbauten das wuchtige romanische Langhaus der Franziskanerkirche (13. Jh.). Juwele der Romanik sind die beiden Kirchen von *Pürgg* am Rande des Ausseerlands. Romanische Bauteile sind außerdem noch an den Türmen der Pfarrkirchen von *St. Wolfgang, Hallstatt, Bad Aussee* und *Altmünster* sichtbar.

Malerei/Plastik: Bedeutende Fresken aus der Zeit um 1150 finden sich in der Stiftskirche Nonnberg in *Salzburg,* in der Georgskirche und der Johanneskapelle in *Pürgg.* Die Schreibstuben der Salzburger Klöster brachten vom 9. bis ins 12. Jh. herausragende Buchmalerei hervor. Diese Handschriften sind heute in aller Welt verstreut: Das Cutbercht- (um 780) und das Liuthold-Evangeliar (um 1150) sowie das Antiphonar von St. Peter (1160) liegen in der Wiener Nationalbibliothek, Perikopenbücher (1050, 1150) sind in der Pierpont Morgan Library in New York und in der Staatsbibliothek in München. Das Rupertuskreuz (8. Jh.) im Dommuseum und die Bronzelöwen (12. Jh.) des Taufbeckens im Salzburger Dom sind bedeutende Werke romanischer Plastik, das Taufbecken selbst (1321) ist dem romanisch-gotischen Übergangsstil zuzurechnen.

Gotik

Architektur: Der neue Baustil hielt im 13. Jh. in der Mitte Europas Einzug. Die meisten gotischen Sakralbauten der Region sind erst im 14./15. Jh. entstanden und dem späten dekorativen Stil zuzurechnen. Schöne Beispiele in der Stadt *Salzburg* sind der Chor der Franziskanerkirche, die Krypta der Stiftskirche Nonnberg und der Saal der Bürgerspitalskirche, die Stiftskirche von *Mondsee* und die Pfarrkirchen von *St. Wolfgang, Gampern, Steinbach, Hallstatt, Bad Aussee* und *Altmünster.* Im Kern gotische Profanbauten sind die Kammerhöfe in *Gmunden* und *Bad Aussee.* Eine Kostbarkeit sind die holzvertäfelten spätgotischen Fürstenzimmer in der Festung *Hohensalzburg.*

Malerei: Gotische Tafelmalerei sieht man in der Spitalskirche in *Bad Aussee,* an den Rückseiten und Seitenflügeln der unter „Plastik" genannten Flügelaltäre und im *Salzburg Museum,* u. a. von Rueland Frueauf d. Ä.

Plastik: Um 1400 wurde Salzburg bekannt für seine „Schönen Madonnen", stehende, anmutige Figuren der Muttergottes mit Kind in geschwungener Körperhaltung, meist aus Steinguss oder Holz. Beispiele sind in der Franziskanerkirche in *Salzburg,* in der Pfarrkirche in *Bad Aussee* und in der Kirche in *Lauffen* zu sehen. Die bekannte „Hallstätter Madonna" wurde um 1920 an die Prager Nationalgalerie verkauft. Zu den größten Leistungen der Gotik gehören die großen holzgeschnitzten *Flügelaltäre,* von denen das Salzkammergut zwei Meisterwerke besitzt: der Altar in *St. Wolfgang* von Michael Pacher sowie der Marienaltar von Leonhard Astl in der Pfarrkirche von *Hallstatt.* Das Stift Nonnberg in *Salzburg* und die Kirche in *Gampern* besitzen ebenfalls sehenswerte Flügelaltäre.

Renaissance und Manierismus

Die im europäischen Vergleich lang anhaltende Gotik am Habsburgerhof sowie in den österreichischen Ländern und der in Salzburg recht zeitige Einzug des Frühbarock ließen nur wenig Renaissancekunst entstehen. Zu den vereinzelten Beispielen gehören das Wolf-Dietrich-Mausoleum im Sebastiansfriedhof und die Prunksäle der Neuen Residenz in *Salzburg* sowie Schloss Weyer in *Gmunden.* Am Übergang zum Barock steht der Manierismus, für den das 1619 fertiggestellte Salzburger Schloss *Hellbrunn* mit seinen grotesken Wasserspielen ganz typisch ist.

Barock

Architektur: Der Neubau des *Salzburger* Doms von Santino Solari 1628 war der erste Barockbau nördlich der Alpen. Zu ihm gesellten sich bis ins 18. Jh. über ein Dutzend weiterer Bauwerke, die Salzburg heute als einzigartiges barockes Gesamtkunstwerk erscheinen lassen. Die mit je einer Kuppel versehene Erhard- und Kajetanerkirche wurden 1680–90 vom Italiener Giovanni Gaspare Zuccalli errichtet. Als Hofbaumeister folgte ihm der großartige Johann Bernhard Fischer von Erlach (1656–1723), der 1694–1717 die Dreifaltigkeits-, die Johannesspital-, die Markus- und die Kollegienkirche erbaute. Letztere zählt zu den Hauptwerken des europäischen Hochbarock. Fischer von Erlach schuf auch den Hochaltar der Franziskanerkirche, die Hofstallungen, die Pferdeschwemme und Schloss Klessheim. Sein größter Rivale und Nachfolger Johann Lukas von Hildebrandt (1668–1745) nahm spätbarocke Umbauten an der Residenz und an Schloss Mirabell vor. Weitere schöne Barockbauten sind die Wallfahrtskirchen in *Maria Plain* und *Attersee* und die frühere Klosterkirche in *Traunkirchen.* Typisch für die von der Gegenreformation geprägte Barockzeit sind auch die zahlreichen Kalvarienberganlagen (Kapuzinerberg in *Salzburg, Maria Plain, St. Wolfgang, Bad Ischl, Hallstatt, St. Agatha, Gosau, Traunkirchen, Ebensee*).

Oberwanger Barockaltar
von Meinrad Guggenbichler

Malerei: Der erste einheimische Hauptmeister, Johann Michael Rottmayr (1654–1730), war seit 1689 Hofmaler in *Salzburg*. Von ihm stammen Deckenfresken in der Dreifaltigkeitskirche, der Residenz und den Hofstallungen sowie Altarbilder in der Erhard-, Kajetaner- und Müllner Kirche. Paul Troger (1698–1762) malte die Kuppel der Kajetanerkirche 1726 spätbarock aus, Martin Johann Schmidt (1718–1801), genannt der Kremser Schmidt, hinterließ zahlreiche Altarblätter in der Stiftskirche St. Peter. Gemälde und Skizzen besitzen auch das Salzburg Museum und die Residenzgalerie in *Salzburg*.

Plastik: Um 1660 entstand mit dem Residenzbrunnen in *Salzburg* der größte Barockbrunnen nördlich der Alpen. 70 Jahre später meißelte Georg Raphael Donner (1693–1741) seine Engel für die Marmorstiege von Schloss Mirabell. Der in der alpenländischen Schnitztradition stehende Thomas Schwanthaler (1634–1707) ist im Salzkammergut mit zwei Hauptwerken vertreten, dem Dreikönigsaltar in

Gmunden und dem Doppelaltar von *St. Wolfgang*. Sein stilistischer Nachfolger Meinrad Guggenbichler (1649–1723), der ab 1679 in Diensten des Klosters Mondsee stand, schuf für die dortige Stiftskirche und die Kirchen von *St. Wolfgang, Oberwang, St. Lorenz*, und *Abtsdorf* zahlreiche Altäre, Skulpturen und Kanzeln. Originell ist die von 1753 stammende Kanzel in Form eines Fischerboots in *Traunkirchen*.

Klassizismus, Historismus und Romantik

Architektur: Auf den barocken Überschwang folgte kunsthistorisch eine Rückbesinnung auf Vergangenes: Der an der Antike orientierte Klassizismus (Ende 18. Jh.) ist in der Region durch den Weißen Saal der *Salzburger* Residenz und die Pfarrkirche sowie die Trinkhalle in *Bad Ischl* vertreten. Häufiger finden sich Werke des Historismus (19. Jh.), der zunächst auf das Mittelalter und später auf alle klassisch gewordenen Baustile zurückgriff. Beispiele sind das neugotische Schloss Cumberland in *Gmunden*, die neoklassizistische Kaiservilla und das Marmorschlössl in *Bad Ischl*. Neorenaissance sieht man an der Villa Toscana in *Gmunden* und beim nahen Schloss *Traunsee*. Die evangelischen Kirchen von *Bad Goisern, Hallstatt, Gosau, Attersee* und *Gmunden* sind ebenfalls neugotisch.

Klimtbüste in Unterach am Attersee

Malerei: Ein Vertreter der klassizistischen Malweise war Leopold Kupelwieser (1796–1862), der für die Kirchen von *Bad Ischl* und *Altaussee* Altarbilder gestaltete. Eine Abkehr von religiösen Motiven und komponierten Atelierlandschaften vollzog sich in der Romantik. Jetzt gingen freie Künstler ans Werk: Karl Friedrich Schinkel (1781–1841), Ludwig Richter (1803–84) und Julius Schnorr von Carolsfeld (1794–1872) kamen aus Berlin, Dresden und München ins Salzkammergut, wo sie in der Seen- und Gebirgswelt ihre bevorzugten Motive fanden. Jakob Gauermann (1773–1843), Matthäus Loder (1781–1828) und Thomas Ender (1793–1875) begleiteten als Kammermaler Erzherzog Johann auf seinen Wanderungen. Mit Pinsel und Staffelei durch das Salzkammergut zogen auch die erfolgreichsten österreichischen Landschaftsmaler des späten 19. Jh., Friedrich Gauermann (1807–62) und Rudolf von Alt (1812–1905). Ferdinand Georg Waldmüller (1793–1865), heute einer der bekanntesten Vertreter dieser Zeit, war mit seinen wirklichkeitsgetreuen Gemälden von Bad Ischl, dem Gosau-, Hallstätter- und Wolfgangsee bereits Vorläufer des

Realismus. Hans Makart (1840–84), der einflussreichste Künstler des österreichischen Historismus, war gebürtiger Salzburger. Die Residenzgalerie und das *Salzburg* Museum in seiner Heimatstadt besitzen eine repräsentative Makart-Sammlung. Auch alle übrigen genannten Künstler sind hier mit ihren Arbeiten vertreten.

Die Moderne und Gegenwartskunst

Architektur: Als Gegenbewegung zum Historismus entwickelte sich die moderne Baukunst, die funktionale Gebäude aus Beton, Glas und Stahl errichtete. Beispiele sind das Collegium Benedictinum des deutschen Architekten Peter Behrens (1926) in Salzburg und die (mittlerweile stark veränderten) Werke des Tirolers Clemens Holzmeister (1886–1983): das Kurhaus in *Bad Ischl* (1932) und das Kleine Festspielhaus in *Salzburg* (1926, 1937). Nach dem Zweiten Weltkrieg baute Holzmeister 1956–60 auch das Große Festspielhaus. Holzmeisters Schüler, zu denen auch Wilhelm Holzbauer (geb. 1930) gehört, gründeten 1950 die Arbeitsgruppe 4, deren Bauten wegweisend für die Nachkriegszeit waren. Einer davon ist die Pfarrkirche im Salzburger Stadtteil Parsch von 1956. Von Wilhelm Holzbauer (geb. 1930), heute einer der führenden Architekten Österreichs, stammt auch die Naturwissenschaftliche Fakultät der Universität Salzburg in Nonntal (1986). Der römische Architekt Massimiliano Fuksas entwarf das schicke Einkaufszentrum Europapark in *Salzburg* (1997–2005), Volkmar Burgstaller plante die interessante Stahl-Glas-Konstruktion des Hangars 7 am Salzburger Flughafen (2003). 2004 stellten die Münchener Architekten Friedrich-Hoff-Zwink das Museum der Moderne auf den Salzburger Mönchsberg.

Vor den Dom gerollt: Balkenhol

Malerei/Plastik: Gustav Klimt (1862–1918), führender Vertreter der Wiener Secession (Jugendstil), fand viele seiner Motive am Attersee (→ Kasten S. 173). Farbkräftige Ansichten vom Traunsee hinterließ der österreichische Expressionist Richard Gerstl (1883–1908); sie sind im Wiener Leopoldmuseum zu sehen. Salzburgs führender Maler zu Beginn des 20. Jh. war Anton Faistauer (1887–1930), der 1926 mit Fresken für das Foyer des Kleinen Salzburger Festspielhaus bekannt wurde. Einer der meistbeachteten zeitgenössischen Künstler Österreichs, Christian Ludwig Attersee (geb. 1940), hat sein liebstes Segelrevier, den Attersee, als Pseudonym seinem Namen zugefügt. Ein Dutzend Skulpturen renommierter zeitgenössischer internationaler Künstler (Anselm Kiefer, James Turrell, Anthony Cragg ...) gibt es an prominenten Plätzen in *Salzburg* zu sehen. Sie wurden zwischen 2002 und 2011 von der privaten Salzburg Foundation gestiftet (www.salzburgfoundation.at).

Hauptbahnhof Salzburg – endlich neu und modern

Anreise

Salzburg und das Salzkammergut sind von Deutschland, der Schweiz und dem Rest Österreichs durchgängig auf Autobahnen zu erreichen. Auch die Bahnverbindungen sind gut ausgebaut. Mit dem Salzburger Airport W. A. Mozart verfügt die Region zudem über einen internationalen Flughafen.

Zwar nicht in Salzburg, dafür in den Seitentälern des Salzkammerguts kann ein eigenes Fahrzeug von großem Vorteil sein. Dennoch ist die Anreise per Bahn oder Flugzeug in Kombination mit einem Mietwagen eine überlegenswerte Alternative.

Mit eigenem Fahrzeug

Wer **aus Deutschland** kommt, fährt über München und die A 8 (E 52) bis zum Knoten Salzburg und dann auf der West Autobahn A 1 (E 60/55) weiter bis zur Ausfahrt Salzburg Mitte. Reisende ins Salzkammergut können durch das Salzburger Stadtgebiet zur Wolfgangsee Straße (B 158) gelangen. Wer den Stadtverkehr meiden will, fährt auf der A 1 weiter Richtung Wien und verlässt die Autobahn je nach Reiseziel an einer der folgenden Ausfahrten: Thalgau (Exit 274) bringt zum Fuschlsee, Mondsee (264) und Oberwang (254) an den Mond- und Wolfgangsee, nach Bad Ischl, ins Innere Salzkammergut und ins Ausseerland. Die Ausfahrten St. Georgen (242), Seewalchen (234) und Schörfling (233) liegen nah am Attersee. Regau (224) und Laakirchen West (216) sind für den Traunsee ideal.

Die Anreiserouten **aus der Schweiz** und **aus Westösterreich** führen über München (s. o.) oder über Innsbruck und die Inntal Autobahn A 12 (E 60). An der Strecke via Innsbruck geht es durch den 14 km langen, gebührenpflichtigen Arlberg-Straßentunnel (8,50 €) – oder gebührenfrei über den Arlberg-Pass (1793 m, im Winter manchmal gesperrt!). Für die Weiterfahrt ins Salzkammergut ab Salzburg s. o.

Reisende **aus Ostösterreich** gelangen auf der West Autobahn A 1 (E 60) nach Salzburg. Für die Ausfahrten ins Salzkammergut s. oben. **Aus dem Südosten Österreichs** fährt man auf der Pyhrn Autobahn A 9 (E 57; Tunnelmaut 7,50 €) bis Ausfahrt 69 (Liezen) und weiter auf der verkehrsreichen Ennstal Straße B 320 bis Trautenfels. Von dort geht es auf der B 145 ins Salzkammergut. Diese trifft in Bad Ischl auf die Wolfgangsee Straße B 158, die einen bis nach Salzburg bringt. **Österreichs Süden** verbindet die Tauern Autobahn A 10 (E 55; Tunnelmaut 10 €) mit dem Knoten Salzburg, für Ziele im Salzkammergut verlässt man diese schon in Eben im Pongau (Ausfahrt 60) und erreicht über die Pass Gschütt Straße B 166 die B 145 (s. o.).

Österreichs Autobahnen sind bekanntlich mautpflichtig. Wer **vignettenfrei** anreisen will, verlässt die A 8 aus München kommend bei Ausfahrt 115 (Bad Reichenhall), fährt über die B 20 (Richtung Passau) nach Freilassing, nimmt dort die Ausfahrt nach Salzburg und erreicht über die Saalachbrücke (ehem. Grenzübergang) die Stadt.

Autobahngebühren Österreich Vignettenpflicht auf Autobahnen und Schnellstraßen: Für Pkw/Wohnmobile gibt es Vignetten für 10 Tage (8 €), 2 Monate (23,40 €) oder für ein Jahr (77,80 €). Motorradfahrer zahlen für die 10-Tages-Vignette 4,60 €, für die 2-Monats-Vignette 11,70 € und für die Jahresvignette 31 €. Jahresvignetten sind vom 1. 12. bis zum 31. 1. des übernächsten Jahres gültig und bei grenznahen Tankstellen, Postämtern, Tabaktrafiken und Automobilclubs erhältlich. Wohnmobile über 3,5 t zahlen eine **kilometerabhängige Maut** entsprechend ihrer Achsanzahl und Emissionsklasse. Dafür benötigen sie eine GO-Box, die an Autobahntankstellen erhältlich ist (Infos unter ✆ 0800-40012400, www.go-maut.at).

Notrufnummern Österreich **Polizei** ✆ 112 (europaweit) oder ✆ 133. **Rettung/Krankenwagen** ✆ 144. **Bergrettung** ✆ 140, **Feuerwehr** ✆ 122. Bei einer **Autopanne** hilft der ÖAMTC unter ✆ 120 (Stützpunkte in Salzburg, Bad Aussee, Bad Ischl, Gmunden und Mondsee) bzw. der ARBÖ unter ✆ 123 (Prüfzentren in Salzburg, Bad Ischl, Gmunden, Mondsee).

Höchstgeschwindigkeit Österreich Autobahn 130 km/h (100 km/h mit Wohnwagen), Autostraße, Schnellstraße, Landstraße 100 km/h, Ortsgebiet 50 km/h. Zahlreiche Tempobeschränkungen auf Autobahnen aus Lärm- und Umweltschutzgründen – Viele Radarkontrollen!

Sonstige Verkehrsvorschriften **Promillegrenze**: 0,5 Promille

Winterausrüstungspflicht: Von 1. Nov. bis 15. April darf bei winterlichen Verhältnissen nur mit Winterreifen gefahren werden. **Kindersitze**: Kinder unter 14 Jahren bzw. unter 1,50 m müssen in einem Kindersitz befördert werden oder speziell adaptierte Gurte verwenden. **Telefonieren** ist während der Fahrtnur mit Freisprecheinrichtung erlaubt. Eine **Warnweste** ist mitzuführen und im Fall einer Panne, sobald man das Fahrzeug verlässt, anzulegen.

Mit der Bahn

Die Stadt Salzburg ist ein internationaler Bahnknotenpunkt. Hier treffen mehrere Fern- und Nahverkehrsverbindungen aufeinander, u. a. die TEN-Linie von Paris bis Budapest, die innerösterreichische *Westbahn* von Linz und Wien, die *Salzburg-Tiroler-Bahn* nach Wörgl, von der die *Tauernbahn* nach Kärnten abzweigt. Für die Weiterfahrt ins Salzkammergut muss man in Salzburg auf Busse oder in Regionalzüge (→ „Unterwegs“) umsteigen.

Direktverbindungen nach Salzburg Hbf. (Stand 2012) gibt es **tagsüber** 1- bis 2-mal stündlich von München (*Railjet/EC-* und *Regionalzüge*; Fahrzeit 1½ bis 2 Std.) und Wien (*Railjet/EC/IC* und die private *Westbahn*; 2¾ Std. bis 3 Std.), im Stundentakt von Innsbruck (*Railjet/IC*; 2 Std.), etwa alle zwei Stunden von Klagenfurt (*EC/IC*; 3 Std.) und Stuttgart (4 Std.) sowie 3-mal täglich von Graz (4 Std.) und Frankfurt/M. (5¾ Std.) und 4-mal tägl. mit *Railjet* von Zürich (5¼ Std.). 1-mal tägl. verkehren Direktzüge tagsüber auch von Münster (Westf.) via Köln und Mannheim nach Salzburg (9½/8/5 Std.), Mo–Fr jeweils ein EC/IC aus Karlsruhe (5 Std.).

Der einzige direkte **Nachtreisezug** nach Salzburg ist der *EuroNight 467 Wiener Walzer* von Zürich (Ankunft um 4.12 Uhr). Eine gute Option sind die *CityNightLines 1287* aus Hamburg via Hannover und *1247* aus Berlin mit Zielbahnhof München (Ankunft 7.05 Uhr). Für die Weiterfahrt nach Salzburg s. o.

Spartickets/Ermäßigungskarten Mit einer **DB-BahnCard** oder einem **Halbtax- oder General-Abo der SBB** erhält man für den österreichischen Teil der Hin- bzw. Rückfahrt 25 % Ermäßigung auf den Normalpreis. Mit dem Ticket **Europa Spezial Österreich** der DB reduziert sich der Normalpreis je nach Verfügbarkeit im günstigsten Fall auf 39 €/Fahrt (2. Kl.) – bei Kauf 3 Monate im Voraus bis spätestens 3 Tage vor Reiseantritt, Zugbindung und besonderen Stornobedingungen.

SparNight: Besonders günstiges, kontingentiertes Angebot für bestimmte Nachtzüge (CityNightLine, EuroNight). Wer rechtzeitig bucht, zahlt für den Sitzplatz ab 29 €, im Liegewagen ab 49 € und im Schlafwagen ab 69 € pro Fahrt.

Bayern-Ticket: Wer von Bayern in einer Gruppe (bis 5 Pers.) oder alleine für einen Tagesausflug in Nahverkehrszügen nach Salzburg Hbf. reist, für den/die lohnt das Länder-Ticket der DB. Es ist Sa/So ab 0 Uhr, sonst ab 9 Uhr bis jeweils 3 Uhr des Folgetages gültig und kostet 31 € (Automat/Internet 29 €), in der Single-Variante 21/23 €. (Groß-)Eltern dürfen beliebig viele eigene (Enkel-)Kinder bis 14 J. mitnehmen.

SparSchiene Österreich: Mit diesem kontingentierten Online-Angebot der ÖBB kosten Fahrten innerhalb Österreichs nur 9 bzw. 19 € (1./2. Kl.). Die Fahrtstrecke muss 150 km lang sein und einen Fernverkehrszug beinhalten. Kein Umtausch, Kauf 6 Monate bis 3 Tage vor Fahrtantritt.

VorteilsCard: Österreichische Variante zur BahnCard der DB und zum Halbtax-Abo der SBB; gewährt bis zu 50 % Rabatt auf den Fahrpreis auf allen ÖBB- Strecken, ist ein Jahr gültig und kostet 99,90 €, für alle unter 26 19,90 €. Mit 26,90 € besonders günstig ist die VorteilsCard für Senioren (ab 60 J.), die auch in Bussen gilt. Die VorteilsCard erhält man an jedem österreichischen Bahnhof mit Ticketschalter und in Reisebüros.

Westbahn: Seit dem Fahrplanwechsel 2011 verkehrt auf der Strecke Wien–Salzburg 11-mal täglich die private Westbahn. Tickets kosten halb so viel wie bei der ÖBB und sind im Internet und in den Zügen ohne Aufpreis erhältlich.

Mit dem Fahrrad: In ausgewählten internationalen Zügen darf man das Rad im Gepäckwagen mitnehmen. Erforderlich sind eine internationale Fahrradkarte inkl. Reservierung (Deutschland 10 €, Österreich 12 €, Schweiz 20 CHF).

Information: www.bahn.de, www.oebb.at, www.sbb.ch, www.westbahn.at.

Mit dem Flugzeug

Der Flughafen **Salzburg Airport W. A. Mozart** (Code SZG), in punkto Passagierzahlen der zweitgrößte in Österreich, liegt 3,5 km südwestlich der Salzburger Altstadt (Bus- und Taxitransfer → S. 69).

Tägliche Nonstop-Flüge nach Salzburg (Stand 2012) gibt es ab Wien mit *Austrian* (www.aua.com), ab Frankfurt mit *Lufthansa* (www.lufthansa.com), ab Berlin, Hamburg und Düsseldorf mit *Air Berlin* (www.airberlin.com) und ab Köln-Bonn mit *Germanwings* (www.germanwings.com). Die Preise bewegen sich zwischen 40 und 600 €. Kostenlose Preisvergleiche bieten www.traveljungle.de, www.checkfelix.com, www.flug.idealo.de und www.billig-flieger-vergleich.de.

Flugauskunft: Flughafen Salzburg, ✆ +43 (0)662-85800, www.salzburg-airport.com.

Linienschiffe am Traunsee

Unterwegs in der Region

In der Stadt Salzburg kommt man am besten mit dem öffentlichen Bus und zu Fuß voran oder wie die Einheimischen mit dem Fahrrad. Die Hauptorte des Salzkammerguts sind gut mit Bahn und Bus erschlossen. Viele Naturschönheiten dieser Gebirgs- und Seenregion sind jedoch – und so soll es auch sein – nur zu Fuß erreichbar. Die Ausgangspunkte der Spazier- und Wanderwege werden häufig von öffentlichen Verkehrsmitteln angefahren, deren Fahrplandichte allerdings gering und deren Betrieb oft saisonal beschränkt ist. Ein eigenes Fahrzeug ist dann von Vorteil.

Mit eigenem Fahrzeug

Ein gut ausgebautes Straßennetz von Autobahnen (→ „Anreise") bis zu Panoramastraßen erschließt die Region. In der Stadt Salzburg muss man mit den üblichen Problemen des Stadtverkehrs rechnen, wie Staus zur Rushhour und lange Parkplatzsuche. Die Salzburger Altstadt ist Fußgängerzone, die Ortskerne von St. Wolfgang, Hallstatt und Bad Ischl sind tagsüber für den Verkehr gesperrt, manche Städte haben saisonale Fußgängerzonen (z. B. Mondsee, Gmunden). Beim **Parken** muss man Acht geben: Einmal reicht eine Parkscheibe für 30, dann für 90 Minuten, oft muss ein Parkschein gelöst werden, der Automat gibt aber so gut wie nie Geld zurück. Die Parkgebühren außerhalb der Stadt Salzburg betragen meist 3–6 € pro Tag.

Die aussichtsreichen **Bergstraßen** der Region sind meist ganzjährig befahrbar und mautpflichtig. Dazu zählen die Panoramastraßen auf Loser und Tauplitzalm, die Postalmstraße und die Straße zur Niedergadenalm am Wolfgangsee. Gratis ist die Gaisbergstraße am Salzburger Stadtrand.

Von den **Passstraßen** des Salzkammerguts ist die Koppenstraße (23 %) zwischen Obertraun und Bad Aussee oft wegen Lawinengefahr gesperrt. Sie kann auch für Wohnanhänger nicht empfohlen werden, ebenso wenig die Alternativroute über die Pötschenhöhe (B 145).

Wer in Österreich einen **Mietwagen** leihen möchte, muss seit mindestens einem Jahr einen Führerschein besitzen und über eine Kreditkarte verfügen. Für manche Fahrzeuggruppen ist ein Mindestalter von 21 bzw. 25 Jahren vorgesehen. Die bekannten Autoverleiher haben Büros in der Stadt und am Flughafen Salzburg. Ein Kleinwagen kostet ab 250 € pro Woche.

Information & Buchung: www.europcar.co.at, www.avis.at, www.hertz.at, www.e-sixt.at, www.budget.at, www.holidayautos.at, www.denzeldrive.at. Einen Preisvergleich bieten die Suchmaschinen www.billiger-mietwagen.de und www.mietwagenmarkt.de.

Mit der Bahn

Die **Salzkammergutbahn** – die wichtigste Strecke für das Salzkammergut – führt von Attnang-Puchheim an der Westbahn südwärts über Gmunden, Bad Ischl, entlang dem Hallstätter See und via Bad Aussee bis Stainach-Irdning im Ennstal, wo Bahnanschluss in Richtung Graz besteht. Züge verkehren alle 1 bis 2 Std. zwischen 6 und 20 Uhr. Die legendäre **Salzkammergut-Lokalbahn** von Salzburg nach Bad Ischl existiert seit 1957 nicht mehr (→ S. 114), sie wurde durch Busse ersetzt. Die **Almtalbahn** biegt in Wels von der Westbahn ab und fährt dann etwa 7- bis 10-mal tägl. nach Grünau ins Almtal. Ebenfalls an der Westbahn, in Vöcklamarkt, hat die schmalspurige **Attergaubahn** ihren Ausgang, die im (Zwei-)Stundentakt ans 14 km entfernte Atterseeufer bringt. Eine weitere Lokalbahn ist die **Traunseebahn** von Gmunden Seebahnhof nach Vorchdorf, die ebenfalls im (Zwei-)Stundentakt verkehrt.

Fahrkarten Fahrkarten (bis 100 km) gelten 1 Tag, ab 101 km (einfache Fahrt) 6 Tage, bei Hin- und Rückfahrt 1 Monat. Nur bei Karten über 101 km darf die Fahrt unterbrochen werden. Mit einem Erwachsenen dürfen bis zu zwei Kinder unter 6 Jahren gratis mitfahren, für jedes weitere Kind muss eine Halbpreiskarte gelöst werden. 6- bis 14-Jährige fahren zum halben Preis.

Gruppentickets: Mit dem *Einfach-Raus-Ticket* können 2–5 Personen für 28 € (Stand 2012) einen Tag lang (Mo–Fr 9–3 Uhr, Sa/So 0–3 Uhr) mit allen Regional- und Nahverkehrszügen der ÖBB fahren. Für Kleingruppen bis 5 Personen gibt es das *Minimax-Ticket*, mit dem der Erste 10 % der Zweite 20 % usw. weniger zahlt. Zusätzlich wird die VorteilsCard anerkannt – dann zahlt der Erste 50% weniger, der Zweite 60% und der Fünfte bereits 75% weniger. Das Minimaxticket ist in allen Zügen gültig.

Fahrkartenkauf: Fahrkarten und Gruppentickets erhält man am Schalter an Bahnhöfen, als Online-Ticket im Internet und an Automaten an Bahnhöfen, Haltestellen und in ausgewählten Zügen. Die Automaten akzeptieren Bargeld, Kredit- oder EC-Maestrokarten. In alle Züge des Nahverkehrs darf nur mit gültiger Fahrkarte zugestiegen werden, sonst fällt ein Strafzuschlag von 65–95 € an!

Bahnauskunft: ✆ 05-1717 (österreichweit zum Ortstarif), www.oebb.at.

Mit dem Bus

Abgesehen von der Salzkammergutbahn sind die sandfarbenen ÖBB-Postbusse das wichtigste Verkehrsmittel im Salzkammergut. An Wochenenden und schulfreien Zeiten kann der Fahrplan allerdings recht ausgedünnt sein. Typische Touristenziele werden wiederum nur in der Hochsaison angesteuert (z. B. Postalm, Tauplitzalm). Manche Gemeinden setzen saisonale, fahrplanmäßig verkehrende Wander- bzw.

Schibusse ein. **Fahrpläne** sollten an jeder Bushaltestelle hängen, **Fahrscheine** erhält man beim Fahrer. Alles Wissenswerte zu den Bussen im Salzburger Stadtverkehr findet man auf S. 69.

Fahrplanauskunft: www.postbus.at, www.ooevv.at, www.svv-info.at, www.verbundlinie.at.

Mit der Bergbahn

Fremdenverkehrsregionen in den Bergen verfügen traditionellerweise über Zahnrad-, Gondel-, Standseil- oder Sesselbahnen, die den Aufstieg auf aussichtsreiche Gipfel und Höhen erleichtern. Details dazu gibt es im Reiseteil. Besonders empfehlenswert sind die Fahrten mit der Zahnradbahn auf den Schafberg und mit den Seilbahnen auf den Krippenstein, den Zwölferkogel und die Katrin.

Mit dem Schiff

Das Salzkammergut kommt auf fast 80 Seen. Auf neun davon werden meist von Mai bis Mitte Oktober Überfuhren, Seerundfahrten und Linienverkehr angeboten, wobei von der Holzzille über die Motorplätte (→ „Salzkammergutschiffe") bis zum historischen Raddampfer allerlei Wasserfahrzeuge zum Einsatz kommen.

Fahrpläne: Angaben zu Betriebszeiten der Linienschiffe finden sich im Reiseteil zu Beginn der einzelnen Kapitel (im Kasten) und in den Ortsbeschreibungen unter „Hin & weg".

Bootsverleih: In jedem größeren Seeort können in der Sommersaison auch Boote geliehen werden. Tret- und Ruderboote kosten 5–6/8–10 €, Elektroboote 7–9/12–15 € für 30/60 Min.

Salzkammergutschiffe: *Plätte* bzw. *Fuhre* und *Zille* sind hölzerne Transport- und Fischerboote mit flachem (= plattem) Boden und hochgezogenem Bug und Heck. Typisch für die Plätte ist der spitz zulaufende Bug – wie eine venezianische Gondel wird sie im Stehen mit Einzelruder bewegt. Viele sind heute mit Elektromotor unterwegs.

Mit dem Fahrrad

Salzburg ist Österreichs führende Fahrradstadt, der Drahtesel ist aus dem Stadtbild nicht wegzudenken. Die längste Radroute durch das Salzkammergut ist der **Salzkammergut Radweg** R 2 (in OÖ) bzw. R 19 (Stmk), der von Salzburg aus eine kleeblattförmige Runde durch die Region zieht; gefahren wird meist auf Radwegen oder Nebenstraßen. Wegen der zahlreichen Steigungen ist ein Trekking- oder Tourenrad zu empfehlen, manche Bergstrecken können per Schiff oder Bahn umfahren werden. Die Basisroute ist 345 km lang, mit beschilderten Varianten und Extratouren zieht sie sich auf über 600 km.

Fahrrad-Karten: Empfehlenswert ist der *bikeline Radatlas Salzkammergut* (2010), Verlag Esterbauer (www.esterbauer.com), Maßstab 1:75.000 (12,90 €).

Fahrradverleih: In Sportgeschäften, seltener in Touristinfos, können normale Räder für 8–17 € und Mountainbikes für 15–20 € tageweise gemietet werden. **E-Bikes** werden an rund 30 Stationen (Hotels, Sportgeschäfte, Touristinformationen) verliehen (20 €/Tag), zum „Auftanken" stehen ca. 30 Akkuwechselstationen bereit. Infos unter www.movelo.com.

Fahrradmitnahme im Zug: In Nahverkehrszügen (R, REX, S-Bahn) kann das Rad in gekennzeichneten Zugbereichen mitgenommen werden. Die Fahrrad-Tageskarte kostet 5 €, die Wochenkarte 10 €.

Fahrradmitnahme im Bus: In Postbussen können einzelne Räder mitgenommen werden, allerdings nur nach Voranmeldung 3 Tage im Voraus.

Fahrradmitnahme auf dem Schiff: grundsätzlich möglich für etwa 3 € pro Fahrt.

Gediegenes Logieren in der Seevilla am Altausseer See

Übernachten

Vom Campingplatz bis zum Luxushotel haben die Stadt Salzburg und das Salzkammergut ein breites Angebot an Übernachtungsmöglichkeiten, darunter zahlreiche Privatquartiere und Ferienwohnungen.

Trotz dieser großen Auswahl kann es schwierig sein, in der Hauptsaison ohne Vorbuchung etwas in mittlerer Preislage zu finden. Das gilt insbesondere für die Stadt Salzburg, die alljährlich im August vom Festspielfieber befallen und im Advent und zu Weihnachten von halb Italien heimgesucht wird. Das Ausseer Narzissenfest, Sommerfestivals oder ideales Wanderwetter füllen auch die besten Quartiere im Salzkammergut rasch. In typischen Sommergebieten (z. B. Attersee) sind viele Betriebe von Oktober bis Mai geschlossen.

Die im Reiseteil genannten Zimmerpreise gelten, falls nicht anders angegeben, für 2 Personen im Doppelzimmer (DZ) inkl. Bad oder Dusche, WC, TV und Frühstück.

Unterkunftsverzeichnisse Die Stadt Salzburg und die 10 Tourismusregionen des Salzkammerguts haben jeweils eigene, kostenlose Gastgeberverzeichnisse, die alle Betriebe von Hotels, Privatzimmern, Ferienwohnungen bis zu Campingplätzen auflisten. Bei den regionalen Informationsstellen (→ S. 55, „Information") kann man sie telefonisch bestellen bzw. auf den Websites online anfordern. Unterwegs sind sie in den Touristinformationen größerer Orte erhältlich. Ansonsten helfen interaktive Informationstafeln, grüne Hinweisschilder und Zimmer-frei-Fähnchen bei der Quartiersuche.

Reservierung Üblicherweise reserviert man telefonisch oder online beim Vermieter.

Hotels, Gasthöfe und Pensionen

Österreichische Beherbergungsbetriebe sind nach einem *Fünf-Sterne-System* klassifiziert, in jeder Kategorie gibt es zusätzlich das Qualitätslabel „Superior" (S), eine Art Zwischenstufe auf dem Weg zur nächsthöheren Klasse. Die Verteilung der Sterne richtet sich primär nach Ausstattungs- und Servicedetails wie TV oder Sauberkeit im Zimmer und sagt vor allem bei Häusern unterer Kategorien weniger über Aussehen und Alter der Möblierung aus. In der Stadt Salzburg gibt es sechs Luxushotels mit der höchsten Sterneanzahl, im Salzkammergut drei, das Schloss Fuschl, der Seehof am Mondsee und das Iris Porsche Hotel in Mondsee. Ansonsten überwiegen (noch) die Drei-Sterne-Betriebe. Der Trend geht in Richtung höhere Kategorien. Dafür wird weiterhin kräftig investiert, denn für einen vierten Stern muss ein Hotel auch Wellnessbereiche (Dampfbad, Solarium) oder Seminarräume anbieten. In Hotels und Gasthäusern werden Zimmer mit Frühstück oder Halbpension angeboten, bei Pensionen ist Halbpension unüblich. Betriebe ab drei Sternen sollten ein Frühstücksbuffet bieten. Das Doppelzimmer in einem Drei-Sterne-Betrieb kostet je nach Standort und Aufenthaltsdauer 75–110 €, in einem Vier-Sterne-Betrieb 120–190 €/Nacht.

Privatzimmer

Eine preiswerte Alternative sind Privatquartiere, meist Einfamilienhäuser, in denen rund 4 bis 10 Betten in Einzel-, Doppel- oder Mehrbettzimmern vermietet werden. Eine Übernachtung beinhaltet immer ein Frühstück, das je nach Engagement des Quartiergebers von einfach (Kaffee/Tee, Marmelade, Brot/Semmeln) bis zum Buffet reichen kann. Unterkünfte, die sich einer freiwilligen Kategorisierung unterziehen, werden mit zwei (zweckmäßig) bis vier Edelweiß (sehr komfortabel) bewertet, wobei die Gastfreundlichkeit, Behaglichkeit und angebotene Extras (Leihräder, Sport- und Fitnessmöglichkeiten, Spielplatz) mitberücksichtigt werden. Für ein Doppelzimmer mit Dusche, WC und TV zahlt man in der Hauptsaison je nach Lage 50–70 € pro Tag. Zuschläge von 10–20 % für Aufenthalte unter drei Tagen sind üblich. Wer wenig Wert auf Komfort legt, kann auch Doppelzimmer (mit Etagendusche, in dezentraler Lage) um die 35 € finden.

Ferienwohnungen

Im Salzkammergut ist die Auswahl an Ferienwohnungen groß. Sie werden in Hotels, Pensionen, Privathäusern und auf Bauernhöfen angeboten und sind oft auch tageweise buchbar. Pro Betrieb stehen meist ein bis drei Wohnungen zur Verfügung, die 2–6 Personen Platz bieten. Es gibt keinen Service, man versorgt sich selbst und räumt selbst auf. Manchmal wird gegen Aufpreis Frühstück angeboten. Für die Endreinigung muss oft extra bezahlt werden (bis 40 €). Der Preis einer Ferienwohnung für 4 Personen liegt zwischen 60 und 140 € pro Tag.

Urlaub auf dem Bauernhof

Fast 500 Bauernhöfe im Salzkammergut bieten Unterkünfte an. Abgesehen vom landwirtschaftlichen Betrieb, der besonders auf Kinder eine große Faszination ausübt, ist der Unterschied zu Privatquartieren gering. Qualitätsgeprüfte Höfe werden mit zwei (eher rustikal) bis vier (sehr komfortabel) Margeriten ausgezeichnet. Die Preise verhalten sich wie bei Privatzimmern.

Jugendherbergen, Familiengästehäuser

Die österreichischen Jugendherbergen werden von zwei Vereinen betrieben, die – wie vieles andere in diesem Land – parteipolitisch zugeordnet werden können: der rot angehauchte *Österreichische Jugendherbergsverband* ÖHJV (www.oehjhv.at) und das konservative *Österreichische Jugendherbergswerk ÖJHW* (www.oehjhw.at). Beide sind Mitglieder bei der IYHF und betreiben in der Stadt Salzburg vier und im Salzkammergut acht Jugendherbergen (St. Gilgen, Bad Ischl, Mondsee, Obertraun, Gosau, Weyregg, Weißenbach am Attersee und Ebensee). Darüber hinaus gibt es die modernen, hotelähnlichen und teureren Jugend- und Familiengästehäuser von *JUFA*, eines davon liegt in Salzburg, drei sind im Ausseerland. Die Nacht inkl. Frühstück und Bettwäsche kostet pro Person 18–31 € (in den JUFA bis 50 €) je nach Anzahl der Betten im Zimmer. Wer für Jugendherbergen keinen Ausweis besitzt, zahlt einen Zuschlag von 3 €. Diesen erhält man in der Herberge vor Ort oder beim nationalen Jugendherbergsverband (auch online) für 12,50–21 € je nach Alter.

Österreichischer Jugendherbergsverband (ÖJHV), Gonzagagasse 22, 1010 Wien, ✆ +43 (0)1-5335353, www.oejhv.at.

Österreichisches Jugendherbergswerk (ÖJHW), Mariahilferstr. 24, 1070 Wien, ✆ +43 (0)1-5331833, www.oejhw.at.

DJH Hauptverband, Leonardo-da-Vinci-Weg 1, 32760 Detmold, ✆ +49 (0)5231-99360, www.jugendherberge.de.

Schweizer Jugendherbergen, Schaffhauser Str. 14, Postfach 161, 8042 Zürich, ✆ +41 (0)44-3601414, www.youthhostel.ch.

Camping

In der Region gibt es rund 50 Campingplätze mit 30 bis 140 Stellflächen. Drei davon liegen am Rand der Stadt Salzburg. Die Plätze im Salzkammergut sind vorwiegend an den Seen zu finden, wobei der Wolfgangsee und der Attersee mit je ein Dutzend Plätzen wahre Camperparadiese sind. Die meisten Plätze sind von April/Mai bis Anfang/Ende Oktober geöffnet. Für 2 Personen mit Zelt und Auto bzw. Wohnmobil zahlt man 25–30 € pro Tag. In der Hochsaison ist eine Reservierung ratsam. Wildes Campen ist verboten. Wohnmobilstellplätze mit Stromanschluss und Entsorgungsanlagen gibt es in der Stadt Salzburg und rund um die Salzkammergutseen keine.

Information: www.campingfuehrer.at, www.campingwelt.com.

Berg- und Almhütten

In erster Linie für Bergsteiger und Wanderer gedacht sind die Übernachtungsmöglichkeiten in den Berg- und Almhütten der Region, die vom Matratzenlager (Hüttenschlafsack ist Pflicht) bis zu Mehrbettzimmern reichen. Die meisten Hütten sind von Mai/Juni bis Anfang/Ende Okt. geöffnet.

Daneben gibt es auch rustikale Almhütten für Selbstversorger, etwa im Gosautal, auf dem Feuerkogel und der Tauplitzalm. Im Trend liegen auch neu gebaute **Almhüttendörfer**, die sogar, z. B. in der Hagan-Lodge am Fuß des Losers, mit Vier-Sterne-Komfort angeboten werden.

Information: Alpenverein ÖAV www.oeav.at/huetten; Naturfreunde Österreich www.naturfreunde-huetten.at.

Gebraten oder pochiert: Im Salzkammergut kommt oft Fisch auf den Tisch

Essen und Trinken

Kaiserschmarrn und ein Glas Milch in der Almhütte, Saibling im Restaurant am See, ein Bauernbratl im Dorfwirtshaus, Törtchen in der feinen Konditorei, eine frisch gezapfte Halbe im Biergarten oder Gourmetküche in Villen und Bürgerhäusern – die kulinarische Vielfalt ist groß.

Die regionale Küche entwickelte sich aus den üppigen Gerichten, wie sie am Salzburger Hof und in den adeligen und großbürgerlichen Salzkammergutvillen aufgetischt wurden, und der Arme-Leute-Kost der Bauern, Holzknechte und Salinenarbeiter, die auf Milch und Getreide basierte und deftig sein musste, um die Esser bei Kräften zu halten. Fleisch kam bei der einfachen Bevölkerung nur äußerst selten auf den Tisch, denn Jagd- und Fischereirechte gehörten allein dem Erzbischof und dem Kaiser.

Regionale Speisekarte

Ein mehrgängiges Essen beginnt mit einer Suppe, seltener mit einer Vorspeise. Dann folgt ein knuspriges Bratl (Schweinebraten), ein Klassiker der österreichischen Fleischküche, ein Salzkammergutfisch oder Fleischloses wie Knödel oder Nudeln. Auch eine warme Mehlspeise kann man als Hauptgang wählen. Den Magen schließt selten Käse, sondern ein Dessert, und zur finalen Abrundung empfiehlt sich ein Schnapserl.

Suppen und Vorspeisen

Als Einlage in klare Suppen dienen *Frittaten* (Pfannkuchenstreifen), *Knödel*, *Strudel* (Fleischstrudel) und *Nocken* wie *Leberspätzle* oder *Grießnockerl*. Die *Brennsuppe* (von Einbrenn/Mehlschwitze), *Brot-* oder (saure) *Millisuppe* der einfachen Leute wird heute in verfeinerter Version serviert. Daneben gibt es *Knoblauch-* und *Schwammerl-(Pilz-)suppe* und oder eine dicke *Gerstlsuppe* aus Getreide, Gemüse und Erdäpfeln (Kartoffeln). Typisch sind auch *Bier-* und *Brezensuppe*. Für die Vorspeise greift man zu geräuchertem Fisch oder zu Frischkäse aus der Region.

Knödel

Schon seit Jahrtausenden bereitet man in der Region Knödel zu, was Teigreste in den jungsteinzeitlichen Pfahlbauten am Mondsee bezeugen. Heute gelten Knödel aus Semmeln oder Erdäpfeln (Kartoffeln) gewissermaßen als Basisknödel. Man isst sie als Beilage zum Braten, mit Ei geröstet ergeben sie ein bodenständiges Hauptgericht. Je nach den Zutaten, die man den Semmelknödeln beimengt, entstehen *Spinatknödel*, *Leberknödel*, *Kaspressknödel* (Bergkäse), *Fleischknödel* (Hackfleisch) und *Tiroler Knödel* (Speck, Selchfleisch), die als Einlage in der Suppe schwimmen oder eine herzhafte Hauptspeise ergeben, zu der meist Sauerkraut gereicht wird. *Erdäpfelknödel* können mit gehacktem Selchfleisch, würfelig geschnittener Dauerwurst oder Grammeln (ausgebratene Speckwürfel) gefüllt und als Hauptgericht mit Kraut und Salat serviert werden. Umhüllt man Zwetschken, Dörrobst oder Marillen (Aprikosen) mit Erdäpfelteig und wälzt sie in süßen Butterbröseln, hat man herrliche, warme *Mehlspeisknödel*. Statt Kartoffelteig wird auch Brandteig oder Topfenteig (mit Quark) verwendet. Ohne Fülle kommen warme *Topfenknödel* aus. Dafür garniert man sie mit Zwetschkenröster oder Hollerkoch (Zwetschgenkompott bzw. Holundermus). Dreifach einsetzbar sind *Grießknödel*, sie gibt es als Süßspeise, Suppeneinlage oder Bratenbeilage.

Nocken, Schmarrn und Nudeln

Von der kräftigenden Küche der Sennen und Holzknechte leiten sich die *Nock(e)n-* und *Schmarr(e)ngerichte* ab, die wie Knödel pikant und süß sein können und authentisch im Pfandl, einer schmiedeeisernen Pfanne, serviert werden sollten.

Im Salzwasser gekochte streifenförmige Nocken (der Teig entspricht einem Spätzleteig) werden anschließend in Butter und Schmalz goldbraun gebacken. Fügt man Bergkäse (und Zwiebel) dazu, erhält man *Kasnockn*, mit Rühreiern bereitet man *Eiernockerln*, mit zerriebenem Topfen (Quark) und Zwiebeln *Schottnocken*. Mit gehacktem Schinken oder Speckkraut verfeinert man sie zu *Schinkennockerl* oder *Krautspatzen*. Manchmal werden sie als *Holzknechtnocken* angeboten und sind dann mit Sauerkraut, gedünsteten Apfelscheiben, Apfelmus oder Zwetschkenröster erhältlich. Typisch für die Region sind süße *Schwarzbeernocken*, deren Name alles irreführend ist. Statt Nockerlteig wird hier ein Omelettenteig angerührt, mit Heidelbeeren vermengt und portionsweise gebacken. Dieser Eierkuchenteig ist auch die Basis aller süßen Schmarrengerichte, von denen der *Kaiserschmarr(e)n* das berühmteste ist.

Was Nudeln heißt, muss noch lange nichts mit der aus dem Süden vertrauten Pasta zu tun haben. Es können längliche Erdäpfelteiggebilde sein, die gebacken oder gekocht mit Sauerkraut oder als Süßspeise (Kletzennudeln, Mohnnudeln) serviert werden. *Raunudeln* sind eine krapfenähnliche, mit Marmelade bzw. Powidl

Zu Festtagen herrscht Hochbetrieb – Holzknechtküche in Bad Goisern

(Zwetschgenmus) gefüllte Mehlspeise aus Germ- alias Hefeteig, die im Osten Österreichs genauso wie in Bayern *Buchteln* genannt wird. Was im Entferntesten aussieht wie Ravioli, also mit Selchfleisch gefüllte, allerdings gebackene Teigtaschen sind *Fleischkrapfen*, die mit Sauerkraut gegessen werden. Sie tauchen auch als *Taschenknödel* oder *Zusammengelegte Knödel* auf, womit sich der Kreis zum Knödel wieder schließt.

Fleisch- und Fischgerichte

Beliebt ist der ofenfrische *Schweinsbraten*, auch *Bauernbratl*, *Ofenbratl* oder einfach *Bratl* genannt. Dazu reicht man als regionale Beilage Stöcklkraut, das im Ganzen gekocht und dann in Teile geschnitten wird. Unter *Krenfleisch* oder *Steirischem Wurzelfleisch* versteht man gekochtes Schweinefleisch mit Wurzelgemüse und Kren (Meerrettich). Deftig ist der *Bauernschmaus*, eine Schlachtplatte aus Schweinsbraten, Geselchtem, Würstel, Knödel und Sauerkraut. Die Altwiener Fleischküche ist in den regionalen Speisekarten vertreten mit dem panierten *Wiener Schnitzel* aus Schwein oder in der Originalversion aus Kalb, und mit dem *Tafelspitz*, gekochtes Rindfleisch, das mit gerösteten Erdäpfeln, Apfelkren und Gemüse (in der Suppe) serviert wird. *Zwiebel-* und *Vanillerostbraten*, letzterer mit viel Knoblauch, der „Vanille des kleinen Mannes", werden aus einem Rückenstück des Rindes zubereitet. Das *Salzburger Bierfleisch* entspricht einem Ragout, bei dem die Rindfleischwürfel mit dunklem Bier abgelöscht wurden. Unter *Bauernschöpsernem* muss man sich einen Eintopf aus Lammfleisch, Fisolen (grüne Bohnen) und Erdäpfel vorstellen, der mit Rahmradi (Rettichsoße) angerichtet wird. Typische Geflügel- und Wildgerichte sind *Backhendl, gebratene Gans* oder *Ente, Reh-* oder *Hirschragout* und *Gamsbraten*. Noch exquisiter war natürlich die Auswahl am Hof der Salzburger Fürsterzbischöfe, wo man sich im 18. Jh. an „Steinadler in Ribiselsauce" delektierte.

Die tiefen Seen und glasklaren Flüsse des Salzkammerguts lassen schmackhafte **Fische** heranwachsen, deren Fleisch aufgrund der niedrigen Wassertemperaturen und des dadurch verlangsamten Wachstums besonders fest und kernig ist. *Bach-* und *Seeforelle, Saibling, Seesaibling* und *Reinanke* (Renke/Felchen) sind die Salzkammergut-Fische schlechthin, dazu kommen *Zander, Hecht* und *Karpfen*. Sie werden gekocht, pochiert (unter dem Siedepunkt „gekocht"), gebraten oder in einem Teigmantel gebacken. An einigen Seen (z. B. Traunsee) sind auch *Stangl-* oder *Steckerlfische* erhältlich. Das sind kleine, gesalzene und auf Holzstöckchen gespießte Fische, die über Holzkohlenglut gebraten und geräuchert wurden.

Salzkammergut-Fischrestaurants

Mindestens drei Fischspezialitäten aus lokalen Gewässern darf man sich bei diesen an einem runden Hausschild mit Fisch-Logo erkennbaren etwa drei Dutzend Restaurants erwarten, die darüber hinaus weitere Qualitäts- und Ausstattungsmerkmale (z. B. Dekoration im Lokal) zu erfüllen haben. Im Reiseteil werden sie als „Fischrestaurant" bezeichnet. Mehr Informationen dazu unter www.fischrestaurants.at.

Kalte Jause

Zur Brotzeit gibt es kalte Fleisch- und Wurstwaren wie Geselchtes, Kümmel- und Schweinsbraten, Hirsch-, Gams-, Leber- und Blutwurst. Dazu kommen Streich- und Frischkäse wie der bekannte *Aberseer Schafkäse* und der *Erdäpfelkas*, ein Brotaufstrich aus gekochten Kartoffeln. **Schnittkäsespezialitäten** aus dem Salzkammergut sind der *Mondseer* (→ Kasten S. 159), der würzige *Gmundner Berg*, der mild-süße *Traunstein König* mit Walnussaroma, der süßliche *Gosauer Jausenkäse*, der alpwürzige *Traunkirchner Raclette* und der mild geräucherte *Stoderer Rauchkäse*. Aufs Brot geschmiert werden auch Schmalz, Grammeln (Speckwürfel) oder Verhackerts, ein schmalzähnlicher Aufstrich mit Speckwürfeln. Ein Potpourri aus allen Speisen erhält, wer eine *Brettljause* bestellt. Kalte Knödel vom Vortag, in Scheiben geschnitten und mit Essig, Öl und Zwiebel mariniert, gelangen als *Essigknödel* zur Brotzeit.

Österreichische Maßeinheit: 1 Dekagramm/1 Deka (1 dag) = 10 Gramm.

Süßspeisen und Desserts

Als Mehlspeise sind neben Knödeln, Nocken, Schmarren und Nudeln (s. o.) *Strudel* weit verbreitet. Sie werden mit Apfel, Topfen, Nuss oder Mohn gefüllt, kalt oder warm, mit oder ohne Vanillesoße genossen. Bei *Powidltascherl* versteckt sich Pflaumenmus in einer Erdäpfelteigtasche. *Mohr im Hemd* ist ein in der Form gebackener und dann gestürzter Schokoladenauflauf, der mit Schokosoße auf den Teller kommt. Ein *Besoffener Kapuziner* ist ein gebackener Nuss-Schokolade-Auflauf, der mit Gewürzwein getränkt wird. Durch Backteig gezogen und in heißem Fett gebacken werden *Pofesen* (mit Powidl gefüllte Weißbrotscheiben; anderenorts würde man *Arme Ritter* dazu sagen) und Holunderblüten, die dann *Hollerstrauben* heißen. *Almraung(g)erl* ist ausgestochener und in Schmalz gebackener Mürbteig. Vergleichbar im Geschmack sind *Hasenöhrln*, die länglicher, eben in Form von Meister Lampes Löffeln hergestellt werden. *Kletzenbrot*, das Früchtebrot mit Dörrpflaumen, wird zur Weihnachtszeit zubereitet.

Salzburger Nockerl – ein Hauch von Dessert

Ein Klassiker der Salzburger Mehlspeisküche ist dieses im Rohr gebackene Soufflé aus Ei, Mehl, Milch, Butter, Zucker, Zucker und nochmals Zucker. Goldbraun, schwabbelig, oft groß wie ein Handball und im Idealzustand an ein Gebirge nach dem ersten Schneefall erinnernd, reicht eine Portion meist für drei Personen. Nach dem Servieren fällt es schnell in sich zusammen, was manch erwartungsvollen Erstverkoster herb enttäuschte: „Nur süße Luft."

Die berühmte *Wiener Sachertorte*, eine mit Marillenmarmelade gefüllte Schokoladentorte, kann man im Salzburger Hotel Sacher nach Originalrezept probieren. Weltruf hat auch der *Zaunerstollen* aus der gleichnamigen Konditorei Zauner in Bad Ischl. Nach der Kurstadt benannt sind die *Ischler Törtchen* oder *Krapferln*, runde Mürbteigplätzchen, mit Buttercreme gefüllt, mit Schokolade überzogen und einer Mandel dekoriert. Und was wäre die Region ohne die *Mozartkugel*, die in den Konditoreien in verschiedenen Varianten angeboten wird? (→ Kasten S. 84)

Backhendl: paniertes, gebackenes Huhn, **Beusche(r)l**: Ragout aus Kalbslunge und -herz, **Blunz(e)n**: Blutwurst, **Eierschwammerl**: Pfifferlinge, **Erdapfel**: Kartoffel, **Faschiertes**: Hackfleisch, **Fisolen**: grüne Bohnen, **Fleckerl**: kleine, quadratische Nudeln, **Frankfurter**: Wiener Würstchen, **Frittaten**: Pfannkuchenstreifen als Suppeneinlage, **Geselchtes**: Rauchfleisch, **Germ**: Hefe, **Golatsche**: süßes Plundergebäck, **Grammeln**: ausgebratene Speckwürfel, **Guglhupf**: Napfkuchen, **Karfiol**: Blumenkohl, **Kernöl**: Öl aus gerösteten Kürbiskernen, **Kipferl**: Hörnchen, **Kitz**: junge Ziege, **Kletzen**: Dörrbirne, **Knödel**: Kloß bzw. Klöße, **Koch**: Brei, **Kohlsprossen**: Rosenkohl, **Kraut**: Weißkohl, **Kren**: Meerrettich, **Kukuruz**: Mais, **Marille**: Aprikose, **Obers**: Sahne, **Palatschinke**: dünner Pfannkuchen, **Paradeiser**: Tomate, **Powidl**: Pflaumenmus, **Rahm**: saure Sahne, **Ribisel**: Johannisbeere, **Röster**: gedünstetes Obst, **Schlagobers**: Schlagsahne, **Stelze**: Eisbein, **Topfen**: Quark, **Vogerlsalat**: Feldsalat.

Am Marktplatz in Mondsee gibt's alles: Café, Konditorei, Gaststätte, Hotel

Kaffee, Bier und Schnaps

Bekanntermaßen bestellt man in Österreich nicht einfach „Kaffee“ (betont wird hierzulande auf dem E), sondern differenzierter. Beispielsweise den *Kleinen* bzw. *Großen Schwarzen* oder *Braunen* (Schwarzer mit Kaffeeobers), *Verlängerten* (Schwarzer mit Wasser) oder *Melange* (Verlängerter mit warmer Milch), wie die gängigsten Varianten heißen. Daneben gibt es noch eine Vielzahl an Kaffeespezialitäten, deren Zubereitung meist in der Karte nachzulesen ist.

Salzburg ist eine Bierstadt. Das quellreine Wasser von den umliegenden Bergen und Hopfen aus Bayern und Oberösterreich sorgen seit Jahrhunderten für köstliches Bier. Das bekannteste ist das seit 1492 gebraute *Stiegl* (→ Brauwelt S. 111). Seit 1621 besteht das *Augustinerbräu* Kloster Mülln, dessen handwerklich gebrautes Bier im Müllner Bräustübl (→ S. 78) besonders mundet. Weißbier wird seit 1901 in der Weißbierbrauerei *Die Weisse* (→ S. 78) in der rechten Altstadt gebraut. „Das Bier zum Salzkammergut“ nennt die Brauerei *Schloss Eggenberg* ihre Produkte, u. a. starke Bockbiere, die sie seit 1681 in Vorchdorf nördlich von Gmunden gebraut werden.

Hochprozentige Spezialitäten der Region sind der himbeersaftrote, harzig schmeckende *Zirbenschnaps* oder *-likör*, für den die in Scheiben geschnittenen Zapfen der Zirbelkiefer in Alkohol eingelegt, danach gefiltert und gesüßt werden, sowie der *Vogelbeerschnaps*, der aus den dunkelroten Beeren der Eberesche, und der *Hollerschnaps*, der aus reifen Holunderbeeren gebrannt wird. Auch Marillen (Aprikosen), Zwetschken, Birnen und Himbeeren werden häufig in Hochgeistiges verwandelt. Zusammen gebrannte Äpfel und Birnen ergeben den klassischen Obstler.

Glasgrößen: Eine Halbe sind 0,5 l, ein Seid(e)l 0,3 l, ein Pfiff 0,2 l Bier. Ein Stamperl ist ein kleines Schnapsglas.

Die Lokale

Die Stadt Salzburg und das Salzkammergut besitzen eine Reihe von prämierten **Gourmetrestaurants**, in denen zumeist regionale Küche – kreativ verfeinert, mediterran oder asiatisch inspiriert – geboten wird. Kulinarischen Genuss darf man sich auch von den übrigen **Restaurants**, **Gasthöfen** und **Wirtshäusern** erwarten, in denen üblicherweise bodenständig und österreichisch gekocht wird. Mitunter finden sich auch Pizza und Pasta auf der Speisekarte. Warme Gerichte werden generell mittags (11.30–14 Uhr) und abends (18–21/22 Uhr) angeboten. Hat ein Lokal durchgehend warme Küche, ist das im Reiseteil extra vermerkt. Fast jeder größere Ort hat eine eigene **Café-Konditorei**, die meist täglich von 8 bis 19/20 Uhr geöffnet hat. In der Stadt Salzburg, in Bad Ischl, Bad Aussee und Gmunden trifft man auch auf **altösterreichische Kaffeehäuser**, wo man sich bei Kaffee und Kuchen mit Freunden und Geschäftspartner trifft oder allein in die Zeitung oder ein Buch vertieft.

Ruhetage: Die im Reiseteil genannten Ruhetage der Restaurants gelten meist nicht für Juli und August.

Ein Höhepunkt im Festkalender: Fasching in Aussee

Reisepraktisches von A bis Z

Ärztliche Versorgung

Mit der *Europäischen Krankenversicherungskarte* (European Health Insurance Card), die sich auf der Rückseite nationaler Versicherungs- oder Gesundheitskarten befindet, können Arzt oder Krankenhaus am Urlaubsort direkt aufgesucht werden. Der Abschluss einer kurzfristigen privaten *Reisekrankenversicherung* ist weiterhin ratsam, denn sie deckt im Notfall auch einen Heimtransport ab. Für das Reisegebiet zu empfehlen ist eine *Zeckenschutzimpfung.*

Apotheken gibt es nur in Städten und größeren Orten; üblicherweise sind sie Mo–Fr 8–12/14–18 Uhr und Sa 8–12 Uhr geöffnet. Ein Aushang informiert über Notdienste.

Krankenhäuser gibt es in Salzburg, Gmunden, Bad Ischl und Bad Aussee.

Diplomatische Vertretung

Deutsches Honorarkonsulat, Schwarzstr. 16, 5020 Salzburg, ✆ +43 (0)662-880201-121.

Schweizerisches Konsulat, Alpenstr. 85, 5020 Salzburg, ✆ +43 (0)662-622530.

Dokumente

Auch innerhalb der EU müssen Personaldokumente ins Reisegepäck. Für die Einreise nach Österreich genügt ein gültiger Personalausweis, eine Identitätskarte oder ein Reisepass (bis 5 Jahre nach Ablauf).

Keramik kauft man am besten in Gmunden

Einkaufen

Die Nahversorgung in der Region decken mittlerweile, wie andernorts auch, die großen Supermarktketten, allen voran der zum Rewe-Konzern gehörende *Billa*, gefolgt von der österreichischen *SPAR*. Ebenfalls vertreten sind *Penny, Zielpunkt* und die Discounter *Hofer* (eine Aldi-Süd-Tochter) und *Lidl*. Noch von selbstständigen Kaufleuten geführt werden die *Nah & Frisch-* und *Adeg*-Märkte. Die Preise im österreichischen Lebensmittelhandel sind generell höher als in Deutschland, Qualität und regionale Herkunft der Produkte sind für einen Großteil der Kundschaft wichtiger als ein günstiger Preis.

Feiertage

Geschäfte und Banken haben an folgenden Feiertagen geschlossen: 1. Januar (Neujahr), 6. Januar (Hl. Drei Könige), Ostermontag, 1. Mai (Tag der Arbeit), Christi Himmelfahrt, Pfingstmontag, Fronleichnam, 15. August (Mariä Himmelfahrt), 26. Oktober (Nationalfeiertag), 1. November (Allerheiligen), 8. Dezember (Mariä Empfängnis), 25./26. Dezember (Weihnachten). An Landesfeiertagen bleiben die Geschäfte meist offen. Es sind dies der 19. März *(Josefitag)* in der Steiermark, der 4. Mai *(Florianitag)* in Oberösterreich und der 24. September *(Rupertitag)* in Salzburg.

Geld

Die Österreicher haben für die Rückseiten ihrer Euro- und Cent-Münzen nationale Motive gewählt: Die 2-Euro-Münze ziert die Friedensnobelpreisträgerin *Bertha von Suttner*, die 1-Euro-Münze ist *Mozart* gewidmet. Das Wiener *Secessionsgebäude* ist auf dem 50-Cent-, das Wiener Schloss *Belvedere* auf dem 20-Cent-Stück abgebildet. Das 10-Cent-Stück zeigt den Turm des Wiener *Stephansdoms*. Die Münzen zu 5, 2 und 1 Cent schmücken Alpenprimel, Edelweiß und Enzian.

An **Geldautomaten** (Kennzeichen: blau-grünes „B“) kann man mit einer EC-/Maestro- oder Kreditkarte Geld abheben. Der tägliche Höchstbetrag entspricht dem persönlichen Kartenlimit, üblicherweise 400 €. Das Abheben mit ausländischer Bank(omat)karte oder Kreditkarte kostet üblicherweise einen Fixbetrag (ca. 5 €) oder einen Prozentsatz der abgehobenen Summe. Geldautomaten gibt es in fast jedem Ort, am besten sieht man sich dafür am Hauptplatz um.

Die gängigen **Kreditkarten** (Visa, Mastercard) werden in größeren Geschäften, in Restaurants, Hotels und Tankstellen sowie von Fahrscheinautomaten der Bahn akzeptiert. In ländlichen Regionen hingegen ist das Bezahlen mit Kreditkarte weniger verbreitet.

Sperrnummern: Sie variieren je nach Ausstellungsland und Karte: Bei **Verlust der EC/Maestro-Karte**: ✆ 0049-116116 (D), ✆ 0800-2048800 (A), ✆ 0041-848888601 (CH, UBS-Karten), ✆ 0041-800800488 (CH, Credit Suisse).

Bei **Verlust der Kreditkarte**: ✆ 0049-116116 (D, alle Karten), ✆ +43 (0)1-71111-770 (A, VISA), ✆ +43 (0)1-717014500 (A, MasterCard), ✆ +43 (0)1-501350 (A, Diners Club), ✆ +41-442008383 (CH, VISA, MasterCard), ✆ +41-448354545 (CH, Diners Club).

Haustiere

Hunde und Katzen benötigen für Reisen innerhalb der EU den *EU-Heimtierausweis*. Dieser wird bei Vorliegen einer Kennzeichnung des Tieres durch einen Mikrochip ausgestellt und muss einen Nachweis über eine gültige Tollwutimpfung (mindestens 30 Tage, maximal 12 Monate vor Grenzübertritt) enthalten. In Österreich besteht im Ortsgebiet und in öffentlichen Verkehrsmitteln *Maulkorb- und Leinenpflicht*.

Information

Prospektmaterial kann man vor Reiseantritt telefonisch oder via Internet bei den unten genannten Adressen anfordern. Auskünfte vor Ort erhält man bei den Touristinformationen, ihre Adressen sind im Reiseteil unter der Rubrik „Information" zu finden.

Deutschland: *Urlaubsservice der Österreich Werbung*, gebührenfreie Service-Nr. ✆ 00800-40020000 (Mo–Fr 9–17 Uhr), www.austria.info.

Schweiz: *Urlaubsinformation Österreich*, Service-Nr. zum Ortstarif ✆ 0842-101818, www.austria.info.

Österreich: *Tourismus Stadt Salzburg*, Auerspergstr. 6, A 5020 Salzburg, ✆ +43 (0)662-88987-0. *www.salzburg.info* bietet ausführliche und aktuelle Infos.

Salzkammergut Tourismus, Salinenplatz 1, A 4820 Bad Ischl, ✆ +43 (0)6132-26909. *www.salzkammergut.at* hat die Links zu allen einzelnen Regionen.

Moderne für den Gast: Information in Gmunden

Kleidung

Ein Sommerurlaub in der Region ist nicht unbedingt ein reiner Badeurlaub (→ Klima S. 21). In punkto Garderobe sollte man sich auf Hitze ebenso einstellen wie auf Kälteeinbrüche: Neben Badesachen sind feste, wasserdichte Schuhe, warme Hose und Pullover, Regenjacke (eventuell gefüttert), Kopfbedeckung und ein robuster Regenschirm ein Muss, um für jedes Wetter und den Salzburger Schnürlregen gerüstet zu sein. Nicht anders machen es die Einheimischen, die das ganze Jahr über ihren Wetterfleck (Pelerine) aus Loden oder eine dicke Walkjacke griffbereit halten. Wer leicht friert, sollte auch im Sommer für den Besuch von Bergwerken und Höhlen ein Paar Handschuhe dabeihaben.

Landkarten, Stadtpläne

Stadt Salzburg: Von *Freytag & Berndt* gibt es den handlichen, nur 9 x 15 cm großen Salzburg City Pocket (2009; 4,95 €) und von *Kompass* einen Touristenplan (2011; 2,95 €), beide im Maßstab 1:10.000.

Salzkammergut: Als Straßenkarte eignet sich die *Freytag & Berndt* Auto-/ Freizeitkarte Blatt 2 „Oberösterreich – Salzkammergut“ (2010; 8,95 €).

Literatur

Hier eine Auswahl an Reiseliteratur und Belletristik zur Region:

Alfred Komarek, *Ausseerland: Die Bühne hinter den Kulissen* (2012) und *Salzkammergut: Reise durch ein unbekanntes Land* (2010), beide Kremayr & Scheriau. Der feinsinnige Salzkammergütler erzählt von Land und Leuten und berichtet Anekdoten und historische Begebenheiten.

Ebenfalls von Alfred Komarek als Diogenes Taschenbücher: *Die Villen der Frau Hürsch* (2005), *Die Schattenuhr* (2007), *Narrenwinter* (2008) und *Doppelblick* (2010). Die vierteilige Spurensuche der Romanfigur Daniel Käfer spielt im Ausseerland, in Hallstatt und Bad Ischl.

Dietmar Grieser, *Nachsommertraum im Salzkammergut*, Insel Taschenbuch (2009). 15 amüsante Essays über die Sommerfrischler Mahler, Klimt, Stifter ... und ihre Beziehung zum Salzkammergut.

Peter Handke, *Der Chinese des Schmerzes*, Suhrkamp (1986). Am Mönchsberg, also vor Handkes damaliger Haustür, spürt Andreas Loser Hakenkreuzschmierereien nach. Eine mörderische Erzählung.

Wolf Haas, *Silentium*, Rowohlt Taschenbuch (2004). In seinem zweiten Kriminalfall (auch als Hörbuch und DVD) deckt Privatdetektiv Brenner Grauslichkeiten in Salzburgs Festspielszene auf. Witzig, makaber und zutiefst österreichisch geschrieben.

Herbert Rosendorfer, *Salzburg für Anfänger*, dtv (2005). Ein kenntnisreicher und amüsanter Streifzug durch die Mozart- und Festspielstadt.

Thomas Bernard, *Die Ursache: Eine Andeutung*", dtv (2011). Die Autobiografie erzählt von Bernhards unglücklicher Internatszeit im von Bomben bedrohten Salzburg der letzten Kriegsjahre.

Adalbert Stifter, *Der Bergkristall*, u. a. bei Diogenes (2005). Die Inspiration zur berühmten Weihnachtsgeschichte fand der Meistererzähler Mitte des 19. Jh. im Hallstätter Echerntal und den damals neu entdeckten Dachsteinhöhlen.

Öffnungszeiten

Banken: Geldgeschäfte kann man Mo–Fr 8–12 und 14–16 Uhr erledigen. Filialen in kleinen Orten sind nachmittags häufig geschlossen.

Geschäfte: Große Lebensmittelketten haben Mo–Do 8–19 und 19.30 Uhr, Fr 8–19.30 Uhr sowie Sa 8–18 Uhr geöffnet. Kleinere Geschäfte machen von 12 bis

15 Uhr Mittagspause und sind Mittwoch- und Samstagnachmittag geschlossen. An touristischen Tummelplätzen gibt es in der Hochsaison zumindest einen Lebensmittelmarkt, der täglich geöffnet hat.

Post & Postpartner: Postämter, die man leider nur noch in größeren Orten findet, haben meist Mo–Fr 8–12 und 14–17 Uhr geöffnet. In kleineren Orten übernehmen vermehrt Lebensmittelgeschäfte, Apotheken oder ähnliche Dienstleistungsbetriebe als „Postpartner" die Aufgaben der Post.

Sehenswürdigkeiten: Die meisten **Museen in Salzburg** sind außer zur Festspielzeit *montags geschlossen* und sonst von 9/10 bis 17/18 Uhr geöffnet. Schloss Hellbrunn hat von November bis März Winterpause.

Salzkammergut Erlebnis-Card, Winter-Card (Skg-Card)

Die Karten zu je 4,90 € bieten bei den wichtigsten Attraktionen, wie Museen, Bergbahnen, Schiffslinien, Salzbergwerken, Freibädern (im Reiseteil mit Skg-Card markiert) und bei einigen Museen der Stadt Salzburg bis zu 30 % Ermäßigung. Sie sind in Touristinformationen und Hotels erhältlich, für die Dauer des Urlaubs gültig und rentieren sich bei mehreren Besuchen. Die Erlebnis-Card ist von 1. Mai bis 31. Oktober gültig, die Winter-Card von 1. November bis 15. April.

Von den **Museen im Salzkammergut** sind das Museum der Stadt Bad Ischl, das Wolfgangseer Puppenmuseum, das Museum Hallstatt, der K-Hof Gmunden und das Zeitgeschichtemuseum in Ebensee nahezu ganzjährig geöffnet. Alle übrigen Museen und Schauhöhlen sind im Winterhalbjahr von Okt./Nov. bis April/Mai geschlossen. Nur der Cumberland-Wildpark Grünau ist ganzjährig offen.

Porto

Briefe und Postkarten aus Österreich in ein europäisches Land kosten 0,70 €, innerhalb Österreichs 0,62 €. Marken erhält man in Postämtern und Tabaktrafiken, die gelben Briefkästen werden Mo–Fr einmal täglich geleert. Richtig adressiert ist eine Sendung, wenn vor der Postleitzahl kein Länderkürzel (D/CH) steht, sondern das Empfängerland in Großbuchstaben in der untersten Zeile angeführt ist.

Radio

Die wichtigsten Sender des öffentlich-rechtlichen Rundfunks *ORF* sind *Ö 1* (Journale zu Kultur, Politik, Wissenschaft; klassische Musik, Jazz), *Radio Salzburg, Radio Oberösterreich und Radio Steiermark* (Regionalprogramme mit Volksmusik, Oldies, Schlagern) und *Hitradio Ö 3* (stündlich Nachrichten, halbstündlich Verkehrsnachrichten, Hitparadenmusik). Daneben empfängt man Privatsender wie *KroneHit, Life Radio, Antenne Salzburg* und das nicht kommerzielle *Freie Radio Salzkammergut.*

Souvenirs

Mitbringsel aus der Region sind Kulinarisches, Kunsthandwerk und Trachtenkleidung. Die Palette reicht von handgemachten Mozartkugeln über den Zaunerstollen aus Bad Ischl zum St. Wolfganger und Bad Ausseer Lebkuchen, von den Natursalzprodukten der Salzbergwerke bis zum exklusiven Edelbrand. An den Salzburger

Markständen gibt es Gewürzsträußchen, in Gmunden und Hallstatt fertigt man bunte Keramik, in St. Wolfgang und Hallstatt erhält man Produkte einer Seifenmanufaktur. Riesig ist die Auswahl an Trachtenmode, vom feschen Lodenhut über Dirndl und Lederhose bis zum Haferlschuh ist alles erhältlich. Bekannte Erzeuger wie *Lodenfrey Austria*, *Gössl* und *Tostmann* haben ihre Stammgeschäfte in der Region. Wer auf authentisches Handwerk Wert legt, sollte auf das Siegel **Meisterstrasse** achten. Nur die besten Handwerksbetriebe einer Region werden unter dieser von der EU geförderten Marke zusammengefasst und garantieren hochwertige Rohstoffe und regionstypische Produkte (mehr unter www.meisterstrasse.at).

Sport

Sportfreunden bietet die Region ganzjährig ein großes Angebot. Einen umfassenden Überblick bietet www.salzkammergut.at.

Angeln Fuschlsee, Wolfgangsee, Attersee, Hallstätter See, Langbathsee, Offensee, Ödensee und die Seen im Ausseerland sind beliebte Reviere. Fliegenfischer schätzen die Flüsse Alm und Traun. Fischen ist erlaubt mit Fischer(gast)karte (ab 15 €/Tag) und der Lizenz für das jeweilige Revier. Beides erhält man z. B. in Touristinfos, Sportgeschäften oder in Gaststätten an Seeufern. Empfehlenswert und gut organisiert ist das Fischen im Ausseerland (Infos unter www.fischen.at).

Baden Die erfrischenden 76 Salzkammergutseen haben Trinkwasserqualität. An den größten Seen findet man Strand- und Seebäder und/oder kostenlose Badeplätze. Die seenlosen Orte Bad Ischl, Bad Goisern und Bad Mitterndorf verfügen über moderne Freibäder. Thermalbäder gibt es in Bad Ischl, Bad Aussee und Bad Mitterndorf. Tageskarten für Strand- und Freibäder kosten 4–8 €.

Fliegen Beliebte Startplätze (ganzjährig) für *Paragleiter* und *Drachenflieger* sind Gaisberg, Untersberg, Schafberg, Zwölferhorn, Loser, Katrin, Krippenstein, Feuerkogel, Grünberg und Kasberg. In der ganzen Region operiert die Flugschule Salzkammergut (✆ 07612-73033, www.paragleiten.net). *Ballonfahrten* werden in St. Wolfgang (www.freiheit.at) und in Altmünster (www.ballon1.at) angeboten.

Golf 18-Loch-Anlagen gibt es in Bad Ischl, in St. Lorenz/Mondsee und nordöstlich von Gmunden, 9-Loch-Plätze in der Stadt Salzburg, neben Schloss Fuschl, bei Mondsee, in Weyregg und in Bad Aussee. Nähere Infos im Reiseteil.

Laufen/Joggen/Nordic Walking Im Salzkammergut sind mehr als 300 km Lauf- und Nordic-Walking-Strecken beschildert. Besonders groß ist das Angebot rund um den Wolfgangsee (17 Routen), wo auch internationale Laufevents abgehalten werden (www.wolfgangsee.at). Schöne Strecken

Souvenirs von süß bis salzig

Taucher können beste Sichtweiten erwarten

gibt es ebenso um den Altausseer See, bei St. Lorenz, im Umkreis von Bad Ischl und am Traunreiterweg in Bad Goisern.

Mountainbike Dank der entsprechenden Infrastruktur (markierte Touren von leicht bis gnadenlos, Unterkünfte, Servicestellen und Bike-Events) gilt die Region als Moutainbiker-Paradies. Bekannteste Tour ist die in vier Varianten zwischen 182 und 269 km befahrbare *Dachstein-Runde* um das gleichnamige Gebirge – zwischen 4700 und 7900 Höhenmeter sind zu überwinden. Von Schubert & Franzke gibt es dazu unter www.dachstein-salzkammergut.at, im Buchhandel und in Touristinformationen die Karte *Salzkammergut Mountainbiking inkl. Dachsteinrunde* (2011), 1:50.000/1:75.000 (10,80 €).

Reiten Beschilderte Wanderreitwege und die entsprechende Infrastruktur gibt es am Traunsee (www.reiten-traunsee.at), im Ausseerland (www.pferdenarren.at) und am Mondsee (ww.mondsee.at).

Rennradfahren Neuerdings hat sich die Region für Rennradler mit sportlerfreundlichen Unterkünften, detaillierten Routenvorschlägen und Radrennen herausgeputzt. Infos unter www.rennrad-austria.at.

Segeln & Surfen Beste Segel- und Surfreviere sind Attersee, Traunsee, Wolfgangsee, Mondsee und Grundlsee – in dieser Reihenfolge. An ihren Ufern gibt es Segel- und Surfschulen und Bootsverleihe.

Tauchen Unter Tauchern gilt das Salzkammergut als Paradies, wenn auch jedes Jahr nicht wenige tödliche Tauchunfälle passieren. Tauchen ist überall erlaubt, wo es nicht ausdrücklich verboten ist, Schutzzonen (Pfahlbauten, Laichgebiete) sind zu beachten. Für manche Seen ist eine Dive-Card erforderlich. Die besten Tauchzonen gibt es an Attersee (www.atterseediving.com), Traunsee und Grundlsee (www.tsgrundlsee.at). Einen Überblick findet man unter www.salzkammergut.at.

Wandern → S. 269, „Kleiner Wanderführer"

Wintersport Größtes Alpinschi- & Snowboardgebiet ist Dachstein-West im Gosautal (140 km Pisten), gefolgt von der Tauplitz (42 km), Grünau-Kasberg (40 km), Loser-Sandling (30 km) und der Freesports Arena Krippenstein (14 km), einem der besten Tiefschneeareale Europas. Für Kinder und Anfänger sind Postalm (20 km), Feuerkogel (12 km) und Zwölferhorn (5 km) geeignet. Tageskarten kosten 26–37 €. Dachstein-West, Krippenstein, Feuerkogel und Postalm bilden einen Schikartenverbund – Schipässe ab 1½ Tagen gelten in allen Gebieten.

Mit 230 km Loipen ist das Ausseerland ein Eldorado für **Langläufer**. 20–60 km Loipen gibt es im Gosautal, um den Wolfgangsee, im Almtal und um Bad Goisern.

Zu einer **Rodelpartie** laden an die 20 Naturrodelbahnen, z. B. auch eine neben der WM-Bahn von 1992 in Bad Goisern. Die Einheimischen lieben auch das traditionelle *Eisstockschießen*. Zugefroren geben Almsee, Offensee, Langbathsee, Toplitzsee, Grundlsee (oft mit glasklarem Spiegeleis) und in Salzburg der Leopoldskroner Weiher (→ Foto S. 62) wunderschöne Natureisflächen für **Schlittschuhläufer** ab.

Telefon

Telefonieren kann man in Postämtern und Telefonzellen, die meist in der Nähe von Bahnhöfen, Postämtern und Hauptplätzen aufgestellt sind. Wenige funktionieren noch mit Münzen, die Mehrzahl mit Telefonkarten, die man in Trafiken und Postämtern erhält. Telefonate sind Mo–Fr 18–8 Uhr und an Wochenenden am günstigsten. Die Roaming-Tarife im Mobilfunk in der EU betragen seit Juli 2012 für abgehende Anrufe max. 0,29 €, für ankommende max. 0,08 €/Minute. Eine günstige Alternative sind internationale Prepaid CallingCards. Dabei wählt man sich von jedem beliebigen Telefon (Festnetz oder mobil) mit der auf der Karte angegebenen Zugangsnummer und einem freigerubbelten PIN-Code in ein Netz mit günstigen Tarifen ein.

Internationale Vorwahl nach Österreich: ✆ 0043, die 0 der jeweiligen Ortskennzahl entfällt. Bei **Ortsgesprächen** wird die Ortskennzahl weggelassen!

Vorwahlen aus Österreich **nach Deutschland** ✆ 0049, **in die Schweiz** ✆ 0041, die 0 der jeweiligen Ortskennzahl entfällt.

Veranstaltungen und Feste

Der Veranstaltungskalender in der Stadt **Salzburg** ist von der Mozartwoche im Januar bis zum Adventsingen im Dezember von Musik und Theater geprägt. Für einen genauen Überblick → S. 72.

Im **Salzkammergut** stehen Volksfeste wie das Kaiserfest in Bad Ischl, die Gamsjagatage in Bad Goisern und der Altausseer Kirtag, sportliche Events sowie Sommerfestivals mit klassischer Musik auf dem Programm. Zu Letzteren zählen das *Lehár-Festival* in Bad Ischl, der *Kultursommer* im Attergau, die *Salzkammergut Festwochen* in Gmunden und die *Musiktage* in Mondsee. Vielerorts füllen Brauchtumsveranstaltungen den Festkalender auf (→ S. 22).

Zeitungen und Zeitschriften

Zu den österreichweiten Tageszeitungen *Krone (Kronen Zeitung)*, *Kurier*, *Die Presse* (bürgerlich-liberal), *Der Standard* (linksliberal) und *Salzburger Nachrichten* kommen in der Region die *Oberösterreichischen Nachrichten* und die steirische *Kleine Zeitung*. Wer für Lokalpossen eine Schwäche hat, greift zum Gratis-Kleinformat *Salzburger Fenster*, zur *Ischler Woche* oder zur legendären Ausseer *Alpenpost*, die alle ein bis zwei Wochen erscheinen.

Zoll

Innerhalb der EU dürfen Waren für den privaten Gebrauch ohne Mengenbeschränkung aus- und eingeführt werden. Als Richtmengen pro Person gelten 800 Zigaretten, 400 Zigarillos, 200 Zigarren oder 1 kg Tabak, 10 l Spirituosen, 90 l Wein und 110 l Bier. Für Reisende aus Nicht-EU-Ländern, etwa aus der Schweiz, gelten folgende Obergrenzen: 2 l Wein, 1 l Spirituosen, 200 Zigaretten oder 50 Zigarren oder 250 g Tabak und Waren bis zu einem Gesamtwert von 300 €.

Felssturz bei der Hütteneckalm (Wanderung 7)

Schloss Leopoldskron am Fuß der Festung Hohensalzburg

Von Salzburg ins Salzkammergut

Blick vom Mönchsberg über die Dächer der Stadt

Salzburg

148.000 Einwohner, 424 m

Altstadtgässchen und prachtvolle Barockbauten, Festspiel- und Kaffeehäuser, Bauernmärkte und schicke Geschäfte, malerisch umgeben von aussichtsreichen Stadthügeln samt riesiger Burgfestung – das ist Salzburg, die legendäre Mozartstadt, Zeugin des Salzreichtums einstiger Kirchenregenten und Weltkulturerbe.

Salzburg ist die viertgrößte Stadt Österreichs, Hauptstadt des gleichnamigen Bundeslandes, Sitz eines Erzbischofs, Universitätsstadt, Ort wichtiger Kongresse und Messen und als Kulturstadt weltberühmt. Ihre denkmalgeschützte Altstadt liegt eingezwängt zwischen dem Fluss Salzach und den Steilwänden von Festungs-, Mönchs- und Kapuzinerberg, die grüne Oasen und stille Rückzugsgebiete inmitten der Stadt sind. Um sich einen Eindruck von der Stadtanlage zu verschaffen, lohnt es sich, die Aussichtsplätze dieser Stadtberge zu erklimmen: Über dicht gedrängte Häuserwürfel ragen die Türme und Kuppeln der Gotteshäuser auf, mitten drin der gewaltige Salzburger Dom, der seit 1920 alljährlich dem „Jedermann" Kulisse ist, dem bekanntesten Theaterstück der Salzburger Festspiele. Auf dem Festungsberg thront die imposante Festung Hohensalzburg, Wahrzeichen der Stadt und eine der größten Burganlagen Mitteleuropas. Zwischen den Häuserschluchten am linken Salzachufer verläuft die berühmteste Straße der Stadt, die geschäftige Getreidegasse, wo auch das Geburtshaus von Mozart steht. Um das besondere Flair der Stadt aufzusaugen, eignet sich der vormittägliche Grünmarkt am Universitätsplatz, der Barockgarten von Schloss Mirabell, das altösterreichische Kaffeehaus Tomaselli, der „Fürst", wo sich der Tresen vor Originalen Mozartkugeln biegt oder das riesige Augustiner Bräustübl am nördlichen Fuß des Mönchsbergs. Auch das Rauschen des Almkanals, das Vorbeibrausen der Radfahrer an den Salzachufern, das Schnauben der Fiakerpferde am Residenzplatz und der mittägliche Klang der Kirchenglocken gehören zum Salzburger Stadterlebnis.

Wer sich von der idealen Landschaft, in die Salzburg eingebettet ist, dem breiten Talboden der Salzach inmitten der Ausläufer der Nordalpen ein Bild machen möchte, fährt auf den 1287 m hohen Gaisberg im Osten der Stadt: „Das mittlere Europa hat keinen schöneren Raum“, stellte der Dichter Hugo von Hofmannsthal treffend fest, und der weit gereiste Alexander von Humboldt reihte die Gegend von Salzburg gar unter die drei schönsten der Erde.

Salzburg von oben – die besten Aussichtspunkte: Hettwer-Bastei am Kapuzinerberg (→ S. 108), Terrassen am Mönchsberg (→ S. 105), Reckturm der Festung (→ S. 100) und Gaisberg (→ S. 112).

Stadtgeschichte

Während die Salzburger Stadtberge (Mönchs-, Kapuziner-, Rain- und Hellbrunner Berg) schon in der Jungsteinzeit (5000 v. Chr.) Siedlungsplätze waren, ließen sich erst die Römer direkt am Ufer der Salzach nieder. Sie nannten ihre Ansiedlung *Iuvavum*. Wegen einer Furt in der Salzach führte direkt hier die Reichsstraße von Augusta Vindelicum (Augsburg) nach Aquileia vorbei, und 45 n. Chr. wurde Iuvavum von Kaiser Claudius zur Stadt erhoben. Die ersten Christen dürften ab dem 3. Jh. in den Mönchsbergkatakomben (→ S. 90) Messen zelebriert haben. Nach dem Abzug der Römer 488 verödete die Stadt, bis im 6. Jh. im Zuge der Völkerwanderung Bajuwaren hierher kamen und die eigentliche Stadtgeschichte begann. 696 übergab der bairische Agilofinger-Herzog *Theodo* dem Wormser Bischof *Rupert*, der ihn zum Christentum bekehrt hatte, die Reste von Iuvavum. Rupert errichtete am Fuß des Mönchsbergs die Stiftskirche St. Peter und das Frauenkloster Nonnberg und machte den Ort zum Bischofssitz. Dessen wirtschaftliches Fundament waren die vom Herzog gewährten Anteile an der florierenden Saline von Reichenhall, weshalb Rupert häufig mit einem Salzfass dargestellt wird. Der Salzhandel schlug sich auch im neuen Namen „Salzburg“ nieder, der 755 erstmals offiziell erwähnt wurde. 770 entstand unter dem iroschottischen Bischof *Virgil* (745–84) ein erster Dom. 798 wurde Salzburg auf Initiative von Karl dem Großen zum Erzbistum erhoben. 996 erhielt die Stadt das Markt- und Münzrecht. Der rege Fernhandel hatte sein Zentrum im Bereich der heutigen Juden- und Getreidegasse.

Erzbischof *Gebhard* begann 1077 mit dem Bau der Festung Hohensalzburg. Er hatte im Investiturstreit den Papst unterstützt und musste sich vor der kaiserlichen Armee schützen. Vergebens, 1167 ging die Stadt Salzburg auf Befehl *Friedrich Barbarossas* in Flammen auf. Bereits 1181 war der Dom größer und schöner wieder aufgebaut. 1190 nahm das Erzbistum den seit der Römerzeit eingestellten Salzabbau am Halleiner Dürrnberg wieder auf. Mit Hilfe des kostengünstigen und effizienten neuen Soleverfahrens (→ Kasten S. 19) boomte die Wirtschaft des Erzbistums, das sich 1350 aus dem ohnehin neu aufgeteilten Herzogtum Baiern lösen konnte und ein unabhängiges geistliches Fürstentum wurde. Das Bürgertum erkämpfte sich im 14./15. Jh. zahlreiche Handelsprivilegien und das Recht zur Wahl einer Stadtregierung, doch Erzbischof *Leonhard von Keutschach* setzte diesem Freiheitsdrang 1511 ein Ende: Er nahm den Stadtrat gefangen und zwang die Bürger, auf ihre Rechte zu verzichten. Als Symbol der wiederhergestellten Ordnung kann der folgende Ausbau der Festung Hohensalzburg betrachtet werden. An diesem Bollwerk scheiterte schließlich auch der Bauernaufstand von 1525 (→ Kasten S. 100). Eine neue Epoche für Salzburg brach 1587 mit Erzbischof *Wolf Dietrich von Raitenau* an (→ Kasten S. 67).

Wolf Dietrichs Bauvorhaben vollendete Erzbischof *Markus Sittikus von Hohenems* (1612–19). Nach ihm kam *Paris Lodron* (1619–53), der 1622 die Salzburger Universität gründete, die bis heute seinen Namen trägt. Der unter ihm erfolgte Ausbau der Stadtbefestigungen und die bereits seit Wolf Dietrich praktizierte Neutralitätspolitik hielten den Dreißigjährigen Krieg von Salzburg fern. Eine erneute Bauoffensive unter den Erzbischöfen *Johann Ernst Graf Thun-Hohenstein* (1687–1709) und *Franz Anton Graf Harrach* (1709–17) verlieh der Stadt ihr hochbarockes Gepräge. Erzbischof *Sigismund Graf Schrattenbach* (1753–71) ließ Salzburg 1764 mit Hilfe eines Tunnels durch den Mönchsberg nach Westen erweitern. Letzter souveräner Fürsterzbischof war *Hieronymus Graf Colloredo* (1772–1803), ein Vertreter der Aufklärung, reformfreudig wie sein Vorbild Joseph II., aber ebenso sparsam und unbeliebt beim Volk. Berühmt wurde er ob der Querelen mit seinem Konzertmeister *Wolfgang Amadeus Mozart* (→ Kasten S. 83), der 1756 in Salzburg zur Welt gekommen war. 1801 musste Colloredo fliehen, als die Truppen *Napoleon*s die Stadt besetzten. 1803 wurde Salzburg säkularisiert, d. h. als geistliches Fürstentum aufgelöst, und als weltliches Kurfürstentum dem Habsburger *Ferdinand III.* als Entschädigung für die an Frankreich gefallene Toskana zugeschlagen. Ein neuerlicher Einmarsch der Franzosen 1805 zwang Ferdinand zur Flucht. Mit ihm verließ auch der einstige Silberschatz der Erzbischöfe die Stadt. Er kann heute im Palazzo Pitti in Florenz bewundert werden, wohin ihn Ferdinand nach der Wiedererlangung der Toskana im Zuge des Wiener Kongresses 1815 gebracht hatte. Salzburg selbst fiel nach dem Kongress endgültig an das Habsburgerreich. Die einstige Residenzstadt zählte damals nur mehr 12.000 Einwohner, war politisch unbedeutend und wirtschaftlich schwach. Die Bautätigkeit kam zum Erliegen (was viele mittelalterliche Bürgerhäuser vor dem Abriss bewahrte).

1834 gründeten adlige und bürgerliche Lokalpatrioten das Salzburger Landesmuseum. 1841 folgte mit Hilfe von Mozarts Witwe die Gründung eines Mozarteums zur Förderung des Musiklebens. Ab 1860 kam mit der Erhebung Salzburgs zur Landeshauptstadt

Ließ der Erzbischof einst für seine Geliebte bauen: Schloss Mirabell

Fürsterzbischof Wolf Dietrich von Raitenau (1559–1617)

1587 wurde der vom Bodensee stammende *Wolf Dietrich von Raitenau* mit 28 Jahren Erzbischof von Salzburg. Förderlich für diese Karriere war sicherlich, dass seine Mutter eine Nichte des seit 1565 regierenden Papstes Pius IV war. Ganz in der Manier eines großen Renaissancefürsten und mit dem wirtschaftlichen Rückhalt des Salzes vom Halleiner Dürrnberg waltete er seines Amtes. Raitenau reformierte Verwaltung und Schulwesen, ließ neue Steuern erheben und berief den Kapuziner- und Augustinerorden nach Salzburg. Seine größte Bekanntheit erlangte er als Bauherr. Beeindruckt von den Renaissancebauten in Rom, wo er seine Studienjahre verbracht hatte, leitete er die Umgestaltung von Salzburg in eine barocke Fürstenstadt ein. Anstelle von Bürgerhäusern entstanden große Plätze und Straßenzüge, 1595 begann er mit dem Bau einer fürsterzbischöflichen Residenz. „Brennet es, so lasset es brennen“, soll er gemeint haben, als 1598 im alten romanischen Dom ein Feuer ausgebrochen war. Nun konnte er einen neuen Dom in Auftrag geben. Legendär ist sein Verhältnis zur schönen Bürgerstochter *Salome Alt*, die später von *Kaiser Rudolf II* zur Salome von Altenau geadelt wurde. 22 Jahre lang war sie seine Geliebte (oder geheime Ehefrau, wie man munkelte). 15 oder 16 Kinder entsprangen der Beziehung. Als standesgemäße Unterkunft ließ er für sie Schloss Altenau, das heutige Schloss Mirabell erbauen. Sein prächtiges Mausoleum befindet sich unweit davon im Sebastiansfriedhof. Wolf Dietrichs Leben endete allerdings unrühmlich: 1611 unterlag er Bayern in einem Krieg um Salzhandelsrechte, worauf ihn das Domkapitel stürzte und er 1612 abdanken musste. Sein Nachfolger und Neffe *Markus Sittikus* von Hohenems hielt ihn fünf Jahre bis zu seinem Tod in der Festung Hohensalzburg gefangen, Salome wurde vertrieben.

Tipp: Einen amüsanten Einblick in das Leben des Erzbischofs bieten die Salzwelten Salzburg in Hallein (→ S. 113).

und dem Anschluss an die Westbahn auch der wirtschaftliche Aufschwung. Neue Hotels entstanden, und die Regulierung der Salzach begradigte die Uferstreifen.

1920 fanden die ersten Salzburger Festspiele statt, 1926 wurde der Flughafen eröffnet. Nach dem Anschluss an Hitler-Deutschland 1938 wurde Salzburg zur NS-Musterstadt, in der ein Festspielhaus, eine Gauhalle und ein Stadion am Kapuzinerberg entstehen sollten. Die Schlösser Leopoldskron und Kleßheim wurden als NS-Gästehäuser verwendet. Von November 1944 bis Mai 1945 bombardierte die amerikanische Luftwaffe in 15 Angriffen die Stadt, die sich schließlich kampflos ergab. Fast die Hälfte der Stadt (u. a. das Bahnhofsviertel, Mozarts Wohnhaus und Teile des Doms) waren zerstört. Trotzdem fanden im August 1945 bereits wieder Festspiele statt. 1947 wurde Schloss Mirabell zum Amtssitz des Bürgermeisters, 1959 wurde der restaurierte Dom neu eingeweiht, und 1962 nahm die seit 1809 geschlossene Universität wieder den Lehrbetrieb auf. In den folgenden Jahrzehnten erlebte die Stadt ein Bevölkerungswachstum und einen Bauboom, der die erhaltene historische Bausubstanz in der Altstadt gefährdete. Die seit 1970 im Gemeinderat vertretene Bürgerliste und ein von ihr 1978 erzwungenes strenges Altstadterhaltungsgesetz wachen seither über neue Bauvorhaben. Belohnt wurde diese Initiative durch die Aufnahme der Stadt in die Liste des UNESCO-Weltkulturerbes 1997.

Basis-Infos

Information In den Informationsbüros liegen Prospekte der Museen, Theater und Konzertveranstalter, Veranstaltungskalender und Hotelbroschüren aus. Verkauf der Salzburg Card, Zimmervermittlung, Kartenbüro. Ein DIN-A3-Blatt mit praktischem Innenstadtplan gibt es gratis.

Touristinfo Mozartplatz: Tägl. 9–19 Uhr, Mitte Okt.–April nur Mo–Sa 9–18 Uhr. ✆ 0662-88987330, www.salzburg.info.

Touristinfo Hauptbahnhof: Mai–Sept. tägl. 8.30–20, sonst 9–18 Uhr, ✆ 0662-88987340.

> Salzburg Card: Sie gewährt freien Eintritt in **alle** Museen der Stadt, freie Fahrt mit öffentlichen Verkehrsmitteln, mit der Festungsbahn, dem Salzach-Schiff, dem Mönchsbergaufzug und der Untersbergbahn sowie Ermäßigungen bei Konzerten, Rundfahrten und Museen der Umgebung. Sie kostet 25 €/Person (24 Std.), 34 € (48 Std.), 40 € (72 Std.), Kinder die Hälfte. Von Nov. bis Ende April kostet die Card 22/30/35 €. Erhältlich ist sie an Hotelrezeptionen, in den Tourist-Infos und online.

Touristinfo Salzburg-Süd, am Park & Ride-Parkplatz an der Alpenstraße: Ostern bis Ende Sept. Mo–Sa sowie Sa/So 9–18 Uhr im Advent, an Weihnachten und Silvester.

Apotheken Alte Hofapotheke, Alter Markt 6, Zum Goldenen Biber, Getreidegasse 4, jeweils Mo–Fr 8–18, Sa 8–12 Uhr.

Fahrrad Verleih bei Top Bike, an der Staatsbrücke/linkes Salzach-Ufer; April–Okt. tägl. 10–17, Juli/Aug. bis 19 Uhr. 6 €/2 Std., 15 €/Tag. ✆ 0676-4767259, www.topbike.at. a'velo, Mozartplatz, Ostern bis Okt. tägl. 9–18, Juli/Aug. bis 20 Uhr. ✆ 0676-4355950, www.a-velo.at.

> Fahrradstadt Salzburg: 175 km misst das Radwegenetz, sogar große Teile der Altstadt dürfen durchradelt werden (www.radinfo.at). Als Rundtour zu empfehlen ist die Fahrt entlang dem Salzachufer nach Hellbrunn und über die Hellbrunner Allee retour (ca. 10 km).

Internet Internetcafé, Ernest-Thun-Str. 12 (Kongresshausnähe), tägl. 9–23 Uhr. Gratis WLAN-Hotspots sind das Salzachufer

Höhe Mozartsteg, der Mirabell- und der Volksgarten, Makartsteg und Max-Reinhardt-Platz im Festspielbezirk (www.salzburg-surft.at). **Free-WLAN-Lokale** sind u. a. M 32, Afro Café, Rebublic Café, Steinterrasse.

Pannendienst ARBÖ, Münchner Bundesstr. 9, ✆ 050-123-2500. ÖAMTC, Alpenstr. 102–104, ✆ 0662-639990.

Post Filiale 5010, Residenzplatz 9, Mo–Fr 8–18, Sa 9–12 Uhr. Filiale 5020, Hauptbahnhof, Engelbert-Weiß-Weg 12a, Mo–Fr 8–20.30, Sa 8–14, So 13–18 Uhr.

Schiffsrundfahrten **Panoramaspeedboot „Amadeus Salzburg"**, auf der Salzach vom Makart- zum Überfuhrsteg und retour (40 Min.), April bis Ende Okt. 7–10x tägl., Ticket 14 €, Kind 7 €. 1–2x tägl. bis Schloss Hellbrunn 17 €, Kind 10 €. ✆ 0662-82576912, www.salzburgschifffahrt.at.

Stadttouren **Zu Fuß**: Ganzjährig tägl. um 12.15 Uhr, Treffpunkt Tourist-Info Mozartplatz, Dauer 1–1½ Std., 9 €/Pers.; Mai bis Mitte Sept. auch um 14 Uhr, Mitte Sept.–April nur Mo–Sa um 14 Uhr.

Mit **iGuide** kann man sich auch von „Mozart" und „Wolf Dietrich" durch die Stadt führen lassen (Ausleihe in der Tourist-Info Mozartplatz, 9 € für 4 Std.). Geführte **Segway-Touren** werden von Juli bis Mitte Sept. tägl. 10 Uhr angeboten (ca. 2 Std., 65 €). **Fiaker-Rundfahrten**: mit der Pferdekutsche durch die Altstadt, Abfahrt am Residenzplatz. Pro Gespann (max. 4 Pers.) 36–40 €/25 Min. **Fräulein Maria's Bicycle Tour** (www.mariasbicycletours.com): Mai–Sept. tägl. 10 Uhr, Treffpunkt Mirabellplatz, Dauer 3 Std., 36 €/Pers., Reservierung nötig.

Warten auf Fahrgäste – Fiaker am Domplatz

Toiletten Öffentliche WCs in der Altstadt: Domplatz, Wiener-Philharmoniker-Gasse, Hanuschplatz, Festungsbahn, Staatsbrücke, jeweils 7–20, im Winter 7–19 Uhr, gratis.

Hin & weg

Flug **Salzburg Airport W. A. Mozart**, → „Anreise" S. 40; zum/vom Hauptbahnhof bzw. Mirabellplatz mit Obus 2 bzw. Linie 27 (5.30–23 Uhr alle 10–20 Min., 2,10 €). Die Taxifahrt kostet ca. 10 €.

Bahn **Salzburg Hauptbahnhof**, am Südtirolerplatz 1, 20 Gehminuten nördlich der Altstadt. Internationale Verbindungen → „Anreise". Bis 2014 Umbau zum toppmodernen Bahnhof, Ticketschalter (Mo–Sa 5.30–21.15, So ab 6.30 Uhr), Gepäckschließfächer und Infopoint sind bereits neu. Mit Obus 1, 3, 5 oder 6 geht es vom Bahnhofsvorplatz in die Altstadt.

Bus Busse in/aus Salzburgs Umgebung inkl. Salzkammergut verkehren ab dem **Busbahnhof** (Busleiste F) am Südtirolerplatz vor dem Hauptbahnhof. Sie halten meist auch am Mirabellplatz.

Stadtverkehr **Stadtbus**: dichtes Netz mit 10 Oberleitungs- (Obus-) und 15 Autobuslinien. Betriebszeiten 5.30–24 Uhr, Fr/Sa/So fahren O-Busse bis 0.45 Uhr aus dem Zentrum hinaus (**Nachtstern**). Intervalle tagsüber beim Obus 10 Min., beim Autobus 10, 20 oder 30 Min. Die wichtigsten Umsteigestellen sind Hauptbahnhof, Mirabell- und

Hanuschplatz. Fahrkarten gibts beim Fahrer oder am Automaten an der Haltestelle (falls vorhanden). Einzelfahrt 1,90 € (beim Fahrer 2,10 €), 24-Std.-Karte 4,20 € (beim Fahrer 5 €), Kind gratis, bis 15 J. und über 60 J. 45–50 % erm.; Vorverkauftickets in Trafiken sind etwas billiger. Am Automaten und im Vorverkauf gibt es auch Wochenkarten für 13,10 €, Wochenendtickets für 19,90 € (Sa/So für Gruppen bis 5 Pers.) und Feiertagstickets (bis 5 Pers.) um 16,90 €. www.stadtbus.at.

BusTaxi: Fährt von 23.30 bis 1.30 Uhr (Fr–So bis 3 Uhr) alle 30 Min. auf 12 fixen Routen ab Hanuschplatz bzw. Theatergasse. Ticket 4,50 €.

Taxi: ✆ (0)662-8111 oder 2220

Parken: Die ganze Innenstadt ist Kurzparkzone (blau gekennzeichnet, max. Parkdauer 3 Std.): Mo–Fr 9–19 Uhr (1,20 €/60 Min., zahlbar am Automat mit Münzen oder EC/Maestro-Karte), Sa 9–16 Uhr (nur Parkuhrenpflicht). Es gibt rund 25 Parkgaragen und -plätze (bis zu 18 €/Tag), die meisten Stellplätze haben die *Altstadtgaragen* im Mönchsberg (24 Std. offen). *P+R-Anlagen* mit günstigen Kombitickets (Parkplatz + Tagesnetzkarte) gibt es an den Autobahnabfahrten Messe und Salzburg Süd.

Einkaufen & Märkte

Altstadt Über 950 Geschäfte mit hochwertigem Angebot (guter Überblick unter **www.salzburg-altstadt.at**), als regensichere Passagen dienen die sog. Durchhäuser der Getreidegasse:

Trachtenateliers: Madl, Getreidegasse 13, Ploom, Ursulinenplatz 5, Hanna Trachten, Linzer Gasse 41, Beurle, Neutorstr. 23, Lanz, Schwarzstr. 4, Salzburger Heimatwerk, Residenzplatz 9.

Mozartkugeln → Kasten S. 84. Fürst, Brodgasse 13, Ritzerbogen, Getreidegasse 47, Mirabellplatz 5. Holzermayr bzw. Reber, Alter Markt 7 bzw. 5. Schatz, Getreidegasse 3/Durchhaus. Habakuk, Linzer Gasse 26.

Schuhe: Denkstein, Salzburgs Traditionshändler, Getreidegasse 3, 25, 46.

Schirme/Regenbekleidung: Kolb an der Staatsbrücke, Griesgasse 3. Kirchtag, handgefertigte Stockschirme, Getreidegasse 22.

Lederwaren/Taschen: Schliesselberger, Ledererergasse 5. Hladik, Schanzlgasse 6.

Bücher & Musik: Höllrigl, älteste Buchhandlung Österreichs, Sigmund-Haffner-

Shoppingmeile Getreidegasse

Gasse 10, Katholnigg, seit 1847, Sigmund-Haffner-Gasse 16. Mayrische Musikalienhandlung, seit 1592, Theatergasse.

Kunsthandwerk/Blumen: Blumenschlössl Florea, Getreidegasse 25. Kunstgärtnerei Doll, Hagenauerplatz 2, St. Gilgener Geschenktruhe, Goldgasse 5.

Feinkost: Reichl, Wiener-Philharmonikergasse 3. Sporer, Likör- und Punschmanufaktur (seit 1903), Getreidegasse 39. Azwanger, Getreidegasse 15. Kaslöchl, Käse seit 1892, Hagenauerplatz 2.

Galerien: entlang der Sigmund-Haffner-Gasse und der Kaigasse.

Supermarkt: Billa, Griesgasse 19–21, Mo–Fr 7.15–19.30, Sa 7.15–18 Uhr. SPAR, Linzer Gasse 17–19, Mo–Fr 8.30–19.30, Sa 8.30–18 Uhr.

Einkaufszentren **Europark**, beliebtester und architektonisch schönster Einkaufstempel der Stadt, 130 Shops, Konzertbühne. Mo–Do 9–19.30, Fr 9–21, Sa 9–18 Uhr. Nahe der Autobahnausfahrt A 1 Salzburg-Klessheim, Obus 1 ab Zentrum; eigene Haltestelle an der S 3. www.europark.at.

Märkte **Grünmarkt**, Fleisch, Gemüse, Blumen, Kunsthandwerk, Mo–Fr 7–19, Sa 6–15 Uhr, am Universitätsplatz. **Salzburger Schranne**, Fleisch, Wurst, Mehlspeisen, Do 5–13 Uhr bzw. Mi, wenn Do Feiertag, um die Andräkirche, www.salzburgerschranne.at. **Bio-Bauernmarkt** Fr 8–12.30 Uhr am Kajetanerplatz.

Salzburg → Karten S. 74/75 und Umschlag hinten

Kultur, Theater, Veranstaltungen

Das Kulturangebot der Stadt Salzburg ist auch außerhalb der Festspielsaison riesengroß. Jährlich kommt man auf rund 4000 Veranstaltungen. Einen Online-Überblick bieten www.salzburg.info und www.salzburgermonat.at.

Jazz- und Musikclubs **Jazzclub Life**, legendärer Club (seit 1981) im Urbankeller, einem alten Gewölbe. Live-Acts alle 2 Wochen. Schallmooser Hauptstr. 50, www.jazzclub-life.at.

Jazzit Musik Club, Jam-Sessions, Konzerte (World, Tango, Klezmer), mehrmals pro Woche. Elisabethstr. 11 (Nähe Hauptbahnhof), www.jazzit.at.

Rockhouse Salzburg, beliebte Location mit 250 Events jährlich; Jazz, Rock, Pop, Folk, Blues, Metal, Punk, Crossover, Schallmooser Hauptstr. 46, www.rockhouse.at.

Gusswerk, am nördlichen Stadtrand (Kasern), ehemalige Hof-Glockengießerei mit mehreren Eventhallen. Parties, Konzerte mehrmals pro Woche. Söllheimerstr. 16, www.gusswerk.net.

Kartenbüros **Salzburg Ticket Service** der Tourist Info (→ Information), www.salzburgticket.com. **Polzer**, führendes Büro der Stadt, Residenzplatz 3, www.polzer.com. **Neubaur**, Kartenbüro im EuroPark, www.neubaur.at.

Kinos **Das Kino**, Arthouse-Kino und Filmkulturzentrum; vieles im Original mit Untertiteln, Retrospektiven und Festivals (u. a. Bergfilmfestival). Giselakai 11, ✆ 0662-873100, www.daskino.at.

Mozartkino, Traditionskino (seit 1904) mit römischen Mauerresten, 2008 komplett renoviert. Spielt aktuelle Filmhits. Kaigasse 33, ✆ 0662-842222, www.mozartkino.at.

Kirchenmusik Chor und Orchester umrahmen die Sonn- und Feiertagsgottesdienste im **Dom** (10 Uhr) und in der **Franziskanerkirche** (9 Uhr).

Konzerte **Kammermusik im Mozarteum**, Okt.–Juni, junge Künstler, Rising Stars und Ensembles. Ticket ca. 18 €. Theatergasse 2, ✆ 0662-873154, www.mozarteum.at.

Schlosskonzerte, niveauvolle Kammermusik im Marmorsaal von Schloss Mirabell, nahezu täglich. Ticket 29–35 €. ✆ 0662-848586, www.salzburger-schlosskonzerte.at.

Fünf-Uhr-Konzerte, Kammermusik von jungen Talenten im Michael-Haydn-Museum (→ S. 91). Ticket 15 €. Juli–Sept. Di/Do 17–18 Uhr. ✆ 0662-84457619, www.5-uhr-konzerte.com.

Festungskonzerte, von Mai–Okt. Orchesterkonzerte im Burgsaal der Festung; ganzjährig Kammermusikabende in den Fürstenzimmern. Ticket 31–38 €, mit Dinner bis 55 €. ✆ 0662-825858, www.mozartfestival.at.

Theater **Salzburger Landestheater**, Oper, Operette, Schauspiel, Tanz, Kindertheater, Spielstätte der Festspiele; zuletzt erfolgreich mit dem Musical „Sound of Music". Ticket 10–50 €. Schwarzstr. 22, ✆ 0662-871512222, www.salzburger-landestheater.at.

Salzburger Marionettentheater, traditionsreiche Institution, eher an Erwachsene als an Kinder gerichtet. Abends werden ganze Opern aufgeführt, nachmittags eher Kurzfassungen. Ticket 14–35 €. Schwarzstr. 24, ✆ 0662-872406, www.marionetten.at.

Schauspielhaus Salzburg, größtes freies Ensembletheater Österreichs. Klassiker, Uraufführungen, Kinderstücke im Petersbrunnhof im Nonntal. Ticket 23 €. Erzabt-Klotz-Str. 22, ✆ 0662-808585, www.schauspielhaus-salzburg.at.

Veranstaltungen **Mozartwoche**, das Klassik-Highlight im Winter, hochkarätige Opern und Konzerte rund um Mozarts Geburtstag (27. 1.). ✆ 0662-8894036, www.mozarteum.at.

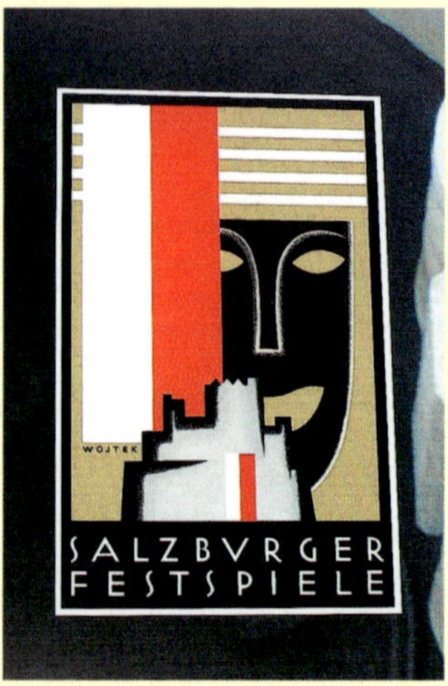

Salzburger Festspiele

Das Hochkultur-Ereignis in der letzten Juliwoche bis Anfang September(→ Kasten S. 95). Kartenbestellungen sind bis Anfang Januar einzureichen (✆ 0662-8045500, www.salzburgerfestspiele.at), der freie Kartenverkauf startet ab April, Restkontingente gibt es in privaten Kartenbüros (bis 50 % Aufschlag). Preisbeispiele: Jedermann 25–160 €, Konzert im Festspielhaus 25–200 €.

Osterfestspiele, Sa vor Palmsonntag bis Ostermontag, hochkarätige Festspiele (Oper, Konzerte, Kammermusik) unter der Leitung von Christian Thielemann mit der Sächsischen Staatskapelle Dresden, 1967 von Karajan gegründet. ✆ 0662-8045361, www.osterfestspiele-salzburg.at.

Georgi-Kirchweihfest (um den 23. April) mit Standlmarkt und Pferdesegnung.

Aspekte Festival, alle geraden Jahre im Mai, 5-tägiges internationales Festival zeitgenössischer Musik. ✆ 0699-10841188, www.aspekte-salzburg.at.

Salzburger Pfingstfestspiele, eine szenische Barockoper und Konzerte mit Weltstars unter der Intendanz von Cecilia Bartoli. ✆ 0662-8045500, www.salzburgerfestspiele.at.

Sommerszene, Juli, zweiwöchiges internationales Avantgardefestival für Tanz, Theater und Musik. ✆ 0662-843448, www.szene-salzburg.net.

Rupertikirtag, Kirchweihfest um den 24. Sept., Bauernmarkt, Vergnügungspark rund um den Dom. www.rupertikirtag.at.

Jazz & The City, Mitte Okt., 100 Konzerte (Jazz, World, Electronic) in 5 Tagen an 50 Spielorten bei freiem Eintritt. www.salzburgjazz.com.

Salzburger Kulturtage, klassische Musik (Oper, Ballett, Konzerte) auf hohem Niveau an mehreren Veranstaltungsorten, Mitte Okt. bis Mitte Nov., ✆ 0662-845346, www.kulturvereinigung.com.

Salzburger Jazz Herbst, elegantes Jazzfestival mit Weltstars (seit 1996), Ende Okt./Anf. Nov., ✆ 01-5048500, www.salzburgerjazzherbst.at.

Advent- und Christkindlmärkte, Mitte Nov. bis 24. 12., u. a. am Dom- und Residenzplatz (tägl.), am Mirabellplatz (tägl.), im Burghof der Festung (Fr–So) und im Hof von Schloss Hellbrunn (Mi–So).

Krampus- und Perchtenläufe, um den 5. Dezember.

Winterfest im Volksgarten, Dezember, Varieté- und Zirkusfestival, ✆ 0662-887580, www.winterfest.at.

Salzburger Adventsingen, das szenische Oratorium mit 150 Mitwirkenden im Großen Festspielhaus (gegr. 1946 von Tobi Reiser), war Vorbild für viele Adventsingen. Ticket 10–69 €. Rund 15 Aufführungen im Advent, ✆ 0662-843182, www.salzburgeradventsingen.at.

Sport & Aktivitäten

Baden **Paracelsus Bad**, einziges öffentliches Hallenbad der Stadt, Sport- (28°C) und Erlebnisbecken, Sauna. Tägl. 10–19/21 Uhr. Eintritt 4,60 €, Kind 2,30 €. Beim Mirabellgarten, Auerspergstr. 2 a, ✆ 0662-883544, www.paracelsusbad.at.

Freibad Leopoldskron, das „Lepi" unweit des Schlosses, mehrere Becken, Sprungturm, 72 m-Rutsche, Spielplätze. Mai bis Mitte Sept. tägl. 9–19 Uhr. Eintritt 4,20 €, Kind 2,20 €. Leopoldskronstr. 50, ✆ 0662-829265.

Freibad Volksgarten, ältestes Freibad der Stadt von 1892, 4 Becken. Mai bis Mitte Sept. tägl. 9–19 Uhr. Eintritt s. o. Hermann-Bahr-Prom. 2, ✆ 0662-623411.

Eishockey **EC Red Bull Salzburg**, der Eishockeyclub gehört seit 2000 zu Red Bull (→ „Fußball"), spielt seit 2004/05 in der höchsten Spielklasse der österreichischen Liga und war seither 4-mal Meister, zuletzt 2011. Spiele in der Eisarena, Tickets unter www.redbulls.com.

Eislaufen **Mozarteis**, Eisfläche am Mozartplatz, Mitte Nov. bis 6. Jan. tägl. 12.30–21.30 Uhr. 6,50 € für 2 Std., Schlittschuhverleih 6,90 €. www.mozarteis.at.

Leopoldskroner Weiher, traumhafter Natureislaufplatz, auf Freigabe achten (✆ 0662-80724901).

Fahrradfahren → Basis-Infos/Fahrrad.

Fußball **FC Red Bull Salzburg**, der 2005 von Red Bull übernommene Abstiegskandidat SV Salzburg wurde 2007, 2009 und 2012 österreichischer Fußballmeister, internationale Erfolge blieben bislang aus. Spiele in der Red Bull Arena Wals-Siezenheim, Ticketverkauf in der Arena (Ostseite) Mo–Fr 9–18, Sa 9–14 Uhr und unter www.redbulls.com.

Wintersport **Salzburg Flachau Snow Shuttle**, der Gratisbus bringt von Mitte Dez. bis Mitte März Wintersportler täglich in das Skigebiet Flachau. Abfahrt 8 Uhr (Europark) bzw. 8.30 Uhr (Mirabellplatz), Rückfahrt ab Flachau um 16 Uhr. Reservierung im Hotel, bei der Touristinfo oder bis 18 Uhr am Vorabend unter ✆ 0662-88987340.

Bei Schneelage wird im Schlosspark Hellbrunn eine **Langlaufloipe** gespurt.

Übernachten/Camping

(→ Karten S. 74/75 und Umschlag hinten)

Salzburg ist kein billiges Pflaster. Die Hauptsaisonzeiten mit 50–100 % höheren Zimmerpreisen sind Anfang Januar, Ostern, Pfingsten, August und Dezember, allerdings können die Termine je nach Hotel variieren. Wer mit dem eigenen Fahrzeug anreist, muss für die Hotelgarage zusätzlich 14–35 € pro Tag berappen.

Hotels & Pensionen *****S **Sacher Salzburg** 34, klassisches Grandhotel von 1866 an der Salzach, seit 1988 zum Wiener Hotel Sacher gehörig. 113 Zimmer mit höchstem Komfort, Sauna, Solarium, Gourmetrestaurant, WLAN gratis. DZ 180–375 €, Suite bis 945 €. Schwarzstr. 5–7, ✆ 0662-889770, 📠 88977551, www.sacher.com.

***** **Goldener Hirsch** 53, romantisch verwinkeltes Traditionshotel in der Getreidegasse, Treffpunkt von Adel und Festspielprominenz, gediegen-rustikaler Charme, Antiquitäten und Jagdtrophäen. 65 Zimmer und 4 Suiten. Gratis WLAN. DZ 180–470 €, Frühstück extra. Getreidegasse 37, ✆ 0662-80840, 📠 843349, www.goldenerhirsch.com.

**** **Arthotel Blaue Gans** 55, das älteste Wirtshaus der Stadt wurde entkernt und erhielt ein künstlerisch inspiriertes modernes Innenleben. 37 puristisch gestylte klimatisierte Zimmer, darunter drei Suiten, WLAN gratis. DZ 160–320 €. Getreidegasse 41-43, ✆ 0662-84249150, 📠 8424919, www.blauegans.at.

**** **Wolf Dietrich** 26, schönes Hotel in der rechten Altstadt mit familiärer Atmosphäre; bestehend aus Haupthaus (mit kleinem Hallenbad, Sauna und Dampfbad) und Residenz gegenüber. Insgesamt 40 geschmackvoll dekorierte Zimmer und Romantiksuiten. Kostenloser Nachmittagskaffee und Kuchen, WLAN gratis. DZ 110–250 €, Suite bis 280 €. Wolf-Dietrich-Str. 7, ✆ 0662-871275, 📠 8712759, www.salzburg-hotel.at.

**** **Weisse Taube** 61, zentral hinter dem Dom gelegener Familienbetrieb in einem Gebäude von 1365. 31 zweckmäßige Zimmer mit knapp bemessenen Bädern, Rezeption und Frühstücksraum sind modernisiert.

Salzburg → Karten S. 74/75 und Umschlag hinten

Übernachten
17 Jedermann
22 Auersperg
26 Wolf Dietrich
28 AllYouNeed Hotel
29 Amadeus
31 Goldene Krone
33 Schwarzes Rössl
34 Sacher Salzburg
53 Goldener Hirsch
55 Arthotel Blaue Gans
57 Zur Goldenen Ente
61 Weisse Taube
62 Chiemsee
63 Kasererbräu

Essen & Trinken
19 Pescheria Backi
20 Die Weisse
21 Esszimmer
23 Krimpelstätter
24 Bärenwirt
25 Augustiner Müllner Bräustübl
27 Alter Fuchs
32 Zum Fidelen Affen
43 M 32
45 Nagano
48 Carpe Diem Finest Fingerfood
49 My Indigo
50 Afro Café
54 Balkan Grill
55 Blaue Gans
59 Triangel
60 Zwettler's Stiftskeller
64 Paul Stubm
65 Stieglkeller
66 Purzelbaum

Cafés
18 Fingerlos
34 Café Sacher
37 Café Bazar
52 Ratzka
56 Schatz
58 Tomaselli

Nachtleben
30 Havana
35 Wein & Co Bar
36 Pepe
38 Fridrich
39 Steinterrasse
40 2 Stein
41 Würstlkönigin
42 Republic Café
44 Half Moon
46 Andi Hofer Weinstube
47 Club Take Five
51 Shamrock Irish Pub

Schallmoos
Kongress
St.Andrä-kirche
Kurgarten
Schloss Mirabell
Mirabell garten
Mirabell pl.
Loreto-Kirche
Bruderhof
Sebastians-kirche
Kunst-universität
Mozarteum
Marionetten-u. Landestheater
Makart-platz
Dreifalt.-kirche
Mozart-wohnhaus
St. Johannes
Paschinger Schlössl
Kapuziner-kloster
Kapuzinerberg
Makart-Steg
Haus der Natur
Platzl
Steintor
Staats-brücke
Ferdinand-Hanusch-Pl.
Rathaus
Getreidegasse
Mozarts Geburtshaus
Universitäts-platz
Alter Markt
Alte Universität
Kollegienk.
Großes Festspiel-haus
Haus für Mozart
Rein-hardt-Pl.
Ruper-tinum
Residenz
Franzisk. Kirche
Residenz-pl.
Dom-pl.
St. Peter
Dom
Michaelsk.
Mozart-platz
Neue Resi-denz
Mozart-Steg
Salzach
Kapitel-pl.
Kapitelgasse
Erzbischöfliches Palais
Kirche St.Peter
Festungs-bahn
Kajetaner-kirche
Rudolfs-platz
Justizgeb.
Dr.-Franz-Rehrl-Platz
Nonnberg-stiege
Stift Nonnberg
Festung Hohensalzburg
Erhardkirche
Unipark Nonntal
Nonntal
Auerspergstr.
Rainerstraße
Josef-Straße
Franz-
H.-Saftler-Gasse
Faberstr.
Schrannengasse
Auersperg-straße
Stelzhamerstraße
Lasserstraße
Bayerhamer-straße
Virgilgasse
Arnogasse
Franz-Josef-Straße
Auerspergstr.
Schallmooser Hauptstraße
Paris Lodron Straße
Glockengasse
Bruderhof
Linzer Gasse
Priesterhausg.
Franziskischlössl
Steingasse
Giselakai
Imbergstraße
Rudolfskai
Judengasse
Gasse
Hofstallgasse
Hafner
Franziskgasse
Kaigasse
Pfeifergasse
Herrengasse
Schanzlgasse
Festungsgasse
Hoher Weg
Dr.-Herbert-Klein-Weg
Hans-Sedlmayr-Weg
Oskar-Kokoschka-Weg
Nonnberggasse
Hauptstraße
Petersbrunnstraße
Erzabt-Klotz-Str.
Brunnengasse
Nonntaler
E.-Gebhard-Str.
Almgasse
Almkanal
Brunnhausgasse
Hans-Sedlmayr-
Schloss Leopoldskron
Hellbrunn
120 m
Salzburg Zentrum

DZ 100–212 €. Kaigasse 9, ✆ 0662-842404, ℻ 841783, www.weissetaube.at.

**** **Kasererbräu** **63**, traditioneller Familienbetrieb im denkmalgeschützten Bürgerhaus von 1342 im Kaiviertel. 45 individuell mit Bauernmöbeln oder Antiquitäten eingerichtete Zimmer, beengte Bäder. Sauna, Dampfgrotte. DZ 90–230 €, App. für 4 Pers. 170–190 €. Kaigasse 33, ✆ 0662-8424450, ℻ 84244551, www.kasererbraeu.at.

››› Unser Tipp: **** **Auersperg** **22**, gediegenes, freundliches Boutiquehotel in der rechten Altstadt mit 55 stilvoll-modernen Zimmern, 23 davon in einer benachbarten Villa. Netter Garten, Dachterrassensauna, Dampfbad, tolles Frühstück, WLAN gratis. DZ 155–215 €. Auerspergstr. 61, ✆ 0662-889440, ℻ 8894455, www.auersperg.at. ‹‹‹

*** **Zur Goldenen Ente** **57**, kleines charmantes Hotel in einem alten, verwinkelten Haus (14. Jh.) im Herzen der Altstadt, unweit vom Dom. 17 individuell eingerichtete Zimmer im Landhausstil. Freundlicher Service. DZ 110–160 €. Goldgasse 10, ✆ 0662-845622, ℻ 8456229, www.ente.at.

*** **Amadeus** **29**, familiengeführtes, etwas teures Hotel-Garni in der rechten Altstadt neben der Sebastianskirche, alter Bau mit viel Charme und 23 individuell und gemütlich eingerichteten Zimmern. DZ 115–200 €. Linzer Gasse 43–45, ✆ 0662-871401, ℻ 8714017, www.hotelamadeus.at.

*** **Jedermann** **17**, Stadthotel in einem Gründerzeithaus mit 30 Zimmern in modernem Design, 800 m außerhalb der rechten Altstadt (Bus 2 bis Vogelweiderstraße). Freundlicher Service, WLAN und Parkplatz gratis. DZ 95–160 €. Rupertgasse 25, ✆ 0662-8732410, ℻ 8732419, www.hotel-jedermann.com.

*** **Josefa** **10**, Hotel-Pension in ruhiger Lage 1,5 km außerhalb der Altstadt (Bus 21 bis Gorianstraße) mit 14 geräumigen, modernen Zimmern. Parkplatz gratis. DZ 85–140 €. Nußdorferstr. 5, ✆ 0662-825586, ℻ 8255864, www.hotel-josefa.at.

*** **Katrin** **12**, familiäre Pension 1,5 km südlich der Altstadt (Bus 5 bis Wäschergasse) mit 12 gemütlich-modernen, blitzsauberen Zimmern, Frühstück im Wintergarten, WLAN und Parkplatz gratis. DZ 78–109 €. Nonntaler Hauptstr. 49 b, ✆ 0662-830860, ℻ 8308606, www.pensionkatrin.at.

Chiemsee **62**, kleine familiäre Hotel-Pension mit 8 renovierten Zimmern in einem Bürgerhaus aus dem 12. Jh. mitten in der Altstadt. DZ 88–138 €. Chiemseegasse 5, ✆ 0662-844208, ℻ 84420870, www.sbg.at/hotel-chiemsee.

››› Unser Tipp: *** **Goldene Krone** **31**, freundliches Hotel in einem alten Bürgerhaus direkt am Kapuzinerbergfelsen in der Fußgängerzone der rechten Altstadt. 21 saubere Zimmer hinter dicken Mauern, gutes Preis-Leistungsverhältnis. DZ 80–150 €. Linzer Gasse 48, ✆ 0662-872300, ℻ 87230066, www.hotel-goldenekrone.com. ‹‹‹

*** **AllYouNeed Hotel** **28**, das moderne Studentenheim am Rand der rechten Altstadt ist von 1. Juli bis 30. Sept. ein Hotel mit 69 schlichten Zimmern mit Du/WC/TV und Internetanschluss; Frühstückssaal im Dachgeschoss mit toller Aussicht. DZ 80–150 €. Glockengasse 4b, ✆ 0662-875159, ℻ 875159404, www.allyouneedhotels.at.

* **Schwarzes Rössl** **33**, Studentenheim mitten in der rechten Altstadt, das seine 50 rustikalen Zimmer von 1. Juli bis 30 Sept. an Touristen vermietet. Frühstück wird außerhalb des Hotels serviert. DZ mit Fließwasser 80 €, mit Bad/WC 84–104 €. Priesterhausgasse 6, ✆ 0662-874426, ℻ 8744267, www.academiahotels.at.

Jugendherbergen Insgesamt 6 Herbergen, die folgenden sind führend in Sachen Ausstattung, Lage und Öffnungszeiten.

*** **JUFA Salzburg City** **8**, Jugend- und Familiengästehaus in einem 410-Betten-Kasten 5 Gehminuten östlich der Altstadt, ganzjährig 24 Std. geöffnet. 132 modern-funktionelle Zimmer mit Du/WC/TV und WLAN für 2 bis 6 Pers. DZ mit Frühstücksbuffet 65–85 € (Gästehaus), bis 110 € (Hotelbereich), Zuschlag für Nichtmitglieder. Josef-Preis-Allee 18, ✆ 0662-842670, ℻ 841101, www.jufa.at.

Junges Hotel Aigen **7**, freundliche, komfortable Herberge im Grünen mit Ein-, Zwei-, Vier- und Sechs-Bett-Zimmern mit Du/WC, 2 km südöstlich der Altstadt (Bus 7 bis Finanzamt), ganzjährig geöffnet. 22,50–39 €/Pers. inkl. Frühstück, 3 € Zuschlag für Nichtmitglieder. Aignerstr. 34, ✆ 0662-623248, ℻ 6232484, www.aigen.hostel-salzburg.at.

Privatzimmer Empfehlenswert sind jene an der schnurgeraden Moosstraße stadtauswärts in Richtung Süden, Bus 21 bringt von hier in 15–20 Min. ins Zentrum.

Gästehaus Steinerhof 16, Bilderbuchhof südlich der Stadt (Bus 21 bis Hochleitner), rustikal mit Bauernmöbeln ausgestattet. Frühstücksbuffet. DZ 60–75 €. Moosstr. 138, ✆/℻ 0662-826280, www.gaestehaus-steinerhof.at.

Haus Steiner 15, 4 Zimmer mit Du/WC/TV/WLAN und Wasserkocher südlich außerhalb (Bus 21 bis Hammerauer Str.), teils mit Kühlschrank und Balkon. DZ 56 €. Moosstr. 156 c, ✆/℻ 0662-830031, www.haussteiner.com.

Haus Ballwein 14, 6 gemütliche Zimmer im Landhausstil mit Balkon in einem bildhübschen Bauernhaus mit Untersbergblick (Bus 21 bis Gesengerweg). Leihräder, Swimmingpool. DZ 60–70 €. Moosstr. 69 a, ✆/℻ 0662-824029, www.haus-ballwein.at

Haus Lechner 5, 5 nette Zimmer und 4 Fewos wenige Gehminuten östlich des Hauptbahnhofs, mit Bus 21 ins Zentrum. Tiefgarage. DZ 44 €, Frühstück 8 €/Pers., Fewo (4 Pers.) 82 €. Breitenfelderstr. 22, ✆/℻ 0662-645084, www.privatvermieter.com/haus-lechner.

Camping **Camping Nord-Sam 2**, 1,3 ha großer, baumbestandener Platz 3 km nördlich der Stadt (Bus 23 bis Mauermannstraße), renovierte Sanitäranlagen, Minimarkt, beheizbares Freibad. Ostern bis Mitte Okt. und Weihnachten geöffnet. 2 Pers. 24–32 €, Zelt, Auto 24–32 €. Samstr. 22, ✆/℻ 0662-660494, www.camping-nord-sam.com.

Camping Panorama Stadtblick 1, Terrassengelände nahe der Autobahn A 1 mit Blick auf die Festung (Obus 3 bzw. 5), topmoderner Sanitärbereich, Shop, nettes Restaurant. Mitte März bis Anfang Nov., Advent und Weihnachten geöffnet. 2 Pers. 22 €, Auto, Zelt ca. 24 €. Rauchenbichlerstr. 21, ✆ 0662-450652, ℻ 458018, www.panorama-camping.at.

Salzburg → Karten S. 74/75 und Umschlag hinten

Essen & Trinken

(→ Karten S. 74/75 und Umschlag hinten)

Restaurants/Wirtshäuser **Ikarus 9**, einzigartiger Gourmettempel im Hangar 7 (→ S. 112); jeden Monat gastiert ein anderer internationaler Starkoch am Herd. Hohes Preisniveau, dafür spart man sich die Reisen zu den weltbesten Restaurants. Tägl. 12–14/19–22 Uhr. Wilhelm-Spazier-Str. 7a, ✆ 0662-2197 (reservieren!).

Riedenburg 6, erstklassige, hochpreisige Küche in einem freundlichen holzgetäfelten Stadtrestaurant mit romantischem Garten; viele regionale Gerichte, Top-Weine. Hauptgericht 25–40 €, 3-Gänge-Menü mittags (Di–Fr) 18 €. Di–Sa 12–14/18–24 Uhr. Neutorstr. 31, ✆ 0662-830815, www.riedenburg.at.

> Zur Festspielzeit haben die meisten Lokale keinen Ruhetag und schließen später.

Brandstätter 3, historischer Gasthof nahe der Autobahnabfahrt Salzburg Mitte; ausgezeichnete, kreativ verfeinerte österreichische Küche, à la carte bis 30 €. Tägl. 7–22.30 Uhr. Münchner Bundesstr. 69, ✆ 0662-434535, www.hotel-brandstaetter.com.

M 32 43, Designrestaurant im Mönchsberg-Museum mit der schönsten Aussichtsterrasse der Stadt, täglich wechselnde Karte mit sehr guten regionalen und mediterranen Gerichten. Warme Küche mittags (Businesslunch 14 €) und 18–22 Uhr (drei 5-Gänge-Menüs à 70 €), jederzeit Illy-Kaffee, Kuchen und Torte. Tägl. außer Mo 9–1 Uhr. Mönchsberg 32, ✆ 0662-841000, www.m32.at.

Carpe Diem Finest Fingerfood 48, schickes mehrfach prämiertes In-Lokal von Red-Bull-Boss Mateschitz; in der lässigen Café-Bar im Erdgeschoss gibt es tolles Frühstück oder kreatives Fingerfood in pikanten oder süßen Waffeltüten (Cones) zu 5–10 €/Stück, im Restaurant im 1. Stock (So Ruhetag) traditionelle Gourmet-Küche (Hauptgericht ab 30 €). Tägl. 8.30–24 Uhr. Getreidegasse 50, ✆ 0662-848800, www.finestfingerfood.com.

Esszimmer 21, moderne, fantasievolle Sterneküche in stylischer Umgebung, toller Service, edle Weine, schöne Sommerterrasse. Monatlich wechseln die drei Menüs (70–90 €, eines davon mit Fisch, eines vegetarisch) und der dreigängige Businesslunch (38 €). Di–Sa 12–14/18.30–21.30 Uhr. Müllner Hauptstr. 33, ✆ 0662-870899, www.esszimmer.com.

Stieglkeller 65, 2012 neu verpachtete Traditionsgaststätte der Stiegl-Brauerei direkt unter der Festung, Biergarten mit prachtvoller Aussicht, große Säle (600 Sitzplätze), gutbürgerliche Küche (à la carte 9–18 €), Do und So gibt es Volksmusik. März bis Jan. tägl. 11–24 Uhr. Festungsgasse 10, ✆ 0662-842681.

Purzelbaum 66, versteckt im Nonntal gelegenes freundliches Bürgerhaus mit Bistro-Ambiente und sehr guter internationaler Küche. Hauptgericht um 20 €. Tägl. 18–23, Di–Sa auch 12–14 Uhr. Zugallistr. 7, ✆ 0662-848843, www.purzelbaum.at.

Restaurant Gwandhaus 13, edel-puristisch gestyltes Lokal im Gwandhaus (→ S. 109) mit traumhafter Sonnenterrasse und raffiniert zubereiteter Hausmannskost, Spezialität ist Fisch aus dem nahen Hellbrunner Bach, auf regionale Zulieferer wird Wert gelegt. Frühstück bis 11 Uhr (6–15 €), 2-Gänge-Mittagsmenü für günstige 11,50 €, à la carte 12–25 €. Tägl. 9–22 Uhr. Morzger Str. 31, ✆ 0662-46966610, www.gwandhaus.com. ■

Müllner Bräustübl – Österreichs größter Biergasthof

Zum Strasserwirt 11, ein junges Team bereitet in Leopoldskron köstlich verfeinerte österreichische Küche zu. Mittagsmenü (2 Gänge) günstige 10,90 €, à la carte ab 11 €. Umsichtiger Service, tolle Weine. Reservieren! Mi–Sa 11.30–14, 18–23, So 11.30–22 Uhr. Leopoldskronstr. 39, ✆ 0662-826391, www.zumstrasserwirt.at.

Triangel 59, gemütlich-rustikales Bistro-Wirtshaus von Franz Gensbichler mit qualitätvoller Küche aus biologischen und fair gehandelten Zutaten (ab 8 €). Freundlicher Service, beliebter Gastgarten. Mittags dient es als günstige Edelmensa für die Studenten nebenan, abends ist es ein Szenelokal und im Sommer Treff der Festspielkünstler. Mo–Sa 11–24, Küche durchgehend bis 22 Uhr. Wiener-Philharmoniker-Gasse 7, ✆ 0662-842229, www.triangel-salzburg.co.at. ■

Die Weisse 20, die Schallmooser Weißbierbrauerei setzt in ihrem kultigem Brauwirtshaus von 1901 auf Erlebnisgastronomie und bodenständige Küche von Bratl bis Weißwurst (à la carte 10–16 €), großer Biergarten. Mo–Sa 10–24 Uhr. Rupertgasse 10, ✆ 0662-872246, www.dieweisse.at.

››› Unser Tipp: **Weiserhof 4**, preisgünstiges Vorstadtwirtshaus hinter dem Bahnhof mit ausgezeichneter altsalzburgischer Küche (z. B. Stinkerknödel und Ochsenschoas); Brot und Metzgereiwaren sind selbstgemacht, die Nachspeisen ein Traum. Mittagsmenü 7,20 €. Lauschiger Kastaniengarten. Reservieren! Weiserhofstr. 4, ✆ 0662-872267. ‹‹‹

Zum Fidelen Affen 32, beliebtes, holzgetäfeltes, unkompliziertes Wirtshaus, in dem man sich die Tische teilt; verfeinerte regionale Küche, Trumer Biere. Hauptgericht 8–16 €. Tägl. außer So 17–24 Uhr. Priesterhausgasse 8, ✆ 0662-877361.

Augustiner (Müllner) Bräustübl 25, Österreichs größte Biergaststätte, 4 Säle und 3 Stüberl (jeweils Raucher/Nichtraucher), kastanienbestandener Biergarten. Selbstbedienung: Zuerst wird gezahlt, dann nimmt man einen Krug (0,5 oder 1 l) aus dem Regal, spült ihn am Brunnen und lässt ihn mit Augustiner Bier füllen. Das Essen (Grillhendl, Radi, Brettljause, Würstl) holt man an 9 Ständen im „Schmankerlgang". Tägl. 15–23, Sa/So ab 14.30 Uhr. Augustinergasse 4, ✆ 0662-431246, www.augustinerbier.at.

Qual der Wahl im Café Fingerlos

Krimpelstätter 23, geschmackvoll modernisierter Braugasthof von 1548 in Mülln, preiswerte Salzburger Hausmannskost, Augustinerbier. Mittagsmenü (3 Gänge) 10,90 €. Großer Kastaniengarten. Di–Sa 11–24 Uhr. Müllner Hauptstr. 31, ✆ 0662-432274, www.krimpelstaetter.at.

Bärenwirt 24, romantisches Traditionswirtshaus mit gemütlicher Stube in Mülln, preiswerte österreichische Küche, Spezialität sind Backhendl mit Erdäpfel-Vogerlsalat und Augustinerbier. Tägl. 11–23 Uhr. Müllner Hauptstr. 8, ✆ 0662-422404, www.baeren wirt-salzburg.at.

Zwettler's Stiftskeller 60, gemütliches, rustikales Wirtshaus in einem Gewölbe im Kaiviertel. Günstige Preise (Mittagsmenü 7,20 €), deftige Hausmannskost, hauseigenes Kaiser Karl Bier. Kleiner Gastgarten. Tägl. außer Mo 11–2 Uhr, Küche bis 22 Uhr. Kaigasse 3, ✆ 0662-844199, www.zwettlers.com.

Alter Fuchs 27, uriges, rustikales Stadtwirtshaus auf Kellerebene in der rechten Altstadt, preiswerte Küche, Hausmannskost und Brotzeitgerichte. Mo–Sa 12–24 Uhr. Linzer Gasse 47-49, ✆ 0662-882022, www.alterfuchs.at.

Paul Stubm 64, uriges Kultwirtshaus in versteckter Lage am Fuß der Festung, holzgetäfelte Gaststube, abgewetzte Bänke, lauschiger Biergarten; buntes Publikum, sehr gute Wirtshauskost (Kasnockn, Brotzeit ...). Mo–Sa 17–2 Uhr. Herrengasse 16, ✆ 0662-843220, www.paul-stube.at.

››› **Unser Tipp: Afro Café 50**, schrill-bunte Restaurant-Bar (gehört zu Red Bull) im Schatten des Gstättentors, preiswerte kulinarische Spezialitäten mit Afro-Touch (unter 12 €), köstlicher Fair-Trade-Kaffee und Tee aus Afrika. Hippes Ambiente. Mo–Sa 9–24 Uhr. Bürgerspitalplatz 5, ✆ 0662-844888, www.afrocoffee.com. ‹‹‹

Pescheria Backi 19, winziges rustikales Fischlokal am Franz-Josef-Markt; keine Speisekarte, angeboten wird, was frisch ist: Branzino, Calamari, Scampi, Dorade, dazu knackiges Gemüse und Wein aus Slowenien. Mo–Fr 9–22, Do 9–18, Sa 9–12 Uhr. Franz-Josef-Str. 16b, ✆ 0662-879778, www.pescheria-backi.com.

Nagano 45, japanisches Restaurant in einem Innenhof; hervorragende Sushi, Sashimi und Yakitori zu gehobenen Preisen. Tägl. 11–15/17–23 Uhr. Griesgasse 19a, ✆ 0662-849488.

Schnelle Küche **Balkan Grill 54**, an diesem Kultwürstelstand soll die legendäre „Bosna", ein Schweinsbratwürstel in einer Weißbrotscheibe mit Senf und Zwiebel, erfunden worden sein. Mo–Fr 11–19, Sa 11–18 Uhr. Getreidegasse 33/Durchhaus.

My Indigo 49, gesundes, asiatisch inspiriertes Fast Food (Sushi, Curry Noodles, Sa-

Salzburg → Karten S. 74/75 und Umschlag hinten

lads, Soups). 4 Filialen, eine davon unweit der Bushaltestelle Rathaus am Rudolfskai 8. Mo–Fr 11–22, Sa/So ab 12 Uhr.

Kaffeehäuser **Tomaselli** 58, Tradition seit 1705, elegantes altösterreichisches Kaffeehaus auf 2 Etagen, gediegene Atmosphäre, knarrende Parkettböden, die Plätze auf dem Balkon sind heiß begehrt. Die köstlichen Torten und Kuchen werden auf dem Tablett von Tisch zu Tisch angeboten. Tägl. 7–21 Uhr. Alter Markt 9; Sommerkiosk schräg gegenüber. www.tomaselli.at.

››› **Unser Tipp:** **Café Bazar** 37, traditionsreiches Jugendstil-Kaffeehaus am rechten Salzachufer mit sonniger Aussichtsterrasse (gehört zum Hotel-Gasthof Brandstätter, s. o.). Frühstück, auch warme Speisen und ein Mittagsmenü. Bekannt für Marillenknödel, Topfen- und Apfelstrudel. Mo–Sa 7.30–23 (Okt. bis März nur bis 19.30 Uhr), So 9–18 Uhr. Schwarzstr. 3. ‹‹‹

Fingerlos 18, modernes Café eines Konditorweltmeisters mit hervorragenden süßen Kreationen. Tolle Frühstückskarte. In Mirabellplatznähe. Tägl. außer Mo 7.30–19.30 Uhr. Franz-Josef-Str. 9.

Schatz 56, winzig-nostalgisches Konditorei-Café in Weiß und Altrosa mit 7 Marmortischchen; exquisite Torten, Baisers und handgefertigte Mozartkugeln. Mo–Fr 8.30–18.30, Sa 8–17 Uhr. Getreidegasse 3 (Durchhaus).

Ratzka 52, kleine Konditorei am Fuß des Kapuzinerbergs, für viele die beste Österreichs. Kuchen- und Tortenangebot wechselt nach Saison, die berühmte Rudolfstorte gibt es nur Sa punkt 11 Uhr. Di–Sa 8–12.30, 13.30–17/18 Uhr. Imbergstr. 45.

Café Sacher 34, nicht in Wien und doch im Sacher Kaffeehaus, wo es die Originale Sachertorte gibt. Salzachterrasse. Tägl. 7.30–24 Uhr. Schwarzstr. 5–7. www.sacher.com.

Bars & Nachtleben

(→ Karten S. 74/75 und Umschlag hinten)

Steinterrasse 39, trendige Club-Bar-Lounge im 7. Stock des Hotels Stein, Traumblick auf die Altstadt, der für den Service entschädigt. Sandwiches, Pizza, Cocktails. Mai bis Ende Sept. tägl. 15–24, sonst erst ab 17 Uhr. www.hotelstein.at.

Wein & Co Bar 35, das in Wien erprobte Konzept funktioniert auch hier: Es gibt jeden Flaschenwein aus dem Shop nebenan zum Ladenpreis plus Aufschlag von 5,90 € (inkl. einer 0,75 l-Flasche Mineral), dazu Tapas, Antipasti, Pasta. Tägl. 10–24 Uhr. Platzl 2, www.weinco.at.

Andi Hofer Weinstube 46, gemütliche Weinstube aus den 1920ern, beliebter Treffpunkt, gutbürgerliche Küche (Spezialität sind Kaspressknödel), Jausenkarte, österreichische Weine. Mo–Sa 18–1 Uhr. Steingasse 65, www.dieweinstube.at.

Republic Café 42 urbaner, lässiger Café-Bar-Szeneclub, preiswerte Küche (mediterran, regional, asiatisch) bis 23 Uhr, abends Barbetrieb, Clubbing. So–Do 8–1, Fr/Sa bis 4 Uhr. Anton-Neumayr-Platz 2. www.republic-cafe.at.

Pepe 36, beliebte Cocktail- und Tapas-Bar mit Latino-Musik. Tägl. 19–3 Uhr. Steingasse 3.

Würstlkönigin 41, der mobile Stand von Ingrid Taxer am Hanuschplatz mit der obligatorischen Käsekrainer (süß oder scharf) ist für Salzburger Nachtschwärmer Pflicht. Tägl. 19.30–4 Uhr.

Shamrock Irish Pub 51, Bier, Whisky, Pizza, Hamburger und Baguette. Billard, Sportübertragungen und nahezu täglich Livemusik (ab 21 Uhr). Tägl. 12–3, Do–Sa bis 4 Uhr. Rudolfskai 12.

Havana 30, feine, gemütliche American Cocktailbar mit DJ-Nights. Tägl. 18–2 Uhr (Happy Hour 18–20 Uhr). Priesterhausgasse 14.

Fridrich 38, gemütliche Weinbar, kleine Happen, Sommergarten. Tägl. außer Mi 18–1 Uhr. Steingasse 15.

Half Moon 44 Traditionsclub in alten Gewölben. Do ist Chillen angesagt, Fr Discomusik und Sa Houseclubbing. Jeweils 22–5 Uhr. Zutritt vom Anton-Neumayr-Platz 5, www.halfmoon.at.

Club Take Five 47, Salzburger Ableger des legendären Kitzbühler „Highclass"-Clubs. Do–Sa 23–5 Uhr. Gstättengasse 7.

2 Stein 40, die zweigeschossige Bar ist Salzburgs bekanntestes Gay-Lokal. Tägl. 18–4 Uhr. Giselakai 9, www.zweistein.at.

„Awilda" von J. Plensa – moderne Kunstwerke schmücken die barocke Altstadt

Salzburg → Karten S. 74/75 und Umschlag hinten

Sehenswertes

Vier Brücken verbinden die durch die Salzach getrennte linke und rechte Altstadt: Die verkehrsreiche **Staatsbrücke** zwischen Rathausbogen am linken und Platzl am rechten Ufer und drei Fußgängerstege: Der **Mozartsteg** ist eine historische Eisenkonstruktion von 1903. Modern geschwungen ist der **Makartsteg**, den täglich 20.000 Personen nutzen. Der nördlichere **Müllner Steg** bietet vor allem abends und nachts einen Postkartenblick auf Salzburg.

Ausgangspunkt unserer Besichtigung ist die Staatsbrücke. Am **linken** Ufer liegen Getreidegasse, Dom- und Festspielbezirk, überragt von Festung und Mönchsberg, am **rechten** Ufer (ab S. 105) sind Schloss Mirabell und der Kapuzinerberg zu finden. Alles lässt sich problemlos zu Fuß erkunden. Das von April bis Oktober geöffnete Schloss Hellbrunn liegt etwas außerhalb.

Bürgerstadt

Getreidegasse: Die schmale, etwa 350 m lange berühmteste Straße Salzburgs war bis ins 16. Jh. der einzige Durchzugsweg am linken Salzachufer. Sie wird von hohen, jahrhundertealten Bürgerhäusern flankiert, in denen sich Restaurants, edle Boutiquen, Filialen großer Ketten und Souvenirhändler breitgemacht haben. Ursprünglich hieß sie Trabegasse, abgeleitet von „traben" bzw. „trabig" (= geschäftig); später wurde daraus Traidgasse und schließlich Getreidegasse. Heute traben hier Tausende Touristen, sodass in der Hochsaison oft kein Vorankommen ist. Bemerkenswert sind die zum Teil aus dem 16. bis 19. Jh. stammenden schmiedeeisernen Geschäftsschilder, die Marmorportale und die verzierten Hohlkehlen am oberen Ende der Fassaden, die den typischen Salzburger Grabendächern vorgeblendet sind.

Vierzehn sog. **Durchhäuser** (Hausdurchgänge) führen von der Getreidegasse meist durch arkadengeschmückte Innenhöfe hinüber zum Universitätsplatz bzw. hinab zur Griesgasse. Sie werden als regensichere Geschäftspassagen genutzt. Das schönste und berühmteste ist das *Schatzdurchhaus* (Getreidegasse 3), benannt nach der gleichnamigen Konditorei (→ „Essen & Trinken“).

Mozarts Geburtshaus: Das fünfgeschossige, nach einem Genusswarenhändler benannte *Hagenauerhaus* in der Getreidegasse 9, ist ein touristischer Hauptanziehungspunkt der Stadt, denn hier kam 1756 *Wolfgang Amadeus Mozart* zur Welt (→ Kasten S. 83). 1880 richtete die Stiftung Mozarteum in der einstigen 5-Zimmer-Wohnung im 3. Stock erstmals ein Museum ein. Mittlerweile erstreckt es sich über drei Geschosse, bis 2010 wurde es komplett erneuert. In den mit Stuckdecken und Eichenböden, aber ohne Originalmöbel ausgestatteten Zimmern der Mozarts im 3. Stock sind unter dem Motto „Eine Familie stellt sich vor“ goldgerahmte Porträts von Familienmitgliedern und Vitrinen voller Briefe und Dokumente zu sehen. Im Geburtszimmer markiert Mozarts Kindergeige die Stelle der einstigen Wiege, in beleuchteten Säulen sind Mozarts Brieftasche, vier seiner Haarlocken und Perlmuttknöpfe seines Galarocks ausgestellt. Fünf Räume im hinteren Teil des Hauses sind „Mozart: Mythos und Verehrung“ gewidmet und thematisieren Mozarts Zeit in Wien und die Verwaltung seines Erbes. In der Ausstellung „Mozart auf dem Theater“ (in dem verwinkelten Haus eine Etage tiefer) werden historische Bühnenbildmodelle, Requisiten und Kostüme gezeigt. In drei Festspielvideos sieht man ihre Realisierung auf der Bühne. Zudem gibt es Mozarts Clavichord und das bekannte unvollendete Mozartporträt von Joseph Lange zu bestaunen. Im 1. Stock kann man den „Alltag eines Wunderkindes“ daheim in Salzburg und auf Reisen nacherleben.

Dieses Haus lockt jährlich 300.000 Besucher an

Tägl. 9–17.30, Juli/Aug. bis 20 Uhr. Kassenschluss 17 bzw. 19.30 Uhr. Eintritt 7 €, Kind 2,50 €. Kombikarte mit Mozarts Wohnhaus 12 bzw. 3,50 €. ✆ 0662-844313, www.mozarteum.at.

Altes Rathaus: Bescheiden ist das frühere Rathaus von 1410 mit dem zierlichen Glockenturm am Ostende der Getreidegasse. Selbst die Barockfassade von 1772 ändert daran nichts: Prunk war in Salzburg den Erzbischöfen vorbehalten. Die Figur über dem Marmorportal ist übrigens eine Justitia von 1618.

Alter Markt: Der wohl gemütlichste Platz Salzburgs schließt südöstlich an die Getreidegasse an. Leicht abschüssig, ist er auf drei Seiten von pastellfarbenen Bürgerhäusern umstanden, deren Stuckfassaden auf Geheiß der Erzbischöfe nicht zu üppig ausfallen durften. In der Mitte versammeln sich Andenkenstände (mit Gewürzsträußchen) um den schönen achtseitigen und mit einem Renaissancegitter versehenen

Wolfgang Amadeus Mozart (1756–1791)

Es ist der Abend des 27. Januar 1756. Um 20 Uhr erblickt Joannes Chrisostomos Wolfgang Theophilus im 3. Stock der Getreidegasse 9 das Licht der Welt. Sein Vater ist der Hofmusiker und Musiklehrer *Leopold Mozart* (1719–87), seine Mutter ist *Anna Maria Mozart* (1720–78), geb. Pertl, Tochter des Richters aus St. Gilgen (→ S. 123). Man ruft den Buben zu Deutsch Gottlieb, er nennt sich später französisch Amadé. Die lateinische Variante ist nicht nur Titel des preisgekrönten Kinofilms von 1984, sie geht in die Geschichte ein: *Wolfgang „Amadeus" Mozart*, Wunderkind, Klaviervirtuose und Kompositionsgenie.

Zurück in Mozarts Kindheit: Vater Leopold will für seine beiden Sprösslinge Wolferl und Maria Anna (Nannerl) nur das Beste und unterweist sie ehrgeizig in Musik. Der aufgeweckte Knabe ist ungewöhnlich begabt und komponiert bereits mit vier Jahren. Zum Geburtstag des Fürsterzbischofs *von Schrattenbach* tritt er 1763 erstmals als Musiker auf. Als „Wunderkind" konzertiert er bis 1765 in München, Wien, Paris und London. 1767 komponiert er ein Oratorium für den Fürsterzbischof (KV 35), seine erste Oper „Apollo und Hyacinthus" (KV 38) für die Salzburger Universität und 1769 die Dominicus-Messe (KV 66) für den Abt von St. Peter. 1769 wird er 13-jährig zum Konzertmeister der Salzburger Hofmusikkapelle bestellt. Von 1769 bis 1771 verbringen die Mozarts nur vier Monate in Salzburg. Die übrige Zeit sind sie in Italien auf Konzertreise, eine mühsame Angelegenheit mit Kutsche, Kofferkiste und Reisewörterbuch, doch vom Fürsterzbischof großzügig unterstützt. Insgesamt wird Mozart fast 10 Jahre seines kurzen Lebens reisend unterwegs sein. 1773 übersiedelt die Familie in das repräsentative Tanzmeisterhaus am heutigen Makartplatz (→ S. 106). Doch die fürstliche Gunst geht allmählich verloren: Seit 1772 regiert Erzbischof *Graf Colloredo*, ein moderner Aufklärer, der für das aufmüpfige Künstlerdasein und die ausgedehnten Reisen seines Konzertmeisters wenig Verständnis hat. 1777 bittet Mozart um Entlassung, um sein „Glück weiter zu suchen". Er findet keine Anstellung und tritt 1779 nochmals in den Dienst des Fürsterzbischofs ein, von dem er im Juni 1781 endgültig mit einem „Tritt im Arsch" entlassen wird. Daraufhin lässt sich Mozart in Wien nieder, arbeitet als Opernkomponist, Klavierspieler und Lehrer. 1782 heiratet er gegen den Willen seines Vaters die Sopranistin *Constanze Weber* (1762–1842). Salzburg besucht er 1783 ein letztes Mal. Die 10 Wiener Jahre bis zum frühen Tod am 5. Dezember 1791 werden zu den produktivsten seines Lebens. Mozarts Gesamtwerk umfasst 22 Opern, 60 Symphonien, 25 Klavier- und 6 Violinkonzerte, 16 Messen, 23 Streichquartette, zahlreiche Sonaten, Kammermusik, Lieder, Motetten und ein unvollendetes Requiem.

Florianibrunnen (17./18. Jh.). Einen Blick wert sind die fürsterzbischöfliche **Hofapotheke** (Nr. 6) mit ihrer Rokokoausstattung von 1760 und das nur ein Fenster breite Haus Nr. 10 a. Auf Nr. 9 serviert das berühmte, bereits 1705 gegründete *Café Tomaselli* (Nr. 9) Kaffee und Kuchen (→ „Essen & Trinken"), die Plätze auf der Terrasse sind stets heiß begehrt. Schräg gegenüber erhält man bei den Confiserien *Reber* (Nr. 5) und *Holzermayr* (Nr. 7) Mozartkugeln. Es sind nicht die originalen, die gibt es wenige Meter weiter in der Brodgasse 13 (direkt gegenüber vom Tomaselli) in der Konditorei *Fürst*, wo sie auch erfunden wurden (→ Kasten).

Hier gibt es die Original Salzburger Mozartkugel

Die einzig echte Mozartkugel

1890 rollte der Salzburger Konditormeister *Paul Fürst*, vorausblickend auf die Feiern zu Mozarts 100. Geburtstag, erstmals das runde „Mozartbonbon", später nur noch „Mozartkugel" genannt – ein Pistazien-Marzipan-Kern, umhüllt von Haselnussnougat-Creme und feinster Kuvertüre. Noch heute fertigt sie Urenkel Norbert Fürst nach dem Originalrezept. Verpackt in Silberstanniol mit blauem Aufdruck, verkauft er die „Original Salzburger Mozartkugel" exklusiv in seinen vier Salzburger Konditoreien und online unter www.original-mozartkugel.com.

Weil der Name „Mozartkugel" patentrechtlich nicht geschützt ist, bieten viele Salzburger Konditoreien gelungene Kopien des Originalrezepts an, darunter die „Echte" der Confiserie Schatz, die „Echte Salzburger" von Josef Holzermayr oder die „Salzburger" aus dem Café Habakuk (→ „Einkaufen"). Industriell hergestellte Mozartkugeln sind kleiner, unten meist abgeplattet und nicht nach Originalrezept gefertigt; Marktführer sind die kugelrunde „Echte Salzburger" von Mirabell aus Grödig bei Salzburg und die „Echte Reber Mozartkugel" aus Bad Reichenhall, die sich von der originalen Fürst-Kugel geschmacklich deutlich unterscheidet. Fernab von Salzburg produzieren die Wiener Firmen Hofbauer und Manner „echte" Kugelvarianten vom Fließband, aber auch Halloren in Halle und Lambertz in Aachen. Alles klar?

Juden- und Goldgasse: Mittelalterlich muten die zwei Gassen an, die sich östlich des Alten Markts Richtung Residenz- und Waagplatz winden. In der Judengasse siedelte einst die jüdische Gemeinde, bis sie 1498 der Stadt verwiesen wurde. In der Goldgasse findet man Antiquitäten, edles Kunsthandwerk und Schmuck.

Waagplatz: Der unregelmäßige Platz zwischen Judengasse und Mozartplatz war im Mittelalter der wichtigste Marktplatz der Stadt, standen hier doch der Getreidespeicher und die Stadtwaage (Haus Nr. 3). Literaturfreunde wird das *Schafferhaus* (Nr. 1 a) interessieren, in dem am 3. Februar 1887 der österreichische Lyriker *Georg Trakl* geboren wurde. Der gelernte Apotheker ist bekannt für seine expressionistischen Gedichte, einige davon sind auf Marmortafeln in der Stadt verteilt zu lesen. Die **Trakl-Forschungs- und Gedenkstätte** (Zugang vom Arkadenhof) erinnert mit Handschriften und persönlichen Dingen an den Dichter, der sich mit 27 Jahren das Leben nahm.

Mo–Fr 14 Uhr, nur mit Führung. Eintritt 3 €. ✆ 0662-845346, www.kulturvereinigung.com.

Mozartplatz: Die östliche Fortsetzung des Waagplatzes schmückt *Ludwig Schwanthaler*s Mozartdenkmal, das 1842 im Beisein der Söhne Mozarts enthüllt wurde. Es zeigt den Komponisten überlebensgroß mit strengem Blick. Am Mozartplatz befindet sich die zentrale Touristinformation und gegenüber der Zugang zum Salzburg Museum (→ S. 87).

Kaiviertel: Von der Südostecke des Mozartplatzes führen Kai- und Pfeifergasse in ein früher vorwiegend von kleinen Angestellten und Gewerbetreibenden bewohntes Viertel, das sich bis zum nunmehr autofreien Kajetanerplatz erstreckt. Hier ist es ruhiger als rund um die Getreidegasse, die Fassaden sind bescheidener, die Gaststätten bodenständiger, die Geschäfte bunter und individueller. Außerdem gibt es viele Ämter und Behörden. So residiert seit 1861 in den Gemächern des **Chiemseehofs** (17. Jh.), einem einstigen Sitz der Bischöfe von Chiemsee, der Salzburger Landtag und die Landesregierung, an deren Spitze seit 2004 Landeshauptfrau *Gabi Burgstaller* (SPÖ) steht. Tafeln an den Häusern Kaigasse 8 und Pfeifergasse 11 erinnern an den aus der Schweiz stammenden bedeutenden Arzt, Alchemisten und Mystiker *Paracelsus*, der 1541 in Salzburg verstarb. Am **Kajetanerplatz**, der jeden Freitagvormittag von einem Bio-Bauernmarkt belebt wird, stehen sich zwei repräsentative Bauten gegenüber: Der barocke Kuppelbau links ist die **Kajetanerkirche** von 1700. Turmlos und von Flügelbauten des früheren Klosters flankiert, könnte man sie leicht für ein Palais halten. Ihr Baumeister war *Giovanni Gaspare Zucalli*, *Paul Troger* gestaltete 1727 mehrere Altarblätter und das gewaltige Kuppelfresko. *Johann Michel Rottmayr* steuerte das Bild am linken Seitenaltar bei. Beachtenswert ist die in die Chorbrüstung integrierte Egedacher-Orgel (1696). Das ehemalige Kloster ist heute ein Krankenhaus der Barmherzigen Brüder. Das **Landesgerichts-** bzw. **Justizgebäude** auf der anderen Seite stand bei seiner Errichtung 1908 heftig in Kritik, sein Wiener Ringstraßenstil passte architektonisch so gar nicht ins Salzburger Altstadtbild.

Residenzbezirk

Residenzplatz: 60 Bürgerhäuser und der alte Domfriedhof mussten auf Befehl von Fürsterzbischof *Wolf Dietrich* dem weiten Platz weichen, dessen Mitte der 15 m hohe **Residenzbrunnen** (17. Jh.) ziert, vermutlich ein Werk des Italieners Tommaso di Garona. Mit seinen marmornen Rossen, Atlanten und Delfinen ist er der größte und schönste Barockbrunnen nördlich der Alpen. Umrahmt wird der Platz von der

Salzburg → Karten S. 74/75 und Umschlag hinten

Kirtagsrummel auf dem Residenzplatz

dunklen, aus Mönchsbergkonglomerat bestehenden Längsseite des Doms, von Residenz (s. u.) und Neuer Residenz (s. u.). An der Nordseite steht die altrosa getünchte, spätbarocke **Michaelskirche**, die einst Stadtpfarrkirche war. Auf dem Residenzplatz sind heute die Standplätze der Fiaker. In der Adventzeit wird er vom Christkindlmarkt belebt, und alljährlich am Vorabend der Festspieleröffnung ist er Schauplatz eines traditionellen Fackeltanzes.

(Alte) Residenz: Man betritt den von außen schlichten, ehemaligen Palast der Fürsterzbischöfe durch ein prächtig barockes Marmorportal von 1710, das in den Ehrenhof führt. An seinem hinteren Ende steigt links vom Herkulesbrunnen eine breite Treppe zu den **Prunkräumen** in den 2. Stock. Der Bau der weitläufigen Anlage mit 180 Räumen und 3 Innenhöfen, der die mittelalterliche Bischofsburg ersetzte, begann im 16. Jh. ebenfalls unter *Wolf Dietrich von Raitenau*. Die im 17. und 18. Jh. kostbar ausgestatteten Repräsentationsräume und Privatgemächer, die noch heute für Veranstaltungen genutzt werden, können mit Audioguide besichtigt werden: Erster Prunkraum ist der riesige Carabinierisaal (17. Jh.), in dem die Leibgarde untergebracht war. Das übrige gute Dutzend Säle wurde vom Barockbaumeister *Johann Lukas von Hildebrandt* im frühen 18. Jh. angelegt, die Gemälde schufen *Johann Michael Rottmayr* und *Martino Altomonte*. Höhepunkte sind der reich stuckierte Rittersaal, in dem schon der elfjährige Mozart aufspielte, der mit Gobelins ausgestattete Audienzsaal, der Kaisersaal mit Habsburgerporträts und der Thronsaal.
Tägl. 10–17 Uhr. Eintritt inkl. Residenzgalerie 9 €, Kind 3 €. Skg-Card. www.salzburg-burgen.at.

Im 3. Stock zeigt die **Residenzgalerie** in 15 barocken Sälen europäische Malerei vom 16.–19. Jh., v. a. Werke der Flamen und Niederländer wie *Rembrandt* (u. a. „Betende alte Frau" von 1630), *Rubens* und *Brueghel* sowie österreichische Meisterwerke des 19. Jh. von *Makart*, *Waldmüller* und *Amerling*. Die Galerie, ein Teil der Salzburger Landesbestände, wurde 1923 als Ersatz für die erzbischöfliche Kunstsammlung eingerichtet, die 1803 nach Auflösung des Fürstentums verloren ging

(→ Geschichte). Einen Abstecher lohnt auch die Aussichtsterrasse auf den nördlichen Dombögen, die man von der Residenzgalerie aus betreten kann.

Tägl. außer Mo 10–17 Uhr. Eintritt 6 €, bis 16 J. 2 €. Die Galerie ist im Feb. und Nov. geschlossen, zu Festspielzeiten ist sie auch Mo geöffnet. www.residenzgalerie.at.

Voraussichtlich ab 2014 soll ein Museumsrundgang von der Residenzgalerie über die nördlichen Dombögen weiter durch das Dommuseum, den Langen Gang der Erzabtei St. Peter und den Wallistrakt der Residenz führen – sozusagen rund um den Domplatz. Name und Marke werden noch gesucht.

Neue Residenz mit Salzburg Museum: Den mit einem Glockenspielturm versehenen weißen Palast gegenüber der Residenz ließ Fürsterzbischof *Wolf Dietrich von Raitenau* ab 1588 vermutlich als Gästehaus errichten. Nach 1803 zogen Behörden ein, 1920 die Landesregierung und 2007 das Salzburg Museum (s. u.). Das **Glockenspiel** im Turm erwarb Erzbischof *Graf Thun* 1695 in Antwerpen. 35 Glocken spielen täglich um 7, 11 und 18 Uhr, das Repertoire umfasst 50 Stücke, darunter Werke von Mozart und Haydn.

Führungen auf den Glockenspielturm von April bis Ende Okt. Do 17.30 und Fr 10.30 Uhr. Eintritt 3 €, Kind 2 €. www.salzburgmuseum.at.

Das in der Neuen Residenz beheimatete **Salzburg Museum** (Zugang vom Mozartplatz) ist eines der größten Regionalmuseen Europas. Es gewährt einen spannend gestalteten Einblick in Geschichte, Kunst und Kultur von Stadt und Land Salzburg und wurde 2009 mit dem Europäischen Museumspreis ausgezeichnet. Während im **1. Obergeschoss** thematische Sonderausstellungen aus den reichen Beständen des Museums zu sehen sind (z. B. bis 2013 „Ars sacra – Kunstschätze des Mittelalters"), folgen die Höhepunkte im **2. Obergeschoss**. Hier befasst sich die Dauerausstellung „Mythos Salzburg" mit den Fürsterzbischöfen, dem Entstehen der Barockstadt, den Malern der Romantik (samt *Carl Spitzwegs* berühmtem „Sonntagsspaziergang"), der Entwicklung des Salzburg-Tourismus und führt dabei auch durch die **Prunkräume**: mit farbenprächtigen Stuck- und Kassettendecken aus dem frühen 16. Jh. ausgestattete Gemächer, darunter der Ständesaal, das Feldherrenzimmer mit den Büsten großer Heerführer und der mit einem Deckenmosaik verzierte Baderaum. In ihrer Farbenpracht erinnern sie an das Innere des Wolf-Dietrich-Mausoleums auf dem Sebastiansfriedhof (→ S. 107) – dort wie hier war *Elia Castello* als Architekt am Werk.

Die Säulenhalle im Erdgeschoss und die Kunsthalle im Untergeschoss unter dem Innenhof werden ebenfalls für Sonderausstellungen genutzt. In der gratis zugänglichen Panorama-Passage, ein unterirdischer Zugang zum Panoramamuseum (s. u.), sind römische Mauerreste und vier Stadtmodelle von der Römerzeit bis in 19. Jh. zu sehen.

Tägl. außer Mo 9–17 Uhr. Eintritt 7 €, Kind 3 €, Familie 14 €. Kombikarte mit Panoramamuseum 8,50/3,50/17 €. www.salzburgmuseum.at.

Panorama Museum: Vom Residenzplatz neben dem Postamt (oder vom Salzburg Museum aus) betritt man das in einem Nebentrakt der Neuen Residenz gelegene Museum, in dessen Zentrum das *Sattler-Panorama* von 1829 steht. Dieses 26 Meter lange und 5 Meter hohe Rundgemälde zeigt den damaligen Blick von der Festung auf die Stadt. Fünf Jahre malte *Johann Michael Sattler* an dem detailgetreuen Werk, anschließend ging er damit 10 Jahre lang auf Europa-Tournee – als

Salzburg → Karten S. 74/75 und Umschlag hinten

Massenmedium waren diese Panoramen am ehesten mit den heutigen IMAX-Kinos zu vergleichen. Mit interaktiven Bildschirmen können Ausschnitte des Panoramas aktuellen Ansichten gegenüber gestellt werden. Ebenfalls zu sehen sind rund 20 Kosmoramen – Stadtansichten aus aller Welt, die von Sattlers Sohn Hubert Mitte des 19. Jh. gemalt wurden.

Tägl. 9–17 Uhr. Eintritt 3 €, Kind 1 €, Fam. 6 €. Kombikarte mit Salzburg Museum 8,50/3,50/17 €. www.salzburgmuseum.at.

Dombezirk

Domplatz: Kolonnaden führen auf den nahezu quadratischen Platz, der wegen seiner Geschlossenheit und den umstehenden, einheitlichen Fassaden von Residenz und Stift St. Peter besonders eindrucksvoll wirkt. In der Mitte erhebt sich eine von den Brüdern Hagenauer um 1770 geschaffene **Mariensäule**. An ihrem Sockel sitzen Engel, Teufel und Allegorien von Kirche und Weisheit, an der Spitze steht die Marienfigur. Betrachtet man sie im richtigen Abstand von vorne, erkennt man, dass zwei Engel an der Domfassade die goldene Krone direkt über ihr Haupt halten. Die einmalige Atmosphäre des Platzes inspirierte *Max Reinhardt* 1920, hier den „Jedermann" aufzuführen. Seither ist dieses Freilichttheater (bei Schlechtwetter im Großen Festspielhaus) einer der Höhepunkte der Salzburger Festspiele.

Herz der Altstadt – der Salzburger Dom

Salzburger Dom: Die bedeutendste Kirche Salzburgs und heute älteste Bischofskirche Österreichs wurde 1614–28 im frühbarocken Stil erbaut. Zuvor standen an dieser Stelle ein 774 unter Bischof Virgil geweihter Dom und seit Ende des 12. Jh. eine riesige, fünfschiffige romanische Kirche, damals die größte nördlich der Alpen. 1598 fiel sie einem (vielleicht gelegten) Feuer zum Opfer (→ Kasten S. 67); Erzbischof *Wolf Dietrich von Raitenau* ließ *Vincenzo Scamozzi*, einen Schüler Palladios, einen kolossalen Neubau planen. Ausgeführt wurden allerdings die bescheideneren Entwürfe von *Santino Solari*, den Wolf Dietrichs Nachfolger *Markus Sittikus* beauftragt hatte.

Die monumentale, aus Untersberger Marmor gefertigte **Westfassade** wird von zwei 79 m hohen Türmen überragt. Am Giebel steht Christus Salvator, darunter prangen die Wappen der Erzbischöfe Markus Sittikus und Paris Lodron. Auf der Balustrade im 2. Geschoss sieht man die vier Evangelisten. Die überlebensgroßen

Statuen neben den drei Eingangsarkaden zeigen außen die Gründer des Erzbistums Rupert (mit Salzfass) und Virgil (mit Kirchenmodell) und innen die Kirchenpatrone Petrus (mit Schlüssel) und Paulus (mit Schwert). Die goldenen Jahreszahlen an den Torgittern erinnern an die Domweihejahre 774, 1628 und 1959 (Restaurierung nach dem Krieg). Drei mächtige moderne Bronzetore (1958) führen nebeneinander ins Innere. Sie symbolisieren (von links) die göttlichen Tugenden Glaube, Liebe, Hoffnung und stammen von *Toni Schneider-Manzell*, *Giacomo Manzù* und *Ewald Mataré*. Das **Innere** des 99 m langen Doms, in dem rund 10.000 Menschen Platz finden, überrascht durch seine Helligkeit und beeindruckt mit der barocken, wenn auch etwas kühlen Pracht. Üppiger weißer Stuck von *Giuseppe Bassarino* schmückt Wände und Decken. Das Langhaus mit Tonnengewölbe wird von je vier Seitenkapellen gesäumt. Die erste links ist die Taufkapelle mit dem noch aus dem alten Dom stammenden bronzenen Taufbecken (1321) auf vier noch älteren Löwen aus dem 12. Jh., über dem auch Mozart getauft wurde. Den Deckel ergänzte *Toni Schneider-Manzell* 1959, von ihm stammt auch die Bronzekanzel im Hauptschiff. Lichtdurchflutet ist vor allem der Bereich der Vierung, über der sich die achteckige, mit Stuck und Fresken verzierte Kuppel erhebt. Dem bescheidenen Hochaltar wurde ein moderner, marmorner Volksaltar vorangestellt, der den 1628 gefertigten Schrein der Heiligen Rupert und Virgil enthält. An den Wänden des Altarraumes befinden sich die Grabmale der *Fürsterzbischöfe Markus Sittikus* und *Paris Lodron*. Als neue Grablege entstand 1957–59 eine mehrräumige Krypta (Zugang im linken Querschiff), in die Mauerreste der Vorgängerkirchen integriert wurden. Nebenan befindet sich die romanische Chorkrypta mit der Installation „Vanitas" (2009) von *Christian Boltanski*. Das Schattenspiel der filigranen Figuren soll einen Totentanz darstellen, die akustische Zeitansage das Verrinnen der Zeit hörbar machen.

Dombesichtigung tägl. 8–18, Mai–Sept. bis 19 Uhr, So erst ab 13 Uhr (vorher Messe). Eintritt frei. www.salzburger-dom.at.

Dommuseum: Das in den barocken Emporenräumen des Domes (mit tollem Blick ins Kircheninnere) eingerichtete Museum erreicht man von der Domvorhalle aus. Es zeigt sakrale Kunst aus dem Domschatz, wie eine mittelalterliche Madonna von *Michael Pacher*, gotische Tafelbilder, Werke des Salzburger Barock und Goldschmiedekunst. Besonders kostbar sind das karolingische Rupertuskreuz (8. Jh.) und eine Hostientaube aus Limoges (1200). Kurios ist die barocke Kunst- und Wunderkammer: Die Schränke voller Fossilien, ausgestopfter Tiere, Edelsteine und wissenschaftlicher Geräte stellten für barocke Sammler kein Sammelsurium, sondern einen Querschnitt der göttlichen Schöpfung dar. Vom Dommuseum zugänglich ist die 1661 errichtete und 2009 wieder eröffnete **Lange Galerie** der Erzabtei St. Peter. Der 70 m lange Korridor war einst Gemäldegalerie des Erzbischofs, heute sind hier Exponate aus den Sammlungen von St. Peter zu sehen. Ab 2013 wird die nördliche Domempore zusätzlich mit Ausstellungen des Barockmuseums bespielt.

Mitte Mai bis 26. Okt. und 1. Advent bis 6. Jan. Mo–Sa 10–17, So 11–18 Uhr. Eintritt (inkl. Audioguide) 6 €, Kind 2 €. www.kirchen.net/dommuseum.

Domgrabungsmuseum: Archäologiefreaks können im Sommer einen Blick unter den Dom werfen, wo Reste einer römischen Villa und die Fundamente des romanischen Doms ausgegraben wurden. Eingang bei der bronzenen Bischofsstatue von *Giacomo Manzù* unter den Dombögen.

Nur Juli/Aug. tägl. 9–17 Uhr. Eintritt 2,50 €, Kind 1 €. www.salzburgmuseum.at.

Kapitelplatz: Ein weiterer großer, von *Wolf Dietrich von Raitenau* geplanter Platz schließt südlich an den Dom an. Erster Blickfang zwischen den Dombögen hindurch

Salzburg → Karten S. 74/75 und Umschlag hinten

ist die vergoldete, fast fünf Meter hohe und von einem Mann aus Bronze gekrönte Kugel „Sphaera“, die *Stephan Balkenhol* 2007 hier platzierte (→ Foto S. 37). Seinen Namen leitet der Kapitelplatz vom Domkapitel ab, jenen Herren, die seit dem 12. Jh. das Recht haben, den Erzbischof zu wählen – der Vatikan darf erst seit 1933 drei Kandidaten vorschlagen. Das Erzbischöfliche Palais steht an der Ostseite des Platzes (Nr. 2). Von dort führt die Kapitelgasse ins Kaiviertel (→ S. 85). Sie wird gesäumt von den früheren Residenzen der Domherren, dem Kapitelhaus (Nr. 4) und der Domdechantei (Nr. 6), in deren Hof 2 sich ein Traklbrunnen von *Toni Schneider-Manzell* (1957) und in Hof 3 eine kleine Muschelgrotte von 1615 im Stil von Schloss Hellbrunn befinden. Beide Gebäude beherbergen die Universitätsverwaltung und sind am Wochenende geschlossen. Ein beliebtes Fotomotiv am Kapitelplatz ist die Festung hoch oben mit der von Weiden gesäumten **Kapitelschwemme** darunter. Erzbischof *Leopold Firmian* gab diesen Brunnen 1732 in Auftrag. Im Zentrum balanciert ein muskulöser Neptun mit Dreizack auf einem wasserspeienden Ross. In dem Bassin davor wurden einst die Pferde gewaschen, bevor man sie in die Hofstallungen führte.

Erzabtei St. Peter: Das weitläufige Benediktinerkloster, das 696 vom Hl. Rupert gegründet oder wiederbelebt wurde (es existieren noch Kirchenmauerreste aus dem 5. Jh.), erstreckt sich zwischen Kapitelplatz und Mönchsberg. Es ist das älteste noch bestehende Männerkloster im deutschen Sprachraum und Keimzelle Salzburgs. Vom Kapitelplatz aus gelangt man zunächst – vorbei an der Alten Stiftsmühle am Almkanal (→ Kasten S. 93) mit der historischen Stiftsbäckerei St. Peter (s. u.) – in den stimmungsvollen **Petersfriedhof** direkt unterhalb der steilen Mönchsbergwand. Er ist von Gruftarkaden aus dem 17. Jh. (u. a. für die Baumeister *Santino Solari* und *Clemens Holzmeister*) gesäumt. Jene sieben schmiedeeisernen Kreuze, die am Rand des Hauptwegs dicht beieinander stehen, erinnern an die Familie des Steinmetzen Sebastian Stumpfegger, der jede seiner fünf Ehefrauen in Decken geschnürt zu Tode gekitzelt haben soll. Die frei stehende, mit Grabplatten verzierte Margarethenkapelle ist ein Werk der Spätgotik von 1485.

Einzigartig sind die in den Felsen des Mönchsbergs gehauenen **Katakomben** und Kapellen, die vermutlich seit dem 3. Jh. als frühchristliche Gebetsstätten dienten. Der Eingang befindet sich bei der Kommunegruft, in der *Michael Haydn* (1737–1806), Hoforganist und Bruder Joseph Haydns, sowie Mozarts Schwester *Nannerl* (1751–1829), verheiratete Marianne von Berchthold zu Sonnenburg bestattet sind (Grabtafeln am Boden). Von hier steigt man 48 steile Stufen durch die Felsen hinauf in die Getraudenkapelle von 1178. Ein paar Stufen weiter ist eine kleine Aussichtsplattform, und nach weiteren 36 Felsstufen steht man in der Maximuskapelle, deren vermeintliches Märtyrergrab Einsiedlern als steinerne Bettstatt diente.

Stiftsbäckerei Salzburgs älteste Bäckerei ist bekannt für ihr Holzofenbrot aus Natursauerteig. Mo/Di 8–17.30, Do/Fr 7–17.30, Sa 7–13 Uhr, ✆ 0662-847898, www.stiftsbaeckerei.at.

Petersfriedhof schließt bei Dämmerung.

Katakomben Mai–Sept. Di–So 10.30–17 Uhr, Okt.–April Mi–Do 10.30–15.30, Fr–So 10.30–16 Uhr. Eintritt 1,50 €.

Stiftskirche St. Peter: Der hochromanische Bau von 1147 wurde im Lauf der Zeit mehrfach umgestaltet. Prägend war die Barockisierung 1760–82 unter Abt *Beda Seeauer*. Damals erhielt der Turm seinen markanten, spätbarocken Helm. In das romanische Hauptportal aus rotem und weißem Marmor (1240) in der Vorhalle der Kirche wurde 1768 eine geschnitzte Rokokotür eingesetzt. Der lang gestreckte Innenraum lässt die dreischiffige, romanische Bauform erkennen, seine Ausstattung hingegen ist rein barock: weiß, gold und zartgrün mit farbenfrohen Deckenfresken und großformatigen Gemälden zum Leben Jesu von *Kaspar Memberger* an den Wänden des Hauptschiffes. Die Tafeln der 16 Marmoraltäre und des Hochaltars malte *Martin Johann Schmidt* (der Kremser Schmidt). In den Seitenschiffen finden sich Reste romanischer Fresken. Unter den Grabmonumenten im rechten Seitenschiff sind das Marmorprunkgrab von Oberst *Hans Werner von Raitenau*, das sein Sohn Fürsterzbischof *Wolf Dietrich* errichten ließ, das Grabdenkmal für *Michael Haydn* und das unterhalb eines Barockaltars gelegene Felsengrab des *Hl. Ruperts*, das seit der Überführung der Reliquien in den Dom leer ist, zu erwähnen.

Links vom Kircheneingang schließt der den Mönchen vorbehaltene Klausurbereich mit Kreuzgang, Abteisaal, ältester Bibliothek Österreichs und Klostergarten an, die allesamt nicht öffentlich zugänglich sind. Rechts vom Kircheneingang ist der **Stiftskeller St. Peter**. Diese edle und teure Gaststätte wurde bereits 803 anlässlich eines Besuchs Karls des Großen erwähnt. Über zwei Geschosse erstrecken sich seine zehn holzgetäfelten oder stuckverzierten Stuben, die gerne für Konzerte und Promi-Events genutzt werden. Über den **Stiftshof** mit dem vom Almkanal (→ Kasten S. 93) gespeisten Petersbrunnen, einem früheren Fischbehälter von 1673, gelangt man in den **Kolleghof** mit dem Rupertibrunnen, den das von *Peter Behrens* 1925/26 erbaute Benediktinerkolleg umschließt. Die Fassadenfresken schuf *Anton Faistauer*.

Petersfriedhof und Katakomben in der Mönchsbergwand

Michael-Haydn-Museum: Der „Salzburger Haydn“, Joseph Haydns jüngerer Bruder Michael (1737–1806), war ab 1763 Leopold Mozarts Nachfolger als fürsterzbischöflicher Konzertmeister und später Organist im Stift St. Peter. Er komponierte Kirchenmusik (37 Messen) und großartige Instrumentalwerke (43 Symphonien, 19 Opern und Oratorien sowie virtuose Trompetenkonzerte). Das kleine feine Museum im Durchgang vom Stifts- zum Kolleghof von St. Peter vermittelt mit rund 160 originalen Objekten einen Einblick in das Leben und Werk des lebenslustigen Künstlers. Eine Hörstation mit einer Auswahl seiner Kompositionen und eine Tonbildschau (20 Min.) geben einen Eindruck von Haydns Musik. Von Juli bis Sept. finden hier die beliebten „5-Uhr-Konzerte“ statt (→ „Konzerte“), die jungen Talenten eine Bühne bieten.

Mitte Mai bis Ende Sept. Di–Sa 13–17 Uhr. Eintritt 2 €. www.michaelhaydn.com.

Franziskanerkirche: Mit ihrem steilen Pultdach und dem hohen spitzen Turm sticht sie in dem von runden Barockformen dominierten Stadtbild hervor. Die Kirche nördlich des Stifts St. Peter ist aber keinesfalls rein gotisch, wie ihr äußerer Eindruck vermuten lässt. Betritt man sie von der Sigmund-Haffner-Gasse durch das Westportal, so strebt man durch ein dunkles romanisches, auf wuchtigen Säulen ruhendes Langhaus (13. Jh.) auf den lichterfüllten, spätgotischen Chor zu, dessen Sternrippengewölbe von fünf 30 m hohen, schlanken Säulen getragen wird. Sein Schöpfer war der Meister *Hans von Burghausen*, der zusammen mit seinem Gesellen auf dem Fresko auf der ersten Säule rechts verewigt ist. Auftraggeber im frühen 15. Jh. war die aufstrebende Bürgerschaft der Stadt. Für den Hochaltar engagierte man gar *Michael Pacher*. Allerdings überstand nur die anmutige Madonna seines gotischen Flügelaltars die Barockisierung im 17. Jh. und wurde zum Mittelpunkt des von *Johann Bernhard Fischer von Erlach* 1709 entworfenen Barockhochaltars. Die neun Barockkapellen im unteren Teil des Chorumgangs sind üppig mit Stuck verziert, die Fenster darüber wurden teilweise zugemauert, als man Trakte der Residenz anbaute. Die seltsame Hausfassade mit Fenstern links ließ Wolf Dietrich von Raitenau errichten, um Salome Alt und den gemeinsamen Kindern (→ Kasten S. 67) einen Zugang zu den Gottesdiensten zu ermöglichen.

Salzburger Skyline: vorne die Franziskanerkirche, hinten der Dom

Sigmund-Haffner-Gasse: Benannt ist sie nach einem Salzburger Bürgermeister des 18. Jh., dessen Familie Mozart eine bekannte Symphonie (KV 385) widmete. Rechter Hand wird sie gesäumt vom **Toskanatrakt** der Residenz (16.–18. Jh.), der sich um zwei Höfe gruppiert. Namensgeber war der aus seinem Großherzogtum geflohene Habsburger *Ferdinand IV.* von Toskana, der von 1867 bis zu seinem Tod 1908 hier wohnte. 1992 zog die Rechtswissenschaftliche Fakultät der Universität ein. Den zur Gasse hin offenen Hof, die **Dietrichsruh**, ziert seit 2010 „Awilda" von *Jaume Plensa*, der monumentale Marmorkopf eines jungen Mädchens (→ Foto S. 81). Wolf-Dietrich von Raitenau nannte hier einst einen Renaissancegarten mit Wasserspielen sein Eigen, von dem noch eine Grottennische mit Herkulesstatue und die Sala terrena (Durchgangshalle links) mit stuckierter Decke zeugen.

In der Mitte der Sigmund-Haffner-Gasse führt der **Ritzerbogen** zum Universitätsplatz.

Universitätsviertel

Universitätsplatz: Der auf zwei Seiten von Bürgerhäusern umstandene und von der Kollegienkirche beherrschte Platz ist täglich (außer Sonntag) von buntem Markttreiben erfüllt. Seit Mitte des 19. Jh. werden hier am **Grünmarkt** Obst, Gemüse, Fleisch, Wurst, Brezeln und Blumen feilgeboten, eine Würstl-Jause ist hier gewissermaßen Pflicht. Blickfang unter den Häusern ist jenes mit den dottergelben Rokokoverzierungen – es ist die Rückseite von Mozarts Geburtshaus (→ S. 82). Wo sich der Platz gegen Westen verengt, wurde in einem modernen Schaubrunnen der wild rauschende Almkanal freigelegt.

Der Almkanal – jahrhundertealte Wasserbaukunst

An wenigen Punkten der Altstadt ist er sichtbar: am Residenzbrunnen, beim Brunnen am Universitätsplatz, an der Stiftsmühle St. Peter, unter Glas im Furtwänglerpark, unter Gittern am Anton Neumayr-Platz und bei der Almpassage in der Talstation der Festungsbahn. Der Almkanal ist ein weit verzweigtes, denkmalgeschütztes Bewässerungssystem unter der Altstadt – das älteste seiner Art in Mitteleuropa. Herzstück ist der 370 m lange, 1 m breite und bis zu 2,20 m hohe Stiftsarmstollen durch den Festungs- und Mönchsberg, der schon 1143 (!) von der Abtei St. Peter und dem Domkapitel angelegt wurde. Schon immer verfügte die Stadt über wenig Quellen, ein Stadtbrand 1127 führte dies schmerzhaft vor Augen und ließ den ehrgeizigen Plan zum Stollenbau entstehen.

Das durch Kanäle und Stollen in die Altstadt geleitete Almwasser kommt übrigens nicht von einer Alm, sondern wird am Fuße des Untersbergs von der Königsseeache abgezweigt, die aus dem Königssee abfließt und früher Alm genannt wurde. Über 700 Jahre war der Almkanal mit seinen Stichkanälen das Rückgrat für die Wasser- und Energieversorgung für Menschen und Betriebe der Stadt. Und nicht nur das! Bis 1862 wurden einmal wöchentlich die Schleusen geöffnet, und ein Wasserschwall spülte Unrat und Fäkalien aus den Altstadtgassen in die Salzach. Mit Almwasser wurde bis 1960 auch die Festungsbahn als Wasserballastbahn betrieben. Heute nutzen 15 Salzburger Kraftwerke, die Klima- und Kühlanlagen im Festspielhaus, in der Mönchsberggarage, im Salzburg Museum, im Haus der Natur und im Augustiner Bräustübl den Almkanal. Interessierte finden unter www.almkanal.at weitere technische Details und Führungstermine.

Kollegien- oder Universitätskirche: Das monumentale Gotteshaus am Universitätsplatz prägt mit seiner Kuppel die Silhouette Salzburgs wesentlich mit. 1696 beauftragte Fürsterzbischof *Johann Ernst von Thun* diesen zweitgrößten Kirchenbau der Stadt und Hofbaumeister *Johann Bernhard Fischer von Erlach* gelang eines seiner Hauptwerke. Die elegant vorspringende Fassade und die beiden abgesetzten Türme wurden stilprägend für den spätbarocken Kirchenbau im süddeutschen Raum. Drei Arkaden führen durch eine ovale Vorhalle ins Innere, das für seine großzügige Raumwirkung bekannt ist. In nächster Zeit werden hier allerdings Baugerüste das Bild prägen, die Restaurierung wird bis 2013 dauern. Außen erstrahlt die Kirche seit 2011 bereits wieder in alter Pracht.

Salzburg → Karten S. 74/75 und Umschlag hinten

Museum der Moderne Rupertinum: Am Ende der Wiener-Philharmoniker-Gasse, links an der Kollegienkirche vorbei, trifft man auf einen schmalen frühbarocken Bau von 1633, der jahrhundertelang als Priesterseminar „Collegium Rupertinum" diente und 1983 das Salzburger Museum moderner Kunst aufnahm. Es entstand aus der Sammlung des Galeristen *Friedrich Welz*, der ein enger Freund Oskar Kokoschkas war. Dazu kamen Ankäufe und Dauerleihgaben sowie eine Sammlung von über 15.000 Werken heimischer Fotokünstler. Zu sehen sind die Exponate in thematischen Wechselausstellungen, die hier oder im Ausstellungshaus am Mönchsberg (→ dort) stattfinden.

Tägl. außer Mo 10–18, Mi bis 21 Uhr. Eintritt 6 €, Kind 4 €, Familie 8 €. Kombikarte mit MdM Mönchsberg 12/8/16 €. www.museumdermoderne.at.

Grünmarkt am Universitätsplatz

Alte Universität und Furtwänglergarten: Schlichte Fassaden zeichnen den frühbarocken Gebäudekomplex aus, der sich westlich der Kollegienkirche erstreckt. Die Universität wurde 1623 von Erzbischof Paris Lodron gegründet, der Bau bis 1652 nach Plänen von Dombaumeister *Santino Solari* vollendet. Er beherbergt heute die Theologische Fakultät, die Universitätsbibliothek und die für ihre gute Akustik bekannte, schön renovierte **Große Universitätsaula** (1631; Zugang vom Furtwänglerpark). Sie dient der Universität als Festsaal und den Festspielen als Veranstaltungsort. 1767 wurde hier Mozarts erste Oper „Apollo und Hyacinthus" uraufgeführt, die er mit 11 Jahren komponiert hatte. Der **Furtwänglerpark** war einst der botanische Garten der Universität. Heute schmücken ihn der Wilde-Mann-Brunnen (1620), ein Schillerdenkmal (1867), die begehbare, hausgroße Installation „A.E.I.O.U." von *Anselm Kiefer* (2002) und fünf mannshohe grüne Bronzegurken von *Erwin Wurm* (2011).

Festspielbezirk

Zwischen Mönchsberg und Hofstallgasse zwängen sich die Festspielhäuser, ein 225 m langer, verschachtelter Komplex mit dem **Haus für Mozart**, der **Felsenreitschule** und dem **Großen Festspielhaus**. Sie entstanden ab 1925 durch Umbau der desolaten, 1606 unter Wolf Dietrich für 130 Pferde erbauten Hofstallungen und der benachbarten, von *J. B. Fischer v. Erlach* geplanten barocken Winter- und Sommerreitschule. Maßgeblicher Architekt war der Tiroler *Clemens Holzmeister*.

Führungen durch die Festspielhäuser: Juli/Aug. tägl. 9.30, 14 und 15.30 Uhr. Juni/Sept. tägl. 14 und 15.30 Uhr. Jan.–Mai und Okt. bis 20. Dez. tägl. 14 Uhr. Eintritt 5 €, Kind 2,90 €. www.salzburgerfestspiele.at.

Die Geschichte der Salzburger Festspiele

„Jedermann“, das seit dem späten Mittelalter verbreitete allegorische Spiel vom Sterben des reichen Mannes und der Vergänglichkeit irdischer Schätze, war Vorlage für *Hugo von Hofmannsthals* 1911 verfasstes Drama. Bis heute ist es Hauptanziehungspunkt und Eröffnungsstück der Salzburger Festspiele: starbesetzt, wortgewaltig, ein barockes Bühnenfest voll männlicher Prasserei, erotischer Weiblichkeit und tiefsinniger Moral, aufgeführt unter freiem Himmel als Gesamtkunstwerk zwischen der 2540 Zuschauer fassenden Tribüne und der Prachtkulisse des Salzburger Doms. Und der Titel hallt noch lange im Gedächtnis nach – wegen der „Jedermann“-Rufer vom nahen Mönchsberg.

Die Jedermann-Aufführung am 22. August 1920 war die Geburtsstunde der Salzburger Festspiele. Regie führte der legendäre *Max Reinhardt*, der gemeinsam mit Hofmannsthal und *Richard Strauss* bereits einige Jahre an der Verwirklichung jährlicher Festspiele in der Mozartstadt gearbeitet hatte. Neben das Schauspiel traten im Folgejahr Konzerte mit Werken der Wiener Klassik und 1922 italienische Opern. Seitdem sind die Wiener Philharmoniker das Orchester der Festspiele. Die Nutzung der Felsenreitschule als Spielstätte und der Bau eines ersten Festspielhauses 1925 ermöglichten eine Ausweitung des Programms auf Opern von Strauss und Wagner. 1934–37 prägte der italienische Dirigent *Arturo Toscanini* die Aufführungen. Die folgenden Jahre bis 1944 bedeuteten für viele Künstler das Exil, die Festspiele waren Bestandteil der nationalsozialistischen Kulturpropaganda. Von 1956 an stand für über 30 Jahre ein Name für die Festspiele: *Herbert von Karajan*. Der Salzburger Dirigent bestimmte als künstlerischer Leiter und Direktoriumsmitglied wie kein anderer ihre Entwicklung. Er ließ ein neues Festspielhaus mit riesiger Bühne bauen, um dort nicht mehr Mozart, sondern die beliebtesten Opern der Musikwelt aufzuführen. Er verpflichtete Weltstars als Sänger und holte damit den internationalen Jet-Set an die Salzach. Es gab Uraufführungen von österreichischen Schriftstellern wie Thomas Bernhard und Peter Handke. In der Ära Karajan wurden die Festspiele zu einem Ereignis von Weltruf. Sein Nachfolger, der belgische Kulturmanager *Gérard Mortier* (1990–2001), bekämpfte Privilegien und Stargetue, provozierte und rüstete zugleich das Festival mit einem modernisierten Programm für das 21. Jahrhundert. Das Schauspiel wurde aufgewertet, Regisseure, wie *Hans Neuenfels, Luc Bondy, Christoph Marthaler* und *Peter Sellars* sorgten für spannende Abende. Höhepunkte der erfolgreichen Intendanz des deutschen Komponisten und Managers *Peter Ruzicka* (2002–06) waren Maßstäbe setzende Neuproduktionen und die Gesamtaufführung aller 22 Mozart-Opern an einem einzigen Ort. Seit 2007 agierte Regisseur *Jürgen Flimm* eher halbherzig als Festspielintendant, seinen Vertrag löste er 2010 frühzeitig auf. Nach einer bejubelten Ausnahmesaison 2011 unter Interims-Intendant *Markus Hinterhäuser* ist seit 2012 der langjährige Leiter der Zürcher Staatsoper und umtriebige Kulturmanager *Alexander Pereira* am Zepter.

Die Salzburger Festspiele finden jährlich ab der letzten Juli-Woche bis Anfang September statt und bieten an 21 Spielorten in und um Salzburg 230 Schauspiel-, Opern- und Konzeraufführungen. Details unter ✆ 0662-8045500, www.salzburgfestival.at.

Pferdeschwemme, einst die „Badewanne" der erzbischöflichen Rösser

Haus für Mozart: 1925 wurde die einstige Winterreitschule zu einem Festspielhaus aus- und später mehrfach umgebaut. Markant ist das Bühnenhaus, das Clemens Holzmeister 1937 im Monumentalstil der Zwischenkriegszeit schuf, und das in seiner Fassade die Konglomeratfelsen des Mönchsbergs zitiert. Der große Kupferlöwe an der Brüstung hält das Landeswappen in seinen Tatzen, die Festspielorgel an der Fassade zum Toscaninihof soll bald reaktiviert werden. Bergseitig windet sich die Holzmeisterstiege auf den Mönchsberg (→ S. 103). Der 1495 Sitzplätze fassende Zuschauerraum und Teile der Foyers wurden 2006 durch einen vom Holzmeister-Schüler *Wilhelm Holzbauer* geplanten Neubau ersetzt. Erhalten blieben das Faistauerfoyer mit den berühmten, rot-braun dominierten Fresken (1926) von *Anton Faistauer*, die 1939 als „entartete Kunst" entfernt wurden und erst 1956 wieder ihren Platz erhielten, sowie der als Pausensaal genutzte Karl-Böhm-Saal. Bei Letzterem handelt es sich um die nur wenig veränderte, 50 m lange Winterreithalle von 1662 mit einem 600 m^2 großen barocken Deckenfresko von *Johann Michael Rottmayr*.

Felsenreitschule: Die Sommerreitschule von 1693 mit ihren in die senkrechte Felswand des Mönchsbergs geschlagenen, dreigeschossigen früheren Zuschauerarkaden wurde 1926 erstmals als Kulisse für die Festspiele verwendet. 1969 erhielt sie eine ausfahrbare Regenplane als Dach, die 2011 durch ein mobiles Pultdach ersetzt wurde. Die 1412 Sitzplätze fassende Felsenreitschule befindet sich an der Rückseite des Hauses für Mozart und ist von außen nicht erkennbar.

Großes Festspielhaus: Der an das Haus für Mozart rechts anschließende Bau entstand 1956–60 abermals nach Plänen von *Clemens Holzmeister*. Fassade und Portale des Hofmarstalls, die *Fischer von Erlach* zugeschrieben werden, blieben weitgehend erhalten. Um Platz für das gewaltige Bühnenhaus zu schaffen, wurden von der rückwärtigen Mönchsbergwand etwa 55.000 m^3 Gestein abgetragen. Seine riesige Ausmaße (100 x 40 m) erkennt man am besten von den Stadtbergen aus. Man betritt das Haus durch fünf Bronzetore. Böden und Wände der Foyers und Pausensäle sind großteils mit dunkelrotem Marmor und Mönchsbergkonglomerat verkleidet, dazu gibt es Gemälde, Gobelins und Skulpturen von Künstlern des 20. Jh. *(Oskar Kokoschka, Wander Bertoni, Kurt Fischer)*. Der Zuschauerraum hat 2100 Sitzplätze und ist für seine gute Akustik bekannt.

Pferdeschwemme: Die imposante Brunnenanlage am verkehrsreichen Herbert-von-Karajanplatz entwarf *Johann Bernhard Fischer von Erlach* 1695 als Teil des Hofmarstalls, zu dessen Portal der marmorne Rossbändiger einst auch blickte. 1732 drehte man die Figur um 90 Grad und umgab sie mit einer Schaufassade mit Pferdebildern.

Si(e)gmunds- oder Neutor: So heißt der 135 m lange Straßentunnel durch den Mönchsberg zwischen Festspielhaus und Pferdeschwemme. Fürsterzbischof *Sigismundus von Schrattenbach*, dessen Porträt das altstadtseitige Portal ziert, ließ ihn 1766 anlegen. 200 Jahre zuvor wollte man den Berg hier an seiner Schmalstelle komplett durchbrechen, die damaligen Schleif- und Steinbruchspuren sind noch zu erkennen.

Am Fuß des Mönchbergs

Bürgerspital und Spielzeug Museum: Das Bürgerspital rechts von der Pferdeschwemme war bis 1898 eine Wohlfahrtseinrichtung für Arme und Kranke, die bereits 1327 von den Erzbischöfen gestiftet worden war, und zwar mit Absicht außerhalb des Domviertels. In der Renaissance (1570) erhielt es seinen sehenswerten dreistöckigen Arkadenhof, der teils in den Mönchsberg hinein gebaut ist. Heute befindet sich in Teilen des Gebäudes das 2011/12 komplett erneuerte **Spielzeug Museum**. Hier gibt es nicht nur wertvolle historische Spielsachen zu bestaunen, die manch schöne Erinnerung wecken (Blech- und optische Spielzeuge, Holzspielgeräte aus dem Erzgebirge, entzückende Puppenstuben, Steiff-Tiere, Modelleisenbahnen und Zinnfiguren), Kinder können sich bunte Hausschuhe anziehen und nach Herzenslust aktiv werden und spielen, u. a. mit Murmelbahnen, einer Auto-Rennbahn, im Teddybärenzimmer, auf Wackelsofas, in Küche, Werkstatt und im Kinderkino. Regelmäßige Sonderausstellungen präsentieren zudem internationale und regionale Themen rund ums Spielzeug, zuletzt „Weihnachtliches aus dem Erzgebirge“ oder „Stofftiger und Mondhasen aus China“.

Das Spielzeug Museum – nicht nur ein Regenprogramm

Tägl. außer Mo 9–17 Uhr. Eintritt 4 €, Kind 1,50 €. ✆ 0662-620808301, www.spielzeugmuseum.at.

Bürgerspitalskirche St. Blasius: Die schlichte gotische Hallenkirche von 1330 schließt nördlich an das Spital an. Im Inneren ist die weit ins Langhaus reichende Empore bemerkenswert, auf der die Kranken an der Messe teilnehmen konnten. Eine Kostbarkeit ist der Sakramentsschrein von 1480 links vom klassizistischen Hochaltar mit marmorner Kreuzigungsgruppe. Der Gotische Saal, ein früherer Gemeinschaftsraum im Obergeschoss wird für Konzerte genutzt.

Gstättentor: In der mittelalterlichen Gstättengasse mit ihren an den Mönchsbergfelsen gelehnten Bürgerhäusern hat sich das mächtige Gstättentor (13./17. Jh.) der Stadtmauer erhalten.

Mönchsbergaufzug: 30 Sekunden dauert die Liftfahrt im Berginneren von der Gstättengasse nach oben auf den Mönchsberg. Schon 1890 gab es einen Aufzug außen an der Felswand, der bei einem Aussichtscafé endete, 1947 wurde er in den Berg verlegt.

Betriebszeiten: Tägl. 8–19, Mi bis 21 Uhr, Juli/Aug. tägl. 8–21 Uhr. Berg- und Talfahrt 3,20 €, einfach 2 €, Kind 1,60 € bzw. 1 €. Es gibt auch Kombikarten mit dem Museum der Moderne (→ S. 104).

Museum der Moderne Mönchsberg → S. 104

Haus der Natur: Das 1924 gegründete und seit 1956 am Museumsplatz untergebrachte Museum für Natur und Technik ist mit rund 300.000 Besuchern jährlich eine der beliebtesten Attraktionen der Stadt. Durch die räumliche Erweiterung in das Nachbargebäude (früheres Salzburg Museum) bietet es nun zusätzlich ein Science Center mit 80 spannenden Experimentierstationen, verteilt auf drei Ebenen. Weitere Höhepunkte sind die lebenden Exponate im Hauptgebäude: die Fische in den über 40 Aquarien (Haifischfütterung Mo/Do 10.30 Uhr) sowie Alligatoren, Giftschlangen, Vogelspinnen und Schrecken im Reptilienzoo. In der Saurierhalle lässt man Jurassic Park aufleben, die Geologieschau präsentiert Salzburgs Mineralien und 600 kg schwere Bergkristalle. In der Weltraumhalle findet man sich bei der ersten Mondlandung wieder. Interaktive Experimente erläutern den Dopplereffekt, den der Salzburger Physiker *Christian Doppler* 1842 in der Theorie formulierte. Zahllose ausgestopfte Tiere aller Kontinente sind zu sehen, selbst Einhörner, Lindwürmer und der Yeti fehlen nicht. Wer dann noch nicht erschöpft ist, wird im 4. Stock des Hauptgebäudes zu interaktiven Reisen in den menschlichen Körper eingeladen.

Tägl. 9–17 Uhr. Eintritt 7,50 €, Kind 5 €. Skg-Card. ✆ 0662-842653, www.hausdernatur.at.

Markuskirche (ehem. Ursulinenkirche): Für die Kirche an der Rückseite des Hauses der Natur, deren Vorgängerin durch einen Bergsturz zerstört wurde (→ Kasten), hatte Barockbaumeister *Johann Bernhard Fischer von Erlach* 1699 nur einen keilförmigen Bauplatz zur Verfügung, weshalb er die Türme seitlich hinter der Fassade platzierte. In dem mit barockem Stuck und Fresken versehenen Innenraum sind, weil die Kirche von der ukrainisch-griechisch-katholischen Gemeinde genutzt wird, auch Ikonen zu sehen (tägl. 9–18 Uhr). Für den Ursulinenplatz vor der Kirche hat *Markus Lüpertz* 2005 die drei Meter hohe Bronzefigur „Hommage an Mozart" geschaffen.

Bergsturz und Bergputz

Als sich in der Nacht des 16. Juli 1669 riesige Felsmassen vom Mönchsberg lösten und auf die Gstättengasse stürzten, hatte das verheerende Folgen: Eine Kirche und 13 Häuser wurden zerstört, 220 Menschen von den Trümmern erschlagen. Nach dieser Katastrophe wurde die Tätigkeit der Bergputzer intensiviert und 1778 als eigener Beruf anerkannt. Noch heute hängen sie mehrmals jährlich an über 140 m langen Seilen in den Felswänden des Mönchsbergs, des Festungs- und Kapuzinerbergs, kontrollieren das lockere Gestein und schneiden den Bewuchs zurück.

Klausentor: Der mächtige Bau gegenüber der Markuskirche ist neben dem Gstättentor das einzige erhaltene Stadttor. Seit dem 13. Jh. verschloss es die Engstelle zwischen Mönchsberg und Salzach, die damals noch bis hierher reichte. Heute rollt der Verkehr aus Mülln durch das Tor, vor allem für die Busfahrer Zentimeterarbeit.

Stadtteil Mülln: Ein gutes Stück nordwärts, jedoch entlang der Promenade am Salzachufer angenehm zu erreichen, liegt Mülln. Die 1450 erbaute **Müllner Pfarrkirche** thront mit ihrem hohen Turm markant am nördlichsten Ausläufer des Mönchsbergs. Ihr Innenraum wurde Mitte des 18. Jh. spätbarock ausgestattet. Für viele interessanter ist das 1614 nebenan gegründete Augustinerkloster, das zwar 1835 aufgelöst wurde, dessen Brauerei aber bis heute – nunmehr in Diensten des Benediktinerstifts Michaelbeuern und der Stieglbrauerei – besteht. Das im einstigen Kloster untergebrachte Augustiner oder **Müllner Bräustübl** ist der größte Braugasthof Österreichs und eine Salzburger Institution (→ „Essen & Trinken").

Salzburg → Karten S. 74/75 und Umschlag hinten

Festung Hohensalzburg

Das am Festungsberg 120 m über der Altstadt thronende Wahrzeichen Salzburgs ist die größte vollständig erhaltene Burg Mitteleuropas. Sie umfasst 33.000 m² und etwa 50 Gebäude. Mit dem Bau einer Wehranlage begann bereits Erzbischof *Gebhard* 1077 während des Investiturstreits. Amtsinhaber *Leonhard von Keutschach*, dessen Wappen mit Rübe (→ Foto S. 28) 53-mal auf der Burg zu sehen ist, ließ sie um 1500 repräsentativ ausstatten und mit mächtigen Basteien schützen. Nie konnte sie erobert werden, nur ein einziges Mal, 1525 während der Bauernkriege, wurde sie belagert (→ Kasten S. 100). Ihre letzten Wehrbauten erhielt sie im Dreißigjährigen Krieg unter *Paris Lodron*. Von 1861 bis 1938 als Kaserne und Gefängnis verwendet, ist sie seit Mitte des 20. Jh. öffentlich zugänglich.

Wege zur Festung Am schnellsten (1 Min.) ist die **Festungsbahn** vom Kapitelplatz. Der steile **Aufstieg zu Fuß** dauert rund 20 Min., entweder über die Festungsgasse, vorbei am bekannten Stiegl-Keller (→ „Essen & Trinken") oder über die Treppen, die links neben der Talstation beginnen. Am Oskar-Kokoschka-Weg, der vom Mönchsberg herführt, münden beide Fußwege ineinander. Eine Kehre weiter oben steht man beim Keutschachbogen vor der Kassa, hinter der es entlang hoher Basteimauern und durch drei Sperrbögen weiter bergauf in den Burghof geht.

Tickets/Öffnungszeiten Das gesamte Areal ist nur mit Ticket zugänglich. Mai–Sept. tägl. 9–19, Advent/Ostern 9–18, Okt.–April 9.30–17 Uhr. Die Festungsbahn verkehrt im 10-Minuten-Takt. **Festungscard** (Fürstenzimmer, alle Museen und Audio-Guide-Führung) 7,80 €, Kind 4,40 €; inkl. Festungsbahn 11 € bzw. 6,30 €. Ab 60 Min. vor Kassenschluss gibt es Tickets nur für Berg- und Talfahrt inkl. Burgareal (ohne Innenräume) für 3,80/1,90 €. Skg-Card. ✆ 0662-84243011, www.salzburg-burgen.at.

Festungsbahn: Als die Standseilbahn 1892 als erste Österreichs in Betrieb ging, funktionierte sie als sog. Wasserballastbahn, was ihr den Namen „Tröpferlbahn" eintrug: Der Tank des talwärts fahrenden Wagens wurde mit so viel Wasser befüllt, dass sein Gewicht den anderen Wagen bergauf ziehen konnte. In der Talstation wurde er in den Almkanal entleert. 1960 wurde die Bahn elektrifiziert und zuletzt 2011 modernisiert. Nur wer mit ihr ins Tal fährt, passiert beim Ausgang die **Almpassage**, die den Almkanal in einer kleinen, modernen Schau thematisiert (→ Kasten S. 93).

Großer Burghof: Im malerischen, von Linden bestandenen Hof stößt man auf die spätgotische *Georgskirche* mit dem prächtigen roten Marmorrelief von Meister

Hans Valkenauer (1515) an der Fassade, das überlebensgroß Fürstbischof *Leonhard von Keutschach* zeigt. Im Inneren gibt es noch 13 Marmorreliefs, Christus und die 12 Apostel darstellend. Die Mitte des Hofs schmückt eine Zisterne von 1539 mit schönem Rautengitter. Unweit endet der Reißzug, eine 1504 errichtete Materialseilbahn, die quer durch die Nonnbergbasteien auf die Festung führt. Links davon tritt man auf die Kuenburgbastei hinaus, die eine prächtige Stadtaussicht bietet.

Innenräume und Aussichtsturm: Pfeil 1 (rot) weist zum informativen Rundgang mit dem Audio-Guide (in Gruppen, Dauer 30 Min., auch mit Kindertext). Er beginnt im früheren Salzmagazin, wo anhand von 7 Burgmodellen und 17 Porträts von Erzbischöfen die Geschichte der Festung und ihre Bauherren vorgestellt werden. Dann erklimmt man den Reckturm von 1500, der im Inneren ein Gefängnis mit Foltergeräten birgt und von seiner Plattform ein traumhaftes 360-Grad-Panorama gewährt. Entlang eines langen, gedeckten Wehrgangs erreicht man den Krautturm, in dem sich der Salzburger Stier, eine Freiorgel aus dem 16. Jh. befindet (→ Kasten).

Burgmuseen und Fürstenzimmer: Der Hohe Stock (Pfeil 2, blau) ist innerster und ältester Burgteil und wiederum von Türmen und Basteien bewehrt. In spätgotischen Räumen im 2. Stock ist das modern gestaltete **Festungsmuseum** untergebracht, das Burgmodelle, Möbel und Kunsthandwerk aus dem 16. Jh., Waffen- und Rüstungsteile, Militärmusikinstrumente, Folterwerkzeuge, eine alte Burgküche und Grabungsfunde präsentiert. Die drei spätgotischen Fürstenzimmer im 3. Stock mit blau und rot bemalten und vergoldeten Wandvertäfelungen sind die berühmtesten Säle der Festung: Der festliche Goldene Saal mit vier roten Marmorsäulen wird für

Salzburger Stiere und Stierwascher

„Salzburger Stier" heißt das 1504 in der Festung aufgestellte spätgotische Hornwerk mit 135 Zinnpfeifen. Erzbischof *Leonhard von Keutschach* weckte mit dieser Freiorgel seine Bürger morgens um 4 Uhr und rief sie abends um 19 Uhr zu Bette. Der dabei hörbare Akkord erinnerte an den brüllenden Schrei eines Stiers, was dem Instrument seinen Namen gab. 1640 wurde zum Abspielen von Melodien eine zusätzliche Walzenorgel eingebaut. In den 1990ern mit Hilfe zahlreicher Sponsoren generalüberholt, erklingt der Stier von Mai bis Ende Sept. täglich um 7, 11 und 18 Uhr als Antwort auf das Glockenspiel der Neuen Residenz. Nach der brüllenden Orgel benannt ist auch der renommierteste Kleinkunstpreis im deutschsprachigen Raum. Seit 1982 wird der „Salzburger Stier" an je einen Kabarettisten aus Österreich, Deutschland und der Schweiz vergeben, der von den großen Rundfunkanstalten dieser Länder gewählt wird. Preisträger waren u. a. *Emil Steinberger*, *Josef Hader* und *Harald Schmidt*.

Wie die Salzburger zu ihrem Spitznamen „Stierwascher" kamen, erzählt die Legende: 1525 belagerten aufständische Bauern zwei Monate lang die von Mauern umgürtete Stadt. Als die Vorräte ausgingen und nur mehr ein einziger Stier übrig war, griffen die Salzburger zu einer List. Man strich das Tier jeden Tag in einer anderen Farbe, mal braun, mal schwarz und trieb es über die Festungsmauer. Die Aufständischen sollten glauben, man hätte noch eine ganze Herde. Tatsächlich ließen sie sich täuschen und zogen ab – die Salzburger, die ihren Stier ein letztes Mal säuberten, waren „Stierwascher" geworden.

Festung Hohensalzburg, im Hintergrund der Gaisberg

Konzerte genutzt, die Goldene Stube ist wegen ihres 1501 aus emaillierten Ziegeln geschaffenen Kachelofens bekannt. Kunstvoll ist auch das Schlafzimmer nebenan. In den übrigen Räumen des 3. Stocks erinnert das **Rainermuseum** mit Fotos, Plänen, Waffen und Uniformen an das 1871–1928 auf der Festung kasernierte Salzburger Hausregiment „Erzherzog Rainer". In drei Kellerräumen des Hohen Stocks zeigt das **Marionettenmuseum** historische Puppen aus der Sammlung des Salzburger Marionettentheaters und aus anderen Ländern. Man kann sich auch am Marionettenspiel versuchen – meist mit bescheidenem Erfolg.

Nonnberg und Mönchsberg

Stift Nonnberg: Das vom Hl. Rupert 713 auf einer Terrasse am Osthang des Festungsberges gegründete Benediktinerinnenkloster Nonnberg ist das Gegenstück zum Männerkloster St. Peter beim Mönchsberg und ältestes ununterbrochen bestehendes Frauenstift im deutschen Sprachraum (die Namen Nonn- und Mönchsberg kommen also nicht von ungefähr). Besichtigt werden kann nur die Kirche, doch ist der idyllische Klosterbezirk schon allein wegen seiner Lage einen Besuch wert. Vom Kaiviertel führt die Nonnbergstiege hinauf, die schönste Annäherung bietet aber der *Hohe Weg*, der, von der Festungsgasse ausgehend, unterhalb der Festung quert. An seiner Brüstung sitzt der *Nonnberger Hund*, ein kaum mehr erkennbarer Steinlöwe, der einst den Klosterbereich markierte. Schreitet man durch einen Bogen in den Klosterhof, öffnet sich plötzlich der Blick gegen Süden und zu den Felsmassiven von Untersberg, Hohem Göll und Tennengebirge.

Blick über die Erhardkirche

Vom kleinen Friedhof aus betritt man die **Klosterkirche**, ein geräumiger, hochgotischer Bau von 1464. Von der romanischen Vorgängerkirche sind lediglich Türsturz und Tympanon des Portals sowie die kostbaren Fresken von 1150 unter dem rückwärtigen Nonnenchor erhalten (50-Cent-Einwurf für Beleuchtung). Im Chor gegenüber sind der spätgotische Flügelaltar von 1515 und ein originales Glasfenster von 1480 erwähnenswert. Die schöne, gotische Krypta unterhalb ruht auf 18 Säulen und birgt das Grab der ersten Äbtissin *Erentrudis*, einer Nichte Ruperts. Bekannt ist Nonnberg auch für seine ehemalige Noviziatsanwärterin Maria von Kutschera, die spätere Baronin Trapp (→ Kasten).

The Sound of Music – die singenden Trapps eroberten die Welt

Zunächst die wahre Geschichte: Der Marineoffizier *Georg Baron von Trapp*, der seine Frau bei der Geburt des 7. Kindes verliert, übersiedelt nach Salzburg, verliebt sich und heiratet *Maria von Kutschera*, die Erzieherin seiner Kinder. Während der 1930er-Jahre verarmt, hält sich die Familie singend über Wasser, übersiedelt während des Hitler-Regimes aus freien Stücken in die USA und macht dort als Trapp Family Singers Karriere. Die Verfilmung dieses Stoffs für das deutsche Kino in den 1950ern war ein Flop. Doch das Broadway-Musical „The Sound of Music“ setzte 1959 in New York zum Höhenflug an, freilich großzügig und kitschig aufgepeppt als eine Geschichte über Familiensinn, Patriotismus und Sehnsucht nach heiler Welt, in der die Trapps vor den Nazis in die USA fliehen müssen. Das Musical war 1500-mal ausverkauft, seine Lieder wurden zu beliebten Schlagern. 1965 folgte der vorprogrammierte Kinohit mit Julie Andrews in der Hauptrolle. Der Film mit der vor Salzburgs Kulisse Heimatlieder trällernden Großfamilie wurde einer der meistgesehenen aller Zeiten und mit fünf Oscars ausgezeichnet, der Song „Edelweiß“ zu einer der meistverkauften Singles der Musikgeschichte. Und in Österreich? Die deutsche Filmfassung „Meine Lieder, meine Träume“ war ein Reinfall und ist bis heute kaum bekannt. Dem Publikum missfielen von Anfang an die künstlichen „Heimatlieder“, die süßlich-sentimentale Rührseligkeit und die geografischen und historischen Regiefehler. Dennoch: Für die Stadt Salzburg ist der Film ein wichtiger Wirtschaftsfaktor. Geschätzte 300.000 Besucher kommen pro Jahr aus Amerika, England und Asien wegen „Sound of Music“ nach Salzburg, wollen hier die angeblich authentischen *Schnitzels with noodles* essen, „Edelweiß“, die vermeintliche Nationalhymne Österreichs hören und die Originalschauplätze besuchen: u. a. Stift Nonnberg, die Schlösser Mirabell und Leopoldskron (im Film die Trapp-Villa) und den Petersfriedhof, wo die dramatische Flucht gefilmt wurde. Drehorte waren auch die Stiftskirche Mondsee und der Wolfgangsee – entsprechende Sound-Of-Music-Touren starten vom Salzburger Mirabellplatz. 2011 gelangte das Musical, 52 Jahre nach der Uraufführung, erstmals in Salzburg auf die Bühne. Die zeitgemäße Neuinszenierung des Landestheaters mit den Musical-Stars Uwe Kröger und Wietske von Tongeren wurde zum Erfolg und ist noch bis 2013 zu sehen.

Erhardkirche: Eine hohe Kuppel ist das Kennzeichen der 1685 erbauten Barockkirche südlich unterhalb von Nonnberg. Baumeister war der Italiener *Giovanni Gaspare Zuccalli* (eingedeutscht: Johann Caspar Zugalli). Eine Säulenvorhalle führt in das Innere des Zentralbaus, dessen Kuppel mit Stuck in Weiß und Terrakotta verziert ist. Das Hochaltarbild, auf dem der Hl. Erhard einen Blinden heilt, malte *Johann Michael Rottmayr*. Die Kirche ist geistiges Zentrum des Stadtteils Nonntal, in dem sich schöne alte Bürgerhäuser erhalten haben. Man erreicht sie über das steile Erhardgässchen, das von der Nonnberggasse links abbiegt.

Mönchsberg: Mit Steilabbrüchen schließt der 2 km lange, bis zu 540 m hohe Felsrücken die Salzburger Altstadt gegen Westen ab. Direkt an der Klippe steht das Museum der Moderne (s. u.). Das von Straßen und breiten Wegen durchzogene Plateau dahinter, auf dem sich in ländlicher Idylle Wald- und Wiesenflächen ab-

Salzburg → Karten S. 74/75 und Umschlag hinten

wechseln, bietet an seinen Rändern atemberaubende Ausblicke auf Salzburg und das Umland. Unterwegs trifft man auf einstige Klostergebäude, schlossartige Villen, auf Reste mittelalterlicher Befestigungsmauern und seit kurzem auch auf einen kleinen buddhistischen Stupa. *Schloss Mönchstein* (heute Luxushotel) und das *Johannesschlössl* der Pallottiner waren Residenzen von Äbten und Erzbischöfen. Die *Bürgerwehr*, eine mehrtürmige, von den Bürgern 1488 finanzierte zinnenbewehrte Mauer, riegelt den ganzen Berg an seiner schmalsten Stelle ab. Die imposanteste Wehranlage ist die *Müllner Schanze*, eine stufenartige Bastei mit der Augustiner- und der Monikapforte oberhalb von Mülln, die Erzbischof Paris Lodron 1621 errichten ließ. Auf der *Richterhöhe* an der Südspitze haben sich zwei Pulvertürme von 1367 erhalten. Das *Marienschlössl* (Nr. 17) nebenan bewohnte 1979–88 Schriftsteller *Peter Handke*. Wenige Meter entfernt gewährt in einem stillgelegten Speicher ein kleines Wassermuseum Einblick in die Trinkwasserversorgung der Stadt (1. Sa im Monat 12–16 Uhr, Eintritt frei). Die *Edmundsburg* (Nr. 2) oberhalb der Felsenreitschule, 1695 als Alterssitz der Äbte von St. Peter errichtet, beherbergt das *Stefan Zweig Centre* mit einer Ausstellung über den österreichischen Schriftsteller Stefan Zweig (1881-1942), der von 1919 bis zu seiner Emigration 1934 gegenüber am Kapuzinerberg (→ dort) lebte (Mo, Mi, Do, Fr 14–16 Uhr, Eintritt 4 €, www.stefan-zweig-centre-salzburg.at).

Aufstiege Von der Altstadt aus geht es über den Mönchsbergaufzug oder über die Holzmeisterstiege vom Toscaninihof (links vom Haus für Mozart) nach oben. Vom Festungsberg führt der Oskar-Kokoschka-Weg hierher. Eine Straße bringt von Mülln auf den Berg, eine steile Treppe vom südlichen Stadtteil Riedenburg (Obus 4) und der Hans-Sedlmayr-Weg vom südöstlichen Nonntal.

Kunst auf der Mönchsbergterrasse

Spazierwege → Altstadtplan S. 74/75

Aussichtspunkte Beste Altstadtblicke von der Terrasse des Museums der Moderne und der Humboldtterrasse (einige Treppen bergab auf halbem Weg zwischen Museum und Mülln). Panoramablick in den Süden und zur Festung von der Richterhöhe.

Museum der Moderne Mönchsberg: Das 2004 gebaute Kunstmuseum ist ein puristischer, mit weißem Untersberger Marmor verkleideter Block des Münchner Architektenteams *Friedrich-Hoff-Zwink*, der den unattraktiven 1970er-Jahre-Bau des Café Winkler ersetzte. Als Erweiterung zum Rupertinum (→ S. 94) bietet es auf vier Ebenen viel Raum für Wechselausstellungen zeitgenössischer Kunst und für die Präsentation von Werken der eigenen Sammlung (klassische Moderne, Kunst nach 1945, Zeitgenössisches und Fotokunst). Den Außenbereich schmücken zahlreiche Kunstobjekte, darunter vier Bronzeskulpturen von *Anthony Cragg* unterhalb des neugotischen Wasserturms, *Markus Lüpertz* „Daphne“ (2003) und „Sky Space“, ein steinerner, nach oben hin offener Zylinder von *James Turrell* (2006). Die Terrassen auf der Vorderseite des Museums bieten eine atemberaubende Aussicht auf Salzburg. Man sollte auch einen Blick in das Restaurant M 32 (→ „Essen & Trinken") werfen, dessen Deckenlichtinstallation „Lusterweibchen" von *Matteo Thun* aus 390 Geweihstangen gestaltet wurde.

Tägl. außer Mo 10–18, Mi bis 21 Uhr. Eintritt 8 €, bis 19 J. 6 €, inkl. Lift 9,70 € bzw. 6,80 €. Kombitickets mit Rupertinum 12 bzw. 8 €. ✆ 0662-842220401, www.museumdermoderne.at.

Am rechten Salzachufer

Elisabethkai: Nach „Spirit of Mozart", einem aus 9 Stühlen bestehenden Stahlobjekt von *Marina Abramovic* (2004) am Staatsbrückenkopf folgen auf der baumbestandenen Uferpromenade ein orientalisch anmutender, rosaroter Kuppelbau, in dem seit 1909 das Café Bazar untergebracht ist (→ „Essen & Trinken"), sowie die Nobelherberge *Hotel Sacher Salzburg*, der frühere Österreichische Hof aus dem 19. Jh. (→ „Übernachten"). Die Stadtvilla links davon war Geburts- und Elternhaus von *Herbert von Karajan* (1908–89). Die überlebensgroße Statue im Garten erinnert an den Dirigenten.

Salzburger Landestheater: Der 1892 von den bekannten Wiener Theaterarchitekten Fellner und Helmer entworfene und später umgestaltete Bau ersetzte das von Erzbischof Colloredo 1775 begründete Hoftheater. Heute ist es ist ein Vierspartenhaus mit 1000 Sitzplätzen, sein Zuschauersaal ist üppig neobarock ausgestattet (→ „Theater"). Im Seitenflügel zur Schwarzstraße ist das 1913 gegründete **Marionettentheater** zu Hause, das als eines der letzten weltweit noch professionell betrieben wird. Aufgeführt werden ganze Opern oder Ausschnitte – grundsätzlich täglich (→ „Theater"), außer die Puppenspieler sind gerade auf einer ihrer Welttourneen.

Mozarteum: Der späthistoristische Bau links neben dem Marionettentheater (Schwarzstr. 26) entstand 1910–14 für die 1880 gegründete Internationale Stiftung Mozarteum, deren Aufgabe die Mozartforschung und Pflege seiner Tonkunst ist. In dem Gebäude befindet sich die Bibliotheca Mozartiana mit 35.000 Titel zu Leben und Werk des Komponisten sowie zwei prächtige Konzertsäle, der akustisch einmalige *Große Saal* mit seiner 2010 erneuerten Konzert-Orgel und der kleinere Wiener Saal. Das Mozarteum führt auch die beiden Mozart-Museen und veranstaltet jedes Jahr die hochkarätige Mozartwoche. Im Garten des Mozarteums befindet sich das **Zauberflötenhäuschen**. In dieser simplen Holzhütte soll Mozart Teile seiner „Zauberflöte" komponiert haben. Damals stand sie allerdings in einem Garten in Wien, erst 1873 gelangte sie nach Salzburg, zunächst auf den Kapuzinerberg (→ dort) und 1950 hierher.

Orgelkonzert: 1- bis 2-mal im Monat Di 12.30 Uhr 30-minütiges Konzert im Großen Saal, danach Besichtigung des Zauberflötenhäuschens; Termine unter www.mozarteum.at.

Um den Makartplatz

Zurück beim Landestheater, wendet man sich links zum **Makartplatz**, der früher Hannibalplatz hieß und heute nach dem Salzburger Maler Hans Makart benannt ist. Seine grüne Mitte ziert die große, kraterförmige Bronzeskulptur „Caldera" (2008) von *Anthony Cragg*. Im Haus Nr. 1 wurde der Physiker *Christian Doppler* (1803–53) geboren. Nach ihm ist der Dopplereffekt benannt, dessen geläufigste Erscheinung die Tonhöhenänderung eines Folgetonhorns beim Vorbeifahren ist.

Hin & weg: Am Makartplatz halten alle wichtigen Obusse.

Dreifaltigkeitskirche: Der von einer Kuppel bekrönte wichtigste Kirchenbau der rechten Altstadt erhebt sich am oberen Ende des Makartplatzes. Er war 1702 das erste Werk *Johann Bernhard Fischers von Erlach* in Salzburg. An die konkav geschwungene Kirchenfassade schließen links und rechts frühere Klosterbauten an. Seit einer 1818 vorgenommenen Erhöhung der beiden Türme ist die Wirkung der Kuppel beeinträchtigt. Prachtvoll ist ihr Inneres, das *Johann Michael Rottmayr* 1700 mit dem Fresko „Krönung Mariens" schmückte.

Mozart-Wohnhaus: Das Haus Makartplatz Nr. 8 hat eine bewegte Geschichte. Im 17. Jh. erbaut, bezog die Familie *Mozart* (Wolferl war gerade 17) ab 1713 eine 8-Zimmer-Wohnung im 1. Stock des damals Tanzmeisterhaus genannten Gebäudes. 1944 fiel es einem Bombenangriff zum Opfer, zwei Drittel des Hauses wurden durch einen gesichtslosen Nachkriegsbau ersetzt, den man erst 1989 wieder entfernte. Bis 1996 wurde dann Mozarts Wohnhaus mit Hilfe japanischer Sponsoren originalgetreu rekonstruiert. Das Museum in der ehemaligen Wohnung und im noch original erhaltenen, großzügigen Tanzmeistersaal dokumentiert die Historie des Hauses, die Reisen der Mozarts und das Leben hier im Tanzmeisterhaus, inklusive Hausmusik und vergnüglichem Luftgewehrschießen im Garten. Bis zu seinem Auszug 1780 schuf Wolfgang Amadé hier zahlreiche Symphonien, Konzerte, Serenaden und Teile der Oper „Idomeneo". Zu sehen gibt es auch das bekannte Familienporträt, Briefe, Noten, ein Hammerklavier und eine Multivisionsshow „Mozart und Salzburg". Die Ton- und Filmsammlung im Zwischenstockwerk verfügt über Aufzeichnungen von Mozart-Werken bis ins Jahr 1889. Der Autographenkeller (nur mit Spezialführung zugänglich) birgt 500 Briefe und über 100 Musikhandschriften der Mozarts. Auch das im Haus befindliche *Café Classic* lohnt einen Besuch (tägl. 8–19.30 Uhr).

Tägl. 9–17.30, Juli/Aug. bis 20 Uhr. Kassenschluss 17 bzw. 19.30 Uhr. Eintritt 7 €, Kind 2,50 €. Kombikarte mit Geburtshaus 12 €, Kind 3,50 €. ✆ 0662-87422740, www.mozarteum.at.

Schloss Mirabell

Mirabellgarten: Schönster Teil dieses berühmten Barockensembles, dessen Schöpfer *Johann Bernhard Fischer von Erlach* (1690) und *Franz Anton Danreiter* (1730) waren, ist der Garten. Vom Haupteingang am Makartplatz schreitet man durch eine Statuenreihe römischer Gottheiten zum zentralen Springbrunnen, der von geometrischen Blumenbeeten und vier allegorischen Figurengruppen (Feuer, Erde, Wasser, Luft) umgeben ist. Rechts begrenzen der kühl-moderne Bau der Kunstuniversität Mozarteum (2006) und die Villa Kast, Stammhaus der weltweit renommierten Galerie Ropac, den Garten. Linker Hand versteckt sich zwischen Bäumen ein Heckentheater, eine Freilichtbühne von 1704 mit Orchestergraben und Hecken als Kulissen, die im Sommer noch genutzt wird. Direkt vor dem Schloss grenzt eine mit großen Vasen bestandene Balustrade den reizvollen Rosengarten ab. Die Mitte des Wasserbeckens auf der anderen Schloss-Seite schmückt ein kupferner Pegasus von 1661. Von hier bringt ein Abstecher (im Winter gesperrt) links zum einzigartigen, auf einer Bastei gelegenen **Zwergelgarten**. Dort stehen 15 rund 1,30 m große Marmorzwerge, teils groteske, buckelige Typen mit Hut und Arbeitsgeräten – offenbar eine Frühform heutiger Gartenzwerge. 28 Figuren waren es noch 1715. 1812 galten sie als unmodern, wurden versteigert und 100 Jahre später wieder zurückgekauft. (Manche blieben allerdings verschollen oder waren unverkäuflich.) Zurück beim Pegasus führt eine von Einhörnern bewachte Freitreppe auf den **Rosenhügel**, einem Rest der Basteimauern und bestückt mit der anmutigen „Tänzerin" von *Gia-*

como Manzù. Von hier hat man eines der Postkartenmotive Salzburgs vor Augen. Das Vogelhaus mit Gitterkuppel (um 1700) neben der Treppe ist auch einen Blick wert. In die andere Richtung erstreckt sich der Kurgarten bis zu den modernen Bauten von Paracelsus Bad (→ „Sport und Aktivitäten") und Kongresshaus.

Schoss Mirabell: 1606 ließ Erzbischof *Wolf Dietrich* in der damaligen Vorstadt für seine Geliebte *Salome Alt* und die gemeinsamen Kinder (→ Kasten S. 67) das Schlösschen Altenau errichten. Nach Wolf Dietrichs Sturz wurde es in Mirabell umbenannt und von seinen Nachfolgern als Sommerresidenz genutzt. 1721–27 erweiterte es *Johann Lukas von Hildebrandt* zu einem vierflügeligen Barockschloss mit Turm, das 1818 bei einem Stadtbrand schwer beschädigt und von Architekt *Peter Nobile* bescheiden klassizistisch und turmlos wieder aufgebaut wurde. Seit 1947 ist es Amtssitz des Bürgermeisters und der Stadtverwaltung. Frei zugänglich (tägl. 8–18 Uhr) ist die berühmte **Marmorstiege** von Lukas von Hildebrandt im gartenseitigen Trakt. Geschickt nutzte der Baumeister den für eine Prunktreppe engen Raum mit Nischen, Pfeilern und verschlungenen Balustraden, auf die *Georg Raphael Donner* 1720 entzückende Engelsfiguren platzierte. Die Treppe führt in den ersten Stock zum prachtvollen Marmorsaal, der heute Konzert- und vor allem ein begehrter Trauungssaal ist (Mo, Mi, Do 8–16 Uhr, Di/Fr 13–16 Uhr).

Garten von Schloss Mirabell

Mirabellplatz: Der weite, nüchterne Platz ist Haltestelle der meisten Stadtbusse und der Busse Richtung Salzkammergut. Er wird von der nach dem 2. Weltkrieg 1948–52 in vereinfachten Formen wiederaufgebauten Andräkirche dominiert. Donnerstags findet rund um die Kirche die *Schranne* statt, ein traditioneller Wochenmarkt mit 190 Ständen.

Um den Kapuzinerberg

Linzer Gasse: Schon zur Römerzeit rollten hier die Wagen durch – die vom Platzl an der Staatsbrücke ausgehende Fußgängerzone ist eine der ältesten Straßen der Stadt. Eine Gedenktafel erinnert an den 1540/41 hier wohnhaften Arzt und Naturforscher *Paracelsus* (Platzl 3). Viele der imposanten Bürgerhäuser, die denen der Getreidegasse Konkurrenz machen, reichen bis ins 14./15. Jh. zurück. Jene an der Südseite schließen meist direkt an den Fels des Kapuzinerbergs an.

Sebastianskirche: Während die um 1750 erneuerte und mit schönem Zwiebelhelm geschmückte Barockkirche in der Linzer Gasse 41 eine unter vielen ist, darf man den dahinter gelegenen **Sebastiansfriedhof** nicht versäumen: Erzbischof *Wolf Dietrich* ließ ihn um 1600 im Stile eines Campo Santo anlegen, von Arkaden gesäumt,

Salzburg → Karten S. 74/75 und Umschlag hinten

wie man es sonst nur aus Italien kennt. Bestattet sind hier u. a. der 1541 in Salzburg verstorbene Arzt Paracelsus (obeliskartiges Grabmal beim Aufgang zur Kirche), so wie Mitglieder der Familie Mozarts: Großmutter Rosina Pertl, Vater Leopold, Mozarts Witwe Constanze, wiederverheiratete Nissen, und deren Tante Genoveva Weber, die Mutter des Komponisten Carl Maria von Webers. Mozarts Schwester Nannerl ruht am Petersfriedhof, W. A. Mozart selbst in einem anonymen Grab in Wien. Die rundtempelartige Gabrielskapelle im Zentrum des Friedhofs ist das **Wolf-Dietrich-Mausoleum**, das sich der Erzbischof 1597 von *Elia Castello* im Stil der Spätrenaissance erbauen und innen mit farbenfrohen Mosaikfliesen auskleiden ließ.

April–Okt. tägl. 9–18.30, Nov.–März 9–16 Uhr (Zugang vom Bruderhof). Eintritt frei.

Loretokirche: Links von der Sebastianskirche kann man durch den mit einigen Lokalen schön revitalisierten Bruderhof einen Abstecher in die Paris-Lodron Straße zu der 1633–48 erbauten Wallfahrtskirche machen, in der das Salzburger Loretokindl, ein knapp 11 cm großes, in Prunkkleidchen gewandetes Jesuskind aus Elfenbein verehrt wird.

Kapuzinerberg: Vom Franziskustor in der Linzer Gasse 14 führt der Stefan-Zweig-Weg auf den Kapuzinerberg. Nach 250 m steilem Anstieg, durch die Felixpforte (1632) und vorbei an sechs Kreuzwegkapellen und einer Kreuzigungsgruppe (18. Jh.), erreicht man das **Kapuzinerkloster** am westlichen Abhang des Berges. Seine Mönche haben einen der besten Ausblicke auf Salzburg, unsereins muss sich dafür auf die **Hettwer-Bastei** unterhalb des Klosters (100 m rechts herum) begeben. Der schlichte Klosterbau ersetzte um 1600 eine zinnenbewehrte Festung, seine Kirche (mit den alten geschnitzten Domtürflügeln von 1470) ist gemäß den Ordensregeln einfach ausgestattet, eine nachgebildete Lourdesgrotte (1880) links zieht zahlreiche Pilger an. Vor der Klostermauer erinnert eine Stefan-Zweig-Büste an den Schriftsteller, der von 1919–34 das nahe, gelb-weiße **Paschinger Schlössl** bewohnte. Bergwärts weiter trifft man nach einem Holztor am ehemaligen Standort des Zauberflötenhäuschens (→ „Mozarteum") auf eine Mozartbüste. Von hier führen mehrere breite Wege durch den Wald in 30–45 Min. bergauf zum **Franziskischlössl** am höchsten Punkt des Kapuzinerberges (636 m). Auch der steile, mit 500 Stufen versehene aussichtsreiche Basteiweg ab der Hettwer-Bastei ist mit gutem Schuhwerk wieder begehbar. Mit Glück sieht man unterwegs Gämsen oder Rehe, die die unberührte Natur schätzen. Das Schlössl ist ein von *Santino Solari* 1629 geplanter Wehrbau (heute Restaurant) und zugleich Endpunkt der 1,6 km langen Befestigungsmauern, die von der Linzer Gasse aus die Süd- und Ostseite des Kapuzinerbergs umspannen. Von hier oben hat man einen Ausblick Richtung Norden, aber keine Stadtaussicht.

Blick auf den Kapuzinerberg

Imbergstiege: Diese steile Verbindungstreppe vom Kapuzinerkloster hinab zur Steingasse passiert enge Häuserschluchten und auf halbem Weg das reizende Kirchlein **St. Johannes am Imberg**, das 1681 erbaut und im 18. Jh. ausgestattet wurde. Imberg war übrigens der frühere Name des Kapuzinerbergs.

Steingasse: Unvorstellbar, aber durch die stimmungsvolle, mittelalterlich gewundene Gasse am Fuß des Kapuzinerbergs verlief einst der gesamte Verkehr entlang der Salzach. Da der Fluss vor der Regulierung 1862 bis an die Rückseite der Häuser reichte, siedelten hier Handwerker mit großem Wasserbedarf, also Färber, Hafner, Weber und Gerber. Heute gibt es hier viele Abendlokale. In der Steingasse 9, neben der Imbergstiege, wurde 1792 *Joseph Mohr* geboren, der Textdichter des Weihnachtsliedes „Stille Nacht, heilige Nacht". Ein Stück weiter östlich passiert man das mächtige, von *Santino Solari* 1634 errichtete **Innere Steintor**, gleich dahinter hat man einen schönen Blick auf die Festung. Am Ende der Gasse kann man über die Imbergstraße an den von Villen gesäumten Giselakai, eine Promenade am Salzachufer, wechseln.

Außerhalb der Altstadt

→ Karte Umschlag hinten

Schloss Leopoldskron: Das 1736-41 unter Erzbischof *Leopold A. Firmian* erbaute Rokokoschloss liegt rund 1,5 km südlich der Altstadt am Ufer des vom Almkanal (→ Kasten S. 93) gespeisten idyllischen Leopoldskroner Weihers, auf dem sich im Winter die Eisläufer tummeln (→ Foto S. 62/63). 1918 bis zur Enteignung 1938 war das Schloss im Besitz von *Max Reinhardt* und gesellschaftlicher Mittelpunkt der Salzburger Festspiele. In der Nazi-Zeit diente es als Gästehaus. Nach der Rückgabe an die einstigen Eigentümer verkauften es Reinhardts Erben 1956 an eine US-Bildungsinstitution, die es für Events und als exklusive Privatpension nutzt (www.schloss-leopoldskron.com). Schöne Fotomotive verspricht ein Spaziergang entlang des Teichufers.

Hin & weg/Wanderweg: Bus Nr. 22 hält 500 m entfernt am Wartbergweg. Schöner Fußweg (20 Min.) ab Nonntal (Rückseite des Mönchbergs).

Hellbrunner Allee: Spaziergänger, Radfahrer und Reiter schätzen die 2 km lange, schnurgerade, von 700 hohen, alten Bäumen gesäumte und für den Autoverkehr gesperrte Allee von Nonntal südwärts bis Schloss Hellbrunn. An ihrem Beginn steht inmitten eines Weihers das villenartige **Schloss Freisaal**, das im 14. Jh. als erzbischöfliches Lustschloss erbaut und später umgestaltet wurde (Privatbesitz). Etwas abseits befindet sich die **Universität Freisaal**, ein 1986 von *Wilhelm Holzbauer* für die Naturwissenschaftliche Fakultät entworfener Bau, der als Meisterwerk zeitgenössischer österreichischer Architektur gilt. Zurück in der Hellbrunner Allee, führt bald rechts ein kurzer Abstecher zum **Gwandhaus**. Dieses barocke, einstige Schloss Rupertihof (17. Jh.) ist heute Sitz der traditionellen Salzburger Trachtenfirma Gössl, die hier Kultur (Trachtenmuseum, Café-Restaurant, Greißlerei) und Trachtengwandverkauf (tägl. 10–20 Uhr) vereint. Links folgt das reizvolle **Schloss Frohnburg**, 1660 für Erzbischof *Max Gandolf* als Sommersitz erbaut und seit 1957 von der Kunstuniversität Mozarteum als Konzertsaal und Studentenheim genutzt. Rund 500 m weiter residiert rechts in dem frühbarocken Schlösschen **Emsburg** ein Frauenorden. Der **Kreuzhof** gegenüber ist ein schöner Landsitz aus dem 17. Jh. Das Barockschlösschen **Emslieb** (17. Jh.) links kurz vor dem Ende der Allee gehört dem Salzburger Topgaleristen *Thaddäus Ropac*, der hier zu exklusiven Empfängen lädt.

Hin & weg: In der Morzger Straße (verläuft parallel zur Allee) verkehrt Bus 25.

Blick von der „Stadtaussicht" auf Barockgarten und Lustschloss

Schloss Hellbrunn

Das Lustschloss mit Park und Wasserspielen am Ende der Hellbrunner Allee ließ Erzbischof Markus Sittikus 1613–15 von *Santino Solari* am Fuß des wasserreichen Hellbrunner Berges errichten. Vorbild waren die römischen Landsitze Tivoli und Frascati. Grotten und Wasserautomaten entsprachen ganz dem Stil des Manierismus, der das Absonderliche und Irreale betonte. Hellbrunn diente nie Wohnzwecken, sondern war stets ein Ort für Feste und Belustigungen. Seit 1922 ist es im Besitz der Stadt.

Das **Schloss** ist ein bescheidener, dottergelber, zweigeschossiger Bau. Man betritt es vom stimmungsvollen Ehrenhof aus über eine zweiarmige Treppe, unter der eine erste Brunnengrotte zu sehen ist. Ein Audioguide (ca. 30 Min.) begleitet durch die Innenräume, deren einstige Pracht sich im Festsaal und im Musikzimmer noch erahnen lässt. Dort sind die Wände mit illusionistischen Fresken von *Arsenio Mascagni* versehen, zeigen eine offene Säulenhalle mit Blick auf Venedig und Florenz bzw. eine Hofgesellschaft mit Markus Sittikus und seiner Vertrauten.

Die berühmten **Wasserspiele** mit ihren Grotten und Brunnen liegen uneinsehbar im Garten hinter bzw. unter dem Schloss und sind nur mit Führung (40 Min.) zu erleben. So wie einst *Markus Sittikus* damit seine Gäste unterhielt und mit Fontänen überraschte, so tun es heute die Führer. Immer wieder spritzt plötzlich aus dem Boden oder etwa einem Hirschgeweih ein Wasserstrahl hervor. Am bekanntesten sind das Römische Theater mit marmornem Fürstentisch und wasserspeienden Stühlen, harmloser die mit Mosaiken reich verzierte Neptungrotte, die zwitschernde Vogelsanggrotte, die Spiegelgrotte mit optischen Effekten und die Mydasgrotte mit der schwebenden Krone. Puppenstubengroße Wasserautomaten zeigen fleißige Handwerker und kämpfende Götter. Komplizierte Wassertechnik steckt in dem mechanischen Theater von 1750 mit Orgelwerk und über 200 teils beweglichen Figuren, die das Leben in einer barocken Kleinstadt demonstrieren.

Der rund 60 ha große, von einer Mauer umfriedete **Schlosspark** ist ganzjährig frei zugänglich. In Schlossnähe ein streng symmetrischer Barockgarten mit Wasserparterre, Obelisken, Statuen und Buchsbaumornamenten, ist er weiter südlich ein naturbelassener englischer Park. Er erstreckt sich bis auf den bewaldeten Rücken des Hellbrunner Bergs (515 m), an dessen ostseitigen Abhang das **Monatsschlössl**, ein früheres Jagdschlösschen (17. Jh.) thront. Sein Name leitet sich angeblich von der nur ein Monat dauernden Bauzeit ab. Seit 1924 beherbergt es das bis 2012 modernisierte **Salzburger Volkskundemuseum**, das auf drei Geschossen reich bemalte Bauernmöbel, regionale Trachten, bekannte Brauchtumsfiguren, wie Perchten und Glöckler sowie Salzburgs berühmtesten Volksmusikanten *Tobi Reiser* (1907–74), präsentiert. Einige Meter oberhalb befindet sich die **Stadtaussicht**, deren schöner Ausblick auf Schloss und Festung für den steilen Anstieg entschädigt. Am hinteren Abhang des Hellbrunner Berges trifft man auf das **Steintheater**, einen alten Steinbruch, den *Markus Sittikus* zu einer Freilichtbühne erweitern ließ, auf der 1616 mit L'Orfeo von *Monteverdi* die erste Opernaufführung nördlich der Alpen stattfand.

Das noch auf Parkplänen eingezeichnete Kaiserin-Elisabeth-Denkmal (1901) steht schon seit 2002 wieder an seinem ursprünglichen Standort unweit des Salzburger Hauptbahnhofs.

Schloss/Wasserspiele April bis Allerheiligen tägl. 9–16.30, Mai–Sept. tägl. 9–17.30 Uhr, Juli/Aug. Führungen zu den Wasserspielen auch um 19, 20, 21 Uhr.

Volkskundemuseum April bis Ende Okt. tägl. 10–17.30 Uhr. Eintritt für Schloss, Wasserspiele und Museum 9,50 €, bis 18 J. 4,50 €, nur Museum 2,50 €, Kind 1 €. Skg-Card.

Park April–Sept. 6–21, sonst 6.30–17/18 Uhr. Frei zugänglich. www.hellbrunn.at.

Hin & weg Bus 25 (alle 20 Min.) ab Hbf. Richtung Grödig/Untersbergbahn bis Schloss Hellbrunn.

Zoo Salzburg: Der Salzburger Zoo, der sich an die schroffe Westseite des Hellbrunner Bergs schmiegt, entwickelte sich aus dem bereits unter *Markus Sittikus* als Teil des Lustschlosses angelegten Tiergarten. Er kann direkt vom Schlosspark aus betreten werden, sein Haupteingang ist in der Hellbrunner Straße. In naturnahen Gehegen und nach geografischen Zonen getrennt, gibt es über 1200 Tiere zu beobachten, darunter Breitmaulnashörner, Antilopen, Löwen, Geparden, Affen, Nasenbären, Jaguare sowie Schneeleoparden, Braunbären und Wölfe.

Tägl. ab 9 Uhr bis Dämmerung. Nachtzoo: im Aug. Fr/Sa Einlass bis 21.30 Uhr. Eintritt 9,50 €, Kind 4 €, Kombiticket mit Hellbrunn (Schloss/Wasserspiele/Museum) 17 €/7,90 €. Skg-Card. Anifer Landesstr. 1, ✆ 0662-8201760, www.salzburg-zoo.at. Anfahrt mit Bus 25.

Parscher Pfarrkirche Zum Kostbaren Blut: Dieser richtungsweisende Sakralbau Österreichs (1956) liegt in der Geißmayerstraße 6 im Stadtteil Parsch östlich des Kapuzinerbergs. Die Architekten *Wilhelm Holzbauer*, *Friedrich Kurrent* und *Johannes Spalt* adaptierten dafür einen früheren Stall, Teile der Innenausstattung lieferten *Fritz Wotruba*, *Josef Mikl* und *Oskar Kokoschka*.

Hin & weg: Obus 6 Richtung Parsch bis Fadinger Straße.

Stiegl-Brauwelt: Salzburgs bekannteste Brauerei geht zurück auf eine 1492 in der Gstättengasse gegründete Gasthausbrauerei, die zunächst „Haus bey der Stiegen", später „Braustatt am Stiegl" hieß – die Stiege jedenfalls ist als Logo erhalten. Seit 1863 braut Stiegl im Stadtteil Maxglan und ist heute Österreichs größte Privatbrauerei.

Die riesige Biererlebniswelt in der ehemaligen Mälzerei führt in der „Erlebnisbrauerei" den Brauvorgang und die dafür benötigten Rohstoffe vor, präsentiert in der „Welt des Biers" Interessantes und Kurioses zum Gerstensaft, gewährt im „Stiegl-

Salzburg → Karten S. 74/75 und Umschlag hinten

Museum“ Einblick in die 500-jährige Firmengeschichte und bietet zum krönenden Abschluss im Bräustüberl mehrere Kostproben an.

Tägl. 10–17, Juli/Aug. tägl. 10–19 Uhr, letzter Einlass 1 Std. vorher. Eintritt inkl. Kostproben und Geschenk 9 €, bis 16 J. 4 €, Familie 9 € (nur So!). Skg-Card. Obus 1 Ri. Europark oder Obus 8 Ri. Walserfeld bis Haltestelle Bräuhausstraße, diese dann 5 Min. zu Fuß entlang. ✆ 0662-83871492, www.brauwelt.at.

Hangar 7: Der architektonisch eindrucksvolle Stahl-Glas-Bau von *Volkmar Burgstaller* wurde 2003 am Salzburger Flughafen (Wilhelm-Spazier-Str. 7A) eröffnet. Er dient dem Energy-Drink-Konzern *Red Bull* als Heimstätte seiner Sammlung von 20 historischen Flugzeugen („Flying Bulls“), allesamt Raritäten, die bei Air-Shows eingesetzt und im Hangar-8 gegenüber gewartet werden. Daneben finden publikumswirksame Wechselausstellungen, Sport-Talkshows für *ServusTV* und Events statt. Es gibt ein Gourmetrestaurant, in dem sich Spitzenköche aus aller Welt monatlich abwechseln (→ „Essen & Trinken“), ein Lounge-Café (9–18 Uhr) und die Mayday Bar (12–22, Fr/Sa bis 1 Uhr).

„Flying Bull“ im Hangar 7

Tägl. 9–22 Uhr, Eintritt frei. Obus 2 Richtung Walserfeld bis Karolingerstraße. www.hangar-7.com.

Schloss Klessheim: Das Barockschloss am nordwestlichen Stadtrand wurde 1700–09 von *Johann Bernhard Fischer von Erlach* für Erzbischof *Graf Thun* als Sommersitz entworfen. Im 19. Jh. nutzten es die Habsburger, zu ihrer Zeit stellte Heinrich Ferstel 1880 das gründerzeitliche Kavalierhaus in den Schlosspark. *Adolf Hitler* nutzte das Areal für seine Gäste. 1945 hatten die amerikanischen Besatzungstruppen hier ihr Headquarter, und 1993 ist in die prächtigen Räume ein *Spielcasino* eingezogen (tägl. ab 12 Uhr).

Wallfahrtskirche Maria Plain: Weithin sichtbar ist die doppeltürmige, barocke Kirche auf dem Plainberg (530 m) in Bergheim am nördlichen Stadtrand. Erzbischof *Max Gandolf von Khuenburg* ließ sie 1671–74 von *Giovanni Antonio Dario* bauen und ihr Inneres prächtig, u. a. mit Altären von *Thomas Schwanthaler* ausstatten. Das von einem Strahlenkranz umsäumte Gnadenbild von 1633 stammt aus dem nahen Niederbayern, wo es den Dreißigjährigen Krieg unversehrt überstanden und danach zahlreiche Wunder bewirkt hatte. 1751 wurde es gekrönt. Zur Erinnerung daran soll *W. A. Mozart* 1779 seine „Krönungsmesse“ (KV 317) geschrieben haben, historisch bewiesen ist das aber nicht. Jedenfalls ist Mozarts berühmteste Kirchenmusik jährlich am 15. August hier zu hören. Den Südhang unterhalb der Kirche schlängelt sich eine schön renovierte, malerische *Kalvarienberganlage* (um 1690) hinauf mit vier Kapellen, einer Kreuzigungsgruppe und einer Nachbildung des Heiligen Grabes.

Hin & weg: Obus 6 Richtung Itzling bis Haltestelle Plainbrücke, nach der Brücke rechts, dann noch 25 Min. den Plainbergweg zu Fuß bergauf. www.mariaplain.at.

Gaisberg (1288 m): Der am hohen Sendemast leicht erkennbare Salzburger Hausberg bietet von seinem Gipfelplateau eine phantastische Rundsicht und im Herbst oft strahlenden Sonnenschein, wenn die Stadt noch lange im Nebel liegt (→ Foto S. 268). Von 1887 bis 1928 brachte eine Zahnradbahn von Parsch aus die ersten Touristen auf den Berg, 1929 wurde die 9 km lange Bergstraße angelegt. Heute ist der Gaisberg ein beliebtes Ausflugsziel für Mountainbiker, Radler und Wanderer, die gut beschilderte (und im Winter geräumte) Wege vorfinden. Zudem ist der Gipfel ein beliebter Startplatz für Paragleiter. Nur bei Gewitter ist es am Gipfel etwas ungemütlich: Etwa 50-mal pro Jahr schlagen Blitze direkt in den 100 m hohen Sendemast ein, weshalb die EU hier Europas einzige Blitzmessstation einrichtete.

Hin & weg **Gaisbergbus 151**, tägl. 4- bis 6-mal ab der Stadt auf den Gipfel; Abfahrt am Mirabellplatz (z. B. um 10.10 Uhr) bzw. ab Obergnigl (erreichbar mit Obus 2). www.albus.at.

Wandern Unter www.salzburg.info (Rubrik Service) gibt es einen Gaisberg-Wanderwegeplan zum Download.

Essen & Trinken **Zistelalm**, rustikales Hotel-Restaurant auf 1001 m Seehöhe mit grandioser Aussicht (direkt an der Gaisbergstraße), Mo/Di Ruhetag.

Rauchenbühelhütte, uriges Lokal auf 980 m Seehöhe (unweit der Bushaltestelle Mitteregg); nur Fr-So.

Abstecher in Richtung Hallein – der Besuch in den „Salzwelten Salzburg"

Es war das Salz des Dürrnbergs bei Hallein, 15 km südlich von Salzburg (A 10 Richtung Villach), das der Stadt Salzburg ihren Namen gab. Schon zur Stein- und Eisenzeit wurde das weiße Gold hier abgebaut. Wohlstand brachte es in der jüngeren Eisenzeit den hier beheimateten Kelten, wie deren ausgegrabene Siedlungsreste bezeugen. Richtig reich durch das Salz wurden aber erst die Salzburger Erzbischöfe. 1989 wurde das Bergwerk mit fast 3000-jähriger Tradition still gelegt und zu der unterhaltsamen, wenn auch nicht ganz billigen Touristenattraktion namens **„Salzwelten"** umgestaltet (für Kinder erst ab 4 Jahren zugänglich). Der Besuch beginnt mit dem Anlegen einer weißen Bergmannstracht, dann geht es mit dem Grubenhunt in das Berginnere, wo Erzbischof *Wolf Dietrich von Raitenau* persönlich und sein tollpatschiger Diener multimedial und amüsant durch die Stollen führen. Sie erklären, wie das Salz die Prunkbauten der Stadt finanzierte und verraten manch pikantes Detail. Höhepunkte sind die beiden glatt polierten Bergmannsrutschen und die von Lichtspielen begleitete Floßfahrt über den unterirdischen Salzsee.

Mit dem Salzwelten-Ticket kann auch das rekonstruierte **Keltendorf** am Dürrnberg und das **Keltenmuseum** im 2 km entfernten Zentrum der schönen Stadt Hallein besucht werden. Wer Zeit hat, sollte sich vor allem Letzteres nicht entgehen lassen, handelt es sich doch um eine der bedeutendsten Sammlungen Europas, die noch dazu in einem sehenswerten früheren Verwaltungsbau der Saline von 1654 untergebracht ist. Die Exponate stammen von den Ausgrabungen am Dürrnberg, bei denen sogar Fürstengräber frei gelegt wurden. Berühmtestes Fundstück ist die 50 cm hohe bronzene Schnabelkanne aus dem 4. Jh.

Salzwelten: Palmsonntag bis Allerheiligen tägl. 9–17, Nov. bis 6. Jan., Feb. und März tägl. 10–15 Uhr. Führungen mind. stündlich. Erw. 18 €, Kind 9 €, Fam. (2 Erw., 1 Kind) 38 €. Skg-Card. ✆ 06245-8528511, www.salzwelten.at.

Keltenmuseum: tägl. 9–17 Uhr. Pflegerplatz 5, ✆ 06245-80783, www.keltenmuseum.at.

Hin & weg: Mit der Bahn ab Hbf. Salzburg bis Hallein (24 Min.), dort mit dem Postbus 12 Min. weiter (günstiges Salz-Erlebnis-Ticket der ÖBB).

Salzburg → Karten S. 74/75 und Umschlag hinten

Mit dem Schiff über den Wolfgangsee

Von Salzburg nach Bad Ischl

Berühmte Stationen säumen den Weg von Salzburg in die alte Kaiserstadt Bad Ischl im Herzen des Salzkammerguts: der smaragdgrüne Fuschlsee, das Mozartdorf St. Gilgen, der türkisblaue Wolfgangsee mit dem legendären „Weißen Rößl" und der Rundblick vom Schafberg.

Den Weg gibt die breit ausgebaute Wolfgangsee Straße B 158 vor. Ihr folgt auch die Postbuslinie 150, die nahezu im Stundentakt verkehrt. „Von Salzburg nach Bad Ischl" fuhr bis 1957 auch die Salzkammergutlokalbahn, und so hieß auch ein ihr gewidmeter Schlager (→ Kasten).

Verblichene Eisenbahnromantik

Seit 1893 verband die einspurige Salzkammergut-Lokalbahn, kurz *SKGLB* oder *Ischlerbahn*, auf landschaftlich reizvoller Strecke die Stadt Salzburg mit Mondsee und Wolfgangsee und erreichte nach 63 km Bad Ischl, wo Anschluss an die Salzkammergutbahn bestand. Die schwierige Trassierung verlangte Schmalspur, 30 km/h Höchstgeschwindigkeit, kurze Lokomotiven und kleinräumige Waggons mit schmalen Türen – eine Ausnahme galt freilich für den Kaiser, der im standesgemäßen Salonwagen fuhr. Gemeinsam mit der Wolfgangseeschifffahrt und der Zahnradbahn auf den Schafberg kurbelte die Ischlerbahn den Tourismus kräftig an: 1914 zählte man 400.000 Fahrgäste! Nach 1945 begann ihr Niedergang, die Bahn war unmodern, unbequem und im Vergleich zum Autobus unrentabel geworden. 1957 wurde der Betrieb trotz heftiger Proteste der Fremdenverkehrsorte eingestellt. Was neben Resten der Bahnhofsgebäude blieb, ist ein Heizhaus in Mondsee, das als Museum eingerichtet ist (→ S. 163). Auf Teilstrecken der alten Trasse verlaufen heute Radwege, z. B. der am Südufer des Wolfgangsees. Mehrere Initiativen streben seit einigen Jahren die Wiederinbetriebnahme der Ischlerbahn als moderne Regionalstadtbahn an (www.skglb.org).

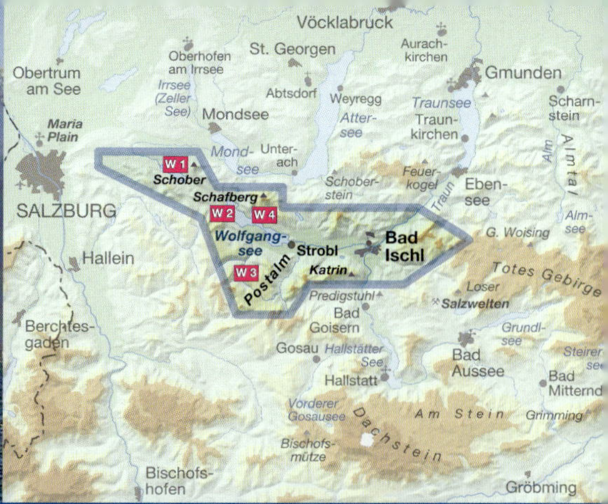

Unterwegs auf der B 158 passiert man knapp nach der Salzburger Stadtgrenze die Abzweigung auf den **Gaisberg** (→ S. 112) und 8 km weiter **Hof bei Salzburg**, das sich zu Recht „Tor des Salzkammerguts" nennt. Nur kurz dahinter tut sich erstmals jenes Landschaftsbild auf, für das die gesamte Region so berühmt ist: Ein türkisblauer See, umrahmt von dunkelgrünen Wäldern und überragt von markanten Berggipfeln. In diesem Fall sind es der Fuschlsee, der Schober und der kantige Schafberg. Nur 12 km weiter hinter dem nächsten Sattel hat man wieder so ein Panorama vor sich (inklusive Parkplatz an der B 158): Reizvoll eingebettet liegt einem hier der Wolfgangsee zu Füßen. Links ragt der Schafberg in die Höhe, rechts das Zwölferhorn, geradeaus Sparber und Rettenkogel und im Vordergrund der Kirchturm von **St. Gilgen**. Beim folgenden Kreisverkehr zweigt die B 154 Richtung Mondsee ab (→ S. 158), die B 158 folgt dem Südufer des Wolfgangsees. In **Abersee**, in der Mitte des Ufers, hat man einen schönen Blick auf die Kulisse von **St. Wolfgang** am Ufer gegenüber. Man erreicht es am Landweg über **Strobl** am Ostende des Sees. Von Strobl gelangt man auch in die Wanderregion **Postalm** und in knapp 12 km nach **Bad Ischl**.

Am Fuschlsee

Der schmale, lang gestreckte See 20 km östlich von Salzburg ist einer der saubersten des Salzkammerguts und von einer parkähnlichen, lieblichen Landschaft umgeben. An seinem westlichen Ende liegt das turmartige Luxushotel **Schloss Fuschl**, an seinem östlichen der kleine Touristenort **Fuschl am See**, der sich als Stützpunkt eines Urlaubs im westlichen Salzkammergut aufgrund der Salzburgnähe (Schlechtwetterprogramm!) gut eignet. Bei Schönwetter sind Baden, Wassersport oder Wandern angesagt.

> **Fuschlsee**: 669 m Seehöhe. 4,1 km lang, bis zu 0,9 km breit. Max. Tiefe 67,3 m, max. Temperatur 24 °C. Motorbootverbot. Zillenschifffahrt von Mai bis Okt.

Schloss Fuschl am gleichnamigen See

Basis-Infos

Information **Touristinformation Fuschlsee**, modernes, kompetentes Büro mitten in Fuschl. Mai–Sept. Mo–Fr 9–18, Sa 9–12 (Juli/Aug. bis 18 und So 9–13 Uhr), sonst nur Mo–Fr 9–12/15–17 Uhr. 5330 Fuschl am See, Dorfplatz 1, ✆ 06226-8250 oder 8384, www.fuschlseeregion.com.

Hin & weg **Bus (Linie 150)**: 1x stündl. nach Salzburg und St. Gilgen, alle 1–2 Std. nach Bad Ischl. Haltestellen u. a. direkt in Fuschl und beim Jagdhof. **Zillenschifffahrt „Fuschlerin"**, Mai bis Ende Okt. bei trockenem Wetter 2x tägl. von Fuschl bis zum Schloss Fuschl (45 Min.) und zurück. So/Feiertage und Juli/Aug. 3x tägl. hin/zurück 7,50 €, Kind 4,80 €. Skg-Card.

Baden/Wassersport **Fuschlseebad**, Strandbad an der sonnigen Südbucht mit beheiztem Freibad und verglaster, wettersicherer Liegehalle (April bis Okt.), 250 m langer, flacher Kiesstrand am See; Riesenrutsche, große schattenreiche Liegewiese, Surfbrettverleih und ganzjährig geöffneter Sauna- und Fitnessbereich (tägl. 12/14–22 Uhr) samt SB-Restaurant. Tageskarte Seebad 6,60 €, bis 15 J. 3,30 €, ab 14 Uhr billiger. Skg-Card. Sommerbetrieb tägl. 10–22 Uhr. Dorfstr. 30, ✆ 06226-8288. www.fuschlseebad.at.

Badeplätze mit sonniger Liegewiese sind **Stöllinger**, in der Mitte des Südufers (von der B 158 abzweigen), Kiosk, Parkplatz weit oberhalb, Tageskarte 3 €, Fischerweg 1, ✆ 0664-2010178, sowie **Wesenauer**, am Südufer, 10 Gehmin. von Fuschl, ideal für Kinder. Beach-Volleyball, Ruderboote, Tischtennis, Jausenlokal. Tageskarte 4 €. Au-Str. 21, ✆ 0664-5429058.

Hofer Naturbadestrand, baumbestandene Liegewiese und flacher Feinkiesstrand in idyllischer Bucht am Westufer, Wegweiser an der B 158; vom Parkplatz (3 €/Tag) noch 15 Min. zu Fuß. Tageskarte 2,50 €.

Bootsverleih An der Seepromenade in Fuschl, Mai–Okt., Ruder-, Tret- und Elektroboote (8–14 €/Std.).

Fahrrad Verleih von E-Bikes in den Hotels Seerose, Seewinkel und Mohrenwirt.

Fischen Fischerkarten (18 €/Tag) gibts u. a. in der Touristinformation und in der Schlossfischerei Fuschl (→ Schloss Fuschl).

Golf **Golfschule Fuschlsee**, Einzelstunden, Schnupper- und Platzreifekurse. Mai–Okt. Infos bei Hotel Ebner's Waldhof (→ „Hotels").

Rodeln 600 m lange **Sommerrodelbahn** in Fuschl am See. Mai–Okt. tägl. 10–17 Uhr.

Einzelfahrt 4,30 €, Kind 3,80 €, Skg-Card. ✆ 06226-8452.

Wintersport 54 km **Langlaufloipen** auf einem sonnigen Hochplateau in Faistenau, 9 km südwestlich von Fuschl (Tageskarte 4 €). Frei zugänglicher, bis 21 Uhr beleuchteter **Natureislaufplatz** gegenüber dem Fuschlseebad.

Übernachten/Essen & Trinken

Hotels ***** **Schloss Fuschl**, berühmtes Luxushotel mit 65 eleganten Zimmern, 39 Suiten im Schloss bzw. Jägerhaus und 6 exklusiven Chalets am Seeufer. Exklusiver Wellness-Bereich. Zur Festspielzeit steigt hier die Prominenz ab. DZ ab 390 €, Suite 600–2500 €. Schlossstr. 19, Hof bei Salzburg, ✆ 06229-2253, 📠 25531531, www.schlossfuschlsalzburg.com.

****S **Ebner's Waldhof am See**, beliebtes familiengeführtes Wellness-, Sport- und Golfresort in sonniger Uferlage in Fuschl am See. 64 Zimmer und 66 Suiten im Landhausstil, verteilt auf mehrere Häuser. 3 Restaurants, riesige Bade-Saunalandschaft. DZ mit Halbpension 240–300 €, Suite bis 500 €. Seestr. 30, ✆ 06226-8264, 📠 8644, www.ebners-waldhof.at.

**** **Seerose**, 2006 eröffnetes Hotel direkt am Seeufer in Fuschl. 31 modern-rustikale Zimmer mit Balkon. Kleiner Sauna-Wellnessbereich, Panoramahallenbad mit Seezugang, eigener Badestrand, WLAN gratis. DZ 110–190 €, günstige Pauschal- und Last-Minute-Angebote. Dorfstr. 20, ✆ 06226-8216, 📠 821644, www.hotel-seerose.at.

Pensionen *** **Lindenhof**, freundlicher Familienbetrieb in Fuschl, 10 Gehminuten zum Seeufer. 14 blitzsaubere Zimmer mit Balkon, reichhaltiges Frühstücksbuffet, WLAN und Leihräder gratis. Mai–Okt. geöffnet. DZ 60–65 €. Oberdorfstr. 20, ✆ 06226-8263, 📠 826322, www.pension-lindenhof.at.

*** **Huber**, in der Ortsmitte von Fuschl, 14 gemütliche Zimmer mit neuen Bädern und Balkon. Frühstücksbuffet, Garten, Sauna, eigener Badestrand. WLAN gratis. DZ 60–80 €. Dorfstr. 9, ✆ 06226-8217, 📠 82172, www.pension-huber.at.

** **Haus Brigitte**, gemütliches Landhaus inmitten eines Blumengartens im Ortszentrum von Fuschl am See, 8 schlichte Zimmer mit Balkon. DZ 60–65 €. Weberleitenweg 1, ✆/📠 06226-8224, www.hausbrigitte.co.at.

Weitere Unterkunftsadressen und Online-Reservierungen unter www.fuschlseeregion.com.

Essen & Trinken **Brunnwirt**, Bilderbuchgaststätte für Gourmets an der B 158 in Fuschl. Gemütliche Stuben, Gastgarten mit Seeblick, kreativ verfeinerte Regionalküche, tolle Weine. À la carte 16–30 €. Di–Sa ab 18 Uhr, zur Festspielzeit auch mittags offen. Nur mit Reservierung! Wolfgangseestr. 11, ✆ 0664-2807192, www.brunnwirt.at.

Mohrenwirt, gutbürgerliches Traditionswirtshaus (seit 1846) mitten in Fuschl. Behagliche Stuben, Gastgarten. Vegetarisches (rund 10 €), Fische aus dem See, österreichische Klassiker (14–19 €). Mi Ruhetag. Dorfplatz 3, ✆ 06226-8228, www.mohrenwirt.at.

Café-Restaurant Flora, mitten in Fuschl, mit großer überdachter Terrasse; Eis- und Joghurtbecher, Kaffee, Torten, Hausmannskost, Salate. Ganztägig Küche. In der Nebensaison Di Ruhetag. Oberdorfstr. 2, ✆ 06226-8588.

Edenbergers Café am See, Restaurant-Pizzeria direkt am Seeufer in Fuschl – in herrlicher Lage (Sonnenuntergang!). Pizza, Pasta und regionale Küche. Di–Sa ab 18 Uhr, Juli/Aug. auch Sa/So ab 12 Uhr. Seestr. 15. ✆ 06226-822011, www.edenberger.at.

Landgasthaus Hochlackenhof → S. 119

››› Unser Tipp: D'Waldhofalm, in Traumlage am Golfplatz, 15 Gehmin. oberhalb von Fuschl. Kleine, gemütliche Stube mit offenem Feuer, aussichtsreiche Terrasse, Almschmankerl (8–12 €), Milch und Weißbier. Mo Ruhetag, sonst April–Okt. 11–20 Uhr, Nov.–März 11–17 Uhr. Schoberstr. 16, ✆ 06226-826434. ‹‹‹

Sehenswertes/Ausflüge

Schloss Fuschl: Das auf einer Landzunge am Südwestufer des Sees gelegene Markenzeichen der Region ist am besten vom Fuschlsee-Rundweg aus (s. u.) zu betrachten. 1461 wurde der spätgotische Bau als Jagdschloss für die Salzburger Erzbischöfe errichtet, die sich das Wild bis an den See treiben ließen, wo es leicht zu erlegen war. Nach Ende des Fürsterzbistums wechselten die Besitzer oft, jener Schlossherr, der es 1929 erwarb, wurde 1939 enteignet. NS-Reichsaußenminister *Joachim von Ribbentrop* nutzte fortan das repräsentative Anwesen und empfing hier im August 1939 Mussolinis Außenminister, um ihn über den bevorstehenden Angriff auf Polen zu unterrichten. Nach Kriegsende wurde das Schloss restituiert. In den 1950ern diente es als Kulisse für die Sissi-Filme mit Romy Schneider und erlebte in den folgenden 20 Jahren eine Blütezeit als Luxushotel. Unter den Gästen waren Nikita Chruschtschow, Richard Nixon und Anwar El Sadat. Nach der Generalsanierung 2006 wurde das Hotel mit einer hochkarätigen Gemäldesammlung Alter Meister des 17.–19. Jh. ausgestattet. Heute zählt es zur Hotelkette „Luxury Collection", auf Kaffee und Kuchen oder im Sissi-Museum im Jägerhaus (Mai bis Ende Okt. tägl. 10–18 Uhr, Eintritt frei) kann aber jedermann vorbeischauen.

Schlossfischerei, Fischverkauf und Imbissbude mit Räucherfisch (Saibling!), Garten am Seeufer. Mo–Fr 8–18 Uhr, Mai–Sept. auch Sa 8–12, So 8–16 Uhr. ✆ 06229-22531533. Anfahrt auch mit der Zille (s. o.).

Ruine Wartenfels

Fuschl am See: Der reizvoll am Ostende des Sees gelegene 1460-Einwohner-Ort besteht aus drei Straßen und einer kurzen Seepromenade, die von Hotels, Pensionen und Lokalen gesäumt sind. In der Ortsmitte erhebt sich die neobarocke **Erasmuskirche** (19. Jh.). Am Südende lockt am Seeufer das Fuschlseebad. Der künstliche Teich mit den zwei Kegelhäusern an der Ortsumfahrung ist der Firmensitz des Getränkeherstellers Red Bull. Architekt war der Salzburger *Volkmar Burgstaller*, der für Red Bull auch den Hangar 7 in Salzburg (→ S. 112) entwarf.

Fuschlseerundweg: Die beschilderte Runde um den See gehört zu den reizvollsten Wanderungen im Salzkammergut. Für die 12 km lange, promenadenähnliche und großteils ufernah verlaufende Strecke (Weg Nr. 30, Radfahrverbot) benötigt man etwa 3½ Std. Als Ausgangspunkt eignet sich die Seepromenade in Fuschl, ob man im oder gegen den Uhrzeigersinn um den See läuft, ist Geschmackssache. An heißen Sommertagen sollte man eine Badehose dabeihaben, denn auf halbem Weg lädt der Naturbadestrand von Hof zu einer kostenlosen Erfrischung. Unweit davon in einem Naturschutzgebiet mit Feuchtwiesen und

Schilfmoor fließt die Fuschler Ache aus dem See ab. Für den Prospektblick auf Schloss Fuschl nimmt man am Waldweg (Richtung Jagdhof) oberhalb des Schlosses den Abstecher zur Aussichtskanzel.

Jausenstation Berger, gemütliche, abgelegene Einkehr in Hundsmarkt am Fuschlseerundweg. Hausmannskost. Gastgarten. Tägl. 11–23 Uhr, Do Ruhetag (außer Juli/Aug.). Seestr. 59, ✆ 06235-7495.

Ruine Wartenfels (1020 m): In dem an Burgen armen Salzkammergut ist die Ruine Wartenfels oberhalb von Fuschl eine Besonderheit und daher beliebtes Ausflugsziel. Der Bauplatz für die im 13. Jh. errichtete Burg war kühn gewählt: ein schmaler, bewaldeter Felskamm zwischen Fuschl- und Mondsee, der gegen Norden senkrecht abfällt und im Osten vom 300 m höheren Schober überragt wird. Bis 1564 diente die Burg den Salzburger Erzbischöfen und schützte die Grenze zum Mondseeland. Ihr anschließender langer Verfall wurde erst in den 1980ern gestoppt. 20 Min. dauert der Aufstieg vom Parkplatz bis zum Burgtor, hinter dem man durch den früheren Palas zum obersten Punkt der Ruine hinaufsteigt. Die eindrucksvolle Rundsicht von dort umfasst Fuschlsee, Gaisberg, Irrsee, Mondsee und in der Ferne die Hohen Tauern.

Anfahrt/Wanderweg Von Fuschl am See Richtung Thalgau, in Egg (Wegweiser) rechts abzweigen, insgesamt 5 km bergauf. Von der Seepromenade in Fuschl gelangt man auf einem gemütlichen, markierten Weg zu Fuß in 1 Std. zur Ruine.

Essen & Trinken Forsthaus Wartenfels, am Waldrand unterhalb der Ruine, urig-romantisches Restaurant samt Kachelofen. Tagsüber Jausenküche und Süßspeisen (Kaiserschmarrn …), abends altösterreichische Küche und Fondues. Di–So 12–23, Okt.–April Di–Fr erst ab 17 Uhr. Vorderegg-str. 32, ✆ 06235-636455, www.wartenfels.at.

Wanderung 1: Von Fuschl über Ruine Wartenfels auf den Schober → S. 272
Tour auf einen herrlichen Aussichtsfelsen für geübte, trittsichere Wanderer

Ruming-Mühle, Hundsmarktmühle, Rauchhaus Mühlgrub: Diese alten, liebevoll restaurierten Gebäude öffnen im Sommer ihre Pforten: Die *Ruming-Mühle* von 1872 in Steinbach, 1 km südlich von Fuschl am See und zu Fuß über den Mühlenweg erreichbar, bittet von Juni bis Sept. dienstags (ab 13 Uhr) zu frisch gebackenem Holzofenbrot und freitags zur Mühlenbesichtigung (15–17 Uhr). Die *Hundsmarktmühle* im Weiler Hundsmarkt (am Fuschlseerundweg) nordwestlich des Sees besteht seit dem 16. Jh. und hat von Juni bis Ende Okt. sonntags 14–17 Uhr geöffnet (Eintritt frei). Der 500 Jahre alte, von der Sonne geschwärzte Bauernhof *Mühlgrub* auf dem Höhenrücken zwischen Thalgau und Hof ist ein für die Region typisches „Rauchhaus“, in dem der Rauch vom offenen Herd ohne Kamin abzieht (Führungen Juli bis Okt. Fr 15 Uhr nach Voranmeldung, ✆ 06229-2249, Eintritt 1,50 €, Skg-Card).

Im Ellmautal/Mozartblick: Einen hinreißenden Blick auf den Wolfgangsee genießt, wer von Fuschl am See (Abzweigung von der B 158) bis zum Parkplatz am oberen Ende des reizvollen Ellmautals fährt (4,5 km) und dann noch 10 Min. zu Fuß geht. Wer will, kann auch den ganzen Weg zu Fuß, am besten an der Ruming-Mühle (s. o.) vorbei, zurücklegen (ca. 2 Std., Weg Nr. 27).

*** **Landgasthaus Hochlackenhof**, idyllische Lage am Ende des Ellmautals, gemütliche Kachelofenstube, schöne Terrasse, gute Hausmannskost. 16 schöne Zimmer (DZ 80–94 €). Di Ruhetag, warme Küche 11.30–14/18–20 Uhr. ✆ 06226-8330, www.hochlackenhof.at.

Postkartenmotiv am Wolfgangsee – auf dem Weg zur Niedergadenalm

Am Wolfgangsee

Der türkisblaue See auf halber Strecke zwischen Salzburg und Bad Ischl ist der bekannteste im Salzkammergut. Schon im Mittelalter, als das Gewässer noch Abersee hieß, strömten Wallfahrer an seine Ufer, im 20. Jh. bescherte ihm das Lustspiel „Weißes Rößl“ große Bekanntheit. Und auch heute hat die Region viel zu bieten – Altbewährtes, wie die Zahnradbahn und die Wolfgangseeschiffe, die schon seit über 120 Jahren auf den Schafberg bzw. über den See dampfen, und neue Attraktionen: Spektakuläres Klippenspringen von der hohen Falkensteinwand, die das Nordwestufer des Sees unzugänglich macht, die atemberaubende Flugshow *Scalaria Air Challenge* in der ersten Julihälfte oder die *Wolfgangsee Challenge*, die Triathleten im September durch oder um das Gewässer jagt. Mittendrin die drei Anlaufpunkte des Sees: am Westufer das reizvolle **St. Gilgen** am Fuß des **Zwölferhorns**, **Strobl** am Südende mit seinen schönen flachen Badestränden und das berühmte **St. Wolfgang** in der Mitte des Nordufers, überragt vom mächtigen **Schafberg**.

Wolfgangsee: 538 m Seehöhe. 10 km lang, bis zu 1,9 km breit. Max. Tiefe 114 m, max. Temperatur 24 °C. Motorboot-Verbot im Sommer. Linienschifffahrt März/April nur Sa/So, Mai bis Ende Okt. sowie Gründonnerstag bis Ostermontag täglich, im Advent Do–So. Tageskarte 18 €, mit Skg-Card 16,80 €. Attraktion ist das Schaufelradschiff „Kaiser Franz Josef I.“ von 1873. ✆ 06138-2232, www.wolfgangseeschifffahrt.at.

St. Gilgen

3730 Einwohner, 542 m

„Mozartdorf" nennt sich der Sommerferienort am Westende des Wolfgangsees. Das Salzburger Wunderkind war zwar nie hier, aber Mutter und Schwester hinterließen ihre Spuren – wie auch die Sommergäste des späten 19. Jahrhunderts, deren Villen sich zahlreich finden.

St. Gilgen ist, nach Fuschl und Strobl, der Hauptort des salzburgischen Teils des Salzkammerguts. Es gehörte lange den Salzburger Erzbischöfen und gelangte erst 1816 ans habsburgische Österreich. Manche meinen, man könne die lange Zugehörigkeit zum lebenslustig-prunkverliebten Fürsterzbistum noch spüren.

Anziehungspunkte im Ort sind die kurze **Seepromenade** mit Schiffsstation und *Seepark*, wo zwischen Blumenbeeten die treuesten Sommergäste mit Denkmälern beehrt wurden, so der berühmte Chirurg *Theodor Billroth*, Nobelpreisträger *Karl von Frisch* und der frühere deutsche Bundeskanzler *Helmut Kohl* (an die 30 Aufenthalte). Unweit des Seeufers befindet sich das **Mozarthaus**, 300 m landeinwärts die beiden Dorfplätze: der von der schmucken **Pfarrkirche** beherrschte Kirchenplatz und knapp oberhalb der **Mozartplatz**, das berühmteste Motiv von St. Gilgen. Noch weiter oberhalb, an der Ortsumfahrung B 158, liegt die Talstation der nostalgischen *Zwölferhornbahn*. Den Spaziergang in die **Fürbergbucht**, wo das bekannte Ochsenkreuz aus dem See ragt sollte man auch nicht versäumen.

Basis-Infos

Information **Tourismusverband St. Gilgen**, moderner Bau an der Ortsumfahrung beim Kreisverkehr. Juli/Aug. Mo–Fr 9–19, Sa 9–18, So 10–17 Uhr; Mai/Juni und Sept. Mo–Fr 9–18, Sa 9–12 Uhr. Okt.–April Mo–Fr 9–17 Uhr. 5340 St. Gilgen, Mondsee-Bundesstr. 1a, ✆ 06227-2348, www.wolfgangsee.at, www.tiscover.at/stgilgen.

„Kaiser Franz Josef I." – das Schaufelradschiff am Wolfgangsee

Hin & weg **Bus (Linie 150)**: 1x stündl. nach Salzburg, Bad Ischl und Strobl (Anschluss an Linie 546 nach St. Wolfgang), So nur alle 2 Std. www.sw-info.at.

Schiff: Mai bis Ende Okt. 9–17 Uhr 5–10x tägl. via St. Wolfgang nach Strobl, März/April Sa/So 3x tägl. mit St. Wolfgang. Ticket: St. Gilgen–St. Wolfgang 6,80 €, Kind 3,40 €, Rad 3,20 €.

Parken In der Nähe der Zwölferhorn-Seilbahn bzw. im Bereich der Seepromenade. Überall Gebührenpflicht.

Baden/Wassersport **Strand- und Hallenbad**, an der Uferpromenade im Ort, winzige Liegewiese, Riesenrutschbahn, schöne Aussicht. Das Strandbad öffnet zur Badesaison tägl. 9–19 Uhr. Eintritt: Strandbad 3,90 €, Kind 2,10 €, Hallenbad (Ganzjahresbetrieb) 6,90/3,90 €. Skg-Card. Mondseestr. 12, ✆ 06227-7147.

Badeplatz in der Fürbergbucht (s. u.)

Wassersport Engel, Segeln, Wasserschi, Banane, Verleih (Elektro- und Segelboote, Surfbretter). Seepromenade, ✆ 0664-5850891, www.wassersport-engel.at.

Bootsverleih → Wassersport

Fahrrad Verleih bei **Leitgeb**, Touren- und Kinderräder, MTBs. Tägl. ab 10 Uhr. Mondseer Str. 3, ✆ 06227-2604. **E-Bikes** kann man beim Rathaus (Mozartplatz 1) leihen (20 €/Tag).

Mountainbike Beliebte Strecken sind die Forststraßen auf das Zwölferhorn.

Veranstaltungen **Nannerlfest**, Ende Juli, heitere Klassikabende. **Wolfgangseer Advent**, Do–So im Advent und 26.–31. Dez., barocke Marktstände im Ortszentrum.

Übernachten

Übernachten **** **Hotel Hollweger**, gediegenes familiäres Haus in einer Gartenanlage mit Seeblick am oberen Ortsrand. 53 gemütliche Zimmer und Suiten, tolles Panoramahallenbad (30 °C) mit Holzdach, Sauna, Dampfbad, Leihräder, eigenes Seebad. DZ 150–180 €, mit Seeblick und Balkon ca. 40 € teurer. Mondsee-Bundesstr. 2, ✆ 06227-2226, 📠 795652, www.hollweger.at.

››› **Unser Tipp:** *** **Schernthaner**, freundlich-familiäres Hotel-Garni im Ortszentrum. 17 komfortable Zimmer, Leihräder kostenlos, Sauna im Rustikalstil. Parkplätze und Internetzugang gratis. DZ 84–100 €. Schwarzenbrunnerstr. 4, ✆ 06227-2402, 📠 24022, www.hotel-schernthaner.at. ‹‹‹

*** **Pension Ferstl**, 13 liebevoll dekorierte Zimmer mitten im Ort. Kein Lift. Ruhiger Garten, Liegewiese beim See. Geöffnet Mitte April–Jan. Dorfcafé im Haus. DZ 90–100 €. Ischlerstr. 1, 5340 St. Gilgen, ✆ 06227-2216, 📠 221622, www.ferstl.at.

*** **Pension Seeblick**, 1 km außerhalb in sonniger Hanglage, 14 nette Zimmer, teils mit Balkon und Seeblick. DZ 64–90 €. Pöllach 29, ✆/📠 06227-2682, www.pension-seeblick.at.

Jugendgästehaus Schafbergblick, in zentraler Lage unweit des Sees. 12 Doppel- und 26 Vierbettzimmer, alle mit Du/WC. Sauna, großer Garten. DZ mit Bettwäsche und Frühstück 54 €. Mondseestr. 7, ✆ 06227-2365, 📠 236575, www.jugendherbergsverband.at.

Essen & Trinken **Timbale**, führendes Gourmetlokal des Orts (2 Hauben), familiär-intime Atmosphäre, puristische Küche auf hohem Niveau. Nur mit Reservierung! À la carte 22–30 €. Sa–Mi 11.30–13.30, 18–21.30 Uhr. Salzburger Str. 2, ✆ 06227-7587.

Haus am Hang, edel-modern aufgefrischtes Gasthaus mit Terrasse in Panoramalage, hervorragende österreichisch-mediterrane Küche zu gehobenen Preisen (à la carte 19–40 €). Toller Seeblick. Mi–So 11–14.30/18–23 Uhr. Mondsee-Bundesstr. 10, ✆ 06227-8208, www.haus-am-hang.at.

››› **Unser Tipp:** **Zur Post**, denkmalgeschützter Gasthof mit Bilderbuchstube und schönem Vorgarten in Ortsmitte, traditionelle österreichische Küche und Hausmannskost auf hohem Niveau, dazu edle Weine. Einheimische und Touristen fühlen sich hier wohl. Di/Mi Ruhetag (außer Hauptsaison). Mozartplatz 8, ✆ 06227-2157, www.gasthofzurpost.at. ‹‹‹

Wirt am Gries, freundliches Traditionswirtshaus mit Kachelofenstube 150 m nördlich des Mozartplatzes, deftig-bodenständige Küche, regionale Spezialitäten. Hauptgericht 11–22 €, Salate ca. 10 €. Großer Kastaniengarten. Mo/Di Ruhetag (außer Haupt-

Blick von St. Gilgen zum Zwölferhorn

saison). Steinklüftstr. 6, ✆ 06227-2386, www.wirtamgries.at.

Batzenhäusl → S. 127

Seegasthaus Fischer Wirt, freundliches, etwas touristisches Fischrestaurant der Familie Fischer (!) direkt an der Schiffsanlegestelle, mehrere Stuben, Seeterrasse. Wolfgangseefische, österreichische Fleischgerichte, Pasta, Salate und Vegetarisches. Durchgehend Küche. Mo Ruhetag. Ischler Str. 21, ✆ 06227-2304, www.fischer-wirt.at.

Gasthof Fürberg, das hübsche Anwesen in der Fürbergbucht (s. u.). besitzt die Fischereirechte am oberen Wolfgangsee: Saibling & Co. sind daher Spezialitäten des Hauses – köstlich zubereitet von der Chefin, die auf Bio-Zutaten setzt. Service und Essen sind erstklassig, der Kastaniengarten idyllisch, meint Leserin Frauke Helms aus Hamburg. April–Okt. tägl. geöffnet. Winkl 19, ✆ 06227-2385-0, www.fuerberg.at. ■

M-place, zeitgeistig-moderne Restaurant-Bar unweit der Seepromenade, schön angerichtete Crossover-Küche, es gibt auch Pizza und günstige Mittagsteller. Tägl. außer Di 11.30–14/16.30–22 Uhr, Sa/So durchgehend. Ischler Str. 18, ✆ 06227-27067.

Kaffeehäuser/Nachtleben **Café-Konditorei-Eissalon Dallmann**, weithin bekannt für köstliche Torten und Pralinen. Touristen lieben Mozarts Reisetorte (6 Wochen lagerfähig!) und das Mozartkugelseminar, wo man die berühmte Praline selbst herzustellen lernt (28 €/Pers.). Tägl. 9–19 Uhr. Mozartplatz 2 a, ✆ 06227-2208, www.dallmann.at.

Dallmann's Eissalon, gleich nebenan; von Mitte Mai bis Mitte Sept. gibt es hier feine Eiskreationen. Tägl. außer Mo 11–20 Uhr.

Café Nannerl, Mischung aus Kaffeehaus (gute Blechkuchen!) im 1. Stock und Bar-Bistro-Beisl im Biedermeierstil im Erdgeschoss, hier auch kleine Speisen (Toast, Gulaschsuppe). Gastgarten. Tägl. 10–22/23 Uhr, in der Nebensaison Mi Ruhetag. Kirchenplatz 2, ✆ 06227-2368, www.cafenannerl.at.

Le Boeuf d'Or, trendige Weinbar im Hotel Kendler, tägl. außer So ab 19.30 Uhr. Kirchenplatz 3.

12er Alm Bar, Kult-Disco mit Hüttenromantik im Untergeschoss des M-Place, tägl. ab 21 Uhr.

Sehenswertes/Ausflüge

Mozarthaus Sankt Gilgen: In dem hübschen, einstöckigen Haus unweit des Seeufers (Ischlerstraße 15) kam 1720 *Anna Maria Pertl* zur Welt. Das Gebäude diente als Pfleggericht des Fürsterzbistums Salzburg, und ihr Vater Wolfgang Nikolaus

Pertl war hier Richter. Als er 1724 starb, zog die Familie nach Salzburg, wo Anna Maria 1747 *Leopold Mozart* heiratete und acht Jahre später einen Wunderknaben zur Welt brachte (→ Kasten S. 83). Dessen schon fünf Jahre zuvor geborene Schwester Maria Anna, genannt *Nannerl*, vermählte sich auf Wunsch ihres Vaters 1784 mit dem biederen Richter Johann Baptist Berchtold zu Sonnenburg und zog ins St. Gilgener Geburtshaus ihrer Mutter. 1801 zur Witwe geworden, kehrte sie wieder nach Salzburg zurück. Seit 1906, als diese Zusammenhänge aufgedeckt wurden, ziert ein Doppelrelief von Mutter und Tochter die Fassade des Hauses. 2008 wurde darin eine modern aufbereitete Ausstellung über Nannerl Mozart eröffnet. Mit Briefen, persönlichen Gegenständen und Filmen gewährt sie einen guten Einblick in das Leben der ebenfalls hochbegabten Musikerin im Schatten ihres Bruders und in der wenig glücklichen Rolle als treu sorgende Ehefrau. Der Marmorbrunnen gegenüber dem Museum wurde 1991 enthüllt. Die Bronzefigur von *Toni Schneider-Manzell* soll Mozarts Mutter als spielendes Kind darstellen.

1. Juni bis 30. Sept. tägl. außer Mo 10–12/15–18 Uhr. Eintritt 4 €, bis 18 J. 2,50 €, Skg-Card. ✆ 06227-20242, www.mozarthaus.info.

Mozartbrunnen vor dem St. Gilgener Rathaus

Kirche St. Aegydius: Die von einem Friedhof umgebene ursprünglich spätgotische Pfarrkirche (14. Jh.) wurde im 18. Jh. zu einer barocken Saalkirche umgestaltet. Das Deckengemälde im rosaheiteren Innenraum malte *Josef Beer*, die Altarbilder *Paul Troger*. Eine Gedenktafel in der Vorhalle zeigt die Mozartverbundenheit der Kirche: Immerhin wurden hier Wolferls Mutter getauft, seine Großeltern und die Schwester Nannerl getraut und sein Großvater und der Schwager begraben.

Mozartplatz: Der stimmungsvolle, von alten Bürgerhäusern gesäumte Platz bietet viel Mozart. Als unscheinbarer, Geige spielender Knabe ziert er seit 1927 den Mozartbrunnen vor dem hübschen Rathaus. Handgemachte Mozartkugeln gibt es in der *Konditorei Dallmann* gegenüber, und das Hochzeitsfest von Mozarts Schwester Nannerl fand 1784 im *Hotel zur Post* statt, das die Nordwestseite des Platzes beherrscht. Seine Fassade ziert ein Fresko von 1618 mit Jagdszenen, das Haus reicht aber bis ins 14. Jh. zurück und war lange Jahre Poststation (→ „Essen & Trinken").

Heimatkundliches Museum: Das im sog. Wetzlhäusl von 1655 (Pichlerplatz 6) eingerichtete Museum zeigt in 11 Räumen ein buntes Allerlei aus der Ortsgeschichte: Thematisiert werden die hier im 17. Jh. als Hausindustrie betriebene Spitzenklöpplerei, die ehemalige St. Gilgener Glashütte und die Ischlerbahn. Dazu kommt ein Jagdzimmer mit einer kaiserlichen Sitzgarnitur, sakrale Kunstgegenstände und die Tiersammlung des österreichischen Zoologen *Karl von Frisch*

(1886–1982), der im nahen Brunnwinkl (→ unten) die Schwänzeltänze der Bienen erforschte und dafür den Nobelpreis erhielt.

1. Juli bis 30. Sept. tägl. außer Mo 10–12/15–18 Uhr, zur Adventzeit Sa/So 13–19 Uhr. Eintritt 4 €, Kind 2,50 €, Skg-Card. ✆ 06227-7959.

Musikinstrumenten-Museum der Völker (MIM): Komplizierter Name für eine in drei Räumen der früheren Volksschule (Aberseestraße 11) präsentierte Privatsammlung von 2800 Musikinstrumenten aus aller Welt, darunter afrikanische Trommeln und Daumenklaviere, Kuhglocken aus den Alpen, Panflöten und Balaleikas aus Südosteuropa, Bambusflöten aus Asien, Trommeln der Amazonas-Indianer und ein australisches Digeridoo. Bei Führungen werden die Instrumente auch angespielt.

Juni bis Mitte Okt. tägl. außer Mo 9–11 und 15–19 Uhr, 1. Dez. bis 6. Jan. Mo–Fr 9–11 und 14–17 Uhr, 7. Jan. bis 31. Mai Mo–Do 9–11 und 15–18, Fr 9–11, So 15–18 Uhr. Eintritt 4 €, Kind 2,50 €, Skg-Card. ✆ 06227-8235, www.hoerart.at.

Museum Zinkenbacher Malerkolonie: Das ebenfalls in der alten Schule (→ MIM) beheimatete Museum erinnert in jährlichen Sommerausstellungen an die 20 Wiener Künstler, die von 1927–38 jeden Sommer in Zinkenbach am Südufer des Wolfgangsees zusammentrafen.

Juli bis Ende Sept. tägl. außer Mo 15–19 Uhr. Eintritt 4 €, Kinder frei. ✆ 0676-7430916, www.malerkolonie.at.

Spazierweg über Brunnwinkl in die Fürbergbucht: Stets wechselnde Seeansichten verspricht dieser Gilgener Spazierwegklassiker: Vom Kirchenplatz geht man bis zur alten Mondseestraße, folgt dieser und passiert bald schöne Sommerfrischevillen. Das Hotel Billroth links oberhalb (Schautafel) erinnert an den Chirurgen, Musiker und Brahms-Freund *Theodor Billroth* (1829–94), der sich hier ab 1884 ein repräsentatives Anwesen bauen ließ. Die Ischlerbahn hatte bergseitig sogar eine nach ihm benannte Haltestelle. Dann erreicht man die romantische Brunnwinkl-Bucht mit einer Handvoll malerischer Bauernhäuser und Blumengärten. Das war einst die Sommerfrische einer Wiener Arztfamilie, deren Sohn *Karl Frisch* (1886–1982) früh Interesse an der lokalen Tierwelt zeigte und als Entschlüssler der Bienensprache in die Geschichte einging (Gedenkstein, Schautafel). Zwischen steiler Felswand (Steinschlaggefahr, daher öfter gesperrt) und Seeufer geht es nun auf der 1,2 km langen, schönen Promenade bis zum Gasthof Fürberg (→ Essen & Trinken), von wo man zur Hauptsaison mit dem Schiff nach St. Gilgen zurückfahren kann. Folgt man dem Ufer weiter, kommt man in 5 Min. zur Einmündung der Zufahrtsstraße von der B 154, und zum Waldbad in der Fürbergbucht. Unweit biegt links der Wallfahrerweg nach

Das Ochsenkreuz in der Fürbergbucht

Panoramaweg am Zwölferhorn

St. Wolfgang ab (→ S. 142), die Schotterstraße geradeaus, von der man zum Ochsen- und Hochzeitskreuz (s. u.) abzweigt, endet nach 1 km.

Waldbad Fürberg, einfacher Badeplatz, sonnige Liegewiese, Kiesstrand mit Felsblöcken, Buffet. Eintritt 2 €. Mit dem Auto gelangt man von der B 154 in Winkl auf einer steilen Straße hierher. Parkgebühr 3 €.

Ochsen- und Hochzeitskreuz: Der weiße Bildstock auf einem Felsen im karibisch blauen Wolfgangsee ist auf vielen Prospekten zu sehen. Ein Metzger soll ihn errichtet haben, nachdem ihm ein Ochse in den See entwischt war und ihn, der das Tier nicht losgelassen hatte, schwimmend über den See zog. Nicht ganz so malerisch ist das nahe Hochzeitskreuz. Es erinnert an eine übermütige Gesellschaft, die auf dem zugefrorenen See tanzen wollte und dabei – mit Ausnahme des Brautpaares – ertrunken war. Vom Waldbad Fürberg (s. o.) folgt man der Schotterstraße, bis rechts der beschilderte Weg Nr. 19 zu den Kreuzen abzweigt. Er verläuft knapp am Ufer und ist stellenweise schmal, verwachsen und abschüssig (feste Schuhe!). Am Ende mündet er wieder in die Forststraße, auf der man zum Badeplatz zurückkehrt. Gesamtgehzeit 45 Min.

Steinklüfte und Plombergstein (830 m): Ein spannendes Naturerlebnis, an dem Kinder und Erwachsene ihre Freude haben, bietet die Felsenstadt oberhalb von St. Gilgen. Haushohe Brocken stürzten hier vor rund 10.000 Jahren vom Plombergstein in die Tiefe und wurden von Bäumen und Moos überwuchert. Markierte Felsgänge und Spalten (Teufelsschlucht, Kalte Kuchl) laden zum Durchschlüpfen und Verstecken. Die Steinklüfte erreicht man vom Mozartplatz aus über die Steinklüftstraße, an deren Ende die B 154 überquert wird. Zunächst auf einem Güterweg, dann links in den Wald und auf einem Pfad (Weg Nr. 17) bergauf. Nach 30 Min. ist man bei dem gigantischen Steinhaufen angelangt. Es lohnt sich auch, von hier in 45 Min. (Wegweiser) den aussichtsreichen **Plombergstein** zu erklimmen: Am Fuß seiner senkrechten Felswand und sogar unter einer Felsplatte hindurch steigt man in einer langen Kehre bis zu einem Sattel mit einer Wegteilung hoch, von dem es nur mehr ein kurzes Stück bergauf zum flachen Felsgipfel des Plombergsteins ist (830 m, Wolfgangseeblick!). Wieder zurück am Sattel, kann man nun links über einen steilen Steig mit Holztreppen (Vorsicht bei Nässe!) in den Staffelgraben absteigen und trifft unterhalb der Steinklüfte wieder auf den Aufstiegsweg (Gesamtgehzeit 2¼ Std.).

Zwölferhorn (1522 m): Das „Hörndl" ist ein wunderschöner Aussichtsberg und von St. Gilgen aus mit einer Nostalgie-Seilbahn in originalen rot-gelben Kabinen aus dem Jahre 1957 zu erreichen. Bis zur halben Höhe des Bergs (*Sausteigalm*, 1110 m) gelangt man auch mit dem Auto, und zwar von Fuschl via Perfalleck und Tiefbrunnau. Eine auch bei Mountainbikern beliebte Mautstraße (Schranke, Münzeinwurf 5 €) führt von Brunn bei Abersee auf die *Illingeralm* (1180 m) an der Südflanke des Bergs. Auf den weitflächigen Almen des Zwölferhorns sind schöne Rundwanderwege und einfache Panoramawege markiert. Der Abstieg vom Gipfel ins Tal dauert rund 2 Std.

Seilbahn Tägl. 9–16 Uhr, Juni bis Aug. bis 18 Uhr. Berg- und Talfahrt 20 €, Kind 14,50 €, Berg- oder Talfahrt 15/14,50 €, Kind 11,50/10,50 €. Skg-Card. ✆ 06227-2350. ww.12erhorn.at.

Essen & Trinken **Lärchenhütte, Bartlhütte, Illingerbergalm** sind urige Almhütten mit Hausmannskost, Kasnocken, Kaiserschmarren, Brettljause, Mai–Sept./Okt. bei Schönwetter täglich (Lärchenhütte nur Sa/So) geöffnet. Kinderspielplätze.

Wanderung 2: Über Almen bergab vom Zwölferhorn → S. 273
Gemütliche Almwanderung mit Abstieg nach St. Gilgen

Weiterfahrt zum Mondsee: Von St. Gilgen sind es auf der B 154 über die Scharflinger Höhe (607 m) nur 5 km bis an den Mondsee (→ S. 158). Kurz vor dem Sattel liegen rechts das gelbe, neugotische **Schloss Hüttenstein**, das im 19. Jh. an Stelle einer Burgruine errichtet wurde, und unterhalb davon der dunkle **Krot(t)ensee** (beide Privatbesitz). Das Batzenhäusl gegenüber (heute Landgasthaus) war ab 1600 eine Mautstelle und lag bis 1957 an der Ischlerbahn.

Batzenhäusl, junge Münchner, die bei Schuhbeck gelernt haben, sorgen in dem altehrwürdigen Gasthof für ambitionierte Regionalküche (4-Gang-Menü 41 €, à la carte 10–20 €). Mo–Sa 11–15/17–21, So 11–21 Uhr, im Winter Mi/Do geschlossen. Winkl 10, ✆ 06227-2356, www.batzenhäusl.at.

Halbinsel Abersee (Wolfgangsee-Südufer)

Fährt man von St. Gilgen in Richtung Bad Ischl, geht es zunächst auf einem schmalen Uferstreifen unter steilen Bergflanken dahin, auf dem nur die B 158 und der Radweg auf der ehemaligen Trasse der Ischlerbahn Platz haben. 4 km weiter weicht der Abhang zurück und man erreicht den flachen Schwemmkegel des *Zinkenbachs*, der sich als Halbinsel in den See geschoben hat und diesem seine markante Form verleiht, einer Sonnenbrille vergleichbar. Nur mehr 240 m ist der Wolfgangsee an dieser Engstelle breit. Auf der Halbinsel befinden sich Streusiedlungen mit schönen alten Bauerngehöften und einer Handvoll Hotels und Pensionen. **Gschwand, Brunn, Reith, Farchen** und **Abersee** westlich des Zinkenbachs gehören zu St. Gilgen, das östlich gelegene **Gschwendt** zu Strobl, was im Gastgeberverzeichnis mitunter verwirrend ist. Um das Seeufer der Halbinsel reihen sich insgesamt 10 Campingplätze.

Hin & weg **Bus (Linie 150)**: → St. Gilgen; Haltestellen an der B 158, u. a. in Brunn, Abersee und Gschwendt. www.sw-info.at.

Überfuhr Greinz, Rad- und Personenfähre an der Engstelle, landet 1 km westlich der Ortsmitte von St. Wolfgang. April–Sept.

tägl. 9.30–11.55/12.30–17 Uhr nach Bedarf (Knopfdruck!). Ticket 3 €, Kind 1,50 €, Fahrrad 0,50 €. ✆ 0664-1019439.

Schiff: Station der Linienschiffe ist Gschwendt. Mai–Okt. 9–18 Uhr stündl. Abfahrt in alle Richtungen.

10 km Wegersparnis, keine Parkplatzsorgen und die schönste Art der Anreise hat, wer mit Schiff oder Fähre vom Südufer aus nach St. Wolfgang kommt (3,30 €/Pers.).

Aktivitäten **Sommerrodelbahn Strobl-Gschwendt**, an der B 158, 2 Bahnen à 1300 m. Mai–Okt. tägl. 10–18 Uhr. Ticket 6,40 €, Kind 5,30 €. Skg-Card. ✆ 06137-7085.

AbArena Modell & Spiel, in Abersee direkt an der B 158, neues Ziel für Familien und Modellbaufans. Es gibt eine Indoor- und eine Outdoor-Spielewelt (Go-Karts, Trampolin, Bobbahn, Flugsimulator, Hüpfburg, Wasserspielplatz ...), zwei Modelleisenbahnen, Schiffs- und Flugzeugmodelle. Karsamstag bis Okt. Fr 13–18, Sa/So, 9–18 Uhr, Juli/Aug. tägl. 9–18 Uhr. Ticket 8,90 €. ✆ 06227-27180.

Einkaufen **Wolfgangsee Schafprodukte**, der Stoffenbauer (Fam. Eisl) in Abersee erzeugt auf seiner Hofkäserei (145 Schafe) vielfach prämierte Schafmilch- und -frischkäseprodukte. Farchen 24, ✆ 06227-3234, www.schafkaese.at.

Schnapsbrennerei Primushäusl Rieger, europaweit prämierte Edelbrände aus Birne, Vogelbeere und Holunder. Ab-Hof-Verkauf. Gschwendt 40. ✆ 06137-7047, www.primushaeusl.at.

Fahrrad Der Radweg von St. Gilgen bis Strobl (12 km) folgt der früheren Trasse der Ischlerbahn, bis Abersee entlang der B 158, dann durch ufernahe Wiesen.

Übernachten/Essen *** **Seegasthof Gamsjaga**, 5 km östlich von St. Gilgen am Seeufer, direkt an der B 158. Freundliches traditionelles Wirtshaus mit gemütlicher Kachelofenstube und Seeterrasse. Gutbürgerliche Küche, Freitag ist Fischtag. Eigener Badeplatz. Tägl. 10–21 Uhr, Mi Ruhetag (außer Juli/Aug.). 4 etwas altmodische Zimmer, ein uriges Zimmer im Almhüttenstil. DZ 64–74 €, DZ (Almhütte) 74–86 €. Gamsjaga 2, ✆ 06227-3222, ℻ 32228, www.gamsjaga.at.

››› Unser Tipp: *** **Wiesenhof**, Gasthof mit überaus freundlichem Service an der B 158 (beim Baum mit Töpfen!). Gemütliche Stuben, gute Regionalküche (durchgehend) zu vernünftigen Preisen. Garten, Spielplatz, Rad- und E-Bike-Verleih. Di Ruhetag (außer Juli/Aug.). 15 modern-rustikale Zimmer und 2 Appartements. WLAN gratis. DZ 74–96 €, Fewo (4 Pers.) 95–125 €. Gschwendt 191, 5342 Abersee, ✆ 06137-7060, ℻ 70604, www.wiesenhof-abersee.com. ‹‹‹

Weidinger Stub'n, gemütliches Blockhaus mit Garten unweit der Schiffsstation Gschwendt, gute bodenständige Küche (durchgehend) von Kasnock'n bis Saiblingfilet, à la carte 10–20 €. Tägl. 11.30–21 Uhr, Mo/Di Ruhetag (außer HS). Gschwendt 232, ✆ 06137-7111.

Gästehaus Kloibergütl, freundliche Pension in ruhiger Gartenlage in Abersee, 150 m vom Seeufer. Die 5 Zimmer sind nicht mehr ganz taufrisch, aber sehr sauber, Rezeption und Sauna sind neu. Leihräder und WLAN gratis, eigener Badestrand. DZ 80 €. Reith 21, ✆/℻ 06227-3291, www.kloiberguetl.at.

Camping Insgesamt 10 Plätze, der größte ist: **Camping Lindenstrand**, 200 Stellplätze direkt am Seeufer 4 km südlich von St. Gilgen. Moderne Sanitäranlagen, kleiner Shop, Leihräder, WLAN (gebührenpflichtig). April–Okt. geöffnet. 2 Pers., Auto, Zelt 22 €. Schwand, ✆ 06227-3205, ℻ 320524, www.camping-salzkammergut.at.

Sehenswertes/Ausflüge

Dorf der Tiere: beliebter Streichelzoo unweit der B 158. Hasen, Ponys, Lamas, Esel, Mini- und Wollschweine, Ziegen u. a. tummeln sich neben dem Hof des Adambauen. Dazu gibt es einen Abenteuerspielplatz mit Tret-Gokarts, riesiger Holzwippe, Mega-Sandkiste, Schaukel und Trampolin.

Mitte/Ende März bis Ende Okt. tägl. 9.30–19.30 Uhr. Eintritt 3 € (ab 3 J.). ✆ 06227-3948, www.dorfdertiere.at.

Arboretum Wolfgangsee: Der fußballfeldgroße „Baumschaugarten“ in Waldrandlage in Abersee (Wegweiser an der B 158) erläutert mit Schautafeln die österreichischen Vegetationszonen von den Eichen-Mischwäldern der Niederungen bis zu den subalpinen Bergwäldern. Die erst 2003 angepflanzten Bäume und Sträucher sind noch etwas mickrig. Der bestehende Auwald am nahen Zinkenbach wurde integriert, ein ansprechender Hochsteg führt durch seine Baumwipfel.

Mai bis Mitte Okt. frei zugänglich.

Niedergadenalm-Bergstraße und Bleckwand (1514 m): Eine 7 km lange, asphaltierte Mautstraße führt von Gschwendt (beim Informationskiosk an der B 158) auf die 1180 m hoch gelegene Niedergadenalm. Von der Mautstelle (Mai bis Nov. in Betrieb; Münzeinwurf 5 €/Pkw) beim malerischen Gehöft *Vitz am Berg* hat man schon einen schönen Wolfgangseeblick (→ S. 120), der einige Kehren weiter noch besser wird. *Schwarzeneckhütte* und *Illighütte* entlang der Straße laden ab Mai bis Sept. zur Brotzeit mit Hausmannskost. Vom Endpunkt der Straße auf dem Niedergadensattel mit der urigen Wetzlerhütte (privat) geht der Blick nach Süden ins Postalmgebiet und zum Dreieck des Rinnkogels (1823 m).

Vom Parkplatz unterhalb der Illighütte (ca. 1200 m) lohnt sich die kurze, viel begangene Wanderung über die Bleckwandhütte zur aussichtsreichen Bleckwand. Auf markiertem Pfad (Weg Nr. 32) gelangt man zunächst durch steilen Wald in rund 30 Min. zur schön gelegenen *Bleckwandhütte* (1329 m, Mai bis Ende Okt. bewirtschaftet). Dann steigt man weitere 40 Min. auf Weg Nr. 876 über den Bergrücken durch Wald und Wiesen mit schönem Ausblick und vorbei an einem Felsenfenster („Ofenloch") zum breiten Gipfel der **Bleckwand** (1541 m) – das Kreuz steht nicht am höchsten Punkt! Vorsicht Steilabstürze! Eine Variante für den Rückweg ist, hinter dem Kreuz den Kamm entlang bis zu einer Senke zu gehen und dann rechts den markierten, steilen Weg (Nr. 31) zur Wetzlerhütte am Niedergadensattel abzusteigen. Von dort rechts und auf der Straße rund 600 m zurück zum Ausgangspunkt (Gesamtgehzeit 2½ Std.).

Strobl

3600 Einwohner, 542 m

Wie zufällig hingestreut liegt der Ort am Ostufer des Wolfgangsees. Ein dörflicher Kern, Sommerfrischevillen, gepflegte Uferwege, viel Grün, zwei schöne Strandbäder und die romantischsten Sonnenuntergänge am See – kurzum ein Platz zum Wohlfühlen.

Viele Sehenswürdigkeiten gibt es nicht im Strobler Ortskern, doch der **Dorfplatz**, der in Treppen zum Seeufer hin abfällt und die anschließende, kleine **Seepromenade** mit dem grün-weißen Aussichtspavillon haben ihren Reiz. Gerne lässt man sich auf den Bänken nieder, genießt den Blick nach St. Wolfgang, die Versuche der Wasserschifahrer und die längste Sonne am See – so wie es auch das bronzene „Platonische Liebespaar" zu tun scheint, nur die „Zwei Kraniche" stochern unbeeindruckt im Goldfischbecken herum. Beide Skulpturen schuf die Stroblerin *Eva Maria Mazzucco*, wie auch den „Hanns Strobl" am Dorfplatz vor der Kirche. Von ihm, einem reichen Handelsmann im 16. Jh. mit strubbeligem Haar, leitet sich der Ortsname ab. Die schlichte, vom Friedhof umgebene **Kirche St. Sigismund**, deren Zwiebelhaubenturm teils mit Wetterschindeln beschlagen ist, wurde 1761 geweiht und ist im pastellfarbenen Inneren spätbarock ausgestattet. Im Ort finden sich einige Sommerfrischevillen aus der Zeit der Jahrhundertwende, darunter die großbürgerliche **Deutsch-Villa** (1906/23), die – vorbildlich saniert – für Sommerausstellungen zeitgenössischer Kunst genutzt wird (www.deutschvilla.at; beschildert ab Bahnstraße).

Basis-Infos

Information **Tourismusverband Strobl**, modernes, großzügiges Büro mitten im Dorf, Mai/Juni und Sept. Mo–Fr 9–17, Sa 10–14 Uhr, Juli/Aug. Mo–Fr 9–19, Sa 9–18, So 10–17 Uhr, Okt.–April, Mo–Fr 9–17. 5350 Strobl, Moosgasse 275, ✆ 06137-7855, www.tiscover.at/strobl.

Hin & weg **Bus**: 1x stündl. nach St. Gilgen, Salzburg, Bad Ischl (Linie 150) und St. Wolfgang (Linie 546), So nur alle 2 Std. www.sw-info.at.

Schiff: Mai bis Ende Okt. 9–17 Uhr 5–10x tägl. via St. Wolfgang nach St. Gilgen. Ticket: Strobl–St. Gilgen 9 €.

Parken Im Ortskern 90-Min.-Kurzparkzone 7–19 Uhr (Parkscheibe).

Baden/Wassersport Zwei gepflegte Strandbäder mit großen Liegewiesen, Spielplätzen, Buffets, Eintritt 3 €, Kinder frei: **Felmayerbad**, 600 m westlich des Dorfplatzes, sowie das **Waßbad**, 3 km Richtung St. Gilgen, direkt gegenüber von St. Wolfgang, über die B 158 (Wegweiser Gemeindebad) oder den Radweg erreichbar. Surfen, Bootsverleih.

Wasserschischulen an der Seepromenade im Ort, Kurse, Wakeboard, Tube, Banane: **Sport Girbl** (✆ 0664-2217985) und **„Joe" Grabner** (✆ 0664-3362889).

Bootsverleih **An der Seepromenade**, Ruder-, Tret- und E-Boote.

Einkaufen **Wochenmarkt**, Brot, Geflügel, Fleisch, gegenüber ADEG-Markt, Fr 8–11 Uhr.

Bäckerei Necker, neben ADEG-Supermarkt; Bäckermeister Necker verwendet für seine köstlichen Brote, Semmeln und Stangerl nur selbst gemahlenes Mehl aus Bio-Rohstoffen der Region. Mo–Fr 6–18, Sa 6–13 Uhr, Juli/Aug. auch So 6.30–10 Uhr. Bahnstr. 93. ■

Fahrrad Verleih bei **Sport Girbl**, Bahnstr. 300, ✆ 06137-7484, und bei **Huber & Schiendorfer**, Salzburger Str. 49, ✆ 06137-7245; jeweils City-Bikes, MTBs (ca. 15 €/Tag) und E-Bikes (20 €/Tag).

Veranstaltungen **Glöcklerlauf**, 5. Jan., Brauchtum. **Seefest in Strobl**, Anf. Aug., Riesenspektakel mit Feuerwerk, www.seefest.org. **Wolfgangseer Advent**, Do–So im Advent, 26.–31.Dez., Krippendorf, 30 Adventstände, Wildgehege.

Übernachten/Essen & Trinken

Hotels/Restaurants Das Ferienheim Kaplan-Haus an der Seepromenade soll bis 2014 durch ein *Travel-Charme*-5-Sterne-Hotel mit 240 Betten ersetzt werden.

****S **Brandauer's Villen am See**, wunderschöne Anlage in einem Park in Ortsmitte und direkt am See. Die 32 exklusiven Zimmer verteilen sich auf zwei neue Villen – eine im traditionellen Stil, eine modern. Eigener Badestrand, Leihräder, Saunalandschaft. Restaurant mit Kachelofenstube, Hauptgericht ab 15 €. DZ 130–220 €, mit Balkon und Seeblick 40 € mehr. Moosgasse 73, ✆ 06137-72050, 📠 720540, www.brandauers.info.

**** **Stroblerhof**, Wellness- und Golfhotel in einem historischen Bürgerhaus von 1774 im Ortszentrum. Gehobenes Restaurant mit verlässlicher Küche, serviert in rustikal-eleganten Räumen (Mo Ruhetag), Menü 15–35 €, à la carte 10–25 €. 25 Zimmer, modernes Badehaus im Garten (Sauna, Dampfbad, Außenpool), eigener Badesteg. Mai–Feb. geöffnet. DZ 116–138 €. Ischler Str. 16, ✆ 06137-7308, 📠 522860, www.stroblerhof.at.

»› **Unser Tipp:** *** **Gasthof-Hotel Kirchenwirt**, beliebtes Traditionswirtshaus am Dorfplatz unweit vom See, gemütliche Stuben, Café-Bar und Gastgarten. Große Auswahl an regionaler Küche, Jausenkarte. 3-Gänge-Menü ca. 12 €, à la carte 7,50–15 €. Mi Ruhetag. 21 neu ausgestattete Zimmer im Landhausstil. DZ 70–90 €, mit Seeblick bis 104 €. Bürglstr. 18, ✆ 06137-7207, 📠 72077, www.kirchenwirt.eu. ‹«

Seegasthof Café Lilly, Fischrestaurant an der Seepromenade, punktet mit großen Panoramafenstern und überdachter Terrasse. 3-Gänge-Menü um 12 €, à la carte 10–19 €. Di Ruhetag. Bürglstr. 116, ✆ 06137-7315.

Jausenstation Mostbauer, originelle Wirtschaft in einem stattlichen Bauernhof über dem See (nördl. von Strobl, Abzweigung

Abendsonne an der Bürglsteinpromenade in Strobl

von der Straße nach St. Wolfgang), großer Gastgarten, Spielplatz. Jausengerichte, hausgemachte Mostbratwürstel, Most, Fassbier und Schnaps. Tägl. außer Mo ab 13, Do ab 9 Uhr. Schwarzenbach 1, ✆ 0664-6422976, www.mostbauer.net.

Privatquartiere **Pension Pöckl**, am nördlichen Ortsrand, unweit der Seeklause, drei hell möblierte Zimmer, Sauna. DZ 60 €. Achenstr. 301, ✆/℻ 06137-7475, www.hauspoecklonline.at.tf.

Landhaus Laimer, an der westlichen Ortszufahrt (die nahe B 158 ist etwas laut), neu und geschmackvoll ausgestattete Ferienwohnungen für 1–3 Pers. mit kleiner Küchenzeile und Balkon. WLAN gratis. Fewo (2 Pers.) 50–65 €, Endreinigung extra. Salzburger Str. 333, ✆/℻ 0664-9911582, www.tiscover.at/landhaus-laimer.at.

Es gibt noch Dutzende Privatquartiere mit 3 bis 4 Betten sowie Ferienwohnungen → www.tiscover.at/strobl.

Camping **Berau**, topp ausgestatteter Ganzjahresplatz (Sauna, Shop, Bootsverleih, Restaurant, WLAN) mit 140 Stellplätzen, 2 km nördlich Richtung St. Wolfgang in einer Privatbucht mit flachem Strand. 2 Pers., Auto, Zelt ca. 30 €. Schwarzenbach 16, ✆ 06138-2543, ℻ 25435, www.berau.at.

Nachtleben **Dorfstadl**, Rustikaldisco, im Sommer Do–Sa ab 21 Uhr, **Billie's Bar**, tägl. außer Mo ab 18 Uhr, beide im Hotel Strobler Hof (s. o.).

Sehenswertes/Ausflüge

Bürglsteinpromenade: Der markante bewaldete Buckel, der die Strobler Bucht gegen Norden abschließt ist der 745 m hohe Bürglstein, den es sich zu umrunden lohnt (Panoramarundweg Nr. 13, ca. 1 Std.). Ausgangspunkt des Spazierwegs ist die *Seeklause* in der nördlichen Fortsetzung der Seepromenade, wo die *Ischler Ache* aus dem Wolfgangsee abfließt und der Seespiegel reguliert wird. Der schönste Teil des Rundwegs ist jener unter den seeseitigen Felswänden, wo es auf Holzstegen über dem einmalig türkisblauen Wasser des Wolfgangsees geht.

Aussichtsturm Blinklingmoos: 1 km westlich von Strobl erstreckt sich in einer verlandeten Bucht des Wolfgangsees das 100 ha große Naturjuwel Blinklingmoos, eines der größten Hochmoore Österreichs. Wegen seiner seltenen Pflanzen (Sonnentau,

Wassersport in Strobl

Türkenbund, Wanzen-Orchis, Rohrkolben) und Vögel (Braunkehlchen, Karmingimpel) ist es streng geschützt. Den besten Überblick gewinnt man von dem 10 m hohen, hölzernen Aussichtsturm.

Wanderweg: Vom Strobler Felmayerbad (Parkplatz) am Wanderweg Nr. 10 Richtung Abersee bis zum querenden Moosbach, vor diesem links zum Bahndammweg (Radweg) und auf diesem schnurgerade, am Turm vorbei, zurück (Dauer 1 Std.).

Aberseer Heimatmuseum Lipphaus: 2 km westlich von Strobl steht unweit der B 158 ein 500 Jahre alter, original erhaltener Bauernhof, der nach dem Vornamen des früheren Besitzers Philippus Eisl auch „Lipphaus" genannt wird. In den historischen Stuben werden bäuerliche Arbeitsgeräte, Stücke zur Ortsgeschichte und zur Adventszeit Krippen ausgestellt.

Juni bis Sept. Fr/Sa 14–17, So 10–12 Uhr. Eintritt 2 €, Kinder frei.

Wildpark Kleefeld: 2 km oberhalb von Weißenbach bei Strobl liegt der modern ausgebaute *Hotel-Gasthof Kleefeld* (April–Okt tägl. außer Mi, ✆ 06137-7383, www.kleefeld.at), der von einem riesigen Wildgehege mit 250 Stück Rot- und Damwild sowie Steinböcken und Wollschweinen umgeben ist. Es gibt auch einen Streichelzoo mit Zwergziegen, Schafen, Hasen, Enten und Gänsen. Der Eintritt ist frei, alle Tiere dürfen gefüttert werden (Futter 1 €). Wildgerichte sind übrigens eine Spezialität des Gasthofs, das sollte man seinen Kindern vielleicht nicht erzählen.

Am Schwarzensee: Der idyllische, blauschwarze See liegt in schöner Landschaft nördlich von Strobl, in einer bewaldeten Senke (716 m) zwischen Wolfgangsee und Attersee, Schafberg und Breitenberg. Von Strobl wandert man etwa 1½ Std. hierher, am besten entlang des Wirersteigs durch die Schwarzenbach-Schlucht. Von Rußbach, 4,5 km nordöstlich von Strobl, führt eine 3 km lange Straße zum Schwarzensee (gebührenpflichtiger Parkplatz). Was man dort macht? Den 2 km langen und bis zu 400 m breiten See umrunden – zu Fuß, im Kinderwagen oder per Rad, angeln (Tageskarten für 14 € im Wirtshaus „Zur Lore"), sich erfrischen (bis 20 °C) und einkehren.

Alpengasthof Zur Lore, am Schwarzensee-Südufer, freundlicher Service, großer Garten, Fische aus dem See, Hausmannskost, Frühstück, Kuchen. April bis Ende Okt. tägl. 7–22 Uhr. ✆ 0664-8762515, www.schwarzensee.at.

Auf der Postalm

Nach der Seiseralm in Südtirol mit 57 km^2 ist die Postalm mit 42 km^2 die größte Hochalm Europas. Ihre sattgrünen Blumen- und Kräuterwiesen erstrecken sich auf rund 1300 m südlich oberhalb von Strobl und sind auf einer kurvenreichen Mautstraße zu erreichen. Die Postalm bietet Spazierwege von Hütte zu Hütte – Aug in Aug mit Pferd und Kuh–, Wanderungen zu Aussichtsgipfeln und Touren mit dem Mountainbike, am besten im Frühsommer zur Almrauschblüte oder im Herbst bei golden verfärbten Lärchen. Im Winter kommen Langläufer, Tourengeher, Schneeschuhwanderer und Schifahrer auf ihre Kosten.

Ursprünglich breitete sich auf der heutigen Almfläche ein riesiges Waldgebiet aus. Vor 300 Jahren wurde es abgeholzt, nachdem die Wälder in den Tälern rar geworden waren, weil die Salinen Unmengen an Holz für das Heizen der Sudpfannen und das Abstützen der Bergwerkstollen benötigten. Die entstandenen Weideflächen nutzten Bergbauern aus dem Salzburgischen für ihr Vieh, wiederaufgeforstet wurde nie. Die „Post" kam vor die „Alm", weil ab 1840 die Kutschenpferde der Poststelle Bad Ischl zur Sommerweide hier herauf getrieben wurden. Der ab den 1950er-Jahren einsetzende Rückgang der Almwirtschaft konnte mit dem Bau der Mautstraßen von Strobl 1970 und von Abtenau 1987 aufgehalten werden. Heute weiden von Anfang Juni bis Ende September mehr als 2000 Kälber, Milchkühe, Schafe, Noriker- und Haflingerpferde auf der Alm.

Zahlreiche urige Almhütten und Berggasthäuser laden zur Einkehr, einfache, beschilderte **Rundwege** (s. u.) erschließen den weiten Almboden. Eine **Wanderkarte** ist bei der Mautstelle bzw. in den Berggasthäusern erhältlich. Wer Gipfelerlebnisse sucht, kann die an den Rändern der Hochfläche gelegenen Erhebungen *Wieslerhorn* (1603 m; → Wanderung 3, S. 275), *Pitschenberg* (1720 m) *Labenberg* (1642 m) und *Braunedelkogel* (1894 m) besteigen. Nicht versäumen sollte man die romantische **Postalmkapelle** unweit des oberen Parkplatzes (P 3). Von ihr hat man einen schönen Ausblick auf die schroffen Felsen des Rinnkogels (1823 m).

Hin & weg 12 km **Mautstraße** ab Strobl, tägl. 7–21 Uhr. 5 €/Pers., Kind 2 €. Skg-Card. www.postalm.at.

Postbus (ab Strobl Busbhf., Linie 359): Mitte Mai bis 26. Okt. tägl. 9.45, 15.28 Uhr, Di/Do auch 11.45 Uhr. Rückfahrt ab Postalm tägl. 15.56 Uhr. Di/Do auch 10.45 Uhr. **Schibus**: ab Strobl, Dez. bis Ende März tägl. 9.30 und 12.45 Uhr. www.oevv.at.

Auf der Postalm

Parken Von Strobl kommend, trifft man zunächst auf die Abzweigungen rechts zum Parkplatz 4 (**P 4**) sowie zum Parkplatz 3 (**P 3**), für die Parkplätze 1 und 2 (**P 1, P 2**) fährt man 1 km geradeaus weiter Richtung Abtenau.

Einkaufen **Almkäserei Schnitzhofalm**, 400-jährige Almhütte unweit des P 2, Käse, Milch, Brot, Speck und Schnäpse aus eigener Erzeugung, Schaukäserei Di 12 Uhr.

Mountainbike Verleih beim Aktiv Center (beim Parkplatz 2), R 1 ist auch eine Bike-Route.

Rundwege **R 1 (Moosbergalm)**: ab P 1, 3 Std. auf schattigen Forststraßen zu den südlichen Almflächen unterhalb des Braunedelkogels, Abstecher zur Retteneggḧütte.

R 2 (Laben- und Pitschenbergalm): ab P 1 oder P 3, 3 Std., auf die westlichen Almflächen unterhalb des Pitschenbergs, Abstecher zu Pitschenberg- und Labenberghütte. Dachsteinblick. Von den Hütten Aufstieg zu Pitschenberg bzw. Labenberg (je 1 Std.).

R 3 (Wiesler- und Thoralm): 1½ Std., ab P 3 zu den nördlichen Almen, vorbei an den Hütten der Wiesler- und Thoralm und der Postalmkapelle.

R 4 (Lienbachalm): ab P 1 oder P 3, 1½ Std., über die mittlere Alm (Almkäserei).

Almblumenweg: kleine Runde um einen Waldrücken. Kostenlose botanische Führung Juli/Aug. Di 11 Uhr, Treffpunkt am P 1.

Wintersport 20 km Schiabfahrtspisten, 7 Lifte, 30 km Loipen. Kinder-Funparks. Tageskarte 28 €. Schiverleih, ✆ 06137-6095, www.postalm.at.

Übernachten/Essen Die **Almhütten** sind zur Weidesaison geöffnet und bieten Milch, Käse, Brote, oft auch warme Kost (z. B. Kaiserschmarrn) an. Die **Gasthäuser** sind ganzjährig geöffnet, einige vermieten einfache Zimmer. Informationen dazu in der Touristinformation Strobl.

Wanderung 3: Von der Postalm auf das Wieslerhorn S. 275
Schnell erklommener Aussichtsgipfel am Rand von Almweiden

St. Wolfgang

2800 Einwohner, 540 m

Die Wallfahrt und das „Weiße Rößl" machten den Seeort am sonnigen Nordufer berühmt. Seine malerischen Gässchen, der meisterhafte Flügelaltar, alte Giebelhäuser, der Pilgerweg am Falkenstein und die einzigartige Lage am Fuß des Schafbergs mit der Zahnradbahn bis zu seinem Gipfel ziehen Touristen in Scharen an.

Der zu Oberösterreich gehörende Ort verdankt seinen Namen dem *Hl. Wolfgang*, Missionar und Bischof von Regensburg. Dieser soll sich 976 wegen eines Streits mit dem Baiernherzog vorübergehend in das zum Bistum gehörende Kloster Mondsee und von dort in die einsamen Wälder am damaligen Abersee zurückgezogen haben. Hier lebte er als Einsiedler und gründete eine Kirche, die nach seiner Heiligsprechung 1052 bald Ziel von Wallfahrern wurde. Bis ins 15. Jh. entwickelte sich St. Wolfgang zu einem der größten Pilgerorte Europas – nach Rom, Aachen und Einsiedeln. Im 18. Jh. ging aufgrund der aufgeklärten Reformen Josephs II. die Wallfahrt stark zurück und St. Wolfgang verarmte. Erst als Kaiser Franz Joseph um 1850 das nahe Bad Ischl zu seinem Sommersitz wählte, kamen die Gäste zurück, diesmal als Sommerfrischler. Ausflugsschiffe und die Zahnradbahn auf den Schafberg gingen in Betrieb. Den größten Werbeeffekt hatte allerdings die 1930 in Berlin uraufgeführte Operette „Das Weiße Rößl". Die damit gemeinte Gastwirtschaft gleichen Namens ist heute zu einem großen Romantikhotel mit geheiztem Bad und Whirlpool – beides im See – angewachsen. Der Ort selbst ist im Hochsommer und im Advent tagsüber ziemlich überlaufen, Souvenir-Ramsch grüßt aus vielen Ecken.

In St. Wolfgang ideal: Sightseeing mit Tretboot

Basis-Infos

(→ Karte S. 136/137)

Information **Kurdirektion**, wenig fußgängerfreundlich an der Ortsumfahrung kurz vor der Tunneleinfahrt gelegen. Mai/Juni und Sept. Mo–Fr 9–18, Sa 10–16 Uhr, Juli/Aug. Mo–Fr 9–19, Sa 9–18, So 10–178 Uhr. Okt.–Mai Mo–Fr 9–17, Sa 9–12 Uhr. ✆ 06138-8003.

Information Zentrum/Markt (im Michael-Pacher-Haus), nur Juni–Sept. Mo–Fr 9–12/14–17 Uhr. 5360 St. Wolfgang, ✆ 06138-8003, www.wolfgangsee.at.

Hin & weg **Bus**: ab Schafbergbahnhof 1x stündl. nach Strobl **(Linie 546)**, dort umsteigen in **Linie 150** Richtung Bad Ischl bzw. Salzburg, So nur alle 2 Std. www.ooevv.at, www.sw-info.at.

Schiff: legt an in St. Wolfgang/Markt und beim Schafbergbahnhof, Mai bis Ende Okt. 9–17 Uhr 5–10x tägl. in alle Richtungen, März/April Sa/So 3x tägl. nach St. Gilgen. Ticket: St. Wolfgang–St. Gilgen 6,80 €, Kind 3,40 €, Rad 3,20 €.

Überfuhr Greinz → „Abersee", S. 127.

Baden/Wassersport Ein großes Strandbad gibt es nicht. Badeplatz **Bacherlwiese**, 2 km östlich von St. Wolfgang, beim Camping Appesbach, große Liegewiese, schöner Ausblick. Eintritt 2 €, Kind 1 €. Pkw 3 €.

Strandbad Ried, 800 m westlich der Schafbergbahn, kleine, ruhige Anlage, Bootsverleih, Sprungturm, Strandcafé. Eintritt 4 €, Kind 2 €. 9–19 Uhr. ✆ 06138-2587.

Wasserschischule Stadler, an der Seepromenade, Anfänger- und Fortgeschrittenen-Kurse, ✆ 0664-4017536, www.schi-total.com.

Sportcamp Raudaschl, Wassersportzentrum von Walter Raudaschl (Surfvizeweltmeister, Bruder des segelnden Rekordolympioniken und Segelmachers Hubert Raudaschl), Kurse in Segeln, Cat-Segeln, Surfen, Wasserschi etc. Ried 25, ✆ 06138-2916, www.sportraudaschl.at.

Bootsverleih An der Seepromenade und am Uferplatz, Elektro- und Tretboote. Auch Rundfahrten mit Erklärung im Angebot (6 €/Pers.)

Fischen Tages-/ Wochenkarten (14/60 €) u. a. bei der Fischerei Höplinger unweit des Uferplatzes, ✆ 0664-5034734.

Fahrrad Verleih bei **RB Pro Travel** bei der Schiffsstation, Mai bis Mitte Okt. tägl. 9–18 Uhr. City- u. Trekkingbikes (14 €/Tag),

MTBs (17 €) und E-Bikes (20 €). Skg-Card. ✆ 06138-2525, www.protravel.at.

Einkaufen **Benediktiner Seifenmanufaktur** **9**, altes, wieder belebtes, regionales Handwerk, beliebt sind v. a. die Seifenrosen. Tägl. geöffnet, Pilgerstr. 9.

Trachten Hödlmoser **10**, Traditionsgeschäft gegenüber der Kirche mit allen renommierten Marken, tägl. geöffnet. www.trachten-hoedlmoser.com.

Tucek – das Salzkontor **18**, handverarbeitete regionale Natur- und Himalayasalzprodukte zum Würzen, Baden, für die Sauna, Salzlampen; tägl. geöffnet, Markt 72.

Lebkuchen gibt es in der **Lebzelterei Wallner** **11** und der **Konditorei Gandl** **16**; Kaffee und originelles Kunsthandwerk in der **Kaffeewerkstatt** **5**, → „Cafés". Ansonsten viel (alpenländischer) Souvenirkitsch.

Heißluftballon **Ballon & Airship Company**, Fahrt über die Seen 380 €/Pers., Skg-Card. Büro an der Straße zwischen Strobl und St. Wolfgang, Mo–Do 10–12 Uhr, ✆ 06138-3027, www.freiheit.at.

Kinder **Strowogi**, Kinderprogramm im Juli/Aug. Mo–Fr, z. B. Reiten, Schifffahrt, Feuerwehr. Unkostenbeiträge 5–15 €. Anmeldung in den Touristinformationen.

Parken Die Ortsmitte ist Fußgängerzone, vier gebührenpflichtige **Parkplätze** an der Ortseinfahrt, zwei beim Schafbergbahnhof (Mindestgebühr 3–4 €) und eine Parkgarage an der westlichen Tunnelausfahrt (30 Min. frei, 9–18 Uhr 0,80 €/½ Std., Tageskarte 8 €). Wer mit dem Bus anreist, hat keine Parkplatzsorgen, wer per Schiff kommt, hat zudem den schönsten Blick auf St. Wolfgang.

Veranstaltungen **Glöcklerlauf**, 5. Jan., Brauchtum. **Shake-the-Lake-Festival**, Ende Mai, int. Boogie'n'Blues Festival (seit 1995), www.shakethelake.at. **Schafberglauf**, So im Mai „Mensch gegen Dampflok". **Sommer Nächte**, Juli/Aug. Mo 19–23 Uhr, Ufer-, Markt- und Postplatz werden Bühne. **Scalaria Air Challenge**, Juli, exklusives Event mit spektakulärer Flugshow, u. a. mit Wasserflugzeugen, www.airchallenge.com.

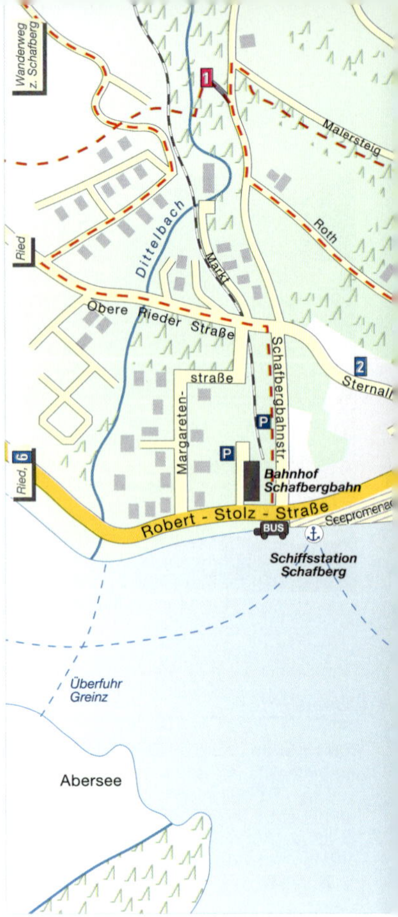

Operettenabende, Juni–Aug. Fr 20.30 Uhr, Michael-Pacher-Haus. **Wolfgangsee Challenge**, Sept., härtester Cross-Triathlon Österreichs, www.wolfgangseechallenge.info. **Lauf um den See**, 3. So im Okt., 27 km, Rekord bei 86 Min., www.wolfgangseelauf.at. **Wolfgangseer Advent**, Do–So im Advent, 26.–31. Dez., mit Riesenlaterne im See, Markt, Ausstellungen, www.wolfgangseer-advent.at.

Übernachten/Essen & Trinken

Hotels/Pensionen **** **Im Weißen Rößl** **19**, weltberühmtes Romantikhotel mit 55 (teils abgewohnten) Zimmern, 28 Suiten und 12 Appartements, verteilt auf 9 historische Häuser. Spa im See mit geheiztem Seebad (30° C) und schwimmendem Whirlpool, leider wenig Liegefläche. Gourmetrestaurant, Leihräder, WLAN gratis, Parkplatz

11–13 €/Tag. Viel Wirbel im Haus. DZ 150–300 €, Suite bis 400 €, viele Pauschalangebote. Markt 74, ✆ 06138-23060, 📠 23069941, www.weissesroessl.at.

**** **Seeböckenhotel „Zum Weißen Hirschen"** **20**, Familienbetrieb direkt am Seeufer in einem Bürgerhaus von 1476 gegenüber dem Weißen Rößl. 23 in warmen Farben gestaltete Zimmer, teils mit Balkon. Whirlpool, Sauna, Sonnenterrasse, eigener kleiner Badestrand, WLAN gratis. DZ inkl. öff. Parkgarage 128–200 €. Markt 73, ✆ 06138-2238, 📠 223888, www.weisserhirsch.at.

*** **Zimmerbräu** **14**, freundliches, geschmackvoll im rustikalen Stil renoviertes Haus in bester Lage mitten am Marktplatz, 23 Zimmer, großteils mit Balkon; gutes Frühstücksbüffet. WLAN gratis, Parkplatz 7 €, eigener Badeplatz am See. DZ 90–150 €. Markt 89, ✆ 06138-2204, 📠 220445, www.zimmerbraeu.com.

*** **Anzengruber** **12**, kleines Hotel-Garni in zentraler Lage mit 6 stilvollen, ruhigen Zimmern – alle mit Seeblick und Balkon. Privater Badeplatz am See. DZ inkl. Parkplatz 90–110 €. Michael-Pacher-Str. 115, ✆ 06138-2370, 📠 237033, www.hotel-anzengruber.at.

››› Unser Tipp: *** **Pension Seehof** **21**, was will man mehr: mitten im Ort, direkt am See neben dem Schiffsanleger, eigener Badestrand, Parkplatz beim Haus. 6 nette Zimmer, Frühstück auf der Terrasse. DZ 80–90 €. Markt 68, ✆ 06138-2308, 📠 230833, www.pension-seehof.com. ‹‹‹

*** **Pension Wolfgangsee** **2**, 9 nett modernisierte Zimmer in guter Lage unweit

Berühmt: Das Weiße Rößl in St. Wolfgang

des Schafbergbahnhofs, freundlicher Service, tolles Frühstücksbüffet, eigener Badestrand, eigener Parkplatz. DZ 80–90 €. Sternallee, Markt 166, ✆ 06138-20310, 📠 20311, www.pension-wolfgangsee.at.

Privatquartiere *** **Gästehaus Buchinger** **6**, traditionelles, neu renoviertes Gästehaus 1 km westlich der Ortsmitte direkt am Seeufer mit Badesteg. Freundliches Ambiente. 11 schöne Zimmer, Leihräder, WLAN und Parkplatz gratis. Mai–Dez. geöffnet. DZ 70–82 €, mit Seeblick bis 94 €. Ried 44, ✆ 06138-2331, 📠 233140, www.garni-buchinger.at.

Gästehaus Limbacher **17**, gute Lage 200 m oberhalb der Ortsmitte, 5 neu möblierte Zimmer mit Balkon, eigener Parkplatz. DZ 62 €. Am Deschbühel 57, ✆/📠 06138-2420, www.tiscover.at/limbacher.

Preiswerte Unterkünfte gibt es v. a. in **Ried**, 3 km westlich von St. Wolfgang. Auskünfte dazu in der Information.

Camping **Seecamping Appesbach** **23**, 1,5 km östlich außerhalb, direkt am See. 170 Stellplätze, gut und modern ausgestattet inkl. Restaurant. Ganzjährig geöffnet. 2 Pers., Auto und Zelt 25–30 €. Au 99, ✆ 06138-2206, 📠 220633, www.appesbach.at.

Restaurants/Wirtshäuser **Im Weißen Rößl** **19** → „Hotels", bekanntestes Gasthaus im Salzkammergut. „Seerestaurant" mit Terrasse im Erdgeschoss direkt am Ufer. Eher kleine Auswahl österreichischer Gerichte (12–20 €), der Service bei unserem Besuch unfreundlich und überheblich. Im 1. Stock Gourmetlokal „Kaiserterrasse" (nur abends, Hauptgerichte ab 25 €).

Joseph's **4**, kleine, schicke Restaurant-Bar mit 10 Tischen im Hotel Seevilla, herrliche Seeterrasse. Kreativ verfeinerte Regionalküche, gute Weine, freundlicher Service. Abends gibt es zwei 4- bis 6-Gänge-Menüs (46–65 €), mittags ein 2/3-Gänge-Menü

(11,50/14,50 €). Mo–Do 17.30–22, Fr–So 11.30–22 Uhr. Markt 17, ✆ 06138-20460, www.josephs.at.

»» **Unser Tipp:** **Hupfmühle** 1, empfehlenswertes Fischwirtshaus, romantisch versteckte Lage am Rand der Dittelbachschlucht, fangfrische Forellen und Saiblinge, gebraten oder pochiert, mit Beilagen ca. 15 €, herrliche süße Strudel, idyllischer Gastgarten. Mo/Di Ruhetag. Au 1, ✆ 06138-2579. www.hupfmuehle.at. ««

Gasthof Weißer Bär 13, in Ortsmitte, modern-rustikal renoviert; preiswerte, gutbürgerliche Küche (durchgehend), große Speisenauswahl, auch Vegetarisches und Salate, großer Gastgarten. Markt 88, ✆ 06138 20333, www.weisserbaer.at.

Dorf-Alm 3, Erlebnisgastronomie bietet das 2010 an Stelle einer Hotelruine eröffnete urige Almhüttenrestaurant. Passable, preisgünstige Wirtshauskost von Kässpätzle bis ofenfrischem Schweinsbraten, freundlicher Service. Di Ruhetag. April–Sept. Mo 19 Uhr Volksmusik. Markt 123, ✆ 06138-20145. www.dorf-alm.at.

Fischergartl 22, die Fischerei Höplinger bietet direkt am Seeufer eine kleine Auswahl an warmen Gerichten aus fangfrischen Reinanken und Seesaiblingen. Nur 20 Sitzplätze. Juni Fr–So, Juli/Aug. tägl. 11.30–14/17.30–21 Uhr. Markt 79, ✆ 0664-5034733, www.fischergartl.at.

Cafés **Kaffeewerkstatt** 5, das 2011 im einstigen Postamt eröffnete Café ist ein Tipp von Leserin Elisabeth Götting aus Oldenburg. Modern-alternativ-uriger Charme, nette Terrasse über dem Postplatz, leckere Kaffeespezialitäten, hausgebackener Kuchen, tolle Frühstückskarte, Verkauf von kaltgepressten Bio-Ölen. Tägl. 8–18, Juli/Aug bis 22 Uhr. Markt 140, ✆ 0664-5042011.

Lebzelterei-Konditorei Wallner 11, gegenüber der Kirche; seit 1520 bekannt für das „Wolfganger Pilgerbrot", ein Honig-Lebkuchen. Kaffee, Eisbecher, Mehlspeisen. Tägl. ab 8.30 Uhr. Markt 29.

Konditorei Gandl 16, Traditionsbetrieb seit 1781, Schaubäckerei, bekannt für Lebkuchen und Nusstorte. Mai–Okt. tägl. 7–18, sonst Mo–Sa 7–12/15–18 Uhr. Stöckl 84; weitere Filiale am Postplatz.

Bars/Nachtleben **Bar Peter Grabovski** 15, tägl. 18–4 Uhr, moderne Bier- und Weinbar. Michael-Pacher-Str. 54.

Kap Horn 8, gemütliche Cocktail- und Weinbar, Snacks bis zur Sperrstunde. Tägl. außer Di ab 18 Uhr, Michael-Pacher-Str. 13, www.kap-horn.at.

Disco Shooters 7, Bar-Disco neben dem Kap Horn. Tägl. ab 21 Uhr, Mi Karaoke. www.disco-shooters.at.

Sehenswertes/Ausflüge

Wallfahrtskirche mit Michael-Pacher-Altar: Das außen schlichte Gotteshaus erhebt sich auf einer arkadengesäumten Aussichtsterrasse direkt über dem Seeufer. An dieser Stelle soll einst die vom *Hl. Wolfgang* gegründete Kirche gestanden haben, si-

Marktplatz von St. Wolfgang

cher belegt ist ein erster Bau im 12. Jh. Von ihm hat sich der massive, romanische Turm erhalten, dem man im 18. Jh. die markante Barockhaube aufsetzte. Der Rest der Kirche, ein zweischiffiger, von Netzrippen überwölbter Bau, stammt aus der Spätgotik. Das südliche Schiff ist länger und birgt in seinem Chorraum den berühmten Pacheraltar. Der gesamte Innenraum der Kirche wurde 1625 frühbarock ausgemalt.

Der **Pacheraltar** ist ein einzigartiges Meisterwerk spätgotischer Schnitzkunst. 10 Jahre lang, 1471–81, arbeitete der Südtiroler Meister *Michael Pacher* an dem 11 m hohen und 6,5 m breiten Doppelflügelaltar mit 71 geschnitzten Figuren und 16 Tafelbildern. Auftraggeber war das Kloster Mondsee, zu dem der florierende Wallfahrtsort damals gehörte. Bei geschlossenen Flügeln sieht man die Werktagsseite mit vier Bildern zur Vita des Hl. Wolfgang. Die Sonntagsseite mit offenen Außenflügeln zeigt acht Szenen aus dem Leben Jesu. Nur an höchsten Feiertagen wurde der Altar ganz geöffnet und gab den Blick frei auf das golden gefasste Schnitzwerk mit der Krönung Mariens, flankiert von Wolfgang (links) und Benedikt und umgeben von vier Tafelbildern zum Leben Mariens. Heute ist der Altar grundsätzlich ganz geöffnet, die Sonntagsseite ist nur in der Fastenzeit und die Werktagsseite in der Karwoche zu bewundern. Dann sind auch die beiden Schreinwächter sichtbar, die lebensgroßen Ritterheiligen Georg und Florian, von denen sonst nur die Lanzenspitzen über die Flügel ragen. Stets zu bestaunen sind Gottvater und die Kreuzigungsgruppe im türmchenreichen Gesprenge über dem Altar. Dass der Pacheraltar heute noch hier steht, ist dem Barockbildhauer *Thomas Schwanthaler* zu verdanken. Er fertigte 1675 den von einem Renaissancegitter umzäunten **Doppelaltar** in der Mitte der Kirche. In hochbarockem Gold zeigt er zwischen gedrehten Säulen die Heilige Familie und eine Sitzfigur des Hl. Wolfgang (rechts). Der Altar sollte den damals als unmodern geltenden Pacheraltar ersetzen, was Schwanthaler verhinderte, indem er sein Werk auf die Kirchenmitte zuschnitt. Drei spätbarocke Altäre, die üppig verzierte Kanzel und den Schmerzensmann im Nordschiff der Kirche steuerte *Meinrad Guggenbichler* 1706 bei.

Ziel der Wallfahrer ist die Wolfgangkapelle, die links vom Schwanthaler-Altar über Stufen zu erreichen ist. Sie wurde 1713 als letzter Anbau an die Kirche errichtet und überdachte die früher im Freien befindliche Klause des Hl. Wolfgang und den umzäunten Bußfelsen, dessen Vertiefungen Körperabdrücke des Heiligen sein sollen.

Tägl. 8–19, im Winter 8-16 Uhr, Eintritt frei. Ein kleines Museum im Turm der Kirche zeigt Stücke zur Wallfahrt (Mitte Mai bis Ende Sept. Mo–Fr 14–16 Uhr, Eintritt 1,50 €).

Pilgerbrunnen, Marktplatz, Pilgerstraße: Links um die Kirche herum, trifft man unter Bäumen und einem Renaissanceüberbau auf den spätgotischen *Pilgerbrunnen* (1515), der von einer Wolfgangfigur bekrönt ist. Der schlossähnliche Barockbau nebenan diente im Mittelalter als Pilgerhaus, heute ist er Sitz der Herrschaft St. Wolfgang, zu der Teile des Sees und viel Wald gehören. Steigt man die Treppen zum *Marktplatz* hinab, warten gleich links Pferdekutschen auf Kundschaft. Geradeaus fällt der Blick auf das schöne Bürgerhaus mit den barocken Fassadenfresken. Hier verkauft die Familie Wallner seit 1529 Lebkuchen, die wegen ihrer langen Haltbarkeit bei Pilgern als Wegzehrung beliebt waren. Vom Marktplatz führt die von vielen Geschäften gesäumte *Pilgerstraße* bis zum Postplatz am westlichen Ende der Fußgängerzone. Von dort sind es noch rund 500 m bis zur Schafbergbahn (s. u.).

Kutschenfahrten: 25-Min.-Runde 21 € pro Kutsche (max. 6 Pers.)

Uferplatz und „Weißes Rößl" : Wer in der Fußgängerzone, die von einigen Bürgerhäusern aus dem 16. bis 18. Jh. gesäumt ist, auf welchem Weg auch immer stets bergab läuft, gelangt zum winzigen *Uferplatz am See*, der von Restaurants, Souvenirshops und großen Hotels umgeben ist, darunter auch das berühmte *Weiße Rößl*, das sich heute aus neun (!) Häusern zusammensetzt. Vom See hat man hier wenig, es sei denn, man macht eine (Tret-)Bootfahrt oder kehrt auf einer Seeterrasse ein. Einen Häuserblock weiter östlich legen die Linienschiffe an.

Wolfgangseer Puppenmuseum: Auf dem Weg von der Fußgängerzone zum Schafbergbahnhof trifft man auf die im Hauptgebäude der Dorf-Alm (→ Restaurants) untergebrachte Ausstellung mit über 1000 Puppen einer Privatsammlung, darunter Barbies und bis zu 85 cm große Porzellanpuppen.

Tägl. außer Di 10–22 Uhr. Eintritt 3,80 €, Kind 2,90 €.

Seepromenade: Das Seeufer ist 500 m östlich der Ortsmitte auf einer kurzen, mit Blumenbeeten versehenen Seepromenade zugänglich. Von hier hat man einen schönen Blick auf See, Kirche und gegenüberliegende Bergwelt, wie Sparber und Bleckwand. Denkmäler erinnern an *Ralph Benatzky* und *Robert Stolz*, die musikalischen Väter des „Weißen Rößls" (→ Kasten, S. 142). Der moderne, schlossartige Komplex mit den grünen Türmchen, den man von hier sieht, ist das 1998 eröffnete Eventresort *Scalaria*. Es entstand um ein historisches Schlösschen von 1890 und veranstaltet extravagante Shows für internationale Firmen. Die insgesamt wenig attraktive Seepromenade soll nach Plänen des renommierten Architekten *Boris Podrecca* neu gestaltet werden – Datum ist noch keines fixiert.

„Im Salzkammergut da kann man gut lustig sein"

... oder „Was kann der Sigismund dafür", „Im Weißen Rößl am Wolfgangsee" und „Mein Liebeslied muss ein Walzer sein" – die Melodien stammen aus der berühmten Operetten-Revue „Weißes Rößl", die nach ihrer Uraufführung 1930 in Berlin weltweit ein Kassenschlager wurde: 1000 Vorstellungen in Berlin, München und Wien, 650 in London, über 200 in New York, in 17 Sprachen übersetzt, in den 1950ern dreimal verfilmt, unter anderem mit den Publikumslieblingen *Waltraud Haas* und *Peter Alexander*. Für die beschwingten Schlager verantwortlich waren die damals besten Komponisten dieses Genres: *Ralph Benatzky*, *Robert Stolz* und *Bruno Granichstaedten*. Das Libretto basierte auf einem Lustspiel von 1893 mit einer Handlung so simpel wie die Liedtexte: Die fesche Wirtin vom „Weißen Rößl" wird von reichen Gästen umworben, verliebt sich in den hauseigenen Kellner Leopold und heiratet ihn zum Schluss. Wer nun meint, *Oskar Blumenthal*, der Berliner Autor dieser von Goldonis „Mirandolina" inspirierten Komödie hätte dabei das „Weiße Rößl" in St. Wolfgang vor Augen gehabt, irrt: Das originale „Weiße Rößl" stand unweit seiner Sommervilla (→ Kasten S. 154) in Lauffen südlich von Bad Ischl. Um 1890 war es ein beliebtes Ausflugslokal mit hübscher Wirtin, der Blumenthal ein Denkmal setzten wollte. Als es in den Zwanziger Jahren geschlossen wurde und auch das Stück allmählich in Vergessenheit geriet, nutzte die Wirtin des „Weißen Rößls" in St. Wolfgang die Gunst der Stunde und schmückte sich mit fremden Federn. Auch der Berliner Theaterdirektor *Erik Charell*, der in den 1930ern gern am Wolfgangsee weilte, saß dem Irrtum auf und gab die Operetten-Revue über das St. Wolfganger „Rößl" in Auftrag.

Kalvarienberg und Dittelbachschlucht: Wegen des Seeblicks lohnt sich der Aufstieg (15 Min.) zur Kalvarienbergkirche oberhalb des Orts, der beim Marktplatz beginnt (rechts am „Schwarzen Rößl" vorbei). Landschaftlich reizvoll ist es, vom Kalvarienberg (50 m hinter dem Kirchlein) auf dem fast ebenen Waldweg Malersteig weiter westlich zu den Dittelbachfällen zu wandern. Diese rauschen unterhalb der Hupfmühle (→ „Essen & Trinken") in der Schlucht des Dittelbachs, der die Grenze zwischen den österreichischen Bundesländern Oberösterreich und Salzburg markiert. Für den Rückweg geht man zurück zur Fahrstraße oberhalb der Hupfmühle, folgt dieser kurz bergab und wendet sich dann links in den Weg, der direkt in die Ortsmitte führt (ca. 1 Std.).

Ried: Die entlang der Uferhänge verstreute Siedlung westlich von St. Wolfgang gehört eigentlich zu St. Gilgen und somit zum Land Salzburg. Typisch salzburgische Bauerngehöfte, stattlich und blumengeschmückt, sorgen für die ländliche Idylle in Ried. Beliebt ist der Spaziergang von St. Wolfgang (Sternallee) auf der aussichtsreichen *Oberen Rieder Straße* auf halber Hanghöhe entlang des Seeufers Richtung Westen. Nach 2,5 km mündet diese bald nach der Schiffsstation Ried-Falkenstein in die *Untere Rieder Straße*. Diese entlang dem Seeufer oder per Schiff wieder zurück.
Schiffsverkehr: Falkenstein – St. Wolfgang Mai bis Ende Okt. 5–10x tägl., Ticket 3,30 €.

Wallfahrerweg über den Falkenstein (795 m): Der letzte Abschnitt des alten Pilgerwegs nach St. Wolfgang führt über den 795 m hohen Falkenstein, vorbei an der

Einsiedelei des Heiligen und anderen geheimnisvollen Stätten. Sie sind heute mit Tafeln beschriftet und machen den romantischen Weg zwischen St. Wolfgang und der Fürbergbucht bei St. Gilgen (→ S. 125) zu einer beliebten Halbtagestour (Weg Nr. 28, Gehzeit 1½ Std. einfach, feste Schuhe. Rückfahrt per Schiff von Mai bis Ende Okt. möglich):

Von St. Wolfgang wandert man entlang der Oberen Rieder Straße und dann geradeaus weiter 2,5 km (30 Min.) bis Ried. 200 m vor Straßenende zweigt bei der **Dichtlkapelle** rechts der breite Wanderweg ab. Mäßig steil geht es durch den Wald bergauf, vorbei an einem Schalenstein, der als Rastplatz des Heiligen gedeutet wird, bis zu einem Sattel, von dem der *Hl. Wolfgang* einst seine Axt ins Tal warf. Ihr Fundort – immerhin 4 km entfernt – soll ihm den Bauplatz für die Kirche gewiesen haben. Links bietet sich ein Abstecher zum exponierten **Aberseeblick** am Gipfel des Falkensteins an. Wieder zurück, geht es in einem grünen Hochtal weiter zu zwei Kapellen, in denen ein Felsen mit dem angeblichen Abdruck des Heiligen und eine von ihm zum Sprudeln gebrachte **Heilquelle** die Pilger auf Wunder hoffen ließen. Für einen erneuten Blick auf den See gibt es linker Hand den Abstecher zum **Scheffelblick**. Geradeaus erspäht man bereits die idyllische, an eine Felswand gelehnte **Falkensteinkirche**. Sie wurde 1626 über der Felshöhle des Hl. Wolfgang errichtet, in der er als Eremit gelebt haben soll. Sein Felsenbett präsentiert sich heute als ein von vielen Pilgern glatt polierter Durchkriechstein – beim Durchschlüpfen soll man seine Krankheiten abstreifen können. Nach der Kirche geht es in steilen Kehren durch den Wald hinunter zum Gasthof Fürberg und zur Schiffsstation (→ S. 125).

Schafberg (1782 m)

Zum touristischen Pflichtprogramm gehört die 45-minütige Fahrt mit der traditionsreichen Zahnradbahn auf den Schafberg, der sich zwischen Wolfgang-, Mond- und Attersee mächtig aufbäumt und in senkrechten Felsabstürzen gegen Norden abfällt. Von seinem Gipfel hat man eine gewaltige Rundsicht vom Böhmerwald

Die Schafbergbahn

über Dachstein- und Totes Gebirge bis zum Watzmann – fünf große und neun kleine Seen inklusive.

Schon Mitte des 19. Jh. ließen sich Sommergäste von kräftigen Burschen im Tragsessel auf die Schafbergspitze bringen. 1862 wurde ein erstes Hotel am Gipfel erbaut, und 1892 begann die Firma *Stern & Hafferl*, noch heute ein bedeutendes Unternehmen in der Region, mit dem Bau der Zahnradbahn, die bereits ein Jahr später fertig gestellt war: Die 5,85 km lange Strecke überwindet einen Höhenunterschied von 1190 m und ist damit die steilste Zahnradbahn Österreichs. Die Waggons werden von Dampflokomotiven, darunter sechs mit Kohle befeuerte aus den Jahren 1893/94, nach oben geschoben. Warum die Loks in der Talstation seltsam schief aussehen, merkt man unterwegs, wenn man wegen der bis zu 26%igen Neigung als Passagier fast von den bergseitigen Bänken rutscht.

Der kürzeste Fußweg auf den Schafberg (Weg Nr. 23) zweigt in der Sternallee ab und führt auf breitem Weg über Dorneralm und Schafbergalpe (ab hier Weg Nr. 20), meist parallel zur Bahntrasse nach oben (feste Schuhe!). Die Gehzeit beträgt 3½ Std. (der Rekord beim Schafberglauf liegt bei 43 Minuten!).

Zahnradbahn Mai bis Ende Okt. tägl. 9–15 Uhr 1x stündl. Hin- und Rückfahrt. Tickets bis Schafbergspitze (1734 m) 29,80 €, einfach 20,40 €, Familie 73 €, bis Schafbergalpe (1363 m) 23,80 € bzw. 14,40 €, Kind 50 %. Skg-Card. www.schafbergbahn.at.

Übernachten/Essen & Trinken **Berghotel Schafbergspitze**, seit 1862 bestehendes, damals erstes Berghotel Österreichs. Viele Gasträume, umfangreiche Speisekarte. Terrasse, Küche tägl. 11–21 Uhr. 30 nette Zimmer mit Südbalkon. DZ 84 €, inkl. Bahn 140 €. Anfang Mai bis Ende Okt. geöffnet. Ried 23, ✆ 06138-3452, www.schafberg.net.

Schutzhaus Himmelspforte, Gasthaus am Gipfel, Küche Mai–Okt. tägl. 10–17 Uhr, ✆ 0664-4331277.

Gasthaus Schafbergalpe, Küche Mai–Okt. tägl. 10–22 Uhr, ✆ 0664-4354450, www.schafbergalpe.com.

Wanderung 4: Abstieg vom Schafberg über die Vormaueralm → S. 275
Bergab-Tour über Felsensteige und Almen nach St. Wolfgang

Bad Ischl

13.400 Einwohner, 468 m

Die idyllische Kleinstadt im Zentrum des Salzkammerguts ist Österreichs wohl berühmtester Kurort. In der einstigen Sommerfrische von Kaiser Franz Joseph ist die Habsburgermonarchie so lebendig wie kaum anderswo.

Bad Ischl liegt in einer von bewaldeten, bis 800 m hohen Bergkegeln umstandenen Senke, wo die vom Wolfgangsee kommende Ischl in die Traun, den größten Salzkammergutfluss, mündet und sich beide Gewässer hufeisenförmig um das Stadtzentrum legen. Im Südwesten ragt der mit einem Sender markierte und mit einer Seilbahn erschlossene Aussichtsgipfel der *Katrin* (Betonung auf a) in die Höhe. Das Ischler Ortsbild prägen repräsentative Bauten der Salzfertiger und Sommerfrischevillen aus der Gründerzeit. Der für einen Kurort obligatorische Park ist klein, Hauptflaniermeile ist die Esplanade am Traunufer, nicht zuletzt, weil es hier eine elegante Dependance des „Zauners“ gibt, jener Ischler Konditorei, die für viele noch vor der Kaiservilla Hauptattraktion des Ortes ist.

Geschichte: 1392 wurde erstmals ein nach dem Fluss genanntes „Dorf Yschl" erwähnt. 1514 erhielt es das Recht zum Salzhandel, 1563 wurde der Ischler Salzberg in Perneck angeschlagen, und die erste Saline ging in Betrieb. Die Methode des Ischler Arztes *Dr. Josef Götz*, rheumatische Salinenarbeiter mit warmer Sole zu kurieren, übernahm der Wiener Medicus *Dr. Franz Wirer* für seine adeligen Patienten und eröffnete 1823 in Ischl ein Heilbad. Als sich in der bis dahin kinderlosen Ehe von Erzherzog Franz Carl und Sophie nach einer Ischler Kur 1830 hintereinander drei Buben, die „Salzprinzen", einstellten, war das die perfekte Werbung für den Kurort. In der Folge entstanden Kurtheater, Esplanade und feine Hotels. Franz Joseph, der älteste der Salzprinzen und seit 1848 Kaiser, machte Ischl bis 1914 zu seiner Sommerresidenz. 1853 lernte er hier die Bayernprinzessin *Sisi* kennen und lieben, die Mächtigen der Welt gingen in der Kaiservilla aus und ein. Hoch- und Geldadel, Komponisten, Dichter und Schauspieler zog es zur Sommerfrische nach Ischl, das 1906 zu „Bad Ischl" wurde. Nach dem Ende der Monarchie errichtete man Landeskuranstalten, seit Ende des 2. Weltkriegs hat sich der Ort zu einer Schul- und Einkaufsstadt entwickelt. Die Saline wurde 1965 geschlossen, das Schaubergwerk Perneck Ende 2000. Die Landesausstellung 2008 brachte einen enormen Investitionsschub, die Stadt erhielt eine neue Therme, neue Hotels, eine größere Fußgängerzone und eine zentrale Tiefgarage. Weitere Verschönerungen verspricht die Landesgartenschau 2015 – *„... des Kaisers neue Gärten"*.

Ischl: Der Kaiser ist allgegenwärtig ...

Basis-Infos

(→ Karte S. 147)

Information **Tourismusverband Bad Ischl**, in der Trinkhalle, Juni bis Sept. Mo–Sa 9–18, So 10–18 Uhr, sonst Mo–Sa 9–17, So 10–14 Uhr. 4820 Bad Ischl, Auböckplatz 5, ✆ 06132-27757, www.badischl.at.

Salzkammergut Touristik, zuständig für die gesamte Region. Zimmervermittlung, Souvenirs, Fahrradverleih. Tägl. 9–20 Uhr. Götzstr. 12, ✆ 06132-240000.

Hin & weg **Bahn**: 1x stündl. nach Gmunden und zur Westbahn Wien–Salzburg, alle 1–2 Std. nach Hallstatt und Bad Aussee. **Bus**: 1x stündl. nach Salzburg via Strobl und St. Gilgen **(Linie 150)** sowie nach St. Wolfgang **(Linie 546)** und ins Gosautal **(Linie 542)**, So nur alle 2 Std. www.ooevv.at.

Stadtverkehr: Stadtbus Mo–Fr 7–17 Uhr alle 30 Min. Bahnhof–Kreuzplatz–Katrinseilbahn.

Baden/Kuren **Salzkammergut-Therme**, schön renovierte Anlage mit Sole-Innen- und Außenbecken (32° C, Salzgehalt wie

Mittelmeer), Sole-Whirlpool (36° C), Solarium- und Saunawelt sowie eine Outdoor-Flusslandschaft mit Salzgrotte, Gradierwerk (Sole-Inhalationsanlage) und Sprudelliegen sowie Therapiezentrum. Tägl. 9–24 Uhr. Eintritt (4 Std.) 14,50 €, Kind 10,50 €, Tageskarte 17 bzw. 12 €. Skg-Card. ✆ 06132-2042700, www.eurothermen.at.

Parkbad Bad Ischl, modernes, geheiztes Freibad unterhalb der Kaiservilla, Riesenrutsche, Wildwasserkanal, FKK-Bereich. Mitte Mai–Sept., Eintritt 5,30 €, Kind 2,20 €. Skg-Card. ✆ 06132-26991.

Einkaufen **Hutmacher Bittner** 11, Traditionsbetrieb seit 1862, lieferte schon ans Kaiserhaus. Klassiker ist der sog. Traunreiter. Mo–Fr 9–12/14–18, Sa 9–12 Uhr. Auböckplatz 3.

Trachten (Dirndl, Lederhose, Anzüge) gibt es bei **Hödlmoser** 6, Kaiser-Franz-Josef-Str 12, **Loden Frey** 18, Kurhausstr. 4, **Gössl** 16, Pfarrgasse 6, und **Schauer** 19, Pfarrgasse 4 (gegenüber vom Zauner-Stammhaus,) und 7, Kreuzplatz 23, jeweils Mo–Fr 9–18, Sa 9–17 Uhr.

Oberösterreichisches Heimatwerk 8, auf 2 Etagen im historischen Hotel zur Post; Tracht, Keramik, Kunsthandwerk, Mo–Fr 9–18, Sa 9–12.30 Uhr. Kaiser-Franz-Josef-Str. 3–5.

Ischler Lebkuchen Franz Tausch 10, schöner Laden mit Lebkuchen aus eigener Herstellung. Mo–Fr 8.30–18, Sa 8.30–17 Uhr. Schulgasse 1.

Hallstatt Keramik 12, Mo–Fr 10–12/14.30–18, Sa 9.30–12 Uhr. Pfarrgasse 15.

Fabelhaft 17, kleiner Laden mit Design & Kitsch. Mo–Fr 9–12.30/14–18, Sa 9–17 Uhr. Schröpferplatz 1.

Fahrrad Verleih bei **Salzkammergut Touristik** (→ „Information"), Trekking-Bike 13 €, MTB 17 €, E-Bike 20 €, jeweils pro Tag.

Golf **Golfclub Salzkammergut**, 18-Loch-Anlage zwischen Ischl und Strobl. Edward, Herzog von Windsor spielte hier bereits 1937. Greenfee 55–65 €. www.salzkammergut-golf.at.

Markt **Wochenmarkt**, Auböckplatz und Kaiser-Franz-Josef-Straße, jeden Fr 8–12 Uhr.

Mountainbike Beliebt sind Touren auf das Hoisnrad, zur Rettenbach- und Blaaalm.

Parken Gebührenpflicht in der Kurzparkzone (Stadtmitte) Mo–Fr 8–18, Sa 8–12 Uhr (1,50 €/90 Min.) und auf den Großparkplätzen (Kongresshaus, Rechensteg, Kaiservilla, Salinenplatz, Im Gries) Mo–Fr 7–19 Uhr (2 €/Std.). Zentrumstiefgarage bei der Therme 0,80 €/2 Std., 12 €/Tag.

Stadtführung Do 16 und So 10 Uhr. Dauer 1½ Std., Treffpunkt Trinkhalle, mit Skg-Card kostenlos, sonst 5 €.

Veranstaltungen **Glöcklerlauf, Ritt der Hl. Drei Könige**, 5. Jan., altes Brauchtum. **Katrinberglauf**, 2. So im Juni, steilster Berglauf Österreichs. **Lehár Festival**, Juli/Aug., Operette mit bekannten Stars und Konzerte im Kongresshaus, Tickets 26–80 €, www.leharfestival.at. **Kaiserfest**, Mitte Aug., mehrtägiges Fest mit Kaisermesse am Geburtstag von Franz Joseph (18. 8.). **Almfest**, Sept., Paschen und Singen auf der Rettenbachalm. **Advent in Bad Ischl**, Lichterzauber in der Innenstadt, **Krippenausstellung** im Stadtmuseum, Handwerkskunst in der Trinkhalle. **Ischler Krippenspiel**, 26. 12., 350 Jahre altes Volksspiel, alle vier Jahre, zuletzt 2011.

Wintersport **Langlauf**: 8–15 km Loipen um Bad Ischl und auf der Rettenbachalm (Shuttlebus ab Ischl). **Schitouren**: Die Katrin (kein Liftbetrieb im Winter) ist als Tourenberg beliebt.

Übernachten/Essen & Trinken

Hotels **** **Goldener Ochs** 22, 1791 eröffnetes Traditionshaus in zentraler Lage am rechten Traunufer. 48 rustikale und moderne Zimmer, teils mit Holzbalkon. Schöner neuer Spa-Bereich mit Hallenbad, Sauna, Dampfbad, Gradieranlage zur Sole-Inhalation und Sonnenterrasse. DZ 96–170 €. Grazer Str. 4, ✆ 06132-235290, 📠 2352950, www.goldenerochs.at.

**** **Hubertushof** 2, freundliches Hotel der Familie Panhuber im ehemaligen habsburgischen Gästehaus am Eingang zum Kaiserpark. 29 gemütlich-rustikale Zimmer, kleines Solehallenbad, Sauna. Gutbürgerliche Küche. Seit 2011 mit neuer „Ischlerei", einem Tagescafé und Laden für Biosäfte und Ischler Produkte. DZ Standard 124–180 €, mit Balkon/Wintergarten 20 € mehr. Götzstr. 1, ✆ 06132-24445, 📠 24445104, www.hubertushof.co.at.

Übernachten
Hubertushof
Villa Dachstein
Jugendgästehaus
Goldener Ochs
Traunschlössl
Pension Waldesruh

E Essen & Trinken
1 Landgasthof zur Nocken Toni
2 Hubertushof
8 Wild's Kaiserstube
15 Altes Sudhaus
20 Goldenes Schiff
24 Attwenger
25 Zauner Esplanade
27 Rettenbachmühle

C Cafés & Bars
5 Giovanni Eis
9 Ramsauer
13 Zauner Konditorei Pfarrgasse
14 K.u.k. Hofbeisl
21 Sissy

E Einkaufen
6 Hödlmoser
7 Schauer Kreuzplatz
8 OÖ Heimatwerk
10 Ischler Lebkuchen
11 Hutmacher Bittner
12 Hallstatt Keramik
16 Gössl
17 Fabelhaft
18 Loden Frey
19 Schauer Pfarrgasse

Bad Ischl

Pensionen/Privatquartiere

*** **Villa Dachstein** **3**, freundliche Pension in einer Villa von 1894 mit stilvoll-historischem Ambiente im Frühstücks- und Kaminraum. 6 helle, moderne Zimmer, teils mit Balkon. Geöffnet Mai–Okt. DZ 70–100 €. Rettenbachweg 3, ☎ 06132-23151, 📠 23151113, www.villadachstein.at.

** **Pension Waldesruh** **26**, 2011 neu übernommene Pension etwas außerhalb neben der Katrinseilbahn. 16 neu eingerichtete, moderne Zimmer mit Balkon, die Bäder sind altmodisch. WLAN gratis, Pizzeria im Haus. DZ 60–76 €. Kaltenbachstr. 43, ✆/℻ 0699-11876994, www.pensionwaldesruh.com.

Traunschlössl 23, fünf nostalgisch-altmodische Zimmer in einem früheren Herrenhaus am Traunufer in zentraler Lage. DZ 56–66 €. Traunkai 4a, ✆/℻ 06132-23279, www.tiscover.at/traunschloessl.

Herberge **Jugendgästehaus** 4, unattraktiver Bau in Ortsmitte gegenüber der Kaiservilla, innen hell und modern mit 4 Einzel-, 16 Doppel- und 20 Vierbettzimmern, jeweils mit Dusche/WC. DZ 54 €, im Vierbett 24,50 €/Pers. inkl. Frühstück. Am Rechensteg 5, ✆ 06132-26577, ℻ 2657775, www.jugendherbergsverband.at.

Restaurants/Gasthäuser **Goldenes Schiff** 20, modern gestyltes Gourmet- und Fischrestaurant im gleichnamigen Hotel an der Traun. Haubenkoch Christof Ehart sorgt für modern interpretierte Regionalküche (à la carte ab 15 €); gute Weine; freundlicher Service. Di–Mo 11.30–14/17.30–22 Uhr. A.-Stifter-Kai 3, ✆ 06132-24241.

Attwenger 24, Witzigmann-Schüler Christian Buhl übernahm 2011 das historische „Lebkuchenhaus" neben der Lehárvilla an der Traun. Zu den holzgetäfelten Stuben kam eine Vinothek mit edlen Tropfen hinzu (Di–So ab 18 Uhr). Verfeinerte Regionalküche (gluten- und laktosefrei), günstige Mittagsteller (8–13 €), Hauptgericht abends ab 17 €, 4-Gänge-Menü 39 €. Di–So 12–24 Uhr, Küche mittags und abends, Okt.–April auch Di Ruhetag. Lehárkai 12, ✆ 06132-24810, www.attwenger-weinhaus.com.

Der „Zauner" in der Pfarrgasse

»» **Unser Tipp:** **Zauner Esplanade** 25, Dependance (Restaurant & Café) der berühmten Konditorei (→ „Kaffeehäuser"), mediterranes Flair, verfeinerte österreichische Küche (à la carte 9–17 €) und die köstlichen Zauner-Desserts. Hervorragender Service, schöner Gastgarten an der Traun. Im Sommer öffnet der Sekt- und Eispavillon, dann auch nachmittags Kur- bzw. Pianomusik. Mai bis Ende Sept. tägl. 10–22, im Winter nur bis 20 Uhr. ✆ 06132-23722. ««

Hubertushof 2 → „Hotels"; gutbürgerliche Küche und Fischgerichte zu mittleren Preisen. Tägl. 10–21 Uhr.

Wild's Kaiserstube 8, im 1. Stock des ehemaligen Hotels zur Post, modernes Ambiente, gute Küche aus regionalen Zutaten (3-Gänge-Menü 24,90 €, 2-Gänge-Mittagsmenü 7,90 €). Schöner Kastaniengarten. Mo–Sa 11.30–14.30/17.30–22 Uhr. Kaiser-Franz-Josef-Str. 3–5, ✆ 06132-29415, www.kaiserstube.info.

Altes Sudhaus 15, etwas versteckt gelegen, bodenständiges Gasthaus mit regionaler Küche zu günstigen Preisen. Gastgarten. So Ruhetag. Salinenplatz 1 b, ✆ 06132-28992.

»» **Unser Tipp:** **Rettenbachmühle** 27, nostalgisches Wirtshaus am Beginn des Rettenbachtals, heimelige Stuben, idyllischer Gastgarten oberhalb der Schlucht. Gute österreichische Küche aus regionalen Zutaten, Forellen, Backhendl und Kaiserschmarrn, der angeblich hier erfunden worden sein soll. Mi–So 11–24 Uhr. Hinterstein 6, ✆ 06132-23586. ««

Landgasthaus zur Nocken Toni 1, Fam. Siegesleitner (früher Weinhaus Attwenger) übernahm 2011 das urige Wirtshaus im Ortsteil Kreutern, das schon der Kaiser beehrte, renovierte es stilvoll und bietet hier ihre bewährte gehobene österreichische Küche an (3 Gänge 29 €). Schöner Gastgarten. Im Sommer Mo, im Winter Mo/Di geschlossen. Kreutererstr. 46, ✆ 06132-23327, www.nockentoni.at.

Badespaß unterhalb der Kaiservilla

Kaffeehäuser/Bars **Zauner Konditorei Pfarrgasse 13**, der einstige k.u.k. Hofzuckerbäcker (seit 1832) gehört zu den berühmtesten Konditoreien Österreichs, allein 30 Konditoren sind hier tätig. Im Stammhaus mehrere stilvolle Räume. Die herrlichen Torten, Kuchen, Pralinen und Gugelhüpfe ordert man an der Vitrine. Spezialität seit 100 Jahren ist der Zaunerstollen aus Haselnuss, Schokolade und Oblatenresten (auch zum Mitnehmen und im Online-Shop). Tägl. 8.30–18 Uhr. Pfarrgasse 7, ✆ 06132-23310, www.zauner.at.

Ramsauer 9, ältestes (seit 1826) Ischler-Kaffeehaus, unweit der Kirche, viel Atmosphäre. Strauß, Lehár und Stolz (Gedenktafel) saßen auch schon hier. Mo–Fr 8–18, Sa 9–18, im Winter auch So 10–18 Uhr. Kaiser-Franz-Josef-Str. 8, ✆ 06132-22408, www.caferamsauer.at.

Sissy 21, Café-Bar in den prächtigen Sälen des früheren Grand Hotels Elisabeth am Traunufer. Kaffee, Eis und Hausmannskost. Tägl. 8–24 Uhr. Pfarrgasse 2, ✆ 06132/24173.

K.u.k. Hofbeisl 14, eine Institution in Ischl, mehr als 300 Drinks, viele Veranstaltungen, im Sommer beliebte Schirmbar im Gastgarten. Mo–Sa 7.30–4, So 10–4 (im Winter nur 14–24 Uhr). Wirer Str. 4, ✆ 06132-272710, www.kukhofbeisl.com.

Giovanni Eis 5, hausgemachtes Eis aus besten Zutaten, ital. Kaffee. März–Okt. Kreuzplatz 4.

Sehenswertes/Ausflüge

Kaiserpark und Kaiservilla: Zwischen Ischlfluss und Jainzenberg nördlich des Zentrums erstreckt sich der nur gegen Gebühr zu betretende 17 Hektar große Kaiserpark, ein eher ungepflegter englischer Landschaftsgarten, der bis zur Landesgartenschau 2015 revitalisiert werden soll. An seinem unteren Ende steht die bescheidene, schönbrunnergelbe *Kaiservilla*. Sie war ursprünglich Sommerdomizil des Wiener Anwalts Dr. Eltz, dem es die Kaisermutter Sophie 1853 abkaufte als Hochzeitsgeschenk für *Franz Joseph* und *Sisi*. Bis 1880 wurde die Villa um zwei Seitenflügel im klassizistisch-biedermeierlichen Stil erweitert, sodass ihr Grundriss ein „E“ (für Elisabeth) bildete. Park und Kaiservilla sind heute im Besitz von Markus Habsburg-Lothringen, einem Urenkel von Franz Joseph. Wie schon zu Kaisers Zeiten ist eine

Besichtigung der Appartements im Rahmen von Führungen (45 Min.) gestattet. Fast alles ist original erhalten: die eher spartanisch möblierten Gemächer, das einfache Kasernenbett des Kaisers und sein Schreibtisch, an dem er am 28. Juli 1914 nach dem Attentat von Sarajewo die Kriegserklärung „An meine Völker“ unterzeichnete. Von der Lieblingsbeschäftigung Franz Josephs zeugen tausende Jagdtrophäen an den Wänden.

Für Kaiserin Sisi wurde im Kaiserpark hügelaufwärts ein sog. Cottage errichtet, ein luxuriös ausgestattetes, verspieltes Gartenschlösschen aus rosa Marmor mit einer umlaufenden, verwachsenen Veranda, das heute Marmorschlössl genannt wird. Hier schrieb Sisi Gedichte und traf sich mit Freunden. Ansonsten war sie in Ischl sportlich unterwegs: Sisi ritt, schwamm in ihrem Privatbad (heutiges öffentliches Parkbad) und bestieg frühmorgens den Jainzenberg oberhalb der Kaiservilla, meist im Laufschritt und sehr zum Leidwesen der Hofdamen. Sisi sammelte gerne Fotografien, und so passt es gut, dass seit 1978 in den prächtigen Räumen des Marmorschlössls das sehenswerte **Photomuseum** des Landes Oberösterreich untergebracht ist. Anhand von zahlreichen Exponaten und Dokumenten zeigt es die Entwicklung der Fotografie.

Kaiserpark 9 Uhr bis zur Dämmerung. Eintritt 4,50 €, Kind 3 €.

Kaiservilla Mai bis Ende Sept. tägl. 9.30–17 Uhr, Führungen laufend; April/Okt tägl. 10–16 Uhr, Jan.–März Mi, Sa/So im Advent 10–16 Uhr, Führungen stündlich. Eintritt inkl. Park 13 €, bis 16 J. 7,50 €. Skg-Card. www.kaiservilla.at.

Photomuseum April–Ende Okt. tägl. 9.30–17 Uhr. Eintritt zusätzlich zum Parkeintritt 2 €, Kind 1,50 €.

Der Kaiser und seine süße Verführung

Ab 1883 pflegte Kaiser *Franz Joseph* eine enge, von Kaiserin *Sisi* geduldete Liebschaft zur Burgschauspielerin *Katharina Schratt* – und eine Schwäche für deren Kuchen. Wann immer er in Ischl residierte, machte sich der Kaiser frühmorgens auf den Weg zur Villa Felicitas (heutige Villa Schratt an der B 158 Richtung Strobl) zum gemeinsamen Frühstück. Denn „die Schratt“ servierte seine Lieblingsspeise: selbst gemachten Guglhupf. Für den Fall der Fälle hatte sie stets auch einen Guglhupf auf Vorrat, den sie in der Konditorei Zauner nach ihrem Rezept fertigen ließ. Bis heute gibt es traditionell den Schratt-Gugelhupf in der Villa Schratt und beim Zauner. Eine andere Süßspeise soll gar in Bad Ischl, angeblich im Gasthaus Rettenbachmühle (→ Essen & Trinken), zu Ehren des Kaisers erfunden worden sein: Der althergebrachte Schmarren der Salzkammergütler, eine einfache Holzfäller- und Jäger-Kost aus Mehl und Wasser, wurde mit Eiern, Milch und Zucker geadelt und so zum berühmten „Kaiserschmarrn“.

Lehártheater, Nikolauskirche, Trinkhalle: Den Kreuzplatz beherrscht das 1827 errichtete **Kurtheater**, das 1940 nach *Franz Lehár* benannt und 1957 in ein Kino umgewandelt wurde. Zur Zeit Franz Josephs traten hier Wiener Theatergrößen auf, etwa *Johann Nestroy*, *Johann Strauß* oder *Alexander Girardi*. Der historische Zuschauerraum blieb erhalten und wird heute für das Kino und Kulturveranstaltungen genutzt. Gleich um's Eck steht in der Kaiser-Franz-Josef-Straße der monumentale Bau des *Hotels zur Post* von 1826, das heute Wohnungen, Esslokale und Geschäfte beherbergt. Wenige Schritte weiter trifft man auf die spätbarocke, mit dem

Kaiserwappen geschmückte **Nikolauskirche**. Ihr großzügiger, eleganter Innenraum wurde im 19. Jh. mit Fresken verziert und weist drei Altarbilder von *Leopold Kupelwieser* (1847) auf. Die Ursprünge der Kirche liegen im 14./15. Jh., wie man am spitzen, gotischen Turm erahnt. Die Kaiser-Franz-Josef-Straße mündet in den verkehrsberuhigten Auböckplatz mit der klassizistischen **Trinkhalle** von 1831, die die Ischler Touristinformation (und hoffentlich bald wieder einen Trinkbrunnen) beherbergt und für Konzerte und Ausstellungen genutzt wird. Die Südostecke des Platzes begrenzt der Gründerzeitpalast des Ischler Postamts (1893). Dahinter, im ehemaligen Sudhaus der Saline, sind Betriebe und Büros eingezogen. Über die Pfarrgasse, vorbei am Stammhaus der berühmten *Konditorei Zauner*, erreicht man den Schröpferplatz. Dort steht der *Franz-Karl-Brunnen* (1877) zu Ehren von Franz Josephs Vater. Der kaisergelbe Komplex an der Südseite des Platzes war vor 1853 das Grand Hotel, später das *Hotel Elisabeth* und ist jetzt ein Appartementhaus.

Neugotischer Brunnen am Schröpferplatz

Esplanade: Entlang dem Traunufer, wo früher die Salzschiffe aus Hallstatt anlegten, entstand um 1830 auf Anregung von Kurarzt Dr. Wirer *Sophiens Esplanade*, eine von Alleebäumen bestandene Promenade. Mit Blick auf die Landesgartenschau 2015 wurden die altersschwachen Eschen jüngst durch 140 Kaiserlinden ersetzt. Gesäumt wird die Esplanade von prächtigen Häusern der Salzfertiger, jenen wohlhabenden, meist geadelten Bürgern, die Salz produzierten und damit handelten. Das schönste Haus (Nr. 10) gehörte den Grafen *von Seeau*, die es ab dem 19. Jh. an vornehme Sommergäste vermieteten. 1834–78 war es die „Ferienwohnung" von Erzherzog Karl und Sophie, in der 1853 ihr Sohn Kaiser Franz Joseph seine Verlobung mit Sisi feierte, und zwar nur einen Tag nachdem er sie kennen gelernt hatte. 1880–1982 als Hotel Austria genutzt, ist das Haus heute Museum der Stadt.

Museum der Stadt Ischl: Vier Geschosse umfasst die Schau im alten Seeauerhaus an der Esplanade 10. Im Erdgeschoss geht es um Landschaft, Salzgewinnung und Traunschifffahrt, der 1. Stock beschäftigt sich mit Ischl als Sommerfrische, Kaiserresidenz und Kurort. Ein nachgestellter „Verlobungsraum" erinnert an Franz Joseph und Sisi. Im 2. Stock sind Exponate zu Religion, Brauchtum, Tracht und Volkskultur ausgestellt, untermalt von echter Volksmusik. Zwei Räume zeigen Ischl, bevor es „Kaiserstadt" wurde. Die vom ortsansässigen Hotelier Hans Sarsteiner im 19. Jh. gesammelten Ostasiatika fanden auch hier Platz. Nochmals Ischl als Kurort, diesmal zur Jahrhundertwende, ist Thema des 3. Stocks, der sich auch mit dem Ischler Sommertheater befasst. Das gut bestückte Museum (manchmal sind die Erläuterungen etwas dürftig) ist ideal für einen Regentag. Zu jährlichen Sonderausstellungen kommt in der Advent- und Weihnachtszeit eine Krippenschau, in deren Zentrum die 300 Figuren umfassende *Kalß-Krippe* (um 1840) steht.

Do–So 10–17, Mi 14–19 Uhr. Nov. geschl. Eintritt 4,90 €, Kind 2,40 €. Skg-Card. Sonderschauen 2,70 €. Kombikarte mit Lehármuseum 8,50 €. ✆ 06132-25476, www.stadtmuseum.at.

Kurpark und Kongresshaus: Der kleine Ischler Kurpark besteht aus gepflegten Blumenbeeten, einem Wasserbecken mit Springbrunnen, einer cäsarischen Büste für den „Vater" des Kurorts Dr. Wirer und aus zwei Denkmälern für *die* Operettenkomponisten der Zwischenkriegszeit, *Franz Lehár* und *Emmerich Kálmán*. Das 1873 erbaute Kurhaus, das heutige **Kongresshaus**, ist ein Palastbau, wie er auch an der Wiener Ringstraße stehen könnte. Seit 1961 finden hier Operettenfestspiele statt, seit 2004 unter dem Namen *Lehár-Festival*. Westlich des Kurparks liegt das Ischler Villenviertel, in dem einst Johann Strauß, Johann Nestroy, Johannes Brahms und andere Künstler Sommerresidenzen besaßen.

Lehárvilla: Über die Elisabethbrücke erreicht man die am Südufer der Traun gelegene Prachtvilla von *Franz Lehár* (1870–1948). Durch die Operette „Die lustige Witwe" (1905) berühmt und reich geworden, konnte der Komponist 1910 das dreigeschossige Adelspalais erwerben. Hier komponierte er zwei Dutzend Operetten, darunter die Erfolge seiner zweiten Schaffensperiode (1924–29): „Der Zarewitsch" und „Das Land des Lächelns". Vor seinem Tod vermachte Lehár das Gebäude der Stadt. Im Rahmen von Führungen kann man die mit wertvollem Mobiliar, Skulpturen und Ölgemälden des Biedermeier im Originalzustand belassenen Salons besuchen.

Mai bis Ende Sept. tägl. Mi–So 10–17 Uhr, Juli/Aug. auch Mo geöffnet. Eintritt 5,20 €, Kind 2,40 €. Kombikarte mit Stadtmuseum 8,50 €. ✆ 06132-26992.

Siriuskogl, Kalvarienberg, Jainzen: Die drei Erhebungen um das Ischler Stadtzentrum bieten schöne Ausblicke. Am schnellsten erklimmt man den bewaldeten *Siriuskogl* (599 m) über Grazer Straße, Siriuskoglgasse und den anschließenden, breiten Schotterweg (30 Min., Weg 8). Vom hölzernen Aussichtsturm (erbaut 1885) und dem Wirtshaus auf seinem Gipfel (Mai bis Okt. tägl. ab 11 Uhr, Nov./Dez. und April Do–So ab 12 Uhr, ✆ 0660 7346302, www.siriuskogl.at) genießt man einen schönen Tiefblick auf die Stadt. Den *Kalvarienberg* (606 m) im Nordwesten von Ischl besteigt man von der Leitenbergerstraße aus über den Kalvarienbergweg. Die doppeltürmige *Kalvarienbergkirche* entstand Anfang des 18. Jh. Bei der Kirche beginnt der **Elisabethwaldweg**, ein mit Tafeln zu Kaiserin Sisi und zur Stadtgeschichte versehener Themenweg, der wenig anstrengend in 1½ Std. als Rundwanderweg durch Wald und Wiesen und vorbei an der aussichtsreichen Leschetizkyhöhe führt. Der Anstieg auf den *Jainzen* (835 m), Sisis Lieblingsberg oberhalb der Kaiservilla, ist schweißtreibender. Vom Kreuzplatz aus geht man zunächst die Salzburger Straße entlang, überquert dann die Ischl und folgt der Jainzendorfstraße nach links (Wegweiser). Bei der ersten Abzweigung nach Haus Nr. 28 rechts auf eine Anhöhe (*Sophiens Doppelblick*, Dachsteinaussicht, ½ Std.) hinauf und dann rechts über eine Wiese bis zum Wald, in dem es bald in steilen Serpentinen nach oben geht. Da der Gipfel bewaldet ist, ist das eigentliche Ziel der Aussichtsplatz mit Vermessungszeichen knapp unterhalb (Weg markiert, 1½ Std.).

Katrin-Seilbahn und Katrin (1542 m): Seit 1959 bringen kleine, rote Gondeln Ausflügler und Wanderer auf die Katrin, den Ischler Hausberg. Von der Bergstation auf der aussichtsreichen Katrinalm (1413 m, Bergrestaurant, Almhütte, Dachstein-

Blick vom Siriuskogl auf Bad Ischl und den Jainzen

und Seenblick) sind es noch 30 Min. zu Fuß auf einem felsigen, schön angelegten Weg mit vielen Rastbänken (Nr. 895, Naturlehrpfad) zum *Katringipfel* (1542 m), der an seinem Sendemast weithin zu erkennen ist. Der Rund- und Tiefblick von hier ist atemberaubend. Das Katrinkreuz ist – erwartungsgemäß – Kaiser Franz Joseph gewidmet. Für den Abstieg von der Bergstation zu Fuß ins Tal (Weg 895/897) benötigt man rund 1¾ Std.

Ein Wanderklassiker auf der Katrin ist die gemütliche, panoramareiche **Drei-Gipfel-Tour**. Von der Bergstation geht es zunächst auf den Katringipfel, dann ein kurzes Stück zurück und auf einem Bergpfad (Weg 895) in 10 Min. zum *Elfer-* oder *Katererkogel* (1603 m) und weiter über den felsigen, latschenbewachsenen Kamm Richtung Westen zum kleinen Gipfelkreuz des *Hainzen* (1638 m), bis hierher 1½ Std. Auf demselben Weg wandert man wieder retour, der Südweg (Nr. 898) erfordert Schwindelfreiheit.

Betriebszeiten Mitte Mai bis 1. Nov. tägl. 9–17 Uhr. Berg- und Talfahrt 18,50 €, Kind 12 €. Skg-Card. ✆ 06132-23788, www.katrinseilbahn.com.

Essen & Trinken Hausmannskost bieten das **Berggasthaus Naturkuchl** (Bergstation) und die nahe **Katrin-Almhütte**, beide 9–17 Uhr geöffnet.

Ruine Wildenstein: Die einzige Burg im Ischlland liegt auf einem Felsvorsprung am schattigen Fuß der Katrin, 2 km südlich der Ortsmitte. Von hier konnten die Handelswege im Trauntal kontrolliert werden, heute erfreuen sich Ausflügler an dem Ausblick. Die Burg ist im 11./12. Jh. entstanden. Von 1417 bis 1715, als sie ein Feuer zerstörte, war sie Sitz des Landgerichts von Ischl. Erhalten sind nur wenige Mauern und der kärgliche Rest eines Burgfrieds. Man erreicht die Burg von der Talstation der Katrinbahn aus entweder über die steile, ehemalige Schitrasse (Weg 11) in 20 Min. oder rechts davon über einen gemütlicheren Serpentinenweg.

Kaiserjagd-Standbild (→ Foto S. 30): Das bekannteste Ischler Denkmal steht im Wald der Kaltenbachau, 2,5 km südlich der Ortsmitte, unweit der Talstation der

Katrinbahn. Es wurde 1910 zum 80. Geburtstag des Kaisers enthüllt und zeigt *Franz Joseph* bei der Jagd – authentisch mit Lodenjacke, Goiserer Bergschuhen, kurzer Lederhose, Schlips, Jägerhut und bloßen (!) Knien. Der tote Zehnender zu seinen Füßen erinnert daran, dass der Kaiser während seiner Regierungszeit gezählte 50.556 Stück Wild erlegt hatte.

Wanderweg: Von der Esplanade führt ein Wanderweg in rund 35 Min. zum Denkmal.

Am Nussensee: Der idyllische Waldsee 3,5 km westlich von Ischl ist über die B 158 Richtung Strobl (große, grüne Wegweiser) mit dem Auto zu erreichen. Ein Fußweg führt in 45 Min. um den See, im Sommer kann man in einer Minibucht (das restliche Ufer ist Privatbesitz) im bis 25 °C warmen Wasser baden. Lohnenswerter ist es, den Nussensee zum Ziel einer Wanderung ab Ischl zu machen: Weg 6 führt von der Esplanade über die Ruine Wildenstein (s. o.) und einen einstigen Römerweg durch Wald und Wiesen in 1½ Std. hierher. Über die wenig befahrene Lindaustraße und die Kaltenbachstraße geht es nach Ischl zurück.

Gasthof Grabnerwirt, bodenständiges Wirtshaus an der Lindaustraße. Mi Ruhetag, ✆ 06132-24552.

Hoisnradalm (969 m): Die vielbesuchte Alm mit Ausblick bis zum Wolfgangsee liegt 3,5 km südöstlich oberhalb von Bad Ischl. Am einfachsten erreicht man sie über einen auch von Mountainbikern geschätzten Wald- und Wiesenweg (ca. 1 Std. Aufstieg) von Perneck (585 m) aus, wo sich das frühere Ischler Salzbergwerk befindet. Direkt von Bad Ischl gelangt man zu Fuß über den 1898 angelegten *Kaiser-Jubiläums-Steig* in 2¼ Std. auf die Alm: vom Schröpferplatz über die Traun folgt man den Wegweisern durch das Stadtgebiet bis zum aussichtsreichen, lindenbestandenen *Sterzen's Abendsitz* und weiter zum Beginn des beschilderten Steigs, der über einen felsigen Waldrücken bergauf führt.

Hoisnradalm, Jausenstation mit Lamas und Spielplatz. Mai bis Ende Okt. tägl. ab 9 Uhr, ✆ 0664-2419591.

Europas erstes Fertighaus

Südlich von Ischl, zwischen Kaiserjagdstandbild und Lauffen, glaubt man plötzlich vor einer Stabkirche zu stehen. Es ist die Villa Blumenthal, ein hoher Holzbau mit Türmchen, steilen Dächern und Dachreitern, und sie hat eine bewegte Entstehungsgeschichte: 1890 in Berlin gezimmert, war sie bei der Weltausstellung 1893 in Chicago als reiner Holzbau ohne Eisennägel eine Attraktion. Der Berliner Lustspielautor *Oskar Blumenthal* kaufte sie vom Fleck weg, ließ sie zerlegt in Kisten per Schiff und Bahn nach Ischl bringen und als Sommerhaus wieder zusammenbauen. Vom Dachfenster aus soll er sehnsüchtig zum „Weißen Rößl" in Lauffen geblickt haben, wo es eine hübsche Wirtin gab (→ Kasten S. 142).

Rettenbachalm: Die von den Felsen des Toten Gebirges überragte, auf einem weiten Talboden mit urigen Hütten malerisch hingebreitete Niederalm (640 m) liegt am Ende einer 6 km langen, gebührenfreien Forststraße, die von Bad Ischl nach Südosten in Richtung Ausseerland führt. Von der Alm aus gibt es schöne Wanderziele. Besonders lohnenswert ist die einfache, 1½-stündige Wanderung auf Schotterstraßen hinüber zur *Blaa-Alm* (→ S. 227) im Ausseerland. Sie folgt zum Teil der Soleleitung vom Altausseer Salzberg nach Ebensee, führt durch das schluchtartige *Rettenbachtal*, einen Tunnel und sonnige Almwiesen und ist auch bei Mountainbi-

Auf der Rettenbachalm

kern beliebt. Im Winter ist die Rettenbachalm beliebtes Langlaufareal (Gratis-Busshuttle ab Bad Ischl).

Almhütte Linorter, gemütliche Jausenstation auf der Rettenbachalm, kalte Brotzeitgerichte; im Sommer tägl. 12-20 Uhr. ✆ 0664-4220513.

Museum Fahrzeug-Technik-Luftfahrt: Das 4 km südlich von Bad Ischl an der B 145 Richtung Bad Goisern gelegene Museum zeigt in einer großen Halle und einem Freigelände eine umfangreiche Sammlung historischer Fahrräder, Mofas und Motorräder, einige alte Traktoren und Lokomotiven, Feuerwehrautos aus den 1920er- und 1960er-Jahren, eine Handvoll altertümlicher Jagdbomber, Panzer und einen Riesenschweinwerfer aus dem 2. Weltkrieg – ein bunter Mix, der den technischen Fortschritt des 20. Jh. aufzeigt und bei manchen Erinnerungen weckt.

1. April bis 31. Okt. tägl. 9–18 Uhr. Eintritt 10 €, Kind 4 €. ✆ 06132-26658, www.fahrzeugmuseum.at.

Lauffen: Der alte Markt 5 km südlich von Bad Ischl (B 145) hat schon bessere Zeiten gesehen. Benannt ist er nach einer 45 m hohen Stromschnelle (mittelhochdt. *loufa)* der Traun, die im Mittelalter für die Salzzillen, die von Hallstatt nach Gmunden unterwegs waren, ein gefürchtetes Hindernis darstellte, den Lauffenern aber Mauteinnahmen brachte. Bis Ende des 19. Jh. fuhr ein Ausflugsschiff von Bad Ischl nach Lauffen, wo man im originalen „Weißen Rößl" (→ Kasten S. 142) einkehren konnte. In der Lauffener Ortsmitte steht eine spätgotische **Wallfahrtskirche** mit einer Schönen Madonna (1400) am Hochaltar. Turm und Innenausstattung der Kirche stammen aus der Barockzeit. Aus unseren Tagen ist die Umfahrungsstraße, die achtlos auf Höhe der Chorfenster vorbeiführt. Der einstige Reiz von Lauffen mit den Salzfertigerhäusern am Traunufer lässt sich noch am ehesten von der Traunbrücke oder der Bahnlinie aus erahnen.

Fährt man das Trauntal weiter nach Süden, gelangt man ins **Innere Salzkammergut** (→ ab S. 186) und von dort ins **Ausseerland** (→ ab S. 212).

Hier heißt alles „Mondsee": der Ort, der See und der Berg mit dieser Aussicht

An Mondsee und Attersee

Die beiden nördlichen Salzkammergutseen haben vieles gemeinsam: Im Süden sind sie durch die Seeache verbunden und von felsigen Gebirgsflanken umschlossen, gen Norden gehen ihre Ufer in die sanften Hügel des Alpenvorlands über. Das milde Klima macht sie zu beliebten Wassersportzentren, die durch die West Autobahn A 1 schnell erreichbar sind.

Es war wohl die ideale offene Lage, die schon zur Jungsteinzeit über 20 Siedlungen am Ufer von Mondsee und Attersee entstehen ließ. Eine vermutlich durch einen riesigen Bergsturz ausgelöste Flutwelle setzte sie um 3300 v. Chr. unter Wasser. Um 1870 wurden ihre bestens konservierten Reste vor Mondsee, Scharfling, Weyregg, Attersee und Seewalchen entdeckt: Pfahlbauten, Werkzeuge aus Stein, Knochen und Kupfer, ausdrucksvoll verzierte Keramik. Die Funde waren so reich, dass dieser Abschnitt der mitteleuropäischen Jungsteinzeit (3800–3300 v. Chr.) den Namen *Mondseekultur* erhielt. Selbst Ötzi, der berühmte Gletschermann aus dem Neolithikum, hatte eine Axt aus Mondseekupfer bei sich. 2011 wurden eine Fundstelle im Mondsee am Ausgang der Seeache sowie drei weitere am Attersee-Westufer in die UNESCO-Welterbeliste aufgenommen.

Eine im Vergleich zu den Pfahlbauten gravierende Verbauung des Seeufers drohte in den 1970ern. Daraufhin erwarb das Land Oberösterreich Ufergrundstücke am Mondsee und am Attersee und legte öffentlich zugängliche Badeplätze an, die sich großer Beliebtheit erfreuen. Nur die West Autobahn A 1, die seit den 1960er-Jahren das hügelige Nordufer des Sees brutal durchquert, ist bis heute eine Wunde in der idyllischen Landschaft geblieben.

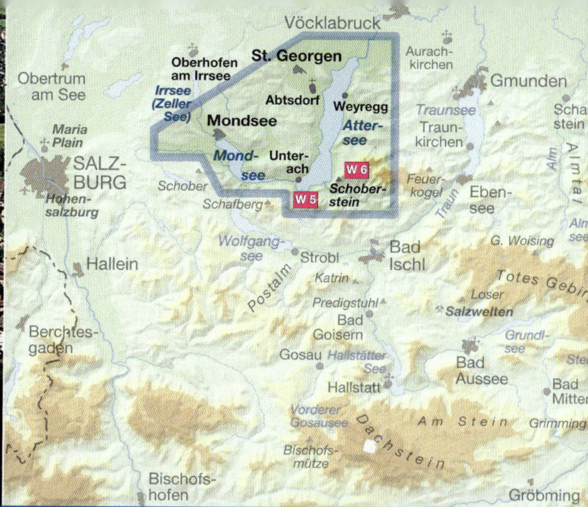

Im Mondseeland

Der Mondsee zählt zu den wärmsten Seen des Salzkammerguts. Im Süden wird er begrenzt von einer spektakulären Felskulisse, zu der sich **Schober** (1328 m), **Drachenwand** (1176 m) und **Schafberg** (1782 m) gruppieren, im Norden endet er an rund 1000 m hohen, waldgrünen Kuppen. An ihrem Fuß liegt der Ort **Mondsee**, die einzige größere Siedlung am Seeufer. Das dortige frühere *Benediktinerkloster Mondsee* hat die gesamte Region geprägt. Es wurde 748 von dem Wandermönch Pirmin im Auftrag von Odilo, Herzog von Baiern, gegründet und war eines der ersten Klöster im heutigen Österreich. 831 kam es gemeinsam mit dem See und den Ländereien ans Bistum Regensburg. 976 hielt sich dessen Bischof *Wolfgang* für ein Jahr hier auf. Dabei missionierte er die Gegend um den Abersee, der später seinen Namen erhielt (→ St. Wolfgang, S. 134). 1506 gelangte das Mondseeland vom Herzogtum Baiern an die Habsburger. Kunsthistorisch prägend für die Gegend war der seit 1679 in Mondsee ansässige Schweizer Barockbildhauer *Meinrad Guggenbichler* (1649–1723), dessen Werke die Kirchen um den See bereichern. Nach der Aufhebung des Klosters 1791 gelangte die Herrschaft durch den Friedensvertrag 1809 an *Napoleon*, der sie dem bayerischen Feldmarschall *Karl Philipp Fürst Wrede* als Dank für militärische Verdienste übertrug. Der Fürst förderte Straßenbau und Landwirtschaft und stellte 1830 erstmals *Mondseer Käse* her (s. u.). Wredes Nachfahren sind noch heute Besitzer des Sees.

Mondsee: 481 m Seehöhe. 7 km lang, bis zu 2,7 km breit. Max. Tiefe 68 m, max. Temperatur 26 °C. Motorbootverbot. Ausflugsschifffahrt in der Sommersaison.

Mondsee

3250 Einwohner, 481 m

Der Hauptort an der Nordwestecke des Sees ist mit seinen historischen Bauten und schmucken Bürgerhäusern eine Augenweide. Für Kurzweil sorgen eine Handvoll Museen, vorzügliche Kaffeehäuser und Restaurants. Alpenseebad und Segelschule locken die Wasserratten.

Das belebte Zentrum des Orts bilden der keilförmige **Marktplatz** und der östlich anschließende Kirchenvorplatz, um die sich – im harmonisch abgestimmten Fassadengelb – die imposante *Basilika St. Michael*, das frühere Kloster *Schloss Mondsee* und zwei Amtsgebäude reihen. Beide Plätze wurden 2009/10 nach Plänen des Architekten *Boris Podrecca* modern umgestaltet, der historische Marktbrunnen musste von Marmorsäulen umkränzten Wasserspielen weichen. Bunte Bürgerhäuser mit Cafés und Lokalen säumen den südlichen Teil des Marktplatzes, von wo eine alte **Lindenallee** zur Promenade am Seeufer und zur Schiffsstation führt.

Ortsbild und Geschichte sind eng mit dem 748 gegründeten und 1791 aufgelösten Benediktinerkloster Mondsee verwoben. Das Kloster bescherte dem Ort mehrere Blütezeiten, etwa durch seine Schreibschule im 9. Jh. und die Tafelmalerei im 15. Jh. Eine neuerliche Hochphase brachte im frühen 18. Jh. Bildhauer *Meinrad Guggenbichler* (1649–1723), der das Kloster prachtvoll ausstattete. Der Niedergang kam mit dem Marktbrand von 1774 und der Aufhebung des Klosters 1791. Im späten 19. Jh. begann in Mondsee der Fremdenverkehr, 1872 fuhren die ersten Dampfschiffe über den See. Zu den berühmtesten Sommerfrischegästen der ersten Jahre zählten der schwedische Dichter *August Strindberg* und der Wiener Komponist *Carl Michael Ziehrer*.

Was hat der Mondsee mit dem Mond zu tun?

Die Herkunft des Namens Mondsee ist umstritten: Die einen sagen, er leite sich von der Sichelform des Sees ab, andere meinen, der Mond sei eine Gottheit der frühen Siedler gewesen. Nachdem der Name Mondsee zur Zeit der Klostergründung 748 erstmals schriftlich erwähnt worden war, liegt ein Zusammenhang mit der Gründungssage des Klosters nahe. Nach dieser war der Baiernherzog *Odilo* mit Gemahlin und großem Gefolge auf der Jagd, als er sich im felsigen Gelände über dem See verirrte und von der Nacht überrascht wurde. Nur der aus den Wolken hervortretende Vollmond bewahrte ihn vor dem Absturz in die Tiefe, worauf Odilo gelobte, ein Kloster zu gründen und es Mondsee zu nennen.

Basis-Infos

Information **Tourismusverband Mondseeland**, am unteren Ende des Marktplatzes. Juli/Aug. Mo–Fr 8–19, Sa/So 9–19 Uhr, Okt. bis Juni Mo–Fr 8–17 Uhr (April bis Juni bis 18 Uhr), Juni/Sept. auch Sa 9–18 Uhr. 5310 Mondsee, Dr.-Franz-Müller-Str. 3, ✆ 06232-2270, www.mondsee.at.

Die **Informationsstelle** in der Dachsteinstr. 2 ist Juli/Aug. tägl. 10–19 Uhr geöffnet.

Hin & weg **Bus (Linie 140)**: Terminal beim Postamt. 1x stündl. nach Salzburg Hbf., Sa/So alle 1–2 Std.; Mo–Fr 7x tägl., Sa 3x tägl. nach Unterach/Attersee (dort Atterseeschifffahrt von Mai–Okt.). www.svv.at, www.ooevv.at.

Baden/Wassersport **Alpenseebad Mondsee**, 600 m von der Ortsmitte, größtes Freibad im Salzkammergut, großer Sandstrand, Liegewiese, 2 Riesenrutschen, Sprungturm, Buffet. Mai–Sept. ab 9 Uhr. Tageskarte 5,50 €, Kind 2,40 €. Skg-Card. Seebadstr. 3, ✆ 06232-2291.

Badeplatz Loibichl, 4 km östlich Richtung Attersee, direkt an der B 151, große Liegewiese, Spielplatz, Buffet, Bootsverleih. Direkt über eine Straße von der Autobahn-Raststation an der A 1 zu erreichen, daher sehr beliebt. Eintritt frei, Parkplatzgebühr.

Segel- und Surfschule Mondsee, eine der größten Österreichs, Kurse und Bootsverleih. Mai bis Ende Sept. tägl. geöffnet. ✆ 06232-3548200, www.segelschule-mondsee.at.

Wasserschizentrum im Alpenseebad, Wasserschi, Banane, Wakeboard. ✆ 0664-1605210, www.wasserschizentrum.at.

Bootsverleih Hemetsberger, an der Kaipromenade. Elektro-, Tret-, Ruderboote. ✆ 0664-4934684.

Einkaufen/Markt **Bauernmarkt**, beim Marktbrunnen, jeweils Sa 9–12 Uhr.

Bauernladen Mondseeland, regionale Käse- und Naturprodukte. Do 9–12.30, Fr 9–18, Sa 8–12 Uhr. Marktplatz 10. ■

Die Mondseelandkäserei

Die Käserei in Oberhofen am Irrsee gehört zur Salzburger Privatkäserei Woerle. Ihre Produkte sind im ausgewählten Lebensmittelhandel erhältlich. Klassiker der Mondseelandkäserei ist der **Mondseer**, ein mild-pikanter Schnittkäse; er wird seit 1830 hergestellt und gilt als einer der ältesten, traditionsreichsten Rotschmierkäse Österreichs. Der **Heumond-Kas**, ein milder bis feinwürziger Schnittkäse, erhält sein typisches Aroma durch die Heufütterung der Kühe.

Fahrrad Trekking- und E-Bikes bei **Bikepalast Mondsee**, Mo/Di und Do/Fr 10–18, Mi 13–18, Sa 9–12 Uhr. Herzog-Odilo-Str. 52, ✆ 06232-36511, www.bikepalast.com.

Fahrradtour Die **Runde um den Mondsee** (Radweg Nr. 2) ist 25 km lang, dauert etwa 2 Std. und führt großteils auf Radwegen. Spannendster Abschnitt sind die Radtunnel durch die Kienbergwand am Südufer.

Mountainbike **Mondseeberg-Runde**, 29 km, ↕ 760 m, auf Forst- und Asphaltstraßen ab der Touristinfo rund um den Mondseeberg.

Spezialiät aus dem Mondseeland

Parken Kurzparkzone (90 Min.) im Ortszentrum; Parkplatz Nord nördlich vom Schloss und Süd beim Seeufer, beide gebührenfrei.

Schiffsrundfahrten Start: Seepromenade. **Mondseeschifffahrt Hemetsberger**, Ostern bis Ende Okt. mit der MS „Herzog Odilo" (100 Pers.) oder der MS „Mondsee" (45 Pers.); 5x tägl. kommentierte 60- oder 90-minütige Rundfahrten (7–9 €). ✆ 0664-4934684, www.mondseeschifffahrt.com.

Schifffahrt Meindl, Mai–Okt. 7x tägl. Rundfahrten (60 Min., 6,80 €) mit der „MS Mondseeland" (120 Passagiere); im Winter bei Schönwetter 2x tägl., jeweils ab 10 Pers. ✆ 0676 6047644, www.mondseeschifffahrt.at.

Veranstaltungen **Musiktage Mondsee**, erste Woche im Sept., renommiertes Kammermusik-Festival mit Konzerten im Schloss und in der Basilika. ✆ 06232-2270, www.musiktage-mondsee.at.

Mondseer Jedermann, Sa im Juli/Aug., seit 1922 gespielte Mundartversion auf der Freilichtbühne unweit der Kirche, Ticket 16–18 €. ✆ 06232-2246, www.mondseer-jedermann.at.

Mondsee-5-Seen-Radmarathon, im Juli auf vier Strecken (80–200 km) durch das Salzkammergut. www.mondsee-radmarathon.at.

Seefest, 1. Augustwochenende, 3-Tages-Fest mit 30.000 Besuchern.

Advent in Mondsee, Fr–So im Advent, Stände am Marktplatz und im ehem. Kreuzgang.

Übernachten/Essen & Trinken

Hotels ***** **Seehof** **12**, Luxushotel direkt am See in einer ruhigen Parkanlage am Ostende der Landzunge bei Pichl-Auhof, 5 km südöstlich von Mondsee. 30 elegante, geräumige Zimmer mit Balkon, Terrasse oder Loggia, verteilt auf 5 Häuser. 300 m langer sonniger Privatstrand, Sauna, Solarium, Gourmetrestaurant „Maninseo". Mitte Mai bis Mitte Sept. geöffnet. WLAN gratis. DZ 170–490 €, Suite bis 570 €. Auhof 1, ✆ 06232-5031, 📠 503151, www.seehof-mondsee.com.

***** **Iris Porsche** **10**, edel-modernes Luxushotel am Marktplatz, dem Vernehmen nach ein Hochzeitsgeschenk von Herrn an Frau Porsche. 14 elegante, in Crème und Braun gehaltene Zimmer, Sauna, Dampfbad, Gourmetrestaurant. WLAN gratis. DZ 170–310 €. Marktplatz 1, ✆ 06232-2237, 📠 223722, www.irisporsche.at.

**** **Leitnerbräu** **7**, traditioneller, freundlicher Familienbetrieb (seit 1829) am Mondseer Marktplatz. 30 stilvoll-elegante Zimmer, Sauna, Dampfbad, Whirlpool. DZ 142–180 €, Familienzimmer (4 Betten) 174–190 €. Steinerbachstr. 6, ✆ 06232-6500, 📠 650022, www.leitnerbraeu.at.

*** **Krone** **11**, familiär geführter Betrieb mitten in Mondsee mit 21 individuell ausgestatteten, netten Zimmern. Sauna, Solarium. WLAN gratis. DZ 92–130 €. Rainerstr. 1, ✆ 06232-2236, 📠 223643, www.hotelkrone.org.

*** **Leidingerhof** **15**, Gasthof-Pension in toller, abgeschiedener Panoramalage am Gaisberg, 3 km westlich von Mondsee. 10 ländlich-moderne Zimmer, teils mit Balkon. WLAN gratis. DZ 70–100 €. Obergaisberg 7, ✆ 06232-2883, 📠 288383, www.panorama-leidingerhof.at.

Pensionen/Privatvermieter ** **Pension Herned** **5**, ruhige Lage 15 Gehminuten westlich des Mondseer Marktplatzes. 7 preisgünstige, saubere, zweckmäßig ausgestattete Zimmer, teils mit Balkon. DZ 58–60 €. Hernedstr. 22, ✆ 06232-2171, 📠 27548, www.pensionherned.at.

Seepension Hemetsberger **16**, zweckmäßig eingerichtete Pension direkt am Ufer neben dem Seebad, 8 Zimmer „über dem See", Garten. DZ 68–72 €, mit Balkon ca. 10 € mehr. Seebadstr. 1, ✆/📠 06232-4934, www.seepension.at.

** **Gästehaus Stabauer** **14**, schöne Aussichtslage, 2 km westlich (neben dem Gasthof Leidingerhof). 5 etwas altmodische Zimmer, teils mit Balkon. Sauna, Dampfbad, Spielwiese. DZ 48–52 €. Obergaisberg 9, ✆ 06232-3971, 📠 27219, www.stabauer.at.

Herberge/Camping **Jugendgästehaus** **3**, ruhige und zentrale Lage in Mondsee, 2011 komplett erneuert. 21 moderne Zimmer (1 bis 4 Betten) mit Du/WC. DZ 54 €, 24,50 €/Pers. im Vierbettzimmer, jeweils mit Frühstück. Krankenhausstr. 9, ✆ 06232-2418, 📠 241875, www.jugendherbergsverband.at.

Camp Mondsee Land **1**, sehr gut ausgestattete Anlage in ruhiger Waldrandlage 5 km

nördlich der Ortsmitte. 140 Stellflächen, beheiztes Schwimmbad, Leihräder. April bis Mitte Okt. geöffnet. 2 Pers., Auto, Zelt 25 €. Punzau 21, ✆ 06232-2600, 📠 27218, www.campmondsee.at.

Restaurants **La Farandole** **2**, das am Ortsrand nördlich der Autobahn versteckte kleine, feine Restaurant serviert gehobene Küche mit französischen Einflüssen. Nur mit Reservierung! Di–So 18.30–24 Uhr. Schlösslweg 1, ✆ 06232-3475.

Lackner **17**, beliebtes Gourmetrestaurant im gleichnamigen Seehotel am südlichen Ortsrand. Haubenkoch Martin Lackner bietet verfeinerte Regionalküche mit hervorragendem Fisch, Wild und Lamm, dazu tolle Weine. Hauptgericht 14–30 €. Do–Di 11.30–21.30 Uhr. Reservieren! Mondseestr. 1, ✆ 06232-23590, www.seehotel-lackner.at.

Der Marktwirt **7** gemütliches Lokal im Leitnerbräu am Marktplatz, gutbürgerliche österreichische Küche und mediterrane Gerichte; Mittagsmenü nur 6,90 €. Schöner Gastgarten. Mo Ruhetag. Marktplatz 9, ✆ 0664-3224646.

»» Unser Tipp: **Iris Porsche** **10** → „Hotels"; edles Haubenlokal mit sehr guter regionaler und internationaler Küche, tolle Weine. 4 Gänge 52 €, 2-Gänge-Mittagstisch für preisgünstige 12,50 € (Mo–Fr). Kein Ruhetag. ««

Schlossbräu **4**, gemütliches Wirtshaus im Schlossgewölbe, auch „Kirchenwirt" genannt. Gute Auswahl an Hausmannskost und Klassikern der Wiener Küche, Hauptgericht ab 9 €. Schöne Terrasse. Di–Sa 10–24, So 8–14 Uhr. Wredeplatz 1, ✆ 06232-5001245.

Krone **11** → „Hotels"; großes Restaurant mit Gastgarten, Fischrestaurant. Tadellose

Küche, 2-Gänge-Menüs 10–12 €, à la carte 9–19 €.

Kaffeehäuser **Café-Konditorei Frauenschuh 9**, seit 1953 sorgt die Konditorei am Marktplatz für Kaffeehausambiente und erstklassige Zuckerbäckerwaren. Biedermeiersalon, kleiner Gastgarten. Probieren muss man den Frauenschuh-Stollen aus Kakao, Nüssen, Krokant und Waffeln. Juli/Aug. tägl. (außer Mi) 7–23, sonst nur bis 19 Uhr. Marktplatz 8, www.konditorei-frauenschuh.at.

Café-Konditorei Braun 8, zweites bekanntes Traditionskaffeehaus (seit 1924) am Marktplatz. Köstliche Kuchen, Torten und warme Mehlspeisen, Spezialitäten sind warmer Apfelstrudel und Mondseetörtchen. Gastgarten. Juli–Sept. tägl. 7.30–23 Uhr, sonst Mo Ruhetag. Marktplatz 7.

Bars/Nachtleben **Mondbar 6**, gemütliche Cocktailbar am Eingang zum Schlosshof. Di–Sa 18–24 Uhr, Juli/Aug. kein Ruhetag und Fr Livemusik.

Big Bamboo 13, ein Hot Spot im Salzkammergut, unweit der Seepromenade; trendige Café-Bar, in der man bis in den frühen Morgen abtanzt, schöne Terrasse. April–Sept. tägl. außer Mo 16–4 Uhr. www.bigbamboo.at.

Sehenswertes/Ausflüge

Basilika Mondsee St. Michael: Die hellgelbe, frühere Kloster- und nunmehrige Pfarrkirche beherrscht den Ort. Ihre prächtige barocke Doppelturmfassade wurde 1730 dem dreischiffigen spätgotischen Bau von 1487 vorangestellt. Das bis 2009 aufwendig renovierte Innere beeindruckt mit seiner immensen Größe (70 m lang, 34 m breit, 22 m hoch), seinem spätgotischen Netzrippengewölbe und den 13 Barockaltären; der älteste ist der frühbarocke, vielfigurige Hochaltar von *Hans Waldburger* (1626). Sein Reliquienaufsatz birgt die Gebeine von etwa 45 Heiligen und Märtyrern, darunter auch jene des 1145 ermordeten Abts *Konrad II.*, der dem Kloster im 12. Jh. eine Blütezeit beschert hatte. Eine gelungene zeitgenössische Erweiterung im Altarraum sind der massive Altarblock und das Lesepult aus schwarzem Kalkstein vom Südtiroler Bildhauer *Lois Anvidalfarei* (2008). Im Chor links blieb das gotische Sakristeiportal von 1488 erhalten. Sieben weitere hochbarocke Altäre, die Kanzel und das Orgelgehäuse schuf *Meinrad Guggenbichler*, wobei der Corpus-Christi-Altar von 1684 (zweiter Altar im linken Seitenschiff) als eines seiner Hauptwerke gilt. Die sechs von Weinlaub umkränzten Säulen des Altars werden von pausbäckigen Putti getragen, für die angeblich des Bildhauers sieben Kinder Modell standen. Der dem Hl. Wolfgang gewidmete Altar links von der Kanzel zeigt den Schafberg im Hintergrund des Altarblattes. Touristen aus Übersee besuchen die Kirche als *Sound of Music Wedding Church*, da hier die Hochzeitsszenen von Baron Trapp für das Filmmusical (→ Kasten S. 103) gedreht wurden.

Ein Barockjuwel: Kirche in Mondsee

Schloss Mondsee mit Museum Mondseeland und Pfahlbaumuseum: An der Nordseite der Kirche schließen die früheren Stiftsgebäude an, die nach dem Marktbrand von 1774 wieder aufgebaut wurden. Sie werden Schloss Mondsee genannt und seit 1985 als Veranstaltungszentrum und Vier-Sterne-Hotel (www.schlossmondsee.at) genutzt. Das dunkel getäfelte, vornehme Fürstenzimmer erfreut sich als Trauungssaal großer Beliebtheit. Im Schloss untergebracht sind auch zwei Museen, deren Eingang sich gleich links neben der Kirchenfassade befindet. Das **Österreichische Pfahlbaumuseum** im oberen Stock dokumentiert in vier früheren Klosterräumen die jungsteinzeitliche Mondseekultur. Neben Wissenswertem zur Pfahlbauforschung sieht man ein rekonstruiertes Pfahlfeld und zahlreiche Funde aus dem Mond- und Attersee, von denen die verzierten Keramikstücke am bemerkenswertesten sind. Um der 2011 erfolgten Aufnahme der Pfahlbauten ins Welterbe gerecht zu werden, sollen künftig auch Sonderausstellungen stattfinden. Das **Heimatmuseum** gewährt Einblick in den einstigen Betchor der Mönche, in Kreuzgang, Kapitelsaal und in die gotischen Räume der früheren Klosterbibliothek, deren Bücher nach der Aufhebung des Klosters 1791 nach Wien und Linz verbracht wurden. Darunter auch der berühmte *Mondseer Matthäus*, die um 800 in der hiesigen Schreibschule entstandene erste Übersetzung des Matthäus-Evangeliums ins Althochdeutsche.

Juli/Aug. tägl. außer Mo 10–18 Uhr, Mai/Juni und Sept. nur bis 17 Uhr, Okt. nur Sa/So 10–17 Uhr. Eintritt 3 €, Kind 1,50 €. Skg-Card. ✆ 06232-2270.

Bauernmuseum Mondseeland, Freilichtmuseum Mondseer Rauchhaus: Beide Museen befinden sich auf dem Hilfberg rechts oberhalb der Kirche. Ersteres präsentiert eine modern gestaltete Ausstellung über die Geschichte der Landwirtschaft in der Region; sie dient zur Einstimmung auf das benachbarte kleine Freilichtmuseum, das ein Bauerngehöft aus dem 15. Jh. mit den zugehörigen Nebenbauten (Zuhaus für den Altbauern, Dörrhäuser, Hausmühle, Bildstock, Getreidekasten) umfasst. Es wurde beim Autobahnbau 1959 abgetragen und hier wieder zusammengesetzt. Im Zentrum steht das noch original ausgestattete Rauchhaus. Es ist ein im Mondseeland weit verbreiteter „Einhof", bei dem Wohn- und Wirtschaftstrakte unter einem Dach vereint sind. Rauchhaus heißt es, weil der Rauch des Herdfeuers nicht durch einen Schornstein, sondern durch das ganze Haus und die Fugen im Dach abzog. Dabei trocknete es auch das auf dem sog. Rauchboden gelagerte Getreide. Der Besuch der malerischen Anlage lohnt sich schon allein wegen des Ausblicks auf den Ort.

Mai–Aug. tägl. außer Mo 10–18, Sept. bis 17 Uhr, Okt. nur Sa/So/Feiertage 10–17 Uhr. Eintritt 3 €, Kind 1,50 €. Skg-Card. Kleine Brotzeit und bäuerliche Produkte im Museumsladen erhältlich. ✆ 0664-3406020, www.museummondsee.at.

Wallfahrtskirche Maria Hilf: Unweit des Bauernmuseums steht auf dem Hilfberg das kleine, von einer Mauer umsäumte Kirchlein (15. Jh.), das um 1707 von der Werkstatt Meinrad Guggenbichlers ausgestattet wurde und bis heute Ziel von Marienwallfahrten und beliebte Trauungskirche ist.

Salzkammergut-Lokalbahn-Museum: Direkt beim Alpenseebad wird im letzten noch erhaltenen Heizhaus und einer Wagenremise an die legendäre Ischler Bahn (→ Kasten S. 114) erinnert, die in einer Zweiglinie auch Mondsee erreichte. Zu sehen gibt es Bilder und Fahrpläne, drei Loks, fünf Waggons und den Salonwagen des Kaisers. Wo sich heute der große Parkplatz befindet, war einst der Bahnhof Mondsee. Nebenan ist ein Museum für Modelleisenbahnen geplant, das eine Sammlung von 4000 Exponaten präsentieren wird.

Juni bis Anf. Sept. Sa/So 10–12/14–17, Juli/Aug. zusätzlich Fr 14–17 Uhr. Eintritt 3 €. Skg-Card. ✆ 06232-2270.

Holzkirche auf dem Kolomansberg

Seepromenade: Östlich vom Alpenseebad erstreckt sich die 500 m lange baumbestandene Uferpromenade mit Blick auf den Schafberg und die imposante Drachenwand am Südufer und das Treiben am See. Hier legen die Ausflugsschiffe ab, zeigen Wasserschifahrer ihre Künste, erinnern Denkmäler an berühmte Gäste und Förderer des Orts. Beim Pavillon startet der Fischereiweg (Weg Nr. 2), ein 25 km langer, am besten mit dem Fahrrad zu bewältigender Themenweg um den Mondsee. An 13 Stationen wird fischereihistorisches Wissen vermittelt, eine Broschüre ist in den örtlichen Museen erhältlich.

Helenenweg zur Erlachmühle (522 m): Ein beliebter, kinderwagentauglicher Spaziergang führt vom westlichen Ortsrand (Parkplatz beim Friedhof; Hierzenbergerstraße) durch das wildromantische Helenental entlang der Zeller Ache und unter der Autobahn hindurch zur Jausenstation Erlachmühle (Gehzeit 30 Min.). Seit 1416 wird hier Getreide zu Mehl gemahlen und daraus köstliches Holzofenbrot gebacken.

Schaumühle: Führung (45 Min., 3 € inkl. Brotkostprobe) durch Mühle, Kraftwerk, Bäckerei, jeden Di ab 16 Uhr. **Jausenstation**: Brettljause, Räucherschinken, Schweinsbratl. Mai bis Ende Sept. tägl. (außer Mi) ab 14 Uhr. ✆ 06232-2578, www.erlachmuehle.at.

Kirchenweg zur Holzkirche auf den Kolomansberg (1114 m): Von der Erlachmühle aus (s. o., mit dem Auto über die B 154 Richtung Zell am Moos erreichbar) empfiehlt sich die mittelschwere Wanderung (Weg Nr. 8) zur ältesten, erhaltenen Holzkirche Österreichs auf dem bewaldeten Kolomansberg. Von der Mühle (522 m) geht man nach Süden, kurz die Asphaltstraße hinauf, beim nächsten Bauernhof rechts und dahinter links über Felder bis zur Straße, die zum aussichtsreich gelegenen Gasthof *Leidingerhof* (600 m, → Hotels) bringt (bis hierher führt von Mondsee auch eine 3 km lange Straße, Zeitersparnis 45 Min.). Der markierte Weg folgt noch ein Stück der Straße bergauf und biegt dann in den Wald. Am Südostrücken des Kolomansbergs geht es aufwärts, baumfreie Abschnitte bieten schöne Ausblicke.

Kurz vor dem Gipfel mündet der Weg in eine Asphaltstraße, die in wenigen Schritten zur hölzernen Kolomanskirche (1098 m) bringt (Gehzeit ab Erlachmühle 2½ Std.). Diese wurde vom Kloster Mondsee 1742 aus Holzstämmen errichtet, außen mit Schindeln verkleidet und innen weiß getüncht. Der Rückweg erfolgt auf gleicher Route. Der eigentliche Gipfel des Kolomansbergs unweit der Kirche ist militärisches Sperrgebiet und mit zwei Radarkuppeln der Luftraumüberwachung verunziert.

Mondseeberg (1029 m): Den Mondsee begrenzt im Norden ein bewaldeter Bergrücken mit den Erhebungen *Mondseeberg* und *Kulmspitze* (1095 m). Von seinen sonnigen, baumfreien Südhängen bieten sich herrliche Ausblicke auf das Mondseeland, an seinem Fuß verläuft die Trasse der West Autobahn. Die steile Mondseebergstraße, die im Ortszentrum von Mondsee (Herzog-Odilo-Straße) beginnt, ist eine beliebte Mountainbikestrecke. An ihr finden sich zwei Aussichtsparkplätze mit Traumblick zum Schafberg. Aussichtsparkplatz I erreicht man auch zu Fuß ab Mondsee über den Wanderweg Nr. 3 entlang des Gosaugrabens (Gehzeit 45 Min.).

››› Unser Tipp: **Wirtshaus am Riesnerhof**, Mondseeberg 6, ca. 1,7 km ab Ortsmitte. Gemütlich-gutbürgerliches Lokal, Jausengerichte und Regionalküche zu moderaten Preisen, Fleisch u. a. vom hauseigenen Angusrind. Hausgebrannte Schnäpse. Reservieren! Mi–Sa ab 17, So ab 12 Uhr, Juli/Aug. auch Di geöffnet. ✆ 06232-3333, www.riesnerhof.com. ‹‹‹

Rund um den Mondsee

Umrundet man den See ab Mondsee im Uhrzeigersinn, erreicht man nach 4 km **Loibichl**, von wo sich ein Abstecher nach **Oberwang** (s. u.) anbietet. Weiter auf der Attersee Straße B 151 entlang des Nordufers können Freunde zeitgenössischer Kunst auf der in den See ragenden Halbinsel Pichl dem Land-Art-Objekt „Stoneline – Gespräch mit den Bergen“ (1999) von *Richard Nonas* einen Besuch abstatten. Mit

Der Mondsee – ein Paradies für Wassersportler

zehn in einer Linie gereihten Steinblöcken unterstreicht der Künstler die eindrucksvolle Bergkulisse.

Anfahrt: Beim Hotel Seehof zweigt man von der B 151 in den schmalen Güterweg Seehof ab, den man noch 300 m entlang fährt.

Am östlichen schmalen Seeende biegt man von der B 154 rechts Richtung St. Gilgen ab, überquert die *Seeache*, die den Mondsee mit dem nur 2 km entfernten Attersee verbindet und gelangt an das Mondseesüdufer und damit ins Land Salzburg. Der nun folgende einst wildromantische Straßenabschnitt unterhalb der 400 m hohen, steil in den See fallenden **Kienbergwand** wurde nach zahlreichen Felsstürzen durch den 1 km langen Kienbergwandtunnel ersetzt und hat damit seinen früheren Reiz verloren. Nur auf dem Geh- und Radweg, der ufernah in sieben eigenen kleineren Tunneln und Galerien angelegt wurde, lässt er sich noch erahnen. Der **Kreuzstein**, ein markanter, mit Kreuz versehener Felsklotz im Wasser, befindet sich nun unweit des östlichen Tunnelportals. Wasserschifahrer und Taucher finden hier ihr Betätigungsfeld.

Nach 4 km mündet die Kienbergwandstraße in **Scharfling** (wieder Oberösterreich) in die Mondsee Straße B 154, die links über die Scharflinger Höhe (607 m) nach St. Gilgen (→ S. 121) und rechts über **St. Lorenz** (s. u.) zurück nach Mondsee führt. An der Kreuzung liegt der Egelsee, ein naturbelassener Moorsee. Unweit davon lädt das schöne Mostbauerngut Holzingerbauer zur Brotzeit.

Holzingerbauer, beliebte, im Sommer geöffnete Einkehr, gemütliche Stube, Gastgarten, Brettljause mit Holzofenbrot, Almkäse, Strudel, Blechkuchen, Schnaps, Most. Mo/Di und Do/Fr 15–22 Uhr. Oberburgau 12, ✆ 06232-3841.

Oberwang

1600 Einwohner, 572 m

Zweigt man 4 km östlich von Mondsee in Loibichl vom Seeufer ab, so gelangt man unter der Autobahn hindurch nach 7 km in den Ort Oberwang. Seine mitten im Friedhof gelegene gotische, 1736 barock überformte **Pfarrkirche zum Hl. Kilian** besitzt einen sehenswerten Hochaltar von *Meinrad Guggenbichler* (1708). Dabei verzichtete der Meister auf ein Altarbild und stellte stattdessen mit Skulpturen die dramatische Szene der Ermordung des Hl. Kilian dar. Rund 700 m südwestlich (Weg Nr. 21) befindet sich am Waldrand eines der ältesten Gotteshäuser der Region, die mit einem Dachreiter versehene spätgotische **Konradskirche** aus dem 15. Jh. Sie ist auch für ihre modernen Glasfenster von *Lydia Roppolt* (1922–95) bekannt (Schlüssel im nahen Bauernhaus erhältlich, sonst ermöglicht ein Fenster den Blick ins Innere). Der Kirchenname erinnert an den Mondseer Abt *Konrad II.*, der 1145 unweit von hier ermordet wurde. Das Totenbrett Konrads, auf dem sein Leichnam verbrannt werden sollte, aber unversehrt blieb, ist im Chor der Kirche hinter einem Gitter zu bestaunen. Die Täter sollen danach versucht haben, die Leiche zu verscharren, worauf eine Quelle entsprang, die den Toten wieder hervorspülte. Besagten mitten im Wald gelegenen Konradbrunnen und die darüber errichtete **Konradsbrunnenkapelle** (das Heilwasser soll bei Augenleiden helfen) erreicht man auf einem markierten, leicht ansteigenden und breiten Waldweg in rund 30 Gehminuten.

Operettenliebhaber besuchen in Oberwang den aussichtsreich gelegenen Ausflugsgasthof „Zum Fidelen Bauern". Hier lebte einst der Roider Hansl, der dem böhmisch-österreichischen Komponisten *Leo Fall* (1873–1925) Vorbild für seine Operette „Der fidele Bauer" (1907) war.

Zum Fidelen Bauern, stattliches Haus 2 km westl. oberhalb von Oberwang. Hausmannskost, Jause. Mo Ruhetag. Grossenschwandt 31, ✆ 06233-8570, www.fideler-bauer.at.

Malerisches St. Lorenz

St. Lorenz

2200 Einwohner, 486 m

4 km südlich von Mondsee liegt auf dem Schwemmkegel der Fuschler Ache zwischen Seeufer und steilen Felsen der Drachenwand die Gemeinde St. Lorenz – mit weit verstreuten Häusern ohne Zentrum. Das flache, grüne Gelände nutzen zwei Campingplätze, zwei Golfplätze und eine große Badeanlage. Sehenswert ist die barocke, mit einer doppeltürmigen Fassade versehene **Kirche zum Hl. Laurentius** (1730) am Fuß der Drachenwand, deren Lage besonders malerisch ist. In ihrem Inneren sind die beiden großen Skulpturen von *Meinrad Guggenbichler* zu beachten, eine Schmerzhafte Maria und ein Schmerzensmann (beide 1714). Auch das Gehäuse der kleinen Orgel stammt vom Mondseer Meister. Die rund 1,5 km westlich, idyllisch am Waldrand gelegene **Wistaudermühle** aus dem 19. Jh. wurde revitalisiert und kann nach Voranmeldung (✆ 06232-7382) besichtigt werden. Das **Kulturgut Höribachhof** knapp südlich vom Ort Mondsee, im 17. Jh. als Meierhof des Klosters errichtet, wird heute als Kultur- und Veranstaltungszentrum genutzt (Programm

Schwarzindien am Mondsee

Die Ortstafel zwischen St. Lorenz und Mondsee löst Verwunderung aus. Wie kam der Ort zu diesem seltsamen Namen? 1880, zur Zeit der Sommerfrische, verbannte man die einheimischen Jugendlichen aus den Seebädern, damit die feinen Feriengäste aus der Stadt nicht gestört würden. Daraufhin nahmen sich die Vertriebenen ein Floß, setzten über den See und eroberten sich ein Badeplätzchen am Südufer. Erschreckt sollen die feinen Leute beim Anblick der braungebrannten Kids gerufen haben: „Da kommen sie, die schwarzen Indianer." Das „eroberte Land" wurde in Besitz genommen, beflaggt und der Ortsteil bald offiziell „Schwarzindien" genannt.

unter www.hoeribachhof.at). Im zugehörigen Laden erhält man Bio-Spezialitäten, Kunsthandwerk und Bücher (Di–So 11–18 Uhr), im Innenhof kann man Kaffee und Kuchen oder eine herzhafte Bio-Jause genießen. Das österreichische Unternehmen *Camaro & Komperdell* im Ortsteil Wagnermühle ist einer der weltweit führenden Sportartikelproduzenten und fertigt Wasser- und Tauchsportanzüge, Schi- und Teleskopstöcke sowie Golfschläger (www.camaro.at, www.komperdell-golf.com).

Theklakapelle, Almkogel (1030 m) und Drachenwand (1176 m): 50 m vor dem „Gasthof Drachenwand" in St. Lorenz führt ein markierter Karrenweg (Nr. 12) leicht ansteigend in das Klausbachtal, wo man nach 15–20 Min. auf die mitten im Wald befindliche kleine *Theklakapelle* (1864) trifft. Unweit davon beginnen am anderen Bachufer die markierten Aufstiege zu den zwei Aussichtsgipfeln am Südufer des Mondsees. Linker Hand führt der Drachenweg (Nr. 12) in steilen Serpentinen im Wald auf den im Gipfelbereich felsigen **Almkogel** (1½ Std.) mit schönem Gipfelkreuz. Von oben hat man einen wunderbaren Blick auf Mondsee, Schafberg und die **Drachenwand** mit ihrer markanten, 700 m fast senkrecht abfallenden Nordseite. Diese sollten nur bergerfahrene, schwindelfreie Wanderer besteigen: 2 Std. lang (Weg Nr. 12a) geht es ab der Theklakapelle teils über Leitern, steile Waldpfade und zuletzt einen abschüssigen Felsgrat auf den Gipfel mit dem Felsenloch.

Baden **Gemeindebadeplatz Schwarzindien**, beliebte, frei zugängliche Anlage (Wegweiser an der B 154), große Liegewiese, schöner Mondseeblick, Spielplatz, Buffet, Badesteg. Parkplatzgebühr.

Golf **Golfclub am Mondsee**, landschaftlich reizvolle 18-Loch-Anlage am Seeufer, Green Fee 65–70 €. ✆ 06232-38350, www.golfclubmondsee.at.

Golfclub Drachenwand, 9-Loch-Platz in schöner Lage Richtung Thalgau, Green Fee 50 €. ✆ 06232-5656, www.gcdrachenwand.at.

Übernachten/Essen ****S **Marienschlössl Eichingerbauer**, einstiges Bauerngut in schöner Landschaft, das zum Seminar- und Wellnesshotel mit 40 gediegen-rustikalen Zimmern und Suiten angewachsen ist. Familiäre Atmosphäre, großer Spa- und Wellnessbereich mit beheiztem Außenpool. Internetzugang gratis. DZ 112–160 €, Suite bis 210 €. Eich 34, ✆ 06232-2658, Fax 26589, www.eichingerbauer.at.

»» Unser Tipp: *** **Drachenwand**, Bilderbuchgasthof mit gepflegten Stuben und Kastaniengastgarten, gute, verfeinerte Regionalküche (Hauptgericht 9–16 €). Mo Ruhetag, im Winter auch Di. 6 geschmackvoll eingerichtete Zimmer (nur Mai–Okt.). DZ 90–100 €. St. Lorenz 46, ✆ 06232-33560, Fax 3356010, www.drachenwand.at. ««

*** **Pension Anna**, freundliche Pension in toller, ruhiger Lage unter der Drachenwand. 6 schöne, rustikale Zimmer mit Balkon, 3 gut ausgestattete Fewos. Swimming-Pool im Garten, Sauna, Leihräder, WLAN gratis. DZ 68–70 €, Fewo (4 Pers.) 85–90 €. Keuschen 121/122, ✆ 06232-3088, Fax 30887, www.pensionanna.at.

Gästehaus Haas, unweit des Sees, 2 gemütliche Zimmer mit Balkon, 2 komplett ausgestattete Fewos. Eigener Badeplatz, Leihräder. DZ 50–50 €, Fewo (4 Pers.) ab 85 €. Schwarzindien 77, ✆/Fax 06232-2480, www.kmh.4bwa.at.

Austria Camp Mondsee, sehr gut ausgestattete Anlage am Seeufer, 100 Stellplätze. Segel-, Surf- und Tauchschule, Restaurant. April bis Ende Sept. geöffnet. 2 Pers., Auto und Zelt 28 €. Achort 60, ✆ 06232-2927, Fax 29274, www.austriacamp.at.

Am Attersee

Mit 47 km² Fläche ist der Attersee nicht nur größter Salzkammergutsee, sondern auch größtes innerösterreichisches Gewässer. Bis auf das Südufer, wo rund um **Unterach** und **Steinbach** die Kalkfelsen des Höllengebirges und der Schafberg aufragen, ist seine Uferlandschaft wenig spektakulär von wiesen- und waldbedeckten

Der Attersee – Segelrevier vor der Kulisse des Höllengebirges

Hügeln geprägt. Große kunsthistorische Sehenswürdigkeiten gibt es nicht, alte Dorfkirchen und über 100 elegante Sommerfrischevillen aus der Zeit der Jahrhundertwende sind die sehenswerten Baudenkmäler in dieser bäuerlich geprägten Region. Weithin bekannt ist der See als Segel- und Surfrevier, wofür der sog. *Rosenwind*, ein bei sonnigem Sommerwetter steter Ostwind verantwortlich ist. Das türkisblaue Wasser ist für Taucher ein Paradies. Von den zahlreichen frei zugänglichen Badeplätzen rund um den See sind jene die besten, wo die Uferstraße nicht dicht am Wasser verläuft. Daneben gibt es zahlreiche gepflegte Strandbäder. Während Radfahrer weiterhin auf einen durchgehenden Radweg rund um den See warten müssen, bieten sich Tauch-, Segel- und Wasserschimöglichkeiten in jedem größeren Ort an. Im Frühsommer oder Frühherbst werden sie von vielen Schulen zu Sportwochen genutzt. Im Hochsommer werden ganz im Stil der Sommerfrische Kulturveranstaltungen, v. a. klassische Konzerte, angeboten. Sie erinnern an den Beginn des 20. Jh., als der Attersee gesellschaftliches Zentrum des Salzkammerguts und Künstlertreff war. Auch heute ist die Promi-Dichte am Seeufer hoch. Russische Oligarchen, Unternehmerfamilien wie Underberg, Flick und Ferrero und Österreichs Schi-Legende Hermann Maier haben am Attersee ihre Feriendomizile.

Attersee: 467 m Seehöhe. 20 km lang, bis 3 km breit. Max. Tiefe 171 m, max. Temperatur 25 °C. Motorbootverbot im Sommer. Linienschiffe verkehren tägl. im Juli und Aug., Rundkurse in der Südhälfte zusätzlich tägl. von Mitte Mai bis Mitte Sept., in der ersten Mai- und der zweiten Sept.-Hälfte tägl. bei Schönwetter. Im Mai und Sept. werden bei Schönwetter Sa/So zusätzlich Rundkurse in der Nordhälfte gefahren. Eine große Seerundfahrt dauert 3½ Std. und kostet 19 €. Skg-Card gültig. Im Hochsommer gibt es auch Themenfahrten (z. B. Party- oder Piratenschiff). ✆ 07666-7806, www.attersee schifffahrt.at.

Unterach am Attersee

1400 Einwohner, 468 m

Die Sommerfrische an der weiten, südwestlichen Bucht ist das vielleicht schönste Dorf am Attersee. Die steilen Felswände des Höllengebirges liegen direkt gegenüber, und im milden Kleinklima gedeihen sogar Edelkastanien.

Wo die Seeache vom nur 2 km entfernten Mondsee kommend in den Attersee mündet, liegt Unterach (der Ortsname leitet sich vom lateinischen „inter lacus" ab und bedeutet „zwischen den Seen"). Fremdenverkehr hat hier seit Mitte des 19. Jh. Tradition, als Sommergäste von Ischl durch das reizvolle Weißenbachtal an das Atterseeufer gelangten und von einem findigen Gastwirt mit der Fähre an den bisher „entlegenen" Ort verfrachtet wurden. Bald war Unterach, wegen seiner Seelage auch „Klein-Venedig" genannt, Treffpunkt von Künstlern und Wissenschaftern, darunter die Komponisten *Johannes Brahms* und *Hugo Wolf*, sowie *Gustav Klimt*, der den Ort mehrmals auf Leinwand bannte, und der Turbinenerfinder *Viktor Kaplan*. Die tschechische Operndiva *Maria Jeritza* besaß ab 1925 hier ein Haus. Die nach ihr benannte Uferstraße ist von zahlreichen Jahrhundertwendevillen aus der Glanzzeit Unterachs gesäumt. Heute punktet der Ort mit Badevergnügen und Wassersport und den zahlreichen Wandermöglichkeiten in der gebirgigen Umgebung, abends werden dann die Gehsteige hochgeklappt.

Basis-Infos

Information Infobüro, im Ortszentrum. Juli/Aug. Mo–Do 9–12, 13–16, Fr 9–12 Uhr. Broschüren auch zum Download von der Webseite. 4866 Unterach, Hauptstr. 9, ✆ 07665-8327, www.attersee.at.

Hin & weg Bus: Mo–Fr 7x tägl., Sa 3x tägl. nach Mondsee **(Linie 140)**; Mo–Fr 6x tägl., Sa/So 2x tägl. entlang dem Ostufer bis Kammer **(Linie 562)**; Mo–Fr 7–9x tägl., Sa/So 5x tägl. entlang dem Westufer bis Seewalchen/Vöcklabruck (Westbahn) **(Linie 564)**. Atterseetaxi **(Linie 548)**, Rufbus via Weißenbach nach Bad Ischl 5x tägl., Anmeldung mind. 30 Min. vor Abfahrt unter ✆ 0650-7402225. www.svv.at, www.ooevv.at.

Schiff: Linienschiffe (Rundkurs Süd) Mai bis Ende Sept. 4x tägl., Rundkursticket Süd 15 €, Fahrrad 2,50 €. Ticketverkauf auf dem Schiff.

Baden/Wassersport **Strandbad Unterach**, moderne Anlage am südlichen Ortsrand, Parkplätze. Breiter, seichter Kiesstrand, Badestege, Wasserschi, Bootsverleih, Restaurant. Mai bis Ende Sept. tägl. 9–20 Uhr. Eintritt 3 €, Kind 50 %. Badgasse 9, ✆ 07665-825523.

Freizeitgelände Unterach, große, sonnige Badeanlage nebenan, schmaler Seezugang. Buffet, Minigolf, Spielplatz. Eintritt frei.

Attersee Bädercard

Die Karte ist in den Strandbädern Unterach, Nußdorf, Attersee, Seewalchen, Schörfling, Weyregg und Steinbach gültig und als Saison-Card (92 €), Vorsaison Card (1 Woche im Mai oder Juni, 20 €) oder Punkte-Card (mit bis zu 20 % Rabatt gegenüber Einzeleintritten) erhältlich. www.attersee-baeder.at.

Wasserschi Pölzleithner, beim Strandbad, für Anfänger und Könner, Wakeboard, Tubing, Banane, ✆ 07665-8260, www.wasserschischule.at.

Austrian Divers, Tauchschule und -fachhandel, Kinderkurse ab 8 J. April–Okt. 9–18 Uhr. Seeleitenstr. 4e, ✆ 07665-8524, www.austrian-divers.at.

Bootsverleih **Proch**, Elektroboote (ca. 15 €/Std.), schön ist die Fahrt entlang dem villengesäumten Ufer. Jeritzastr. 22 (nördl. Ortsrand), ✆ 07665-8242.

Pölzleithner, die Wasserschischule (s. o.) verleiht auch Tret- und Ruderboote.

Unterach am Attersee

Einkaufen **Fischerei Scheichl**, am nördlichen Ortsende. Frisch- und Räucherfische. Mo–Sa 8–12/13–18 Uhr. Jeritzastr. 90.

Kunstgalerie am Klimtplatz, private Sammlung an Ölgemälden von 1850–1950 zu moderaten Preisen. Di/Fr 15–17.30, Juli/Aug. Mo–Fr 10–12/16–18.30, Sa (ganzjährig 10–12 Uhr. Hauptplatz 4, www.kunst-amklimtplatz.at.

Fahrrad Verleih bei **Michel's 2-Rad-Verleih**, Hugo-Wolf-Weg 17 (östlicher Ortsrand), ✆ 07665-8145. **Bike & Boot Austria** in Seewalchen liefert E-Bikes (19 €/Tag; Skg-Card) nach Voranmeldung (✆ 07662-2202) gratis zur Unterkunft, www.atterbike.at.

Kinder **Märchenweg**, aussichtsreicher halbstündiger Weg mit Frau Holle & Co. am Westwanderweg unterhalb des Egelsees (s. u.).

Veranstaltungen **Glöcklerlauf**, 5. Januar. **Kultursommer** im Aug. mit Konzerten sowie Seefest samt Klang-Feuerwerk.

Übernachten/Essen & Trinken

**** **Stadler**, schöne, familienfreundliche Anlage 6 km nördlich direkt am See. 45 modern-rustikale Zimmer, Privatstrand, Liegewiese, Bootsverleih. Sauna, Dampfbad, Leihräder (auch E-Bikes). Parkplatz gratis. Gutes Preis-Leistungsverhältnis. Gutbürgerlicher Gasthof mit Wildgerichten aus eigenem Gehege und Atterseefischen. DZ 80–110 €. Stockwinkl 1–3, ✆ 07665-8346, 📠 834610, www.seegasthof-stadler.at.

*** **Goldener Anker**, traditioneller Sommerfrischebau mitten im Ort direkt am See. 30 hell-rustikale Zimmer, großteils mit Seeblick. Leihräder (auch E-Bikes), Privatstrand. Restaurant mit regionaler Küche und schöner Seeterrasse. DZ 88–112 €, Parkplatz 7 €/Tag. Hauptplatz 2, ✆ 07665-8390, 📠 839040, www.seehotel-anker.at.

*** **Druckerhof**, gemütlicher, freundlicher Landgasthof in Traumlage (650 m) nördlich oberhalb der Unteracher Bucht (Anfahrt über Fasching); rustikale Kachelofenstube mit deftiger Regionalküche (Grammel- u. Speckknödel), Fische, Kaiserschmarrn. Wildgehege, Streichelzoo. 5 schöne Zimmer sowie 4 Fewos mit Kochzeile, eigener Badeplatz am See. Ostern bis Ende Okt. geöffnet. DZ 74–94 €, Fewo (2 Pers.) 64–82 €. Druckerstr. 15, ✆ 07665-8295, 📠 829555, www.druckerhof.com.

Die Röhre, Café-Bar-Restaurant an der B 151, wegen der modernen Holzarchitektur nicht zu übersehen. Kreative internationale Küche (10–17 €), große Frühstückskarte, Eis, Weine. Ostern bis Neujahr Do–Mo 15–23, Sa/So ab 9 Uhr, Juli/Aug. nur Mi Ruhetag. ✆ 0664-1339864, www.dieroehre.com.

Café Central, gemütliche Bar-Pizzeria mitten im Ort, neben Pasta und Pizza gibt es hausgemachte Kuchen, Torten und Pralinen. Schöner Gastgarten. Juli/Aug. tägl. 10–23 Uhr, sonst Di/Mi Ruhetag. Hauptstr. 20.

››› Unser Tipp: **Seehaus & Haus Schernthaner**, auf die beiden Häuser verteilen sich 2 moderne komfortable Zimmer und 5 Fewos, jeweils mit Balkon oder Terrasse. Bestechend ist die Lage: zentral, ruhig und direkt am See. Sauna, Dampfbad, Privatstrand, WLAN gratis. DZ oder Fewo (2 Pers.) 80 €, kein Frühstück. Fischergasse 4 & 6, ✆ 07665-8287, ✆ 7195, www.seehaus-schernthaner.at. ‹‹‹

Inselcamp, baumbestandene Anlage mit 140 Stellplätzen an der Mündung der Seeache (Badewiese, Angelmöglichkeit), moderne Sanitäranlagen, kleiner Shop. Mai bis Mitte Sept. geöffnet. 2 Pers., Auto, Zelt ca. 22 €. Unterburgau 37, ✆ 07665-8311, ✆ 7255, www.inselcamp.at.

Sehenswertes/Ausflüge

Pfarrkirche Unterach: Mitten im Ort erhebt sich die dem Hl. Bartholomäus geweihte Kirche mit ihrem ansehnlichen barocken Zwiebelturm. Ihr Chor stammt aus der Spätgotik (15. Jh.), der Rest entstand 1783. Das Hochaltarbild wird Bartolomeo Altomonte zugeschrieben. Beachtenswert sind das Sakramentshäuschen und die gotische Madonna (1400). Am Seeufer unterhalb der Kirche trifft man auf eine moderne, bronzene **Gustav-Klimt-Büste** (2003). Eine Tafel informiert über die Beziehung des Malers zum Ort.

Edelkastanienwald und Jubiläumsbaum: Stolz ist Unterach auf seine etwa 80 Edelkastanien in einem Laubmischwald knapp oberhalb der B 151. Die wegen ihrer Maroni geschätzten Bäume sind überaus wärmeempfindlich und reifen nördlich der Alpen nur in mildem Weinbauklima. Durch den Wald führt ein 2,5 km langer Lehrpfad mit Schautafeln. Es lohnt auch, den Jubiläumsbaum aufzusuchen: Über einige Kehren geht es rund 100 Höhenmeter (ca. 10 Min.) weiter aufwärts zu der allein auf einer aussichtsreichen Wiesenschulter stehenden Edelkastanie, die 1908 zum 60. Regierungsjubiläum von Kaiser Franz Joseph gepflanzt wurde.

Anfahrt/Wanderweg: Der Weg zum Edelkastanienwald (20 Min.) ist ab dem Kirchenplatz beschildert (Weg Nr. 2). Auch Autofahrer parken am besten hier, an der B 151 gibt es nur wenige Parkplätze.

Viktor-Kaplan-Themenweg: *Viktor Kaplan* (1876–1934), steirischer Maschinenbauingenieur, Hochschulprofessor und Konstrukteur einer nach ihm benannten Wasserturbine, verbrachte den Lebensabend auf seinem Landsitz Rochuspoint in Unterach, wo er auch die letzte Ruhe fand. Seinem Leben und Werk lässt sich auf dem mit 11 Informationstafeln bestückten Kaplan-Weg nachspüren. Dieser beginnt beim turbinenförmigen Kaplan-Denkmal im Freizeitgelände am Seeufer, führt über das hoch am Hang gelegene Gut Rochuspoint mit dem **Kaplan-Mausoleum** bis zum Mondseeufer und entlang der See-Ache, an der Kneippanlage vorbei, nach Unterach zurück (7,6 km Länge, Gehzeit ca. 3 Std.).

Hochmoor Egelsee: Der kleine See auf 624 m Seehöhe inmitten eines Hochmoors über dem Westufer, ist ein typisches Toteisloch, das nach Abschmelzen der Eiszeitgletscher entstanden ist. Sein Ufer ist von Raritäten wie dem fleischfressenden Sonnentau und Orchideen besiedelt. Am einfachsten (auch mit Kinderwagen) erreicht man den Egelsee in 20 Gehminuten vom Panorama-Gasthof Druckerhof aus (→ „Übernachten/Essen & Trinken“). Lohnenswert ist auch die beschilderte Wanderung ab Unterach vorbei am Edelkastanienwald zum Egelsee (1½ Std.). Von dessen

Gustav Klimt am Attersee – eine Spurensuche

Der Maler und Grafiker Gustav Klimt (1862–1918) kam 1900 erstmals zur Sommerfrische an den Attersee. Zu dieser Zeit hatte er sich bereits von der klassischen Malschule des 19. Jh. abgewandt, in Wien die Künstlervereinigung Secession gegründet und seinen flächig-ornamentalen, farbenprächtigen Stil entwickelt. Er war der begehrteste Porträtist der Damen der Wiener Gesellschaft und in seinem Atelier stets von Aktmodellen umgeben. Erst am Attersee wurde Klimt, der Stadtmensch, auch zum Landschaftsmaler. In 16 Sommern schuf er fast 50 Gemälde mit Motiven aus dem Atterseegebiet. Er begann sie vor Ort und stellte sie meist später in Wien fertig. Ihren Spuren folgt ein **Themenweg** rund um den Attersee, der mit 24 Stelen auf Malplätze und Motive hinweist, dessen oft kühne Bildausschnitte Klimt mit einem „Sucher" aus Pappe auswählte. Einen multimedialen Einstieg in den Themenweg bildet das 2012 eröffnete **Gustav Klimt Zentrum** unweit von Schloss Kammer (S. 178). Klimts erstes Sommerdomizil am Attersee war Litzlberg (1900–07), wo die bekannten Gemälde „Am Attersee" und „Die große Pappel" (beide im Leopold-Museum Wien) entstanden (Stelen beim Seebad). In den Sommern 1908–12 hielt sich Klimt in der Villa Oleander in Kammer auf und malte dort mehrere Ansichten von Schloss Kammer. Eine davon wurde 1997 in London für 21 Mio. Euro versteigert, weitere hängen in der Nationalgalerie Prag und im Belvedere in Wien. Klimts dritter Aufenthaltsort 1908–16 war das heute noch erhaltene Forsthaus am Eingang des Weißenbachtals (Stele). Aus dieser Periode stammen die Bilder von Unterach, die er, wie so oft, unter Zuhilfenahme eines Fernrohrs vom Ufer gegenüber malte. Zwei davon wurden 2001 und 2006 unter großer medialer Anteilnahme ihren Besitzern zurückgegeben, nachdem die Werke in der NS-Zeit beschlagnahmt worden waren – und beide wurden mittlerweile zu Rekordsummen versteigert: das „Landhaus am Attersee" (1914) für 25,4 Mio., die „Häuser in Unterach am Attersee" (1916) für 24,6 Mio. Euro. Ebenfalls aus der Weißenbacher Zeit stammt „Litzlberg am Attersee" (1915), das 2011 für 29,5 Mio. Euro einen neuen Eigentümer fand.

Gustav Klimt (1862–1918), verewigt in Bronze

Nordufer kann man weiter auf halber Hanghöhe auf dem *Westwanderweg* durch Wald und Wiesen bis Nußdorf wandern (2 Std.) oder über Straßen und einen Waldgraben nach Stockwinkel absteigen (¾ Std.). Von beiden Orten geht es von Mai bis Ende Sept. mit dem Schiff nach Unterach zurück.

Burggrabenklamm: In der Burgbachau, 3 km südlich von Unterach Richtung Weißenbach, befindet sich beim ehemaligen Gasthof Jägerwirt (Parkplatz, Bushaltestelle) der Einstieg zu dieser wildromantischen Schlucht an den Ausläufern des Schafbergs. Auf kurzem Waldweg erreicht man zunächst eben die Madonnenstatue „Maria Klamm", wo sich der Weg teilt. Auf der rechten Seite geht es über den teils ausgesetzten Valerieweg oberhalb der Schlucht auf die **Eisenauer Alm (1015 m)**, die sich auf einem sonnigen Hochplateau unterhalb der Felsflanken des Schafbergmassivs ausbreitet (→ Wanderung 5, s. u.). Der (leider bis auf Weiteres gesperrte) Weg links führt in den spektakulären vorderen Teil der Klamm. Auf einem drahtseilgesicherten, aus dem Fels gemeißelten schmalen Pfad geht es nah am Grund des engen Canyons dahin, bis nach rund 15 Minuten der Endpunkt an einem ausgewaschenen Felsenkessel erreicht ist, in den tosend ein 18 Meter hoher Wasserfall stürzt.

Ein Erlebnis: die Burggrabenklamm

Wanderung 5: Durch die Burggrabenklamm zur Eisenauer Alm → S. 276
Auf imposantem Steig vom Attersee zu den Almen unterhalb des Schafbergs

Nußdorf am Attersee

1100 Einwohner, 500 m

Der 10 km nördlich von Unterach am lieblichen Westufer gelegene Ort wirkt noch recht dörflich, entspricht also ganz seinem Namen. Nur im Sommer ist er mit Leben erfüllt – es herrscht eine Atmosphäre wie an der Adria: flache Strände, Musikpavillon, Wassersport, Golfplatz, drei Campingplätze, Nightlife, feine Lokale und Quartiere. Historische Bauten sind seit dem Marktbrand von 1857 kaum erhalten. So stammt auch die örtliche **Pfarrkirche zum Hl. Mauritius** bis auf den spätgotischen, von Netzrippen überwölbten Chor aus dem 20. Jh.

Zwei **Themenwege** bieten sich für Spaziergänge durch das Dorf an: Einer ist einem der ersten Sommergäste, dem österreichischen Diplomaten, Künstler und Abenteurer *Eugen Freiherr von Ransonnet-Villez* (1838–1926) gewidmet. Er führt in 30 Min. vom Musikpavillon in der Ortsmitte an dessen früherer Villa (heute Seminarhotel Grafengut) vorbei ans Seeufer und wieder zurück. Der **Wildholzweg** befasst sich an seinen 12 Erlebnis-Stationen mit Obst-, Wild und Nutz-Holz aus heimischen Wäldern und dessen Verarbeitung. Er beginnt beim Info-Büro und endet nach rund 600 m mit schönem Atterseeblick beim Pfarrer-Salettl.

Die **Reiserbauernmühle** aus dem 17. Jh., eine idyllische Getreidemühle im Wald, wird im Sommer vorgeführt (Mitte Juni bis Mitte Sept. Mi 17 Uhr). Sie liegt in Stockwinkl 4 km südlich von Nußdorf und ist auf dem Westwanderweg ab Nußdorf in 2 Std. zu erreichen. Mit dem Pkw fährt man an der B 151 bis Stockwinkl, zweigt dort ab Richtung Oberaschau und fährt 1,5 km bergauf (beschildert); von dort sind es noch 10 Min. zu Fuß.

Basis-Infos

Information **Infobüro**, an der Dorfstraße, Mo–Fr 9–12, Mo/Di/Do auch 13–16.30 Uhr. 4865 Nußdorf am A., Dorfstr. 33, ✆ 07666-8064, www.attersee.at.

Hin & weg **Bus (Linie 564)**: 5–9x tägl. entlang dem Westufer bis Seewalchen. www.ooevv.at. **Schiff** → „Unterach".

Baden/Wassersport **Seebad Nußdorf**, schöne, aussichtsreiche Anlage 400 m vom Ortszentrum nahe der Schiffsstation. Kleiner Sandstrand, Bootsverleih, Restaurant, Snack-Bars. Eintritt frei, Parkplatz 3 €.

Yachtschule Koller, Segel- und Surfschule, Wasserschi, Bootsverleih, beim Seebad, ✆ 0676-3305253, www.yachtschule-koller.com.

Golf **Golfclub am Attersee**, 18-Loch-Platz in Hanglage zwischen Biotopen und Bauernhäusern nördlich von Nußdorf. Golfkurse, Green Fee 50–60 €. ✆ 07666-20866, www.golfamattersee.at.

Veranstaltungen **Nußdorfer Bergpreis**, Oldtimer-Rennen im Mai. Jazz-Konzerte im Juli/Aug.

Übernachten/Essen & Trinken

Hotels/Pensionen **** **Hotel Aichinger**, gediegen-ländliches Ambiente in alten Mauern mitten im Ort, beheizter Swimmingpool im mediterranen Stil, Grottendampfbad, Sauna, Nebeldusche, Privatstrand am See. 17 individuell eingerichtete Zimmer, teils mit Balkon. WLAN und Parkplatz gratis. DZ 130–160 €. Am Anger 1, ✆ 07666-8007, 📠 800750, www.hotel-aichinger.at.

**** **Ragginger**, freundlicher Landgasthof mitten im Ort. Im Haupthaus rustikal-elegante **** Zimmer mit viel Holz, im *** Gästehaus nebenan bescheidener ausgestattet. Großer eigener Badestrand mit Bootssteg, Sauna. LAN und Parkplatz gratis. Gutes Restaurant. DZ 86–106 €. Dorfstr. 42, ✆ 07666-800576, 📠 800577, www.ragginger.co.at.

››› Unser Tipp: *** **Lex'nhof**, sehr schöne, gepflegte Frühstückspension in einem alten Erbhof (15. Jh.) mitten im Ort. 13 Zimmer, teils mit Balkon. Privatstrand und Bootssteg in der Nähe. Gourmetlokal im Haus, Bar und Strandbar. WLAN und Parkplatz gratis. April bis Ende Sept. geöffnet. DZ 62–114 €. Am Anger 4, ✆ 07666-8073, 📠 807380, www.lexenhof.at. ‹‹‹

*** **Schönberger**, freundliches Panoramahotel in grüner Hanglage 2 km südlich von Nussdorf, toller Blick auf See und Höllengebirge. 14 helle Vollholzzimmer, großteils mit Balkon. Eigener Badestrand mit Steg, Leihräder. Restaurant mit regionaler Küche. DZ 70–80 €. Seepoint 10, ✆ 07666-8006, 📠 800620, www.gasthof-schoenberger.at.

** **Seeblick**, Mutter und Tochter Lohninger haben ihre Traditionspension mit 12 Zimmern geschmackvoll renoviert. Ruhige Waldrandlage 1,5 km nördlich oberhalb von Nußdorf, Frühstück auf der Terrasse mit viel Hausgemachtem, Sauna, Whirlpool. DZ 52–64 €. Breitenröth 16, ✆/📠 07666-8152, www.pension-seeblick.co.at.

Fewos/Camping **Sommerfrische Falkensteiner**, 2 km südlich von Nußdorf (neben Hotel Schönberger). 3 geschmackvoll-nostalgisch eingerichtete Ferienwohnungen (1–3 Pers.) für Genießer. Brötchenservice. Privatbadeplatz 5 Gehminuten entfernt. Fewo (2 Pers.) 58–70 €. Seepoint 5, 📠 0664-3512697, www.sommerfrische-falkensteiner.at.

Seecamping Gruber, topmoderne, parkähnliche Anlage am Seeufer unweit der

Herbststimmung in Nußdorf am Attersee

Ortsmitte mit 160 Stellplätzen. Beheiztes Freibad, Liegewiese, Badeplatz am See, Leihräder, Restaurant. Mitte April bis Mitte Okt. geöffnet. 2 Pers., Auto, Zelt 25–30 €. Dorfstr. 65, ✆ 07666-80450, 📠 80456, www.camping-gruber.at.

Restaurants **1er Beisl**, kleines, beliebtes Feinschmeckerlokal im Lex'nhof (→ „Hotels"). Gutbürgerliche und kreative Küche, freundlicher Service, sehr schöner Garten. À la carte 16–35 €. Di Ruhetag, Mo/Mi/Do 17–22, Fr–So 11.30–14/18–22 Uhr. ✆ 07666-80000.

Das Bräu, stilvoll aufgefrischter Braugasthof mit Gourmetküche im Hotel Aichinger (→ „Hotels"). Österreichische Klassiker dominieren, dazu gute Weine. Der Kastaniengarten ist ein Traum. Hauptgericht ab 13 €.

Ragginger → „Hotels". Gute Regionalküche, Fleisch aus eigener Metzgerei, Wild aus eigenem Gehege. Hauptgericht ab 8 €. Gastgarten. Mi Ruhetag (außer in der HS).

Bar/Nachtleben **Zum kleinen Lex**, Strand- und Snackbar („Beefburger") beim Seebad mit herrlicher Aussicht. Mai–Sept. tägl. ab 10 Uhr.

Bar AXXL, trendiges Lokal im Lex'nhof. Mai–Sept. ab 21 Uhr, Di Ruhetag (außer Juli/Aug.) Am Anger 4.

American Bar, Cocktail- und Musikbar. Mai–Sept. tägl. ab 21 Uhr. Kapellenweg 3. www.american-bar.net.

Attersee am Attersee

1600 Einwohner, 496 m

Der Ort **Attersee** ist *das* Seglerzentrum Österreichs und Austragungsort zahlreicher internationaler Regatten. Er liegt 5 km nördlich von Nußdorf zwischen Seeufer und den sanften, bewaldeten Hängen des 808 m hohen Buchbergs. Über die *Attergaubahn*, eine schmalspurige elektrifizierte Lokalbahn, besteht seit 1913 von hier aus Anschluss in das 14 km entfernte Vöcklamarkt an der Westbahnstrecke Wien-Salzburg.

Autofreier Rad-Erlebnistag Attersee: An einen Sonntag im Jahr – meist im April oder Mai – gehört die 48 km lange Uferstraße rund um den Attersee (B 151, B 152) von 10 bis 17 Uhr ganz den Radlern. Offizieller Start ist in Attersee, für Pannenhilfe, Rad-Service und das leibliche Wohl ist gesorgt. www.attersee.at.

Im Mittelalter war Attersee noch das Verwaltungszentrum der Region, auf dem heutigen Kirchenhügel stand vom 9. bis 14. Jh. eine Burg. An ihrer Stelle thront nun die barocke **Pfarr- und Wallfahrtskirche Maria Attersee**, die sich aus der gotischen Burgkapelle entwickelte hatte. Im 18. Jh. erhielt sie eine prächtige Barockausstattung mit einem theatralischen Hochaltar von *Josef Matthias Götz*. Dieser birgt das gotische Gnadenbild „Maria in der Sonne", das bis heute Wallfahrer anzieht. Am Fuß des Kirchbergs liegt die **Evangelische Kirche**. Sie wurde im 15. Jh. als katholische Kirche errichtet und 1813 an die Protestanten verkauft! 1854 erhielt sie ihre neugotischen Zutaten: einen hohen, spitzen Turm, Altar und Kanzel sowie die Gruftkapelle. Nebenan steht das schöne **Fromingerhaus**, das älteste Holzhaus im Ort. Mitte des 19. Jh. entwickelte sich Attersee zur beliebten Sommerfrische. Von den damals entstandenen **Villen** sind noch einige, etwa in der Kirchenstraße (Nr. 14, 24) oder im Ortsteil Aufham (Villa Faber, Nr. 1) erhalten. Die Jahre des Massentourismus erreichten in den 1970ern ihren Höhepunkt, mittlerweile sind sie längst vorbei. Statt regem Treiben dominiert Autoverkehr den Atterseer Ortskern, fast alle Läden sind geschlossen. Mit dem Kunstprojekt **Perspektive/n Attersee** werden seit 2011 leere Schaufenster mit großformatigen Architekturfotos beklebt und so der Ort den Sommer über in eine Freiluftgalerie verwandelt.

Das rund 1 km südwestlich auf einer Anhöhe gelegene **Abtsdorf** („Dorf des Abtes") gehörte bis 1791 zum Kloster Mondsee. So verwundert es nicht, dass in der spätgotischen, von einer Mauer umgebenen **Dorfkirche zum Hl. Laurentius** (15. Jh.) drei barocke Altäre und eine Kanzel des Mondseer Hauskünstlers *Meinrad Guggenbichler* zu finden sind.

Basis-Infos

Information Infobüro, Mo–Fr 9–16.30 Uhr. Nußdorfer Str. 15, ✆ 07666-7719, www.attersee.at.

Hin & weg Attergaubahn: Attersee–Vöcklamarkt (Westbahn) Mo–Fr im Stundentakt, Sa/So alle 1–2 Std., Fahrzeit 25 Min., www.ooevv.at.

Bus (Linie 564) → „Nußdorf".

Schiff: Linienschiffe Mai–Okt. 4x tägl., Tickets → „Unterach".

> Fahrt mit Schiff und Attergaubahn: Schöne Tour mit der Attergaubahn bis Attersee (Ort), von dort aus Schiffsrundfahrt. Juli bis Sept., Ticket 14–18 €. Die Attergaubahn bietet auch Hobbylokführerkurse an. ✆ 07666-7805, www.stern.at.

Baden/Wassersport Erlebnisbad Attersee, in Ortsmitte; flacher Seezugang, beheiztes Freibad mit Riesenrutsche und Wildwasserkanal, Tretboote, Restaurant. Eintritt 5 €, ab 13 Uhr 4 €, Kind/Stud. 50 %. Mai–Sept. 11–18, Juli/Aug. 9–19 Uhr, ✆ 07666-775576.

Sprinzensteinpark, einstiger Park der Villa Sprinzenstein 300 m südlich der Ortsmitte, riesige Liegewiese, Badestege, seichtes Ufer, Spielplatz, Buffet, frei zugänglich.

Segelschule Attersee, am Landungsplatz. Segel- und Surfkurse, Regatten, ✆ 07662-7702. www.segelschule.at.

Häuplhof Wasserschischule → „Übernachten".

Einkaufen Atterseehonig, diverse Honigsorten und Met bei Imkermeister Michael Ryba. Mo/Di und Do/Fr 9–12/15–18 Uhr. Landungsplatz 1.

Fahrrad Mountain- und Citybikes bei Automobile Schweiger, Nußdorferstr. 26, ✆ 07666-7821.

Golf GC am Attersee → „Nußdorf".

Kinder/Wandern Walderlebnisweg am Buchberg: Von der Atterseehalle erreicht man über den Waldweg den 3 km langen, mit Spielen und Rastbänken versehenen, aussichtsreichen Rundweg.

Veranstaltungen **Regatten** finden von Juni bis Okt. fast wöchentlich statt. Infos beim Yacht-Club (www.uycas.at).

Atterseeüberquerung im Aug., Wettschwimmen von Weyregg nach Attersee, www.atterseeueberquerung.com.

Sommerausstellungen in der **Atterseehalle**, meist Juli bis Sept. Die moderne Halle in der Kirchenstraße 1 wurde 1996 mit einer Schau zu *Christian Ludwig Attersee* eröffnet, dem der Ort zweite Heimat und Namensbestandteil geworden ist. 2013 ist eine Ausstellung über die zum Welterbe erklärten Pfahlbausiedlungen geplant.

Übernachten/Essen & Trinken

Übernachten ** **Pension Huber**, zentrale, aber ruhige Lage, 100 m vom See entfernt. 7 zweckmäßige, etwas hellhörige, preisgünstige Zimmer mit Seeblick. Leihräder. DZ 58–80 € je nach Aufenthaltsdauer. Schustergasse 4, ✆ 07666-78960, 📠 789660, www.huber-attersee.at.

*** **Häuplhof**, 6 gut ausgestattete Ferienwohnungen in stilvoll renoviertem Gutshof am Seeufer, 2 km südlich der Ortsmitte. Großes, privates Badeareal. Fewo (4 Pers.) 70–144 €. Mühlbach 1, ✆ 07666-7788, 📠 77888, www.haeuplhof.at.

Essen & Trinken **Seegasthof Oberndorfer**, direkt am See gelegen. Gutbürgerliche österreichische Küche, Spezialität sind fangfrische Atterseefische, schöner Kastaniengarten. Hauptgericht 9–25 €. Hauptstr. 18, ✆ 07666-7864.

Fischer-Vroni-Am-See, rustikales Wirtshaus mit herrlicher Seeterrasse unweit der Schiffsstation. Hausmannskost, Atterseefische, hausgemachte Kuchen und Torten. April bis Ende Okt. Hauptstr. 2, ✆ 07666-7791.

Mostschenke zum Hoangarten, im Neubacherhof der Fam. Kaltenböck zwischen Attersee und A 1, Garten mit Seeblick. Most, hausgebrautes Bier, Jausenteller mit Käse oder Fleisch. Fr–So ab 16 Uhr. Palmsdorf 17, ✆ 07666-7003, www.hoangarten.at.

Seewalchen und Schörfling am Attersee ca. 500 m

Das direkt an der West Autobahn A 1 und am Nordende des Sees gelegene **Seewalchen** (5300 Einwohner) gilt als das „Tor zum Attersee". Seine sanfte Hanglage stammt vom Endmoränenwall der eiszeitlichen Gletscher, der das Seeende bogenförmig umschließt. Walchen im Ortsnamen deutet darauf hin, dass römische Bewohner („Welsche") bis nach der Völkerwanderung hier verblieben sind. In Seewalchen finden sich entlang der Atterseestraße und der Seepromenade zahlreiche Villen im Stil des Historismus, von denen die märchenhafte *Villa Paulick* von 1877 (Seepromenade 2) die berühmteste ist. In ihr war Gustav Klimt oft zu Gast. Im 3 km südlich gelegenen Nobelvorort **Litzlberg** erhebt sich auf einer ufernahen Insel das türmchenreiche *Schloss Litzlberg* (um 1900, Privatbesitz). Die etwas nördlich davon gelegene *Badeanlage Litzlberg* und das tolle Strandbad mitten in Seewalchen trösten darüber hinweg, dass die hiesigen Ufer dicht verbaut wurden.

Die *Ager*, der Abfluss des Attersees in Richtung Traun und Donau trennt Seewalchen vom östlich folgenden Ort **Schörfling am Attersee** (3200 Einwohner). Dieser ist für sein in einem Parkareal am Ufer gelegenes **Schloss Kammer** bekannt. Der klobige, weiße Bau (14.–18. Jh., Privatbesitz) diente Gustav Klimt mehrmals als Motiv. So entstand 1912 etwa sein berühmtes Werk „Allee im Park von Schloss Kammer" (heute im Belvedere Wien). Direkt am Eingang zu dieser Allee eröffnete 2012 in einem modernen, rot gestrichenen Bau das **Gustav Klimt Zentrum** (tägl. 10–18 Uhr, Eintritt 4 €). Es informiert multimedial über die Atterseeaufenthalte des Künstlers und seiner Freundin, der Modedesignerin Emilie Flöge, und bietet geführte Spaziergänge und Audioguides (5 €) für den **Gustav-Klimt-Themenweg** an. Dieser führt vom Schloss entlang der Seepromenade zur Villa Paulick bzw. südwärts zur Villa Oleander (→ Kasten S. 173).

Basis-Infos

Information **Infobüro Seewalchen/ Schörfling**, im neuen Gustav Klimt Zentrum. Mo–Fr 9–16.30 Uhr. 4863 Seewalchen, Hauptstraße 7, ✆ 07662-2578, www.attersee.at.

Hin & weg **Bus**: ab Seewalchen 5–7x tägl. via Westufer bis Unterach bzw. 1x stündl. nach Vöcklabruck **(Linie 564)**; 5–7x tägl. via Ostufer nach Unterach **(Linie 562)**. **Schiff** → „Attersee". **Bahn („Kammerer Hansl")**: Kammer/Schörfling – Vöcklabruck (Westbahn Ri. Salzburg) – Attnang-Puchheim (Westbahn Richtung Wien), nur an Schultagen 4x tägl. www.ooevv.at.

Baden/Wassersport **Strandbad Seewalchen**, an der Seepromenade, tolle Aussicht, solarbeheiztes Becken, Wasserrutsche, Buffet, Bootsverleih. Der 10-m-Sprungturm aus den 1950ern gilt als Wahrzeichen des Orts. Mai–Sept. 9/10–19/20 Uhr. Tageskarte 4,50 €, ab 13 Uhr 3,70 €.

Freibadeanlage Litzlberg, riesige parkartige Anlage nahe der B 151, die einst zum benachbarten Landhaus Eichmann (1927–31, Entwurf Clemens Holzmeister), gehörte. Spielplatz, Buffet, Surf- und Segelschule, seichtes Ufer. Eintritt frei, Parkplatzgebühr.

Wasserschischule Fiausch, beim Strandbad. Banane, Boards. ✆ 0664-4447144.

Einkaufen **Tostmann Trachten**, in Ortsmitte von Seewalchen, berühmte Schneiderei für Dirndl und Festtrachten. Mo–Fr 9–18, Sa 9–13 Uhr. Hauptstr. 1.

Fischerei Ecker, an der B 151 in Moos, Frisch- und Räucherfische. Di–Sa 9–17/18, So 9–13 Uhr. www.fischerei-ecker.at.

Fahrrad Mountain-, City- und E-Bikes bei **Bike & Boot Austria**, (19 €/Tag; Skg-Card). Atterseestr. 40, ✆ 07666-2202, www.atterbike.at.

Veranstaltungen **Attersee Klassik** im Juli/Aug., Musikfestival mit bekannten Namen, www.atterseeklassik.at.

Essen & Trinken

Häupl, 2-Hauben-Gourmetküche im gleichnamigen, 2011 wieder eröffneten Vier-Sterne-Hotel mitten in Seewalchen. Elegantes Ambiente, Terrasse mit Seeblick. Kreativ verfeinerte österreichische Klassiker, à la carte 16–27 €, 3-Gänge-Businessmenü unter 15 €. Mittags und abends geöffnet. Hauptstr. 20, ✆ 07662-6363, www.residenz-haeupl.at.

Litzlberger Keller, direkt an der B 151, schon Klimt war hier Stammgast (Themenwegtafel); gepflegter Gasthof mit gemütlichen Stuben und schattigen Gärten. Verfeinerte Regionalküche. Mi Ruhetag, Sept.–Mai nur Abendbetrieb (außer So). ✆ 07662-2312, www.litzlbergerkeller.at.

Langostinos, kleines Restaurant mit schöner Terrasse in Schörfling, das sich auf Atterseefische und natürlich Krustentiere spezialisiert hat. Reservieren! Fr–Di 11–14/18–22 Uhr. Bahnhofstr. 4. ✆ 07662-29050, www.langostinos.at.

Fischer Sepp, Steckerlfisch-Verkauf zwischen Litzlberg und Seewalchen. Mai bis Ende Sept. 9–21 Uhr.

Café-Konditorei Ottet, Traditionskonditorei mitten in Schörfling; köstliche Mehlspeisen und Kuchen, bekannt für die Klimt-Praline und Schloss-Kammer-Trüffel. Tägl. außer Mi 8–21, Sept.–April nur bis 19 Uhr. Marktplatz 6, www.konditor.at.

Flügelaltar in Gampern: In der großen gotischen Pfarrkirche zum Hl. Remigius in Gampern, 5 km nördlich von Seewalchen (jenseits der A 1), hat sich ein mächtiger spätgotischer Flügelaltar von 1480 erhalten. Wegen seiner Ähnlichkeit mit dem Altar von Hallstatt wird er *Leonhard Astl* zugeschrieben. Sind die Flügel geschlossen, sieht man auf den Tafeln die Passion Christi. Geöffnet tritt der geschnitzte Schrein

Strandbäder gibt es rund um den Attersee

mit Maria und zwei Heiligen zu Tage. Die Rückseite des Altars stellt ein Jüngstes Gericht dar, im Volksmund „Gamperner Hölle“ genannt.

Weyregg am Attersee

1500 Einwohner, 482 m

Der von idyllischen Bauernwiesen und aussichtsreichen Hügeln umgebene Badeort in der Mitte des sonnigen Ostufers ist bevorzugtes Ziel sportbegeisterter Gäste.

Weyregg liegt auf einem breiten Schwemmkegel, den der Weyregger Bach weit in den See geschoben hat. Die windgeschützte Lage auf der Sonnenseite des Attersees hat die Menschen schon immer angezogen. So finden sich in der Bucht zwischen Landungssteg und Steinwand nicht nur Reste von jungsteinzeitlichen Pfahlbauten, Römer bauten sich hier im 2. Jh. prunkvolle Villenanlagen. Römische Mosaikreste sind an der Außenmauer der Volksschule (unweit der Schiffsstation) zu sehen. In die weniger ferne Vergangenheit, nämlich auf die Spuren der Habsburger führt das skurrile **K.u.k.-Hausmuseum „Auf den Spuren der Habsburger“** im Kaisergasthof direkt gegenüber (→ „Essen & Trinken“). Im Pavillon unweit des Strandbads informieren Kurzfilme und Schautafeln über die Entstehung des Attersees, im angrenzenden **Aquarium** tummeln sich heimische Seefische wie Hecht, Barsch und Rotauge (Mai bis Mitte Okt. tägl. 9–22 Uhr, Eintritt frei).

Basis-Infos

Information Infobüro an der Hauptstraße. Juli/Aug. Mo–Fr 9–18, Sa/So So 9–11, sonst Mo/Di und Do 9–14, Mi/Fr 9–16.30 Uhr. 4852 Weyregg, Weyregger Str. 69, ✆ 07664-2236, www.attersee.at.

Hin & weg Bus (Linie 562): 5–7x tägl. nach Seewalchen bzw. Unterach.

Schiff → „Attersee“

Baden/Wassersport **Strandbad Weyregg**, erlebnisreiche Anlage, große Liegewiese, Kinderbecken, Schwimminseln, Rutsche, Spielplatz, Bootsverleih, Buffet. Minigolf. Mai–Sept. 8–20 Uhr, Eintritt 4,30 €. Skg-Card. Parkplatz 3 €.

Freibad Land OÖ, nördlich des Strandbads, große Liegewiese, seichter Seezugang, Buffet. Parkplatzgebühr.

Bundesforstebad, großer Badeplatz an der Mündung des Weyregger Bachs mit Surf- und Tauschschule und Kanuverleih. Eintritt frei. Parkplatzgebühr.

Segelschulen Weyregg (✆ 07664-2388) und **Steinwand** (✆ 0664-1242849), jeweils auch Kurse für Kinder und Bootsverleih.

Wasserschischule Treml, Start vom Ufersteg. Juli/Aug. tägl. ab 14 Uhr, ✆ 0676-7744218.

Divesport Attersee, modern ausgestattete Tauchbasis. Forsthausstr. 4a, ✆ 07664-20772, www.divesport.de.

Divecenter Under Pressure, Schnuppertauchen, Tauchkurse. Skg-Card. Bach 24b, ✆ 0650-8000477, www.up-group.at.

Einkaufen **D'Brennerin**, feine hausgemachte Edelbrände und Liköre. Tägl. 18–20 Uhr. Seedorf 5, www.brennerin.at.

Golf **Attersee GC Weyregg**, 9-Loch-Platz mit Golfschule in aussichtsreicher Lage. ✆ 07664-20712, www.gcweyregg.at.

Mountainbike **Gahberg-Krahberg-Runde**, 29,6 km auf Forst- und Asphaltstraßen ab der Touristinformation.

Veranstaltungen **Strandfest** Mitte Aug., Kunsthandwerksmarkt, Livemusik, Feuerwerk.

Wintersport Auf dem **Wachtberg**, dem Weyregger Hausberg, gibt es 3 Schlepplifte und 5 km Piste, www.wachtberglifte.com.

Übernachten/Essen & Trinken

Übernachten **** **Bramosen**, traditioneller Hotelgasthof in Alexenau, 3 km südlich von Weyregg (Schiffsstation). Hanglage, 300 m zum Privatstrand mit Strandbad, Sauna, Whirlpool. 28 hell-rustikale Zimmer mit Balkon, 6 gut ausgestattete Appartements im Gästehaus nebenan. WLAN gratis. DZ 108–128 €, Fewo bis 5 Pers. Alexenau 8, ✆ 07664-2291, ℻ 229144, www.hotel-bramosen.at.

*** **Stallinger**, freundliche Frühstückspension zentral an der Hauptstraße, 500 m zum See, mit Privatstrand. Sauna, Leihräder. 12 nette Zimmer mit Balkon. DZ 63–80 €. Weyregger Str. 16, ✆ 07664-2324, ℻ 232425, www.pensionstallinger.at.

Jutel Weyregg, einfache Jugendherberge mitten im Ort mit 53 Betten, verteilt auf 2-, 3-, 4- und 6-Bett-Zimmer mit Du/WC. 19,50 €/Pers. inkl. Frühstück, Nichtmitglieder zahlen 3 € mehr. Geöffnet Mai bis Ende Okt. Kirchendorf 7, ✆ 07664-2740, ℻ 0732-78272040, www.jutel.at.

Essen/Nachtleben **Kaisergasthof**, bekannter Erlebniswirt: In der Poststation von 1830 ist die K.u.k.-Monarchie dank der Sammelleidenschaft des Hausherrn Georg „Geli" Eichhorn noch lebendig (300 Exponate im Hausmuseum). Altösterreichische Küche, Tafelspitz und Kaiserschmarrn, Fischrestaurant. Hauptgericht 12–21 €, schöne Seeterrasse. Mi gibt es abends ein Kaiserdinner. Okt.–Mai Mo/Di Ruhetag. Weyregger Str. 75, ✆ 07664-2202, www.kaisergasthof.at.

Avocado, rustikal-modernes Golfplatzrestaurant in Panoramalage oberhalb des Sees, österreichisch-mediterrane Küche zu moderaten Preisen (Hauptgericht ab 9 €). April–Okt. 11–22 Uhr (Mo/Di bei Schlechtwetter geschlossen), Mitte Juni bis Mitte Sept. tägl. 9–23 Uhr. Wachtbergstr. 30, ✆ 07664-20970.

Gasthaus Wachtberg → S. 182.

Bar Parapluie, Cocktailbar des Kaisergasthofs, am Seeufer. Juli/Aug. tägl. ab 21 Uhr, Mai/Juni und Sept. Fr–Sa.

Ausflüge/Wandern

Gahberg (864 m): Die kurvenreiche Straße auf den Weyregger Aussichtsberg zweigt im Ort von der Hauptstraße ab und erreicht nach ca. 5 km die Hochfläche, von deren Almwiesen man einen prächtigen Blick auf Attersee, Schafberg und

Höllengebirge genießt. Am Gahberg stehen eine **Sternwarte** (Mai bis Sept. 3 bis 4 Abendführungen/Monat, 4 €, mit Skg-Card 3 €; www.astronomie.at), die reizvolle, gänzlich mit Holz verschindelte **Gahbergkapelle**, eine Tafel des Klimt-Themenwegs und das *Alpengasthaus Kogler* (Sa/So 10–18 Uhr). Zu Fuß erreicht man den Gahberg ab Weyregg wahlweise über den *Brand-* oder den *Fegaweg* in etwa 1½ Std. Der eine beginnt bei der Gärtnerei, der andere im Ortsteil Bach.

Wachtberg (823 m): Auf den südlichen Nachbarn des Gahbergs führt ebenfalls ab der Ortsmitte eine Straße, die nach 2,5 km beim für seine gute Küche bekannten und aussichtsreich gelegenen *Gasthaus Wachtberg* endet. Die restlichen 75 Höhenmeter zum Gipfel kann man zu Fuß entlang einer Schleppliftrasse hochsteigen (Weg Nr. 2).

››› Unser Tipp: **Gasthaus Wachtberg**, Familie Gebetsroither serviert in ihrem schönen rustikal-modernen Lokal und auf der Panoramaterrasse verfeinerte regionale Spezialitäten, dazu gibt's tolle Weine und herrliche Sonnenuntergänge. Juli/Aug tägl. geöffnet, Mai–Sept. Mo–Do ab 16, Fr–So ab 11 Uhr. ✆ 07664-2633, www.wachtberg.at. ‹‹‹

Lohnenswert ist der einfache, gut beschilderte und 8 km lange **Wanderweg um den Wachtberg** (2½ Std.). Man folgt von Weyregg aus zunächst der Wachtbergstraße, wendet sich dann vor dem Haus Hubertus nach links und geht großteils auf Fahrwegen und Forststraßen durch Wiesen und Wälder bis zu einem Sattel (670 m) an der Südostseite des Bergs. Bald darauf zweigt man rechts ab und geht zu den seenahen Häusern von Alexenau hinunter, von wo es auf einem Fahrweg oberhalb parallel zum Atterseeufer nach Weyregg zurückgeht.

Steinbach am Attersee

850 Einwohner, 509 m

Das beschauliche Bergsteigerdorf 9 km südlich von Weyregg liegt malerisch auf grünen Wiesen, die vom Fuß der schroffen Felsflanken des Höllengebirges sanft zum See hin abfallen. Diese Idylle zog schon lange Künstler in den Bann: Hier komponierte *Gustav Mahler*, schuf *Gustav Klimt* Landschaftsbilder, schrieb *Heimito von Doderer* an seiner „Strudelhofstiege" und verbrachte der berühmte österreichische Klaviervirtuose *Friedrich Gulda* (1930–2000) seine letzten Jahre.

Die Orientierung in Steinbach ist simpel: Im Ortsteil *Seefeld*, auf dem in den See geschobenen Schwemmkegel des Kienbachs liegen zwei Campingplätze, das Gustav-Mahler-Komponierhäuschen (→ Kasten), das Solar-Strandbad und das **Heimathaus**. Letzteres ist eine alte k.u.k. Holzhüterunterkunft von 1724, in der ein Heimatmuseum und ein Modell der historischen Holzaufzuganlage im Weißenbachtal (→ S. 185) untergebracht sind (Mitte Juni bis Mitte Sept. Mi 17.30–19.30 Uhr).

500 m weiter südlich findet sich die Schiffsanlegestelle mit einer Station des Klimt-Themenwegs und einige Meter landeinwärts der aussichtsreiche Kirchenhügel, der vielleicht schon als heidnischer Kultplatz diente. Auf ihm erhebt sich die spätgotische **Pfarrkirche zum Hl. Andreas** (16. Jh.) mit einer schönen barocken Turm-Zwiebelhaube und einem feingliedrigen Netzrippengewölbe im Inneren. Auf dem die Kirche umgebenden Friedhof befindet sich das Friedrich-Gulda-Grab. Am Fuß des Kirchenhügels leistete sich die Gemeinde jüngst ein *Dorfzentrum* in zeitgenössischer Architektur (2011). Der zwischen Schule und Lebensmittelladen platzierte multifunktionelle Bau soll der Streusiedlung Steinbach erstmals einen Mittelpunkt geben; hier sind Gemeindeamt, Touristinformation, Post, Feuerwehrdepot, zahlreiche Vereinsräume und ein Café-Bistro untergebracht.

Stören bei Todesstrafe verboten!

Wie viele andere Künstler verschlug es auch den österreichischen Dirigenten und Komponisten *Gustav Mahler* (1860–1911) Ende des 19. Jh. zur Sommerfrische an den Attersee. Mit seinen Geschwistern und einer Schar Neffen und Nichten bezog er 1893 eine große Wohnung im Gasthof Föttinger in Steinbach. Vormittags wurde komponiert, nachmittags unternahm man Spaziergänge und Schiffsausflüge. Die unberührte Natur, die Felsen des Höllengebirges, die Geräusche der Bäume und des Seewassers waren höchste Inspiration für Mahler, doch der familiäre Anhang und der Touristenlärm im Gasthof behinderten seine Kreativität. So entschloss man sich zum Bau eines Komponierhäuschens am Seeufer. Der karge Raum mit Fenstern auf drei Seiten, Stutzflügel, Ofen, Tisch und Stuhl diente Mahler drei Sommer lang, bis 1896, als Arbeitsstätte. Hier verfasste er Teile der Zweiten und die Dritte Symphonie, in denen die Atterseelandschaft regelrecht mitklingt. Für Ruhe und Einsamkeit sorgte das von ihm gebastelte Türschild: „Stören bei Todesstrafe verboten!“ Nach bewegten Jahren als Waschküche, Schlachthaus und tatsächlich stilles Örtchen wurde das Komponierhäuschen 1985 renoviert und als Gedenkstätte eingerichtet (Schlüssel im Hotel Föttinger). Weitere Infos unter www.mahler-steinbach.at.

Weitere 4 km südlich liegt am Seeufer der Ortsteil **Weißenbach**. Beim dortigen Gasthaus „Zur Nixe“ (direkt an der B 152) beginnt der 2,5 km langer **Künstlerweg** mit 32 Stationen, der den Spuren von 21 Steinbacher Sommerfrischlern, darunter Mahler, Klimt und Gulda, folgt (Gehzeit ca. 45 Min.; Audioguide im Gasthaus). Von Weißenbach aus führt die B 153 durch das **Weißenbachtal** (s. u.) ins Trauntal bei Bad Ischl.

Information Touristinformation, im neuen Dorfzentrum. Mo–Fr 9–12/14–17 Uhr. 4853 Steinbach, Steinbach Nr. 5, ✆ 07663-401, www.attersee.at.

Hin & weg Bus → „Weyregg“. Schiff → „Unterach“.

Baden/Wassersport Solar Strandbad Steinbach, moderne Anlage am Seeufer im Ort, große Liegewiese, Badesteg, solarbeheiztes Becken mit Wasserrutsche. Imbiss, Kinderbecken, Bootsverleih. Eintritt 4 €, bis 16 J. 3 €, ab 18 Uhr frei. Mai–Sept.

Wassersport & Bootsverleih Mühlegger, neben dem Solar-Strandbad, ✆ 07664-755.

TSVÖ Tauchausbildungszentrum beim Hotel Föttinger, eines der besten des Landes. ✆ 0664-5135050.

Einkaufen Goldschmiede Trucker, im Ortsteil Weißenbach; exklusiver, handgefertigter Trachtenschmuck in einer historischen Sommerfrischevilla. Ischler Str. 3, ✆ 0664-3830224, www.goldschmiede.cc.

Veranstaltungen Steinbacher Philharmonische Wochen im Juli/Aug., Konzerte in der Pfarrkirche.

Wandern Steinbach und seine Ortsteile sind Ausgangspunkt für leichte bis anspruchsvolle Bergtouren in das Höllengebirge (s. u.).

Übernachten/Essen **** Föttinger, traditionsreicher Hotel-Gasthof (mit Gustav Mahlers Komponierhäuschen) am Seeufer in Seefeld. Gutbürgerliche österreichische Küche, Fischrestaurant mit köstlichem Atterseegetier, Gastgarten. Hauptgericht 10–22 €. Mi Ruhetag (außer HS). 29 rustikale Zimmer, verteilt auf Haupthaus und Dependance (billiger). Leihräder, Sauna. DZ 104–142 €. Seefeld 14, ✆ 07663-8100, 📠 810042, www.foettinger.at.

Privatzimmer Reichl, 4 nette preisgünstige Zimmer hinter dem Dorfzentrum. DZ 40–46 €. Steinbach 3, ✆ 07663-500, 📠 8170, www.tiscover.com/gertraud-reichl.

Dorfstub'n Stückler, Jausenstation mit Panoramablick 300 m oberhalb des Sees in

Steinbach. Im Sommer tägl. 14–24 Uhr. Dorf 34, ✆ 07663-336.

Bistro-Café Seeblick, im neuen Dorfzentrum. Hausmannskost, Do ist Knödeltag. Mo Ruhetag. ✆ 0676-5223426.

Bäckerei Café Fürthauer, an der B 152 in Weißenbach, hausgemachte Mehlspeisen und kleine Snacks. April–Okt. tägl. geöffnet. Franz-von-Schönthal-Allee 8.

Camping Grabner, schöne Lage in einer privaten Bucht am See, 180 Stellplätze, gut ausgestattet, Shop, Restaurant, Leihräder, WLAN, Liegewiese, Schwimminsel. 2 Pers., Auto, Zelt 20–25 €. Geöffnet April bis Mitte Okt. Seefeld 47, ✆ 07663-8940, 📠 894013, www.camping-grabner.at.

Ausflüge/Wandern

Nikoloweg: Der rund 5 km lange, zunächst als Waldlehrpfad, dann als Geologieweg gestaltete Höhenweg (Nr. 7) ist wegen seiner landschaftlichen Reize am Übergang zwischen Kalkalpen und sanftem Voralpenland überaus beliebt. Er beginnt an der Schule in Steinbach und verläuft durch Wiesen, später in sanftem Ab und Auf den bewaldeten Hang zwischen Ufer und Fuß des Höllengebirges entlang. Zum Teil wurde er in den Fels gehauen, zwischendurch bieten sich schöne Aussichtspunkte. Der Weg endet nach 1½–2 Std. beim Hotel Post in Weißenbach (Rückfahrt per Schiff nach Steinbach Mai bis Mitte Sept. 4x tägl.).

Großalmstraße und Taferlklause: In Steinbach zweigt von der B 152 die 21 km lange **Großalmstraße** ab, die entlang der schroffen Nordseite des Höllengebirges vom Attersee bis zum Traunsee führt. Nach rund 7 km Fahrt erreicht man das kleine *Schigebiet Hochlecken* (4 Schlepplifte, 4 km Pisten) und kurz darauf den **Taferlklaus-** oder **Aurachkarsee** (765 m; Parkplatz), einen kleinen, 1716 für die Holztrift aufgestauten Waldsee mit Jausenstation, der von den Gipfeln des Höllengebirges großartig überragt wird. In rund 20 Min. lässt er sich zu Fuß umrunden. Der See steht unter Naturschutz – seine Ufer sind von einem erhaltenswerten Hochmoor umgeben.

2,5 km weiter entlang der Großalmstraße folgt etwas tiefer gelegen die eigentliche **Großalm** (645 m, Gasthaus) deren Weidefläche einst fünfzigmal so groß war wie heute. Von hier aus kann man in 1½ Std. über einen einfachen Waldweg (Nr. 13) – zunächst bergauf bis Lueg (830 m), dann bergab – zu den südlich gelegenen *Langbathseen* wandern (→ S. 262). Im Winter wird auf der Großalm eine Loipe gespurt.

Jausenstation Taferlklaussee, gemütliche Holzknechthütte, Mai–Okt. Sa/So, Juli/Aug. tägl. bei Schönwetter. ✆ 0676-6502835. **Gasthof Großalm**, typischer Ausflugsgasthof, Mi/Do Ruhetag, ✆ 07618-8214.

Bergtour ins Höllengebirge zum Hochleckenhaus (1574 m): Beliebte Tour, v. a. im Spätsommer zu empfehlen. Die gemütliche Hütte des Alpenvereins (bewirtschaftet von Palmsonntag bis 26. 10., 100 Schlafplätze, ✆ 07666-7588) liegt auf der aussichtsreichen Karsthochfläche über den Nordabstürzen des Höllengebirges, das sich 16 km weit bis zum Traunsee erstreckt und wegen seines Wildreichtums 1850–1914 kaiserliches Hofjagdgebiet war. Damals galt strengstes Betretungsverbot, heute gelangt man auf drei markierten Routen hinauf und wieder herunter:

Ab Steinbach (Schiffsanlegestelle) führt Weg Nr. 823 in 3–4 Std. zur Hütte. Zunächst geht es auf der Straße, dann auf einem Weg zwischen Bauerngehöften, später durch den Wald bergauf, bis man auf etwa 850 m Höhe auf Weg Nr. 824 trifft, der vom Gasthof Kienklause (621 m) an der Großalmstraße (s. o.) auf Forststraßen durch den Zwieselgraben hierher führt. Ab nun wird es steil und der Weg führt mit imposantem Blick auf die Adlerspitzen (bekannte Kletterfelsen) weiter aufwärts, zum Gatterl, zum Antoniusbründl und zu einem Waldsattel, ab dem der Weg Nr. 820 zur nahen Hütte führt (Aufstieg ab Kienklause ca. 2½ Std.). Der zeitmäßig kürzeste, allerdings steile und durch rutschige Schutthalden führende Anstieg (Weg Nr. 826, 1½–2 Std.) beginnt an der Taferlklause (765 m, s. o.). Anfangs geht es über Forststraßen und Schipisten bergauf zum Aurachursprung und dann steil über viele Kehren, später über Felsen und durch ein Geröllkar hinauf bis zum felsigen Hochplateau.

Herrlicher Atterseeblick am Weg zum Schoberstein

Weißenbachtal: Das Tal an der Südseite des Höllengebirges verbindet den Attersee über den *Weißenbacher Sattel* (526 m) mit dem rund 13 km entfernten Trauntal nördlich von Bad Ischl. Schon um 1720 bestand hier zwischen Weißenbach am Attersee und Mitterweißenbach eine für den Salz- und Holztransport gut befestigte Fahrstraße, Mitte des 19. Jh. gelangten auf ihr die Ischler Sommergäste an den Attersee. Die heutige *Weißenbacher Straße B 153* ist eine beliebte Motorradstrecke, für Radfahrer wird gerade etwas abseits davon ein eigener Radweg angelegt, ein Drittel ist bereits fertig.

Die Fachbergbrücke gleich am Eingang des Weißenbachtals ist Ausgangspunkt einiger Wanderwege, darunter Wanderung 6 (s. u.). Rund 3 km weiter auf der B 153 erblickt man auf einer Waldlichtung linker Hand das schöne gelbe, ehemals kaiserliche **Jagdhaus Aufzug**; sein seltsamer Name stammt von der 1722 gebauten wasserbetriebenen Seilbahn (Hallholzaufzug), mit der das hier für die Sudpfannen geschlagene Brennholz nach oben gezogen wurde, um es in Wasserrinnen zum Mitterweißenbach und weiter in die Traun und zur Saline nach Ebensee gleiten zu lassen. Um 1880 wurde die Anlage abgetragen, und die frühere Unterkunft der Holzknechte bekam als Jagdhaus von Kaiser Franz Joseph eine neue Verwendung. Ein Modell des Hallholzaufzugs ist im Heimathaus Steinbach zu sehen (s. o.).

Hin & weg: **Rufbus 548**, 5x tägl. Weißenbach – Jagdhaus Aufzug – Mitterweißenbach – Bad Ischl. Anmeldung 30 Min. vor Abfahrt unter ✆ 0650-7402225, www.ooevv.at.

Wanderung 6: Schoberstein und Nixenfall → S. 278
Auf einen fantastischen Aussichtsgipfel über dem Attersee folgt ein kurzer Abstecher zu einem Wasserfall im Weißenbachtal.

Auf der Hütteneckalm oberhalb von Bad Goisern

Inneres Salzkammergut

In spannender Hochgebirgsszenerie am Fuß der Nordabbrüche des Dachsteinmassivs liegt der historische Kern des Salzkammerguts. Natur und Kultur rund um den fjordartigen Hallstätter See und im weiten Gosautal wurden über Jahrtausende vom Salz geprägt.

In das Innere Salzkammergut (auch Dachstein-Salzkammergut genannt) gelangt man die Traun flussaufwärts über **Bad Goisern**, das verstreut auf weitem Talboden inmitten eines Wandergebiets mit Fernblick auf die Dachsteingletscher liegt. Dem Dachstein für einen Gipfelblick schon zu nahe ist man am **Hallstätter See**, der von der Traun in Süd-Nord-Richtung durchflossen wird und auf der Landkarte ein schmales Fragezeichen darstellt. Direkt am östlichen Seeufer verläuft die Salzkammergutbahn, am engen Westufer die kurvenreiche Straße. Auf ihr gelangt man ab Bad Goisern zunächst zum *Gosauzwang*, jener Talenge im ersten Drittel des Seeufers, die in **die Gosau** bringt, zu den berühmten Seen am Fuß des Gosaukamms mit dem herrlichen Dachsteinpanorama. Weiter entlang der Uferstraße erreicht man das weltberühmte **Hallstatt**, uraltes Zentrum der Salzkultur und Keimzelle des Salzkammerguts. Bahnfahrer erreichen es vom Bahnhof am Ostufer ganzjährig per Linienschiff. Das Ende des Sees und des Inneren Salzkammerguts ist **Obertraun**, wo Bahn und Straße wieder zusammentreffen und flussaufwärts entlang bzw. oberhalb der Koppentraun ins Ausseerland bringen.

Bad Goisern

7500 Einwohner, 504 m

Der weite, sonnige Kessel des Trauntals zwischen Bad Ischl und dem Hallstätter See, waldreiche Seitentäler, dreißig kleine Weiler und der Hauptort in der Mitte, das ist Bad Goisern am Hallstätter See.

Berühmt ist der *Goiserer*, ein genagelter Bergschuh, den schon Kaiser Franz Joseph auf der Pirsch trug. Auch *Hubert von Goisern* kennt man, seit der unkonventionelle

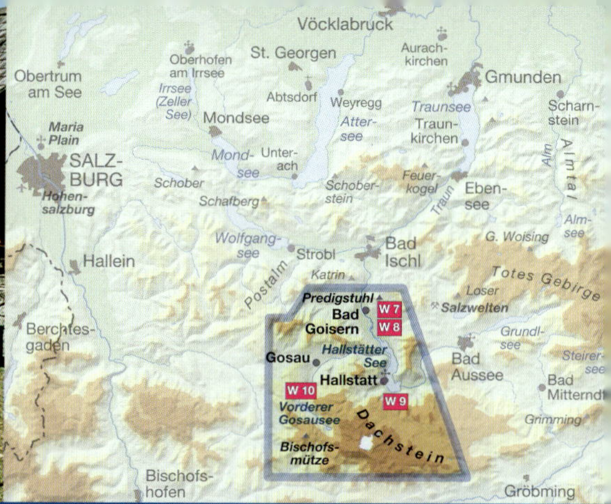

Weltmusiker echte Volksmusik in rockige Rhythmen packte. Ein gebürtiger Goiserer war auch der 2008 verunglückte Rechtspopulist Jörg Haider. Selbst im Ortsprospekt heißt es, die Menschen hier hätten „besondere Mentalitäten“. Sie widersetzten sich beispielsweise schon der Gegenreformation und stellen heute eine der größten lutherischen Gemeinden im Salzkammergut. Sie pflegen Tradition und Brauchtum, wie den einst von Holzknechten entwickelten Singvogelfang (→ Kasten S. 188). Für die Hallstätter und Ischler Salinen unentbehrlich, arbeiteten sie als Bergknappen, Köhler, Schmiede und zu Hundertschaften im Forst, wo sie Holz für die Sudpfannen schlugen. Aus den waldnahen Holzknechthütten entstanden die vielen verstreut gelegenen Dörfer, aus denen sich Bad Goisern zusammensetzt. Als man 1874 eine Jodschwefelquelle entdeckte, wurde Goisern zum Kurort. 1931 stellt man das „Bad“ voran und 2008 „am Hallstätter See“ hinten nach. Der Sommer- und Wintersportplatz ist ein idealer Stützpunkt inmitten des Salzkammerguts.

Basis-Infos

(→ Karte S. 191)

Information Tourismusbüro, in Ortsmitte, direkte Zufahrt von der B 145 („Goisern Mitte“). Mo–Fr 9–13/14–17, Juli/Aug. Mo–Fr 9–18, Sa 9–16 Uhr. 4822 Bad Goisern, Kirchengasse 4, ✆ 06135-83290, www.bad-goisern.net, www.dachstein-salzkammergut.at.

Hin & weg Bahn: 1x stündl. nach Bad Ischl, Gmunden, Westbahn, alle 2 Std. nach Bad Aussee. Bus (Linie 542): 1x stündl. ins Gosautal, So alle 2 Std.

Baden Parkbad Bad Goisern, schönes Freibad mitten im Ort, Sportbecken, 60 m lange Rutsche, Sprungturm, große Liegewiese. Mitte Mai–Sept. tägl. 9–19 Uhr. Eintritt 5,70 €, Kind 2,90 €. Skg-Card.

Strandbad Untersee, am Nordende des Hallstätter Sees 6 km südlich von Goisern, sonnige Liegewiese, schöne Aussicht, seichtes Ufer, getrennter FKK-Bereich, Parkplatz. Eintritt frei. Anfahrt über Au an der B 166.

Einkaufen Rudolf Steflitsch-Hackl **2**, der Schuhmachermeister erzeugt in dritter Generation echte zwiegenähte Goiserer – vom Berg- bis zum modischen Trachtenschuh. Wartezeit 12 Monate! Mo/Di/Do/Fr 9–12/15–18, Mi/Sa 9–12 Uhr. Untere Marktstr. 38, www.goiserer.at.

Dirndlschneiderei Lahner **3**, Mo–Fr 8–12/14.30–18, Sa 8–12 Uhr. Untere Marktstr. 30.

Goisern Optik **9**, Brillenmacher Manfred Pamminger fertigt Brillenfassungen aus Holz und Hirschhorn. Mo–Fr 9–12/14.30–18, Sa 9–12 Uhr. Rudolf-von-Alt-Weg 6 (im HandWerk Haus), ✆ 06135-8273, www.goisern-optik.at.

Pflegen eine umstrittene Tradition: die Vogelfänger im Salzkammergut

Von Vogelfängern und Wilderern

Tierschützern ist sie ein Dorn im Auge, trotzdem wurde sie 2010 zum UNESCO-Kulturerbe erklärt – die uralte Tradition des Vogelfangs im Salzkammergut: Im Spätherbst werden auf den Almen bunte Singvögel gefangen, den Winter über in der warmen Stube versorgt und im Frühjahr wieder freigelassen. Der Fang ist per Gesetz streng geregelt, jeder der rund 500 Vogelfänger behördlich registriert, und die Fangzeit vom 15. September bis zum 30. November beschränkt. Gefangen wird mit Hilfe eines Lockvogels in einer schonenden Netzfalle. Nur je ein Exemplar von Gimpel, Zeisig, Kreuzschnabel oder Stieglitz darf behalten werden. Traditionell um Kathrein (25. November) werden die schönsten Singvögel feierlich prämiert. „Lieber Vogelfänger als Wilderer", haben sich Kaiser Rudolf II. im 16. Jh. und Kaiserin Maria Theresia im 18. Jh. wohl gedacht, als sie den Salzkammergütlern den Vogelfang erlaubten. Er diente als Jagdersatz für den kleinen Mann. Größere Tiere durften seit dem 16. Jh. nur noch vom Kaiserhaus gejagt werden. Dagegen rebellierten die jagenden Einheimischen, die sich auf das alte germanische Recht zur freien Jagd beriefen. Besonderen Reiz hatte es, den Jagdherren die Gämsen wegzuschießen, denn dafür musste der Wildschütz auch ein guter Bergsteiger sein. Der Gamswilderer war daher angesehen, galt als sozialer Rebell, wurde in Geschichten und im Liedgut heroisiert und von den Frauen als kühner Romantiker verehrt. Bis in die 1960er-Jahre war die Wilderei im Salzkammergut weit verbreitet, und noch heute ist die Dunkelziffer an illegal erlegtem Wild hoch.

S'Gschäft **8**, rustikaler Laden im Hand WerkHaus mit Produkten aus der Region: handgestrickte Wollsocken, Ischler Hüte, Lebkuchen, Kernsalz, Tischdecken, Polster, Taschen usw. Mo–Fr 9–12/14.30–18, Sa 9–12 Uhr. Rudolf-von-Alt-Weg 6, ✆ 06135-8273, www.wasgscheits.at.

Fahrrad **Bikeshop Mauna Loa**, direkt an der B 145, verleiht E-Bikes, MTBs, Rennräder. März bis Ende Sept. Mo–Sa 9–12, Mo/Di und Do/Fr 15–18 Uhr. Untere Marktstr. 91, ✆ 0664-4609595.

Mountainbike-Touren: Viele Routen: Hochmuthrunde, 24 km, ⇕ 226 m. Weißenbachrunde, 22 km, ⇕ 226 m. Einstieg in die **Dachsteinrunde**: 182–269 km, ⇕ 4700–7900 m, www.dachsteinrunde.at.

Veranstaltungen **Salzkammergut Trophy**, Mitte Juli, größter Mountainbike-Marathon Österreichs mit 4000 Teilnehmern. www.salzkammergut-trophy.at.

Gamsjagatage, letzter Fr–So im Aug., Brauchtumsfest für Jung und Alt mit Volksmusik, Handwerk, Tracht und Kulinarischem im Kurpark. www.gamsjagatage.at.

Aufgeig'n in Goisern, 1. So im Sept., erlebenswertes Open-Air-Geigenfest mit Geigern von Nah und Fern in der Kirchengasse und im Hof von Schloss Neuwildenstein.

MeisterAdvent, 3. Sa/So im Advent, Handwerkskunst in Schloss Neuwildenstein.

Wintersport **Langlauf**: *Panorama Nova*, 15 km Höhenloipen am Predigstuhl in 1100 m Höhe. Im Tal (Ramsau, Steeg, Reitern) 20 km Loipen. Freie Benützung mit Gästekarte. **Rodeln**: Goisern ist WM-Ort im Naturbahnrodeln und Heimat von Rodelweltmeistern. Beliebt ist die 2 km lange, beleuchtete *Trockentann Rodelbahn* im Ortsteil Ramsau.

Übernachten/Essen/Nachtleben

(→ Karte S. 191)

Übernachten **** **Wohlfühlhotel Goiserer Mühle** **6**, traditionsreiches, sanft modernisiertes Landhotel im ruhigen Kurpark. 30 eher nüchterne, mit moderner Kunst dekorierte Zimmer. Sauna, Dampfbad Gourmetrestaurant (s. u.). WLAN und Parkplatz gratis. DZ 119–149 €. Kurparkstr. 9, ✆ 06135-8206, ℻ 820666, officewww.hotel-goiserermuehle.at.

*** **Moserwirt** **4**, beliebter, familiärer Hotel-Gasthof in Ortsmitte, in dem die Gäste geduzt werden. 24 geräumige Zimmer. Sauna, Dampfbad, Whirlpool. Preisgünstiges Restaurant. DZ 86–106 €. Kirchengasse 6, ✆ 06135-82310, ℻ 823133, www.moserwirt.at.

*** **Agathawirt** **13**, freundliches Landhotel an der B 145 3 km südlich von Goisern.

„Aufgeig'n" in Bad Goisern

Traditionshaus (seit 1517), die 28 sauberen, etwas abgewohnten Zimmer sind in einem Neubau in Gartenlage. Sauna, Dampfbad, überdachtes Freibad, toller Service für Wanderer und Mountainbiker, E-Bike-Verleih. DZ 84–112 €, viele Pauschalangebote. St. Agatha 10, ✆ 06135-8341, ℻ 7557, www.agathawirt.at.

Pension Maria Theresia 5, geschmackvoll renovierte Dependance des Moserwirts (3-Sterne-Niveau) unweit des Kurparks und Parkbads; 6 moderne, helle Zimmer, fast alle mit Balkon. DZ 65 €. Auskeiweg 6, ✆ 0664-2001201, www.pensionmariatheresia.at.

** **Pension Sydler 1**, unkomplizierte, familienfreundliche Frühstückspension im Ortszentrum; 12 schlicht-rustikale Zimmer mit Balkon. Sauna, Leihräder, Garten mit Pool, Gratis-Internetzugang. DZ 54–62 €. Konrad-Deubler-Gasse 8–8 a, ✆ 06135-83950, ℻ 412714, www.sydler.at.

Großes Angebot an **Ferienwohnungen**, Infos im Tourismusbüro.

Restaurants/Wirtshäuser **Goiserer Mühle 6** → „Übernachten"; in der holzgetäfelten Kaiserstube oder auf der Terrasse am Mühlbach kann man sich an der köstlichen Wirtshausküche von Haubenkoch Willi Eberl erfreuen, im Gourmetstüberl werden Feinschmecker verwöhnt; Hausspezialität ist fangfrischer Fisch in Salzkruste. Gute Weine, à la carte 10–25 €. Di Ruhetag.

Moserwirt 4 → „Übernachten"; gute, bodenständige Küche, serviert im großen Speisesaal oder in der alten Kachelofenstube, wo noch der Stammtisch gepflegt wird. Hauptgericht 8–18 €. Kein Ruhetag.

Café Maislinger 7, in dem verwinkelten Lokal gibt es nicht nur gutes Gebäck, Mehlspeisen, Eis und mehrere Frühstücksvariationen sondern auch warme Hauptspeisen und mittags ein günstiges Menü. Gastgarten hinter dem Haus. Tägl. außer So 6–20 Uhr. Untere Marktstr. 4.

Wirtshäuser außerhalb **Rathluckn Hütte 11** → S. 193.

Agathawirt 13 → „Übernachten"; in der uralten, traditionellen Gaststube oder im Speisesaal genießt man verfeinerte bodenständige Küche. Hauptgericht 8–16 €. Kastaniengastgarten. Nov. geschlossen.

Steegwirt 15, in Au-Steeg, am Nordende des Hallstätter Sees. Stimmungsvolles Wirtshaus, regionale Küche mit Pfiff, bekannt für Bratl in der Rein (Schweinsbraten in der Pfanne, 9,50 €), dazu naturtrübes Hallstattbier. Schöner Garten an der Seeklause. Mo Ruhetag. Au 12, ✆ 06135-8302, www.steegwirt.at.

Café/Bars/Nachtleben **Boutique del Gelato 12**, kleine Eisdiele mit Garten, nur Sommerbetrieb. Obere Marktstr. 8, Mo/Di Ruhetag.

Mary's Weinstadl 10, rustikales Ambiente beim Kohlenhändler, gute Weine und kleine Happen, Gastgarten unter einer Weinlaube. Di–Sa 18–2 Uhr. Bahnhofstr. 16, ✆ 06135-8266.

Disco Joy 14, bekanntes Lokal mit Höhlenbar in St. Agatha, Mitte Okt. bis Mitte Mai Do/Fr/Sa 19–4 Uhr.

Sehenswertes/Ausflüge

Ortsrundgang in Bad Goisern: Ausgangspunkt ist die Touristinformation in der *Kirchengasse*, in der sich ein Ensemble hübscher Giebelhäuser (16./17. Jh.) erhalten hat. Beachtenswert sind die steinernen Portale und die Spalierbäume an den wärmespeichernden Hauswänden, die eine Obsternte auch im rauen Klima ermöglichten. In den Häusern waren (und sind teils noch) Gastwirtschaften oder Handwerksbetriebe (z. B. Färberhaus) untergebracht, Tafeln informieren über die Hauschroniken. Die katholische **Pfarrkirche zum Hl. Martin** stammt ursprünglich aus der Spätgotik (1487), wie am Nordportal und an Resten eines Rippengewölbes zu sehen ist, wurde aber im frühen 19. Jh. zu ihrer heutigen Größe ausgebaut. Sie ist die älteste Pfarre im Trauntal nach Traunkirchen. Parallel zur Kirchengasse verläuft die *Untere Marktstraße* (Ortsdurchfahrt), die in südlicher Richtung zum *Marktplatz*, einer runden Verkehrsfläche mit Brunnen, führt. Dort steht das **Schloss Neuwildenstein**, ein Rokokobau von 1770, der als Nachfolger für die 1715 abgebrannte Burg Wildenstein (→ S. 153) bis 1850 Verwaltungssitz des Inneren Salzkammerguts war. Heute ist hier die Forstverwaltung untergebracht, der rückwärtige Teil der vierseiti-

gen Anlage beherbergt das **HandWerkHaus** mit einer sehenswerten Produktpräsentation von 16 regionalen SpitzenhandwerkerInnen (Mo–Fr 9–12/14.30–18, Sa 9–12 Uhr). Gemeinsam mit dem überdachbaren Innenhof wird es auch als Veranstaltungszentrum genutzt.

Der spitze, hohe Turm der nahen **Evangelischen Kirche** (19. Jh.) zeugt von der Bedeutung der örtlichen Protestantengemeinde. Westlich der Marktstraße trifft man auf einige Jahrhundertwendevillen mit den für die Gegend typischen Holzveranden, auf den bescheidenen **Kurpark** und ein sehenswertes Heimatmuseum (s. u.). Einige Gehminuten entfernt wurde eine im Weißenbachtal abgetragene Hütte der Waldarbeiter als **Holzknechtmuseum** wieder aufgebaut, das Einblicke in das beschwerliche Leben der Holzarbeiter gewährt. Ihre Hauptmahlzeit, die *Holzknechtnockn*, kann man zu den Gamsjagatagen hier verkosten.

Holzknechtmuseum: Anfang Juni bis Mitte Sept. tägl. außer Mo 10–12 Uhr. Eintritt 3 €, Kind 1,50 €. Skg-Card.

Heimat- und Landlermuseum: Auf drei Geschossen bietet das im Ausgedinge der Goiserer Mühle eingerichtete Museum viel Information und Anschauliches zu Tracht, Handwerk (Goiserer Schuhwerkstatt), Brauchtum (Vogelfänger), Schützenwesen, Volkskultur, Traunschifffahrt, Ur- und Frühgeschichte. Eine Stube ist dem

Goiserer Philosophen und Bürgermeister *Konrad Deubler* (1814–84) gewidmet, der wegen seiner republikanischen Gesinnung 1848–50 im Kerker saß. Die „Landler", deren Kultur im Erdgeschoss dokumentiert wird, waren jene Goiserer Protestanten und deren Nachfahren, die im 18. Jh. nach Siebenbürgen (heutiges Rumänien) ausgesiedelt wurden (→ „Geschichte").

Anfang Juni bis Ende Sept. tägl. außer Mo 10–12, Mi/Fr auch 15-17 Uhr. Eintritt 3 €, Kind 1,50 €. Skg-Card.

Ein echter „Goiserer" im Heimatmuseum von Bad Goisern

Erlebnismuseum Anzenaumühle: Das schön restaurierte Ensemble aus dem frühen 18. Jh. liegt 3 km nördlich von Bad Goisern und sollte einst der B 145 weichen. Die Straße wurde verlegt, das Anwesen zum Freilichtmuseum. Zu sehen gibt es einen alten Paarhof mit Rauchküche, original ausgestatteten Stuben, Mühle, Sägewerk und Steinbackofen, wo noch heute das „Anzenaumühlenbrot" gebacken wird (über Backtermine informiert das Tourismusbüro). Zudem finden Volksmusikabende und Vernissagen statt.

Mitte Mai bis Ende Sept. Di–Sa 10–12/15–18 Uhr. Eintritt 2,50 €, Kind 1 €. Skg-Card. www.anzenaumuehle.at.

Chorinskyklause und Kaisertisch im Weißenbachtal: Im hinteren Abschnitt des waldreichen Weißenbachtals, das 3 km nördlich von Bad Goisern von der B 145 abzweigt, hat sich ein interessantes Baudenkmal erhalten: Die 6 m hohe, steinerne *Chorinskyklause* war von 1819–99 für die Holztrift (Holztransport) in Betrieb: Der hier jeweils eine Woche lang aufgestaute Weißenbach schwemmte nach dem Öffnen der Schleusentore („Schlagen") in einem donnernden Schwall die Holzstämme, die talabwärts entlang dem Bachbett gelagert waren, bis an die Traun, wo sie an einem Rechen gesammelt und mit Fuhrwerken zu den Salinen geliefert wurden. Das Spektakel des Klausschlagens lockte schon um 1830 die Kurgäste aus Ischl, heute werden manchmal Schauschlagen veranstaltet. Doch auch so lohnt sich der Ausflug zur Klause, entweder als einfache Wanderung (ca. 1 Std. Gehzeit) oder als Radtour. Das romantische Weißenbachtal war auch eines der Lieblingsreviere des jagdversessenen Kaisers Franz Joseph. Am Ende einer Jagd ließ er seine Strecke, wie die Summe an Erlegtem in der Jägersprache heißt, auf den *Kaisertisch* legen. Man findet ihn, wenn man die Klausenmauer überquert und dann scharf rechts bergab bis zu einem ebenen Plätzchen im Wald geht. Es ist ein tonnenschwerer ovaler Steintisch, umgeben von acht Hockern.

St. Agatha: 3 km südlich von Bad Goisern Richtung Bad Aussee (B 145) liegt am Beginn der Steigung auf den Pötschen (993 m) der Weiler St. Agatha (Betonung auf dem ersten A). Von der Straße aus sieht man das Türmchen einer **Kalvarienbergkirche** über die Häuser lugen. Der reizende Bau stammt aus dem 15./16. Jh. und erhielt um 1715 einen interessanten, spätbarocken Hochaltar – ein künstlicher Berg Golgotha mit einer figurenreichen Kreuzigungsszene. Sie wird dem Kreis um *Meinrad Guggenbichler* zugeschrieben. Die Kirche ist Endpunkt eines Kreuzwegs von Bad Goisern her. Der direkt an der B 145 gelegene Agathawirt (→ „Übernachten“), ein mächtiger Renaissancebau (1623) mit Walmdach, war lange Zeit die Raststation für Passagiere und Pferde vor dem steilen Anstieg auf den Pötschenpass. Im 19. Jh. waren er und seine Umgebung ein beliebtes Malmotiv, etwa für *Rudolf von Alt* und *Gustav Klimt*.

Höhenweg durch die Ewige Wand

Wandergebiet Predigstuhl

Vom Kreisverkehr an der B 145 in Bad Goisern lohnt bei schönem Wetter eine Auffahrt auf der mautfreien 6,2 km langen Panoramastraße Richtung Wurmstein/Predigstuhl. Sie endet beim *Berghof Predigstuhl* (973 m), von wo man eine einmalige Aussicht auf das Goiserer Tal, den Hallstätter See und den Dachstein genießt und schöne Wanderungen und Bergtouren unternehmen kann. Die beliebtesten Ziele sind die **Hütteneckalm** mit dem berühmten Dachsteinblick (→ Wanderung 7, s. u.) und der eindrucksvolle, aus dem Felsen geschlagene **Ewige-Wand-Steig** (→ Wanderung 8, s. u.). Im Winter wird das kupierte, wellige Gelände rund um den Berghof Predigstuhl zum Langlaufzentrum *Panorama Nova* mit 15 km bestens gespurten Höhenloipen.

Hin & weg Kein Bus; **Goiserer Taxi** ab Goisern-Zentrum ca. 20 €. ✆ 06135-4242.

Übernachten/Essen **Berghof Predigstuhl**, in Panoramalage auf 973 m, tolle Aussichtsterrasse, bodenständige Küche. 15 abgewohnte, altmodische Zimmer. DZ 70–90 €. Wurmstein 26, ✆ 06135-8556, 855622, www.predigstuhl. at.

››› **Unser Tipp:** **Rathluck'n Hütte**, 780 m, gemütliche urige Hütte mit hervorragender Küche auf halbem Weg der Panoramastraße (zu Fuß von Goisern in 1½ Std. erreichbar). Spezialität sind Pofesen, Kasspatzen, Goisinga Saibling und jeden Sa frisches Holzofenbrot und dazu ein Bratl. Tolle Weine, der Wirt ist Sommelier. Mo/Di Ruhetag. ✆ 06135-6293, www.rathlucka-huette.at. ‹‹‹

Wanderung 7: Zur Hütteneckalm (1238 m) → S. 279
Landschaftlich eindrucksvolle Almwanderung hoch über Bad Goisern

Wanderung 8: Durch die Ewige Wand auf den Predigstuhl → S. 280
Nach spannendem Höhenweg durch eine Felswand folgt ein Aussichtsgipfel

Am Hallstätter See (UNESCO-Welterberegion)

In einem dunklen, von dicht bewaldeten Steilhängen eingezwängten Trogtal liegt der Hallstätter See. Er trennt den Hohen Sarstein (1975 m) im Osten vom westlichen Plassen (1953 m), der das Hallstätter Salzvorkommen in sich birgt. Im Süden ist der See von Hirlatz- und Seewand, den Abbrüchen des Dachsteinmassivs begrenzt. Die Sicht auf Dachsteingletscher und -gipfel ist vom Tal aus allerdings verdeckt. Auf seinem dunkelblauen, fast schwarzen Wasser sind keine Surfer und Segler unterwegs, nur die stilvoll dahin gleitenden Plätten bzw. Fuhren und weiße Linienschiffe. Zu- und Abfluss des Hallstätter Sees ist die Traun. In **Steeg** am Nordufer, dort wo sie ihn wieder verlässt, entstand bereits 1511 eine Klausenanlage, mit deren Hilfe der Wasserstand des Sees erhöht wurde. So konnten die Salzschiffe auch bei Niedrigwasser mit einem entsprechenden Schwall traunabwärts bewegt werden. Reste dieser Anlage kann man noch von der Straßenbrücke aus sehen. An den steilen Ufern des Hallstätter Sees ist nur eine Siedlung entstanden, das allerdings weltberühmte **Hallstatt**. Etwas zurückversetzt am Südufer liegt das sonnigere **Obertraun**, das wegen der Krippenstein-Seilbahnen und der Dachstein-Höhlenwelt bekannt ist. 1997 wurde die Dachsteinregion mit dem Hallstätter See und den beiden Gosauseen wegen der einzigartigen Natur und der reichen prähistorischen Hallstätter Funde unter der Bezeichnung „Dachstein-Hallstatt-Salzkammergut“ in die UNESCO-Liste des Weltkultur- und -naturerbes aufgenommen.

Hallstätter See: 508 m Seehöhe. 5,9 km lang, bis zu 2,3 km breit. Max. Tiefe 125 m, max. Temperatur 22 °C. **Schifffahrt**: Linienverkehr ganzjährig zwischen Hallstatt Markt und Bahnstation am Ostuferradweg. Rundkurse im südlichen Seeteil tägl. von Juni bis Ende Sept., im nördlichen Teil von Mitte Juli bis Mitte Sept. ✆ 06134-8228, www.hallstattschifffahrt.at.

Hallstatt 800 Einwohner, 508 m

Der malerisch am Südwestufer des Hallstätter Sees gelegene Ort mit seinen beiden Kirchen und den an den Abhängen des Salzbergs gestapelten Häusern gehört zu den berühmtesten Fotomotiven Österreichs. Für den Weltenbummler Alexander von Humboldt war er „der schönste Seeort der Welt“.

Den Ortsnamen und den einzigartigen Bauplatz am winzigen Schwemmkegel des Mühlbachs und an der wohl sonnenärmsten Stelle des Tals verdankt Hallstatt dem Salz (kelt. *hal*). Es wurde schon seit 3500 Jahren im Hochtal oberhalb des Orts abgebaut. Mit Hallstatt bezeichnet man heute auch eine europäische Kulturepoche, die ältere Eisenzeit (800–400 v. Chr). Damals ermöglichte der Hallstätter Salzabbau und -handel ein riesiges Wirtschaftsimperium, wie die reichen Gräberfunde am Salzberg beweisen.

Ende des 19. Jh. wurde Hallstatt, das bis zum Bau einer Straße 1875 nur über den See oder auf Saumpfaden erreichbar war, von Malern und Dichtern der Romantik entdeckt. Der Plan aus den 1950er-Jahren, eine Umfahrungsstraße entlang dem Seeufer zu bauen, konnte verhindert werden, und so leiten heute zwei Tunnel durch den Salzberg den Verkehr am Ort vorbei. Hallstatt blieb sein mittelalterliches Gepräge mit engen Gassen, hölzernen Fischerhütten und mächtigen Häusern früherer Salzfertiger großteils erhalten. Es lockt jährlich rund 800.000 Gäste an. Ein Großteil stattet auch den **Salzwelten Hallstatt** (→ „Sehenswertes") im immer noch aktiven ältesten Salzbergwerk der Welt, einen Besuch ab. Besonderen Andrang gibt es jährlich am *Fronleichnamstag*, wenn die berühmte Seeprozession stattfindet, die die katholische Kirche zur Zeit der Gegenreformation 1628 einführte.

Die Erforschung des Hallstätter Gräberfelds

Der legendäre „Mann im Salz", die mumifizierte Leiche eines prähistorischen Bergknappen, dürfte 1734 der erste bedeutende archäologische Fund im Hallstätter Salzberg gewesen sein. Da niemand sein wahres Alter erkannte, wurde er auf dem Ortsfriedhof bestattet und nie wieder gefunden. Als 1846 bei Schotterarbeiten im Hallstätter Hochtal erneut antike Reste auftauchten, deutete sie der Salinenbeamte Johann Georg Ramsauer richtig als vorgeschichtliche Grabfunde. In den nächsten 17 Jahren ließ er das umliegende Gräberfeld planmäßig ausgraben und Körper- und Brandbestattungen sowie Grabbeigaben (v. a. Waffen, Schmuck, Gefäße aus Eisen und Bronze) genau protokollieren, was für einen Laien eine beachtliche Leistung war. 980 Gräber und rund 20.000 Objekte aus der älteren Eisenzeit traten zu Tage. Die Fachwelt war begeistert, und die Ischler Kurgäste hatten eine Sehenswürdigkeit mehr, wobei manches Stück als Souvenir für immer verschwand. 1863 hielt Ramsauer das Gräberfeld für erschöpft, doch wurden bis 1939 weitere 200 Bestattungen entdeckt. Seit 1994 ist eine neue Grabungskampagne des Naturhistorischen Museums Wien im Gange, die mittlerweile über 1500 Gräber freilegte und noch immer einzigartige Funde zu Tage fördert. So wurde 2004 in einem prähistorischen Stollen die im Salz bestens konservierte älteste Holzstiege Europas (1344 v. Chr.) entdeckt, 2010 gelang die Bergung außergewöhnlicher Bronzegefäße.

Basis-Infos

Information **Tourismusbüro Hallstatt**, unweit vom Museum Hallstatt; freundlicher, kompetenter Service. Praktischer Ortsplan. Juli/Aug. Mo–Fr 9–18, Sa/So 9–16, sonst Mo–Fr 9–12/14–17 Uhr. 4830 Hallstatt, Seestr. 169, ✆ 06134-8208, www.hallstatt.net, www.dachstein-salzkammergut.at.

Hin & weg **Bahn**: 1x ständl. nach Bad Ischl, Gmunden, alle 2 Std. nach Bad Aussee. Bahnstation am Seeufer gegenüber. www.oebb.at.

Linienschiff: Markt–Bahnstation bzw. Bahnstation–Markt (2,40 €) ganzjährig je nach Zugankunft bzw. -abfahrt. Hallstatt–Obertraun (5,50 €) Juni bis Ende Sept. 3–5x tägl., Hallstatt–Obersee–Untersee–Steeg (6,50 €) Mitte Juli bis Mitte Sept. 3x tägl. ✆ 06134-8228, www.hallstattschifffahrt.at.

Bus (Linie 543): 1x ständl. ab Hallstatt-Lahn nach Obertraun-Dachsteinseilbahn, Sa/So 7x tägl. www.ooevv.at.

Parken Ortsdurchfahrt Mai–Okt. 10–17 Uhr gesperrt, drei gebührenpflichtige Parkplätze außerhalb. Pkw 1 Std. 2,50 €, 3 Std. 6 €, 12 Std. 7 €. Hotelgäste zahlen 9 €/Tag.

Angeln Lizenzausgabe bei ÖBF neben Tourismusbüro, Mo–Sa 9–12 Uhr.

Ausgrabungen Im Untergeschoss des **Sportgeschäfts Janu**, Seestr. 50, wurden 600–2000 Jahre alte Mauern freigelegt (Besichtigung zu Geschäftszeiten).

Baden **Badeinsel** in Lahn, am Südrand des Orts mit Liegewiese, Spielplatz und toller Aussicht. Weitere **Badeplätze** mit großen Liegewiesen entlang der Straße Richtung Obertraun, teils Parkplatzgebühr.

Einkaufen **Hallstatt Keramik**, im Ringel- oder Kräuterdekor. Shop in der Ortsmitte. Ostern bis Ende Okt. tägl. geöffnet; Werkstattverkauf im Ortsteil Lahn ganzjährig Mo–Fr 7–12/13–17, Sa 10–12 Uhr, www.keramikhallstatt.com.

Geschenk's Platzerl, handgefertigte Deko-Artikel für Garten und Haus aus Metall, Holz, Keramik zu günstigen Preisen. Mai–Sept. tägl. geöffnet. Seestr. 141, ✆ 0664-9136240.

Salzkontor und Benediktiner Seifenmanufaktur, Gewürz- und Badesalzmischungen sowie dekorative Seifen. Im Sommer tägl. 10–18 Uhr. Seestr. 116.

Führungen Mai bis Mitte Okt. Sa 10 Uhr. Treffpunkt Tourismusbüro. 3,90 €/Pers., Kinder frei. Dauer 1½ Std.

Tauchen Tauchinfotafeln rund um den See; unter Wasser gibt es u. a. das Wrack der „Kronprinz Rudolf" und Unterwasserbäume zu entdecken. www.dive-adventures.at.

Veranstaltungen **Fronleichnamsprozession** am See (s. o.). **Hallstättersee-Rundlauf** am 1. So im Mai, Halbmarathon mit rund 1500 Läufern; www.seerundlauf.hallstatt.net.

Übernachten/Essen & Trinken

Übernachten **** **Heritage Hotel Hallstatt**, im Ortskern; verteilt seine 54 individuell gestalteten Zimmer auf drei stilvoll renovierte historische Gebäude (teils kein Aufzug). Das Hauptgebäude mit Rezeption, Frühstück, Restaurant, Bar und Sauna liegt am Schiffslandeplatz. Internet gratis. DZ 179–209 €, Suite bis 409 €, viele Angebote. Landungsplatz 1, ✆ 06134-20036, 📠 20042, www.hotel-hallstatt.com.

*** **Seehotel Grüner Baum**, liebevoll renoviertes Traditionshotel im alten Salzfertigerhaus von 1700, zwischen Marktplatz und Seeufer. 20 gemütliche, individuell ausgestattete Zimmer, 3 Appartements mit Privatterrasse. Eher bescheidenes Frühstück. DZ 105–155 €, mit Seeblick bis 175 €, Suite bis 190 €. Marktplatz 104, ✆ 06134-8263, 📠 826344, www.gruenerbaum.cc.

*** **Grüner Anger**, freundliche, familiäre Gasthof-Pension südlich der Salzbergbahn (Shuttle-Service für Bahnreisende), 10 schön renovierte Zimmer, gut bestücktes Frühstücksbüffet, gute Küche. Leihräder, WLAN und Parkplätze gratis. DZ 80–94 €. Lahn 10, ✆ 06134-8397, 📠 83974, www.anger.hallstatt.net.

Weißes Lamm, bodenständiger Gasthof zentral am Oberen Weg; 10 geräumige, modern renovierte Zimmer mit Balkon. Sauna, gratis WLAN. DZ 75–100 €. Dr.-F.-Morton-Weg, ✆ 06134-8311, 📠 831149, www.weisseslamm.at.

Haus Höll Herta, freundliches Privathaus mit zwei relativ neuen Zimmern in ruhiger Lage unweit der Salzbergbahn. WLAN gratis. DZ 46–50 €. Salzbergstr. 45, ✆ 06134-8531, www.tiscover.at/hoell.

Camping Klausner–Höll, kleiner, gut ausgestatteter Platz mit 60 Stellflächen in der Lahn am südlichen Ortsrand. 2 Pers., Auto und Zelt 20 €. Geöffnet Mitte April bis Mitte Okt., Juli/Aug. sollte man vorreservieren. Lahnstr. 201, ✆ 06134-8322, 📠 83221, www.camping.hallstatt.net.

Essen & Trinken **Gasthof Zauner-Seewirt**, bekanntes Fisch- und Grillrestaurant, gemütliche, teils efeuumrankte Stuben. Spezialität sind Reinanken (Renken, ca. 14 €) und Fleischspieße (ab 11 €). Im Winter Di Ruhetag. Marktplatz 51, ✆ 06134-8246, www.zauner.hallstatt.net.

››› Unser Tipp: **Gasthof Simony**, freundliches Wirtshaus im alten Salzfertigerhaus mitten im Ort. Preisgünstige altösterreichische Küche aus regionalen Zutaten, gute Mehlspeisen, Fischgerichte, Hallstattbier, schöner Garten am Seeufer. Mi Ruhetag. Wolfengasse 105, ✆ 06134-20646, www.gasthof-simony.at. ‹‹‹

Grüner Baum → „Übernachten"; ansprechendes „Kaiserstüberl" und gehobenes Restaurant „Salzbaron" mit guter Küche (à la carte 14–28 €). Garten am See.

Bräu-Gasthof Hallstatt, gutbürgerliche altösterreichische Küche im altehrwürdigen Salzfertigerhaus an der Seestraße. Urige Gewölbestuben, romantische Seeterrasse. Spezialität sind Fische aus dem See, Tafel-

Hallstatt – Keimzelle des Salzkammerguts

spitz und Apfelkuchen. März/Nov. geschlossen, Mo/Di Ruhetag (im Winter). Seestr. 120, ✆ 06134-20673, www.brauhaus-lobisser.com.

Marktbeisl Zur Ruth, sympathisches kleines Gewölbelokal am Marktplatz, schön zum Draußensitzen; ein paar günstige Hauptgerichte, guter Kaffee. Tägl. 11–2 Uhr, im Winter Mo Ruhetag. Markt 59, www.marktbeisl.at.

Café-Bäckerei Maislinger, am südlichen Ende der Seestraße. Hallstätter Lebkuchen, Eis, Toast, Snacks. Tägl. 9–18 Uhr, im Winter So Ruhetag. Seestr. 156.

Eis Giovanni, kleiner Eisladen im Gasthof Simony beim Marktplatz. Nur Sommerbetrieb. Wolfengasse 21.

Sehenswertes/Ausflüge

Ortsrundgang: Egal, ob man per Schiff in Hallstatt ankommt (die schönste Annäherung) oder von den Parkplätzen am Ortsrand losgeht: Man sollte einmal die **Seestraße** am Ufer entlang spazieren und zurück den parallelen **Oberen Weg** (Dr.-Morton-Weg), früher der einzige Zugang zum Ort, zwischen alten Häusern hindurch nehmen. Für den von blumenverzierten Bürgerhäusern und Gastgärten umstandenen **Marktplatz** orientiert man sich am spitzen Turm der *Evangelischen Christus-Kirche* (Neogotik, 1861), die sich an seiner Nordostecke erhebt. Die zierliche barocke Dreifaltigkeitssäule am Platz stammt von 1744.

Katholische Pfarrkirche Mariä Himmelfahrt: Der kunsthistorisch interessante spätgotische Bau liegt auf einer Anhöhe nördlich des Marktplatzes, zu der verwinkelte Gässchen und die „Bedeckte Stiege“ hinaufführen. Die Kirche wurde 1515 auf Resten eines romanischen Vorgängerbaus (12. Jh.) errichtet, von dem sich der 1750 mit barocker Zwiebelhaube versehene Turm erhalten hat. Seine Fassade zieren Passionsfresken von 1500, darunter führt das Portal ins zweischiffige Kircheninnere. Die beiden Flügelaltäre spiegeln die einstige Sozialordnung des Bergwerksorts: das linke Schiff für die Bürger, das rechte für die Knappen. Während der neugotische Bürgeraltar links von 1895 stammt, gilt der reich vergoldete Knappenaltar *(Hallstätter Marienaltar)* von 1520 als Meisterwerk der spätgotischen Schnitzkunst. Sein Schöpfer war *Leonhard Astl*, ein Schüler Michael Pachers. Im Schrein sieht

Schaurige Kuriosität: das Hallstätter Beinhaus

man die Muttergottes mit Kind, flankiert von Katharina (links) und Barbara, den Schutzheiligen der Holzarbeiter und Bergknappen. Auf den doppelten Flügeln (im Dez. geschlossen) sind 16 Szenen aus dem Leben Mariens dargestellt. Ein weiterer, kleiner Flügelalter mit einer Kreuzigungsszene beim Nordeingang der Kirche stammt von 1450.

1. Mai bis 26. Okt. tägl. 10–18 Uhr.

Beinhaus: Unbedingt besichtigen sollte man die Friedhofs- oder Michaelskapelle an der Nordseite der Kirche. Sie birgt im Untergeschoss den berühmten Karner (Beinhaus), in dem rund 1800 Schädel und Knochen fein säuberlich aufgeschichtet sind. Aufgrund der Enge Hallstatts wurden die Gebeine der im Friedhof Bestatteten nach 10–15 Jahren ausgegraben, gereinigt, in der Sonne gebleicht und hier aufbewahrt. Heute wird nur mehr auf testamentarischen Wunsch so vorgegangen. Seit 1720 werden die Schädel übrigens mit Namen und Lebensdaten beschriftet und mit Blumen- oder Blattmotiven bemalt.

1. Mai bis 26. Okt. tägl. 10–18 Uhr. Eintritt 1,50 €, Kind 0,70 €.

Museum Hallstatt (→ Foto S. 24): Das wenige Schritte südlich des Marktplatzes gelegene Museum lädt zu einer attraktiv gestalteten Reise in die 7000-jährige Hallstätter Geschichte ein: Ganz klassisch in Vitrinen, mit 3D-Animation oder auf Touchscreens und in Kurzfilmen – der Bogen spannt sich von der Geologie über den prähistorischen Salzbergbau, die Hallstattkultur, die Zeit der Römer und der Habsburger bis hin zur Aufnahme ins Weltkulturerbe 1997. Nach dem Naturhistorischen Museum in Wien besitzt das Museum Hallstatt die größte Sammlung an Funden aus der Hallstattzeit.

Mai–Sept. tägl. 10–18, Nov.–März Mi–So 10–15, Okt./April tägl. 10–16 Uhr. Eintritt 7,50 €, Kind 6,50 €, Familie 18 €. Skg-Card. ✆ 06134-828015, www.museum-hallstatt.at.

Ortsteil Lahn und Kalvarienbergkirche: In der Lahn, dem südlichen Ortsteil von Hallstatt, befinden sich die Verwaltung des Salzbergwerks und die Talstation der

Salzbergbahn. Bis 1969 stand hier auch eine Sudhütte. Heute gelangt die Salzlösung vom Hallstätter Bergwerk über die Soleleitung (s. u.) zur Weiterverarbeitung nach Ebensee. Entlang der Hauptstraße Richtung Obertraun markieren vier kleine Barockkapellen den Kreuzweg zum etwas erhöht gelegenen Kalvarienbergkirchlein von Lahn. Der reizvolle, rosafarbene Bau mit dem hölzernen Schindeldach stammt von 1711 und birgt im Inneren eine Kreuzigungsgruppe aus der Werkstatt von *Meinrad Guggenbichler*. Hinter der Kirche führt ein Wanderweg in wenigen Minuten bergauf zu einer Rastbank („Goaßerbankerl") mit herrlicher Aussicht auf den Ort und die umliegende Bergwelt.

Hallstätter Hochtal und Salzwelten Hallstatt: Das rund 400 m über Hallstatt gelegene Hochtal mit den prähistorischen Grabstätten und dem Salzbergwerk erreicht man zu Fuß über den Welterbe-Rundweg (1 Std., s. u.) oder schneller (3 Min.) mit der *Salzbergbahn*, einer Standseilbahn ab Hallstatt-Lahn. Ein Panoramalift neben der Seilbahn-Bergstation bringt hinauf zu einer kühnen Aussichtsbrücke und dem auch vom Seeufer sichtbaren mächtigen **Rudolfsturm**, der 1284 vom Habsburger Albrecht zum Schutz des Bergwerks errichtet und nach seinem Vater benannt wurde. Der Turm war bis Mitte des 20. Jh. Sitz des Bergmeisters, heute beherbergt er eine Ausstellung über *Johann Georg Ramsauer*, dem Entdecker des Hallstätter Gräberfeldes, sowie das Gasthaus „Der Balthazar" (s. u.). Von der Aussichtsbrücke wandert man 10–15 Min. auf dem fast ebenen Themenweg („Weg durch die Zeiten") durch das Hochtal hinauf bis zum Salzbergwerk, vorbei an Infosäulen, dem Gräberfeld und einem begehbaren Schaugrab. Im historischen Knappenhaus am oberen Ende des Wegs wird die Arbeits- und Lebenswelt der Bergknappen im 19. Jh. dokumentiert.

Die Führung in den **Salzwelten** (Kinder erst ab 4 J.) beginnt ebenfalls im historischen Knappenhaus mit dem Anlegen der bunten Schutzkleidung. Eine überdachte Holztreppe im Freien führt hinauf zum Christinastollen von 1719, dem man 350 m ins enge Berginnere folgt. Dann kommt eine kurze Bergmannsrutsche, und nach einem Film über 7000 Jahre Salzgeschichte die lange, bis 40 km/h rasante Rutschfahrt, bei der man vom Radar „geblitzt" wird! Man gelangt zu einem unterirdischen Salzsee, erhält Informationen zur heute angewandten Bohrlochsondentechnik und sieht, wie Salz in der Eisen- und Bronzezeit abgebaut wurde. Was es mit dem „Mann im Salz" auf sich hat, erfährt man vom animierten Bergknappen

Am Marktplatz in Hallstatt

Sepp. Nach rund 70 Min. geht es mit der Grubenbahn wieder ins Freie. Für 5–6 € kann man beim Ausgang das Radarfoto erwerben. (Tipp: Wer zu zweit rutscht, braucht nur ein Foto zu kaufen.)

Salzbergbahn Betriebszeiten Ende April bis Mitte Sept. tägl. 9–18, Mitte Sept. bis Anfang Okt. 9–17 Uhr, Anfang Okt. bis 26. Okt. 9–16.30 Uhr. Berg- und Talfahrt 12 €, Kind 6 €, Berg- oder Talfahrt 7 €. Skg-Card.

Salzwelten Geöffnet Ende April bis Mitte Sept. tägl. 9.30–16.30, Mitte Sept. bis Ende Sept. bis 15.30 Uhr, Okt./Allerheiligen bis 15 Uhr. Eintritt (mit/ohne Salzbergbahn) 24/18 €, Kind 12/9 €. Familie (2 Erw., 1 Kind) 50/38 €. Skg-Card. ✆ 06132-2002400, www.salzwelten.at.

Essen & Trinken **Der Balthazar im Rudolfsturm**, modernes Design in alten Mauern, Sonnenterrasse mit Tiefblick zum See. Salzkammergutküche, Kaffee und Eis. Mai bis Ende Okt. tägl. 9–18 Uhr. ✆ 06134-20605, www.rudolfsturm.at.

Weltkulturerbe-Rundweg: Etwa 1 Std. dauert der Aufstieg von der Ortsmitte (Badergraben) zum Rudolfsturm im Hallstätter Hochtal, sowohl auf dem *Serpentinenweg (Variante S)* als auch auf dem *Soleleitungsweg durch die Hölle (Variante H)*. Beide wurden mit Schautafeln (Salinen- und Forstwesen, Naturschutz, Geologie ...) bestückt und zum Weltkulturerbe-Rundweg zusammengefasst. Man wandert also am besten den einen Weg hinauf und den anderen hinunter. *Variante S* punktet mit einem kurzen Abstecher in die Mühlbachschlucht oberhalb des Ortes und mit der Tatsache, dass auch Kaiser Maximilian 1504 diesen Weg nahm, als er sein Bergwerk besuchte. Bis 1890 bewältigten diese Strecke die Kerntragweiber zweimal täglich. Sie trugen bis zu 70 kg schwere Steinsalzbrocken ins Tal, die zusätzlich zum Sudsalz, das über die Soleleitung abtransportiert wurde, aus dem Berg geholt wurden. *Variante H* verläuft auf dem ersten Stück des Soleleitungswegs (s. u.)

Beschwerlich war die Arbeit der Kerntragweiber

Soleleitungsweg und Gosauzwang: Als Ende des 16. Jh. die Holzvorräte für das Befeuern der Sudpfannen im Inneren Salzkammergut zur Neige gingen, baute man in Ebensee am Traunsee eine neue Saline. Zur raschen Beförderung der Sole vom Hallstätter Salzberg dorthin wurde 1597–1607 aus 13.000 ineinander gesteckten Baumstämmen eine 40 km lange Leitung konstruiert. Mittlerweile aus Kunststoffrohren, ist die Soleleitung noch immer rund um die Uhr in Betrieb und damit die älteste aktive Pipeline der Welt. Ihrem Lauf folgt ein informativer, alle 500 m mit blauen Würfeln markierter Wanderweg; sein schönster Abschnitt sind die ersten 7 km ab dem Hallstätter Salzberg bis Steeg am Nordende des Sees. Der Weg beginnt an der Rückseite des Rudolfsturms (s. o.), führt über Stufen und Treppen (Vorsicht bei Nässe!) in die romantische Klamm des Mühlbachs (Höllschlucht) hinab und dann in sanftem

Gefälle oberhalb des Seeufers Richtung Norden. Nach rund 1¼ Std. erreicht man das 1757 errichtete Soleleitungsviadukt am **Gosauzwang**, das den Gosaubach und heute die B 166 überbrückt. Ein altes Wegmacherhäuschen am nördlichen Brückenkopf beherbergt eine kleine Ausstellung. Der Weg führt teilweise aus dem Fels geschlagen weiter. Am Nordende des Sees kann man entweder kurz vor oder nach den Druckstollen nach Steeg absteigen und erreicht über die Traunbrücke den Bahnhof Steeg-Gosau (Gesamtgehzeit ca. 2 Std., letzte Bahnverbindung Steeg/Gosau–Hallstatt 18.38 Uhr). Wer am Soleweg weiter bis Ebensee wandert, ist insgesamt mehr als 8 Std. unterwegs.

Waldbachstrub im Echerntal

Im Echerntal: Von Hallstatt-Lahn Richtung Westen erstreckt sich dieses Trogtal wie aus dem Bilderbuch. Seine Landschaft beeindruckte bereits die Künstler der Romantik, wie *Georg Ferdinand Waldmüller* oder *Adalbert Stifter*, den es zu seiner berühmten Weihnachtsgeschichte „Bergkristall" inspirierte. Beim Parkplatz am Ende der Echerntalstraße (ca. 2 km vom Zentrum) beginnt der abwechslungsreiche Themenweg „Maler, Literaten und Naturwunder", der an wilden Gebirgsbächen, Gletschermühlen, Wasserfällen und schönen Aussichtspunkten vorbeiführt (Gehzeit ca. 1½ Std.). Ihm folgt zum Teil auch die Wanderung 9.

Wanderung 9: Echerntal und Waldbachstrub → S. 281
Eindrucksvolles Natur- und Wassererlebnis zwischen hohen Felswänden

Ostufer(rad)weg am Hallstätter See: Der Uferweg von Obersee über die Bahnstation Hallstatt bis Obertraun (Gehzeit ca. 2 Std.) gehört zu den schönsten Spazierrouten des Salzkammerguts. Auf flachen Promenadenwegen, Forststraßen und breiten Stegen wandert oder radelt man zwischen Bahnlinie und Seeufer dahin, am besten nachmittags, wenn das Ostufer in der Sonne liegt. Zwischendurch kann man sich im See abkühlen. Der spannendste Abschnitt ist nördlich der Bahnstation Hallstatt, wo man direkt über dem Wasser unterwegs ist und auf einer Hängebrücke die tiefste Stelle (125 m) des Hallstätter Sees überquert. Man kann die Radtour oder Wanderung auch mit einer Bahnfahrt (Radtransport nur in Regionalzügen) oder Schifffahrt (Mitte Juli bis Mitte Sept. 3x tägl., 3 €/Fahrrad) kombinieren und so den Weg in Obersee, Hallstatt-Bahnstation oder Obertraun beginnen bzw. beenden.

Essen & Trinken **Uferwirt Seeraunz'n**, ein junges Betreiberpaar verwöhnt im einstigen Wanderwegstüberl am Schiffsanleger Obersee von April bis Ende Okt. mit Hausmannskost zu moderaten Preisen. Spezialität sind Backhendl, Fisch und selbst gemachtes Brot. Sonnenterrasse. Seeraunz'n ist übrigens kein Nörgler, sondern ein Schiffshorn. Obersee 41 (5 Gehmin. zur Bahnstation Obersee), ✆ 0676-4331263, www.seeraunzn.at.

Obertraun, Dachstein-Höhlen, Krippenstein

Obertraun ist Ausgangspunkt der Krippenstein-Seilbahnen, der Wege zur Wanderregion Dachsteinplateau und zu den berühmten Dachsteinhöhlen. Zu diesen gehören die im Tal gelegene Koppenbrüllerhöhle sowie die Mammut- und die Rieseneishöhle, beide hoch oben im Berg.

5 km von Hallstatt entfernt, breitet sich das lang gezogene Straßendorf Obertraun (700 Einwohner, 513 m) auf einem sonnigen Talboden aus, der im Westen bis an das Seeufer reicht (schönes Strandbad!), im Norden von den steilen Flanken des **Sarsteins** (1975 m) und im Süden von den Felsen des Dachsteinplateaus eingegrenzt wird. Mitten durch den Talboden zieht sich breit die Traun, die von Nordosten durch die enge Koppenschlucht aus dem Ausseerland kommt. Dieser Schlucht folgt auch die Bahnlinie und der Koppental-Wander- und Radweg nach Bad Aussee. Die Straße von Obertraun ins Ausseerland führt über den steilen 690 m hohen **Koppenpass** (23 %) am östlichen Talschluss.

Die Geschichte des Orts hing stets mit dem Hallstätter Salzbergbau zusammen. Für die Salinen arbeitende Holzknechte siedelten hier seit dem 14. Jh., ihnen verdankt der Ort auch den hohen Anteil an Protestanten. Kohlenmeiler rund um Obertraun lieferten Brennstoff für die Sudpfannen, die Almwirtschaft und Viehzucht das Essen für die Bergknappen. Als Reiseziel entdeckt wurde Obertraun Mitte des 19. Jh. durch den Forscher *Friedrich Simony* (→ Kasten). In den 1950er-Jahren baute man eine Seilbahn mit drei Teilstrecken zum Dachsteinplateau. Die ersten beiden wurden 2008 vollkommen erneuert und barrierefrei gestaltet, die Erlebniswelt am Berg erhielt ein modernes „Facelifting".

Friedrich Simony – ein Leben für den Dachstein

Als Friedrich Simony 1813 in Nordböhmen zur Welt kam, ahnte niemand, dass der in triste Verhältnisse geborene Bub 40 Jahre später ein bahnbrechender Alpen- und Gletscherforscher und Österreichs erster Universitätsprofessor für Geographie werden sollte. Simonys größtes Verdienst war die Erkundung und touristische Erschließung des Dachsteingebiets. 1840–90 beschrieb, fotografierte und zeichnete er das gesamte Gebirge, seine Gletscher und Höhlen. 1842 wagte er die erste Winterbesteigung des Hohen Dachsteins, was als lebensgefährlich galt. Er ließ Bergsteigerunterkünfte bauen, Wege und Steige anlegen und brachte seine Erlebnisse in Zeitschriften unters Volk. Am Dachstein selbst sind heute die Simonyhütte und die Simonyscharte nach ihm benannt. Sein Freund Adalbert Stifter setzte ihm 1857 im Roman „Nachsommer" mit der Figur des Naturforschers Heinrich Drendorf ein literarisches Denkmal. Simony starb 1896 in der Steiermark.

Basis-Infos

Information Tourismusbüro Obertraun, im Zentrum am Gemeindeplatz, wo sich auch ein Supermarkt befindet. Mo–Fr 8–12/14–17, Juli/Aug. bis 18 und Sa 9–12 Uhr. 4831 Obertraun, Seestr. 180, ✆ 06131-351, www.obertraun.net, www.dachstein-salzkammergut.at.

Hin & weg **Bahn**: 1x stündl. nach Bad Ischl, alle 2 Std. nach Bad Aussee. Der Bahnhof im Ortszentrum heißt „Obertraun-Dachsteinhöhlen". **Bus (Linie 543)**: 1x stündl. von Obertraun-Dachsteinseilbahn nach Hallstatt, Sa/So 7x tägl. www.ooevv.at.

Schiff: Hallstatt–Obertraun (5,50 €), Juni bis Ende Sept. 3–5x tägl.

Baden **Strandbad**, bester Badeplatz am Hallstätter See, große Liegewiese, Buffet, Spielplatz, Sonnenfloß, Bootsverleih. Unweit der Schiffsstation und des Bahnhofs. Frei zugänglich, kostenlose Parkplätze.

Badeplatz Winkl, am Ortsrand an der Hauptstraße, sonnige Liegewiese, abgetrenntes FKK-Areal, Kiesstrand, Duschen, Hallstattblick. Frei zugänglich, kostenlose Parkplätze.

Fahrrad Verleih im Resort Obertraun (s. u.).

Paragleiten Beliebter Startplatz ist der Krippenstein. www.paragleiten.net.

Veranstaltungen **Eisklang Konzerte** jeden Fr im Aug., Konzerte im Parzivaldom der Eishöhle. www.dachstein-salzkammergut.com.

Obertrauner Wanderherbst, Mitte Aug. bis Ende Okt., Vollmond- und Sonnenaufgangsfahrten, Almfest.

Wintersport **Freesports Arena Krippenstein**: 3 Luftseilbahnen, 1 Sessellift, 3 Schlepplifte, 13 km Pisten, davon eine 11 km lange Talabfahrt. Eine der besten Freeride-Arenen Europas mit 30 km Off-Piste-Varianten. Weihnachten bis Ostern geöffnet. Tageskarte 33,60 €, www.krippenstein.com.
Im Tal 20 km lange **Loipen**, u. a. bis Koppenwinkl. Benutzung kostenlos.

Übernachten/Essen & Trinken

Übernachten **** **Resort Obertraun**, unweit des Seeufers, 2012 eröffnete Hotelanlage eines niederländischen Investors mit 59 alpenländisch-modernen Chalets (für 4 bis 10 Pers.) und der „Residenz" mit Rezeption, Minimarkt, Hallenbad, Sauna und Restaurant mit Sonnenterrasse. WLAN gratis, Mindestaufenthalt 3 Nächte. Chalet (6 Pers.) 99–175 €/Tag, 594–1050 €/Woche. Obertraun 302, ✆ 0664-73974735, 📠 0662-630285, www.resortobertraun.at.

** **Obertraunerhof**, von einem freundlichen englischen Ehepaar betriebenes Hotel in Ortsmitte gegenüber dem Tourismusbüro. 12 sehr zweckmäßige, saubere, hellhörige Zimmer mit Du/WC, teils mit Balkon und Bergblick, aber ohne TV. DZ 55–72 €. Obertraun 90, ✆ 06131-26714, 📠 26744, www.obertraunerhof.com.

Appartementhotel Seerose, ein Paar aus England vermietet in einem früheren Hotel in Seeufernähe 8 schön renovierte Appartements mit Echtholzmöbeln, Einbauküche und Balkon. Fewo (2–4 Pers.) 55–95 €, auch mit Frühstück buchbar. Seestr. 117, ✆ 0676-3352363, www.seerose-obertraun.com.

Jutel Obertraun, neu renovierte Jugendherberge im grün-gelben Betonbau unweit der Dachstein-Seilbahn. 3 EZ, 4 DZ, 2 Drei-, 22 Vier- und 2 Sechs-Bettzimmer, alle mit Du/WC. Ganzjährig geöffnet. 22 €/Pers. inkl. Frühstück, 3 € Zuschlag für Nichtmitglieder. Winkl 26, ✆ 06131-360, www.jutel.at.

Camping am See, schönes, parkähnliches Areal am Seeufer im Ortsteil Winkl mit Hallstattblick und Privatstrand. 100 Stellplätze, gut ausgestattet, moderne Sanitäranlagen, Bar-Lounge. 2 Pers., Auto, Zelt 25 €. Geöffnet Mai bis Ende Sept. Winkl 77, ✆ 06131-265, 📠 06134-8368, www.camping-am-see.at.

Essen & Trinken **Gasthof Höllwirt**, bodenständiges Lokal zentral an der Ortsdurchfahrt, gute Küche aus regionalen Zutaten, Fischrestaurant, Wild- und Pfandlgerichte, Salate. Hauptgericht 8–13 €. Schöne Terrasse, Mi Ruhetag. Obertraun 29, ✆ 06131-394.

Koppenrast, empfehlenswertes Ausflugsgasthaus am Fuß des Koppenpasses. Angebot von kalter Brotzeit bis zur kreativ verfeinerten Regionalküche mit Fisch- und Lammgerichten. Hauptgericht 9–14 €. Anfang Mai bis Mitte Okt. tägl. außer Di. ✆ 06131-231.

Sehenswertes im Tal

Obertraun: Neben zwei bescheidenen kleinen Kirchen – der erhöht gelegenen evangelischen (1905) und der gelb-barocken der Katholiken (1770) – sowie einem begehbaren Dorfbrunnen am Gemeindeplatz ist Obertrauns eigentliche Attraktion die umgebende Gebirgslandschaft. Mit ihren Besonderheiten beschäftigen sich auch die zahlreichen Informationstafeln, die vom Gemeindeplatz ausgehend den Themenweg „Durch Karst und Kalk" (Wanderweg Nr. 1) säumen. Auf einem fast flachen, reizvollen Höhenweg führt er in den 3,5 km östlich gelegenen *Koppenwinkl.*

Koppenwinkl: Der unter den schroffen Felswänden des Koppen (1807 m) gelegene Almkessel mit seinem kleinen, seichten See (Koppenwinkllacke), der sich jedes Frühjahr wieder füllt und im Herbst austrocknet, ist ein idyllisches Fleckchen. Man erreicht ihn über Wanderweg Nr. 1 (s. o.) oder in nur 10 Gehminuten auf einer Schotterstraße, die vor dem Anstieg der Koppenpassstraße (Richtung Bad Aussee) rechts abzweigt. Wenige Minuten vom See entfernt liegt die reizvolle, von Mitte Mai bis Mitte Sept. bewirtschaftete *Koppenwinklalm.* Auf Wanderweg Nr. 2 (später Nr. 7) gelangt man von hier wieder nach Obertraun zurück.

Koppenbrüllerhöhle: Die jüngste und am wenigsten bekannte der Obertrauner Dachsteinhöhlen liegt im Tal. Sie ist kleiner als jene am Berg, dafür einfacher (ohne Seilbahn) zu erreichen: Vom Parkplatz vor dem Anstieg der Koppenpassstraße (3,5 km östlich von Obertraun Richtung Bad Aussee) sind es 10 Min. auf flachem Waldweg entlang der Koppentraun bis zum Höhleneingang.

Die Koppenbrüllerhöhle, seit 1910 touristisch erschlossen, ist eine aktive Wasserhöhle, in der ein unterirdischer Wildbach durch eine Felskluft rauscht bzw. „brüllt". Seine Quelle im Berginneren wird gespeist vom Regen und Schnee, der im Karst des Dachsteinplateaus versickert. Nach langen Niederschlägen kann die Höhle daher wegen Überschwemmung geschlossen sein. Im Rahmen der Führung (50 Min.) dringt man 400 m in die Höhle vor – bis zu einem Wasserfall und einen Höhlensee am Ende der Hannakluft. Auf dem Rückweg gibt es die akustische Kunstinstallation „Regentrommel" zu erleben. Warme Kleidung und feste Schuhe sind ratsam.

Hin & weg Bahn: An der Station „Obertraun Koppenbrüllerhöhle" halten Regionalzüge von/nach Bad Ischl nur von 1. Mai bis 26. Okt.

Führungen Mai bis Ende Sept. 9–16 Uhr, Führungen mind. stündlich. Eintritt 10,50 €, bis 16 J. 6,30 €, Familie (2 Erw., 1 Kind) 23 €. Skg-Card. www.dachsteinwelterbe.at.

Wanderweg Weg 1 verbindet das Ortszentrum Obertraun (Bhf. Obertraun-Dachsteinhöhlen) mit der Koppenbrüllerhöhle (Gehzeit 50 Min.).

Essen & Trinken Gasthaus Koppenrast (→ Obertraun)

Wander- und Radweg durch das Koppental: Das wildromantische Tal der Koppentraun zwischen Obertraun und Bad Aussee ist die kürzeste Verbindung zwischen Ausseerland und Hallstätter See. Schon Kelten und Römer nutzten sie, seit 1877 durchfährt die Salzkammergutbahn die Schlucht. 1897 erforderten Lawinen und Hochwasser die Verlegung der Gleise auf halbe Hanghöhe, der ursprünglichen, flussnahen Trasse folgt nun zum Teil der 12 km lange, gut beschilderte **Koppental-Wanderweg**. Er führt am Eingang zur Koppenbrüllerhöhe (s. o.) vorbei, passiert einen aufgelassenen Bahntunnel, die urige *Schutzhütte Koppental* (Mai bis Okt. tägl. geöffnet, Jausengerichte) und eine Hängebrücke, danach windet er sich einen Hang hinauf zur Ortschaft Sarstein und von dort wieder hinab zum Bahnhof Bad Aussee. Unterwegs erläutern 12 Tafeln historische oder naturkundliche Sehenswürdigkeiten (Gehzeit 2½–3 Std.).

Von Bad Aussee geht es alle 2 Std. mit der Bahn bis Obertraun-Dachsteinhöhle zurück, bis Obertraun-Koppenbrüllerhöhle nur von 1. Mai bis 26. Okt. Der 2011 eröffnete **Koppental-Radweg** verläuft bis zur Hängebrücke etwa parallel zum Wanderweg, danach allerdings auf einer langweiligen Schotter- und schließlich entlang

Koppenbrüllerhöhle – besonders attraktiv bei Regenwetter

der Koppenstraße bis zum Bahnhof Bad Aussee. Jeden Winter donnern Lawinen von Sarstein und Zinken ins Koppental hinab, weshalb Wander- und Radweg in dieser Jahreszeit gesperrt sind.

Dachstein Salzkammergut

Die Talstation der Dachstein-Welterbe-Seilbahnen zum Krippenstein (große gebührenfreie Parkplätze) befindet sich an den südlichen Talhängen von Obertraun. Von der Ortsmitte ausgehend führt Wanderweg Nr. 7 hierher. Die erste Teilstrecke der Seilbahn bringt zur **Schönbergalm** (1350 m), wo sich ein familienfreundliches Erlebnisrestaurant (Self-Service) befindet und die Kinder sich in einem Klettergarten, im Baumhaus und auf Abenteuersteigen austoben können. Ein im Stil einer Holzknechthütte eingerichtetes **Höhlenmuseum** zeigt neben einem Modell der Mammuthöhle historische Dokumente zur Erforschung der Höhle und Knochen eines Höhlenbären.

Von der Schönbergalm aus erreicht man in jeweils 15 Gehminuten zwei Höhlen, die zu den eindrucksvollsten der Ostalpen zählen:

Rieseneishöhle: Mit bis zu 150.000 Besuchern jährlich gehört die Eishöhle zu den größten Sehenswürdigkeiten des Salzkammerguts. Sie wurde 1910 entdeckt und 1912 von den ersten Touristen betreten. Heute verläuft ein 800 m langer, mit 700 Stufen versehener Weg durch die Höhle und kommt 40 m oberhalb des Eingangs wieder ans Tageslicht. Zunächst passiert er einen eisfreien Teil mit kleinen Tropfsteinen und dem riesigen *König-Artus-Dom*. Steile Stufen führen dann in den ersten *Eispalast*, wo es -1 °C kühl ist. Das gewaltige 30.000 m^3 fassende Höhleneis, ein riesiger unterirdischer Gletscher, entstand im 15. Jh. Es ist durch die Karstoberfläche eingesickertes und durch Luftzirkulation gefrorenes Schmelzwasser und verändert seine Formen jedes Jahr aufs Neue. Im *Parzivaldom*, der wegen seiner tollen Akustik auch als Konzertsaal dient, ist das Eis 8 Meter dick. Dort ragt der zuckerhutförmige *Große Eisberg* auf. Eindrucksvoll hinterleuchtet werden auch der gefrorene

Große Wasserfall und die imposante *Gralsburg*. Im folgenden *Tristandom* beträgt die Eisdicke unglaubliche 25 m. Tropfwasser hat im Bodeneis eine bizarre *Eiskapelle* ausgehöhlt, zu der man gegen Ende der 50-minütigen Führung hinabsteigt. Licht- und Soundinstallationen der Kunstuniversität Linz, wie die atmende Höhle *Breathe* oder der virtuelle *Klettermax*, sorgen für überraschende Effekte.

Mammuthöhle: Nicht, wie man vermuten könnte, aufgrund urzeitlicher Elefantenknochen, sondern wegen ihrer Größe erhielt die Höhle ihren Namen. 1910, zur Zeit ihrer Entdeckung, zählte sie mit 66 km noch zu den längsten Höhlen Europas. Mittlerweile ist sie selbst in Österreich nur mehr die viertlängste – nach dem Schönberg-Höhlensystem im Toten Gebirge oberhalb der Ischler Rettenbachalm (135 km), der nahen, nur für Taucher zugänglichen Hirlatzhöhle oberhalb des Hallstätter Echerntals (97 km) und dem Schwarzmooskogel-Höhlensystem bei Altaussee (66,6 km).

In der Mammuthöhle wurde für Touristen eine Strecke von 1 km mit bequemen Wegen erschlossen. Im Rahmen der Führung (1 Std.) durchwandert man gigantische Hallen wie den *Mitternachtsdom*, sieht gewaltige Felsblöcke in der *Arkadenkluft* und erfährt, wie die Höhle entstand, was es mit der Urtraun auf sich hat und was Höhlenforscher im „Reich der Schatten“ erleben. Auch in der Mammuthöhle hat die Kunstuniversität Linz mit Schattenspielen, Laserinstallationen und der Projektion mittelalterlicher Kirchenfenster eindrucksvolle Akzente gesetzt.

Eishöhle 1. Mai bis 26. Okt., Seilbahnbetrieb ab 8.40 Uhr. Führungen 9.20–16, Juni–Aug. bis 16.30 Uhr. Eintritt inkl. Seilbahn 27 €, bis 16 J. 15 €, Familie (2 Erw., 1 Kind) 58 €. Skg-Card. Warme Kleidung (-1 °C)!

Mammuthöhle 2. So im Mai bis 26. Okt., Führungen 10.15–14.30, Juni–Aug. 9.15–15 Uhr. Eintritt inkl. Seilbahn → Eishöhle.

Kombiticket (beide Höhlen inkl. Seilbahn) 33/23/70 €. www.dachsteinwelterbe.at.

Für die Führungen muss man sich bei der Mittelstation Schönbergalm anmelden.

Fotoplatz über dem Abgrund: die „5fingers“

Krippenstein (2108 m): Die zweite Teilstrecke der Dachsteinseilbahn führt von der Schönbergalm über steile Felswände auf den Krippenstein. Dieser am Nordrand des Dachsteinmassivs gelegene Gipfel bietet eine überwältigende Aussicht auf die weite Karsthochfläche des Dachsteins, (*„Am Stoa/Auf dem Stein“* genannt, Foto S. 18) und die anschließenden Gletscher, die von einer Reihe schroffer Gipfel überragt werden. Der höchste und von hier rund 9 km entfernt ist der *Hohe Dachstein* (2995 m). Am besten lässt sich das Panorama von der **Weltkulturerbespirale** genießen, einer spektakulär geformten, glänzenden Aussichtsrampe, die seit 2010 den flachen Krippensteingipfel ziert und auch den Blick nach Hallstatt ermöglicht.

Nicht minder spannend sind die **„5fingers“**, eine weitere Aussichtsplattform, die man von der Krippenstein-Bergstation in rund 20 Gehminuten auf einem breiten Promenadenweg erreicht (auch mit geländetauglichem Kinderwagen möglich). Die Stahlkonstruktion ragt mit ihren fünf Stegen (einer davon gläsern, einer mit Loch im Boden!) wie eine Hand acht Meter über einen 400 m tiefen Abgrund hinaus und bietet atemberaubende Tiefblicke auf den Hallstätter See.

Einen interessanten Einblick in die Karstlandschaft des Dachsteinplateaus vermittelt der viel begangene **Karstlehrpfad am Heilbronner Rundwanderweg**. Dazu wandern man von der Krippenstein-Bergstation an der Lodge vorbei, die Schipiste hinunter und auf straßenbreitem Weg über hügeliges, mit Latschen bewachsenes Gelände in rund 1½ Std. zum Heilbronner Kreuz (1959 m). Es erinnert an das Jahr 1954, als zehn Schüler und drei Lehrer aus dem deutschen Heilbronn hier von einem Wettersturz überrascht wurden und im Schneesturm erfroren. Unterwegs bieten sich kurze Abstecher (je 5 Min.) zur *Krippensteineishöhle* und zum kraterförmigen *Däumelsee* an. Der vom Weg rechts abzweigende felsige Steig Nr. 661 über den *Margschierf* (2080 m) zum Heilbronner Kreuz ist nur trittsicheren Wanderern zu empfehlen. Vom Kreuz geht es in rund 1½ Std. weiter bis zur **Gjaidalm** (1695 m), von wo man mit der Seilbahn (dritte Teilstrecke) wieder zum Ausgangspunkt am Krippenstein hinauffahren kann.

Betriebszeiten **1. Teilstrecke (Schönbergalm**, s. o.): 1. Mai bis 26. Okt. 8.40–17 Uhr, **2. TS (Krippenstein)**: 2. So im Mai bis 26. Okt., **3. TS (Gjaidalm)**: 2. So im Juni bis 26. Okt.

Tickets **Gipfelticket** (Berg- und Talfahrt auf allen 3 Seilbahnen) 26 €, Kind 14,50 €, Fam. (2 Erw., 1 Kind) 56 €. **All-inclusive-Ticket** (3 Seilbahnen, 2 Höhlen) 39/23/83,50 €. Skg-Card. www.dachsteinwelterbe.at.
Das **Salzkammergut Gipfelticket** (→ S. 261) gilt auch für diese Seilbahnen.

Übernachten/Essen **Lodge am Krippenstein**, unweit der Bergstation, Sonnenterrasse mit Dachsteinblick. Belegte Brote, Pasta, Schnitzel, Suppen, Strudel. 55 Schlafplätze (Zimmer bzw. Lager), Huskys zum Streicheln. Ganzjährig geöffnet. ✆ 0664-3804054, www.lodge.at.
Das riesige **Berghotel** ist seit Jahren geschlossen.

Im Gosautal

Das 18 km lange Gebirgstal zieht sich vom Ufer des Hallstätter Sees in einem Bogen bis an die Westseite des Dachsteins, wo es mit dem berühmten Gosauseeblick und den Felsnadeln des Gosaukamms seinen großartigen Abschluss findet. Wegen der zahlreichen Sommer- und Wintersportmöglichkeiten ist hier ganzjährig Saison.

Die Fahrt vom Westufer des Hallstätter Sees in die Gosau beginnt beim *Gosauzwang* (517 m), an der Mündung des Gosaubaches. Unter der alten Soleleitungsbrücke (→ S. 200) hindurch geht es auf der B 166 rund 7 km kurvig durch eine dunkle Schlucht bergauf, bis sie sich plötzlich zu einem breiten, sonnigen Hochtal weitet, das im Südwesten von den imposanten Zacken des Gosaukamms überragt wird. Nach dem *Vordertal* erreicht man das Dorf **Gosau** (780 m), das sich mit seinen drei Kirchen und den weit verstreuten Häusern an einen Wiesenhang lehnt. Hier teilt sich die Straße: Die B 166 führt rechts weiter auf den 3 km entfernten **Pass Gschütt** (957 m) und hinüber ins Salzburgische. Geradeaus weiter geht es zu den Gosauseen am Ende des Tals. Die Straße passiert das *Mitter-* und *Hintertal*, wo alte Bauernhäuser und neue Fremdenverkehrsbauten das Bild prägen. Zu Letzteren zählen neben einer Handvoll Hotels die *Hornspitz-* und *Zwieselalmbahnen*, die im Winter Sportler in die Schiregion *Dachstein-West* befördern. Nach kurzem Anstieg endet die Straße in großen Parkplätzen (gebührenfrei) am Nordrand des Vorderen Gosausees (937 m), des wohl bekanntesten österreichischen Gebirgssees. Dort befindet sich auch die Talstation der **Gosaukammseilbahn**, die im Sommer zu einem Aussichtsbalkon bringt.

Waldreichtum prägt bis heute das Gosautal. Neben der Holz- und Forstwirtschaft kam im 16. Jh. als weiteres Standbein der Schleifsteinabbau hinzu, der bis 1969 betrieben wurde. Ein dunkles Kapitel der Geschichte des Tals war das Zeitalter der Gegenreformation, als viele der protestantisch gewordenen Gosauer vertrieben oder ausgesiedelt wurden.

Basis-Infos

Information Touristinformation Gosau, unweit der Ortskreuzung, wo sich auch Banken, ein Supermarkt und eine Bushaltestelle befinden. Mo–Fr 8–12/13–17, Juli/Aug. auch Sa 9–12 Uhr. 4824 Gosau, ✆ 06136-8295, www.gosau.com, www.gosautal.net.

Hin & weg Bus (Linie 542): 1x stündl. zum Gosausee, nach Steeg-Gosau (Bahnanschluss) und weiter via Bad Goisern nach Bad Ischl, So alle 2 Std. www.ooevv.at.

Angeln Forellenteich, Gosau-Klaushof, Angelrutenverleih, Mai bis Ende Okt. tägl. ab 10 Uhr, ✆ 06136-8549.

Baden Hallenbad Gosau, unweit der evang. Kirche; Sportbecken, Sauna, Dampfbad, Solarium. Tägl. außer Mo 13–20.30 Uhr. Eintritt 8,50 €, Kind 3,30 €. Skg-Card. ✆ 06136-882119.

Einkaufen Gosauer Stein- und Fossilienschleiferei, Familie Gapp betreibt unweit der evang. Kirche Österreichs einzige Fossilienschleiferei. Das Rohmaterial, 100 Mio. Jahre alte, versteinerte Schnecken und Muscheln, wird in der Umgebung gesammelt, denn die „Gosauschichten" der Ostalpen sind für ihren Fossilienreichtum bekannt. Aus den Steinen werden durch kunstvolles Schleifen und Drechseln Vasen, Schalen, Kerzenleuchter usw. Mo–Fr 8–12/15–18, Sa 8–12 Uhr. Gosau 709, www.fossilien-gapp.at.

Mountainbike Mehrere Rundtouren (10–46 km), z. B. Hornspitz-Runde (20 km) oder Plassen-Runde (43 km), ab Touristinformation.

Veranstaltungen Gosauer Ballonwoche, 2. Januarwoche, Highlight ist die Nacht der Ballone.

Wintersport Gosau ist Einstiegstelle in das bekannte Familienschigebiet **Dachstein-West**: 142 km Pisten, 60 Liftanlagen, Tageskarte 36,80 €, Kind 18,40 €. ✆ 050-140, www.dachstein.at.

Langlauf: 45 km Loipen von Vordertal bis Hintertal, leicht bis schwer.

Übernachten/Essen & Trinken

Die Zimmer sind im Winter bis zu 25 % teurer.

››› Unser Tipp: **** **Landhaus Koller**, die Sommerfrischevilla von 1850 ist heute ein freundliches ungezwungenes Schlosshotel, umgeben von einer großen Gartenanlage mit 17 stilvoll-rustikal möblierten Zimmern und Suiten. Sauna, beheizter Pool im Garten, Loipe vor dem Haus. DZ 160–200 €. Gosau 353, ✆ 06136-8841, 📠 884150, www.hotel-koller.com. ‹‹‹

**** **Sommerhof**, Familien- und Wanderhotel in Gosau-Mittertal; 43 gemütliche Zimmer, Wintergarten-Café-Bar, beheiztes Freibad, Whirlpool und Sauna. DZ mit Vollpension 140–190 €. Gosau 25, ✆ 06136-8528, 📠 852850, www.sommerhof.at.

*** **Gosauerhof**, freundlich-familiäres Hotel und Restaurant, direkt an der Straße in Mittertal, im Winter direkt an der Loipe. 20 schöne, gemütliche Zimmer, teils südseitig. Verfeinerte Regionalküche, tolle Sonnenterrasse. DZ 86–110 €. Gosau 632, ✆ 06136-8229, 📠 82295, www.gosauerhof.at.

Gasthof Brandwirt, Traditionsbetrieb (seit 1657) direkt in Gosau. Im Gasthof, auch als „Faschl" bekannt, wird ganztägig altösterreichische Küche gereicht – der Schweinsbraten ist legendär. Das Hotel hat 25 Zimmer, teils mit Zirbenholz eingerichtete Nostalgiezimmer, die einen etwas älter, die anderen modernisiert. DZ 76–92 €. Gosau 151, ✆ 06136-8226, 📠 82264, www.brandwirt.at.

Haus Alpenblick, ruhige, sonnige Lage nahe der Gosauer Ortsmitte; 5 nette Zimmer, teils mit Balkon; gutes Frühstücksbüffet. DZ 46–54 €. Gosau 545, ✆ 06136-8259, 📠 8794, www.gosau-dachstein.at.

Sehenswertes/Ausflüge

Kirchen in Gosau: Die spätgotische katholische *Sebastianskirche* von 1507 wurde 1874 stark verändert. Von 1869 stammt die oberhalb gelegene *Evangelische Kirche*, die mit kunstvollen, neugotischen Arbeiten ausgestattet ist. Ihr hoher Glockenturm hat etwas Symbolhaftes – erst 1861 war den Protestanten das Turmbauen gestattet worden. Überragt werden die beiden Kirchen vom *Kalvarienberg* mit seinen Kreuzwegkapellen und der Kirche, die 1775 als typische gegenreformatorische Bauten errichtet wurden.

Themenweg Gosau: Die gemütliche, aussichtsreiche Rundtour beginnt bei der Touristinformation und erläutert anhand von 23 Informationstafeln die Geschichte und Entwicklung des Gosautals (Gehzeit ca. 2½ Std.).

Freilichtmuseum Schmiedbauer in Gosau-Hintertal und Familien-Erlebnispark Urzeitwald: Eines der ältesten Gosauer Bauernhäuser aus dem 17. Jh. sowie seine Nebengebäude wurden in Hintertal (Bushaltestelle) in malerischer Lage unterhalb der Donnerkogeln zu einem Freilichtmuseum wiedervereint. Der benachbarte **Urzeitwald** ist ein kleiner Erlebnispark, in dem Nachbauten von Urzeittieren, wie Rieseninsekten, Flugsaurier oder ein Mammut, die Entstehung des Lebens veranschaulichen. Das Spannende daran ist, dass die Tiere große Spielgeräte sind, auf denen Kinder z. B. reiten, fliegen, rutschen oder paddeln können. Bade- und Reservekleidung nicht vergessen!

Urzeitwald: Mitte/Ende Mai bis Mitte Sept. tägl. 10–18 Uhr. Familie (1 Erw., 1 Kind) 12,50 €, Familie (2 Erw., 2 Kinder) 19,80 €. ✆ 06136-8295, www.urzeitwald.at. **Freilichtmuseum**: Juli bis Mitte Sept. Sa/So 11–18 Uhr. Spende willkommen.

Schleifsteinbrüche (1350 m), Löckersee (1400 m) und Plankensteinalm (1600 m): Auf der Gosauer Seite des Hallstätter Salzbergs Plassen stieß man im 16. Jh. auf natürliche Schleifsteinvorkommen, 50 cm dicke Schichten aus feinkörnigem, fossilfreiem Sandstein von einzigartiger Qualität. Der Abbau florierte bis ins frühe 20. Jh., dann kam Kunststein auf, und 1969 wurde der Gosauer Steinbruch eingestellt. 1989 nahmen einige Steinhauer den Abbau, übrigens der einzige Österreichs, wieder auf. Heute werden jährlich rund 800 Schleifsteine hergestellt. Mit Hohlkernbohrern werden sie aus dem Gestein „herausgestochen", dann in Scheiben geschnitten und als Sensenwetzsteine, zum Schärfen von Äxten und Hobeleisen, und an Holzschnitzer verkauft.

Die Schleifsteinbrüche befinden sich auf einer Almkuppe südöstlich oberhalb von Gosau. Dort stehen auch noch ein Dutzend holzverschindelte Steinhauerhütten früher Tage (eine davon, die idyllische *Badstubnhütte,* ist von Juni bis Okt. bewirtschaftet). Sie sind auf dem steilen, mit Stiegen und Brücken versehenen Wanderweg Nr. 644 ab Gosau-Hintertal (Ausgangspunkt Ghf. Gamsjäger) in 1½ Std. zu erreichen. Rechts von den Hütten beginnt der schöne „Löckersee-Rundweg", der z. T. auf Holzstegen durch das dicht von Latschen (Löckern im regionalen Dialekt) bewachsene, aussichtsreiche Hochmoor in 30 Min. zum kleinen, tiefschwarzen **Löckersee** hinaufführt, in dem sich der Gosaukamm spiegelt. Dann passiert er die Aussichtsplattform an der *Hinteren Grubenalm* und die *Vordere Grubenalm* (von dort Abstecher zur Felsspalte *Wildfrauenloch*). Wer den Rundweg verlässt und noch eine gute Stunde weiter ostwärts wandert, erreicht die größte Alm von Gosau, die **Plankensteinalm**, auf der eine urige Almhütte von Mitte Juni bis Mitte Sept. zu Speck, Almkäse und Schweinsbraten lädt (www.plankensteinalm.at).

Hin & weg/Besichtigung: Gosauer Bummelzug zur Plankensteinalm, Mai–Okt.; Wanderung und Führung zu den Steinbrüchen (ab 4 Pers.), Juli/Aug. 3x pro Woche, Anmeldung unter ☎ 0664-1656535.

Vorderer Gosausee (940 m) und Hinterer Gosausee (1160 m): Das „Auge Gottes" nannte der Weltreisende Alexander von Humboldt den von dunklen Wäldern umstandenen *Vorderen Gosausee.* Fürwahr, der Blick von seinem Ufer über die Wasserfläche zum imposanten Dachsteingebirge mit dem Gosaugletscher und seinem Spiegelbild im See, ist überwältigend ... und für jedermann ohne Mühe zugänglich. Vom obersten Parkplatz sind es keine 200 m bis zum Wasser, wo Ausflügler bestens bedient werden: ein Gasthof mit riesigem Gastgarten, Bootsverleih, Postkartenständer, Eis am Stiel und Souvenirs. Für das Urlaubsfoto sind nachmittags die Lichtverhältnisse am besten. Da der Vordere Gosausee auch energiewirtschaftlich genutzt wird, ist sein Wasserspiegel im Frühjahr und Spätherbst meist unansehnlich niedrig.

Der klassische Spaziergang rund um den Vorderen See – am Nordufer wurde der Uferweg teilweise aus dem Fels gesprengt – dauert 1 Std. und ist auch mit Kinderwagen möglich. Die Objekte entlang des Wegs gehören zum Themenweg „Was(s)erleben" und stellen interessante Details zum Thema Wasser vor. Für eine längere Wanderung geht man vom hinteren Seeende die Forststraße weiter taleinwärts zur bewirtschafteten *Niederen Holzmeisteralm* (974 m) und über die je nach Saison große oder kleine *Gosaulacke* (kurzer Abstecher) und einen kurzen Steilanstieg zum *Hinteren Gosausee* (1160 m), der in einem großartigen Talkessel gelegen ist (ab Parkplatz 2 Std.). An seinem von Lawinenabgängen gezeichneten Südufer liegt die gemütliche *Hintere Seealm (Hohe Holzmeisteralm).*

Bootsverleih Am Vorderen See, Elektro-, Tret- und Ruderboote.

Wassersport **Baden** ist im Gosausee (17–20 °C) erlaubt, **Tauchen** ist ganzjährig von 9 bis 16 Uhr (zur Sommerzeit bis 19 Uhr) gestattet. Der sehr klare See ist 96 m tief.

Übernachten/Essen **Gasthof Gosausee**, am Vorderen See; gute, preiswerte Regionalküche, durchgehend ab 11 Uhr. 14 preisgünstige, rustikale Zimmer, die Bäder sind nicht mehr ganz taufrisch. DZ 66–74 €, mit Balkon und Seeblick bis 104 €. WLAN und Parkplatz gratis. Geöffnet von Weihnachten bis Allerheiligen. Gosau 395, ✆ 06136-8514, 📠 851433, www.gasthof-gosausee.at.

Seeklausalm, am Vorderen Gosausee. Speck- und Käsebrote, Almmilch, im Sommer geöffnet.

Niedere Holzmeisteralm, am Weg zum Hinteren See. Milch, Jausenbrote, Kaffee, Kuchen. Im Sommer bei Schönwetter geöffnet.

Hintere Seealm/Hohe Holzmeisteralm, Mitte Mai bis Anfang Okt.; warme Hausmannskost, 8 Betten, 16 Lager. ✆ 0676-7255434.

Blick von der Zwieselalm auf Dachstein und Gosausee

Mit der Gosaukammbahn auf die Zwieselalm: Die Seilbahn vom Vorderen Gosausee bringt auf ein traumhaft aussichtsreiches und dementsprechend beliebtes Almgebiet. Von der Bergstation (1485 m) wandert man 15 Min. auf breitem Spazierweg zur *Gablonzer Hütte* (1522 m, Mitte Mai bis Ende Okt., ✆ 06136-8465) unterhalb der mächtigen Zacken der beiden Donnerkogel, die den Auftakt zum bizarren Gosaukamm bilden. Von hier hat man einen schönen Blick zum Dachstein und ins Gosautal. Für eine Alpenrundsicht vom Tennengebirge bis zu den Hohen Tauern lohnt sich der 20-minütige Weiterweg zur Zwieselalmhöhe, zugleich ein Teilabschnitt der Wanderung 10 (s. u.).

Betriebszeiten Mitte Mai bis 26. Okt. 8.15–16.50, Mitte Juni bis 1. So im Sept. 8.15–17.20 Uhr. Bergfahrt alle 15 Min. **Ticket**: Berg- und Talfahrt 12,40 €, bis 16 J. 7,70 €, einfache Fahrt 8,30/5 €, Skg-Card. Das **Salzkammergut Gipfelticket** (→ S. 261) gilt auch für die Gosaukammbahn.

Bei der Seilbahn kann man geländegängige Kinderwagen kostenlos ausleihen. www.dachstein.at.

Wanderung 10:
Vom Gosausee über Zwieselalmhöhe und Herrenweg nach Gosau → S. 282
Aussichtsreicher Wanderklassiker durch eine Schiregion

Am Altausseer See, im Hintergrund der Sandling (1717 m)

Im Ausseerland

Ein wahres Kleinod ist der steirische Teil des Salzkammerguts. Verspielte Holzbauten inmitten weiter Wiesen, eine Kurstadt mit lebendigem Brauchtum und von Felsgipfeln umrahmte, smaragdgrüne Seen: Das Ausseerland ist stille Naturschönheit und die Perfektion der Sommerfrische.

Gebirgspässe trennen das im Südosten gelegene Ausseerland vom Rest des Salzkammerguts: Der **Pötschenpass** (993 m) südlich von Bad Goisern ist heute mit der B 145 gut ausgebaut. Die 23 % steile Straße über den **Koppenpass** (690 m) steigt am Südende des Hallstätter Sees an. Obwohl landschaftlich getrennt, war das Ausseerland wirtschaftlich wichtiger Teil des Salzkammerguts. 1147 wurde das weiße Gold erstmals hier abgebaut, noch heute fließt die Sole vom Altausseer Salzberg, dem **Sandling** (1717 m) zur Saline nach Ebensee. Im 19. Jh. entdeckten Maler, Literaten und Adelige die reizvolle Seenlandschaft, darunter der Aussteiger *Erzherzog Johann* (1782–1859). Im 20. Jh. errichteten feine Wiener Landvillen mit kunstvollen Holzveranden. Bis heute huldigen ihre Nachfahren der klassischen Sommerfrische, einer Mischung aus Wandern, Schwimmen, Lesen, Innehalten … und ländlicher Verkleidung. Den Ausseern selbst ist die Tracht allerdings Alltagsgewand, kein romantisches Sonntagskostüm. Zu ihrem Selbstverständnis gehören auch alte Sitten und Gebräuche und echte Volksmusik. Hauptort der Region ist **Bad Aussee**. Hier zweigen sich die Wege und folgen doch stets einem Fluss namens Traun – entlang der Altausseer Traun zum 5 km nördlich gelegenen **Altausseer See** am Bergfuß des **Loser** oder 4 km Richtung Osten entlang der Grundlseer Traun zum **Grundlsee** mit dem nahen, geheimnisvollen **Toplitzsee** – allesamt eingebettet in eine Bilderbuchlandschaft mit stillen Plätzchen, Narzissenwiesen im Frühjahr, weit verstreuten Dörfern und schönen Ufer-, Themen- und Wanderwegen. Den südöstlichen Winkel des Salzkammerguts beschließt das **Hinterbergertal** mit der **Tauplitzalm**, deren Seenhochplateau ideal zum Wandern und zum Schifahren ist.

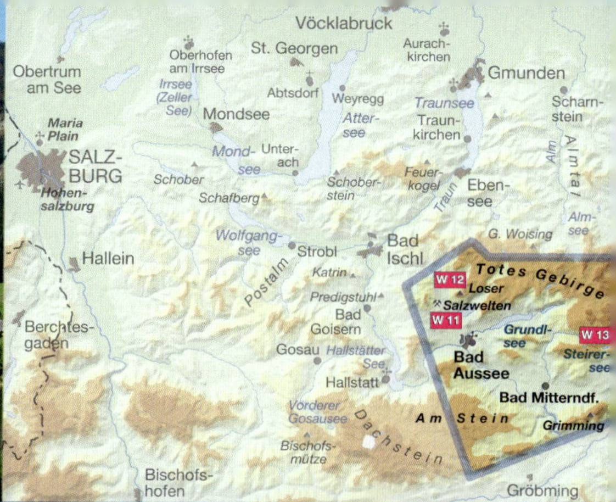

Bad Aussee

4900 Einwohner, 659 m

Das wirtschaftliche und kulturelle Zentrum des Ausseerlandes, zugleich der geografische Mittelpunkt Österreichs, liegt in einem Talkessel am Zusammenfluss der Quellbäche der Traun. Stattliche Bürgerhäuser, alte Kirchen, Sommerfrischevillen und moderne Kurbauten bezeugen seine Entwicklung von der Salinen- zur Kurstadt.

Seinen Aufstieg verdankte der Ort den Salzvorkommen im benachbarten Altaussee, deren Sole seit dem 14. Jh. in den Ausseer Sudpfannen zu Salz aufbereitet wurde. Bergwerk und Salinen gelangten bald in den Besitz einiger weniger Werksherren (sog. *Hallinger)*, die im 15. Jh. den Landesfürsten unterstellt wurden. Damit wurde das Ausseerland Teil des Kammerguts der Habsburger. Die Verwaltung übten adelige Salzverweser aus. Mit Inbetriebnahme der Saline in Ebensee 1607 ging die Salzförderung in Aussee zurück. Bekanntheit erlangte der Ort im 19. Jh. durch Erzherzog Johann, den Bruder des Kaisers, und dessen Liebe zur Ausseerin Anna Plochl (→ Kasten S. 217). Um 1860 wurden die dampfenden Sudpfannen aus der Ortsmitte in den Vorort **Unterkainisch** verlegt, und Aussee konnte sich zur Sommerfrische und zum Kurort wandeln. Ab 1877 brachte die Salzkammergutbahn einen neuen Schwung Kurgäste zu den Literaten, Komponisten und Aristokraten, die bereits hier urlaubten. Im Ortsteil **Praunfalk** an der Straße Richtung Altaussee entstanden zahlreiche Villen. 1906 wurde die Soleleitung von Altaussee nach Ebensee verlegt, 1911 dem Ortsnamen das „Bad" vorangestellt. Das Ende für die Salzerzeugung in Bad Aussee kam 1995. Heute ist der sanfte Sommer- und Wintertourismus wirtschaftlicher Motor, zusätzlich entsteht bis 2014 am Lerchenreither Plateau südlich der B 145 ein Gesundheitspark mit zwei Krankenhäusern und neuem Vitalbad samt Resorthotel. Wichtigstes Industrieunternehmen von Bad Aussee ist das Gipskartonplattenwerk *Rigips Austria* im Ortsteil Unterkainisch, das mit einer niedlichen Gondelbahn vom Gipstagebau in Grundlsee beliefert wird.

Das Narzissenfest

Was 1960 als einfaches Frühlingsfest für Kurgäste begann, hat sich bis heute zum größten Blumenfest Österreichs und wichtigsten Werbeträger des Ausseerlandes entwickelt. Es findet am langen Himmelfahrts- oder Fronleichnamswochenende (Do–So) statt und lockt bis zu 30.000 Besucher an. Im Zentrum des Festes steht die *Dichternarzisse* (narcissus poeticus), die von Mitte Mai bis Mitte Juni mit ihrer weißen, sternförmigen Blüte die Ausseer Wiesen in duftende Blumenteppiche verwandelt. Hunderttausende davon werden vor dem Fest von Schulkindern gepflückt – was den Weiterbestand der Narzisse angeblich fördert – und in zahllosen Arbeitsstunden von hunderten Freiwilligen in meterhohe, zu Figuren geformte Drahtgeflechte gesteckt. Am Sonntag, zum Höhepunkt des Festes, werden bis zu 40 dieser Narzissenfiguren vormittags beim Autokorso in Bad Aussee vorgeführt und anschließend jährlich abwechselnd am Grundl- oder Altausseer See auf Schiffe verladen und beim nachmittäglichen Bootskorso das Ufer entlanggefahren. Die originellsten Figuren prämiert eine Jury. Zum viertägigen Festprogramm zählen Tanz- und Volksmusikveranstaltungen, Kirtage, Platzkonzerte und die Wahl der Narzissenkönigin.

Eintritt fürs Fest 14 €, Kinder frei. www.narzissenfest.at.

Basis-Infos

Information Informationsbüro Bad Aussee, in der Post am Kurhausplatz. Mo–Fr 9–12/14–18, Sa 9–12 Uhr. 8990 Bad Aussee, Ischlerstr. 94, ✆ 03622-52323, www.ausseerland.at, www.aussee.at.

Hin & weg Bahn: nach Bad Ischl alle 2 Std., zur Ennstalbahn alle 1–2 Std. **Bus**: 1x stündl. nach Altaussee **(Linie 955)**; alle 1 bis 2 Std. nach Gößl/Grundlsee **(Linie 956)**. www.verbundlinie.at.

Baden/Kuren Das **Vital Bad Aussee** im Ortszentrum wird 2012 abgerissen, an seiner Stelle soll ein Stadthotel entstehen. Das neue Vitalbad am Lerchenfelder Plateau mit angeschlossenem Resorthotel soll 2014 eröffnen. Infos unter www.vital.at.

Sommersberg(er) See, warmer Moorsee (s. u.).

Einkaufen **Ausseer Lebkuchen 20**, Schaulebzelterei an der Ortsumfahrung B 145, Di–Sa 8–12/13–18, So 13–18 Uhr. www.lebkuchen.at.

Trachten (Dirndl, Wetterfleck, Lederhosen, Stoffe) gibt es u. a. bei **Ausseer Gwand Peter Veigl 13**, Kurhausplatz 63 und bei **Rastl Gwand 3**, Meranplatz 39, beide Mo–Fr 8.30–12/14.30–18, Sa 9–12.30/13 Uhr

Seidenhanddrucke (Tücher, Krawatten) fertigen **Sekyra – Markus Wach 8**, Mo–Fr 8–18, Sa 8-12 Uhr, Parkgasse 153, www.handdrucke.at, **Sepp Wach 17**, Mo–Fr 8–12/14–18, Sa 8–12 Uhr, Bahnhofstr. 108, www.handdrucke-seppwach.at und **Mautner Drucke 14**, Mo–Fr 8–12/15–18, Sa 9–13 Uhr, Ischlerstr. 67, www.mautnerdrucke.at.

Leithner Hüte 18, seit 1532 (!), die älteste Hutmacherei Österreichs. Mo–Fr 8–12/14.30–18, Sa 8–12 Uhr, Bahnhofstr. 129, www.ausseer-hut.at.

Mayer's Genussladen 10, schöner Delikatessenladen mit ein paar Tischen; es gibt Produkte aus der Region (Ausseer Saibling, Steirerkäse ...), eine kleine feine Mittagskarte (11–15 Uhr) und Do/Fr abends Antipasti. Mo/Di 10–16, Mi 10–18, Do/Fr 9–21, Sa 9.30–14 Uhr. Kammerhofgasse 227, www.genussladen.at. ■

Wochenmarkt, Do 7–12 Uhr am Chlumeckyplatz: Obst, Gemüse, Brot, Fleisch.

Fahrrad Verleih von Trekingrädern, MTBs bei Zweirad Friedl, Mo–Fr 8–12/15–18, Sa 8–12 Uhr. Meranplatz 38, ✆ 03622-52918. E-Bikes verleihen die Hotels **Erzherzog Johann** und **Die Wasnerin**.

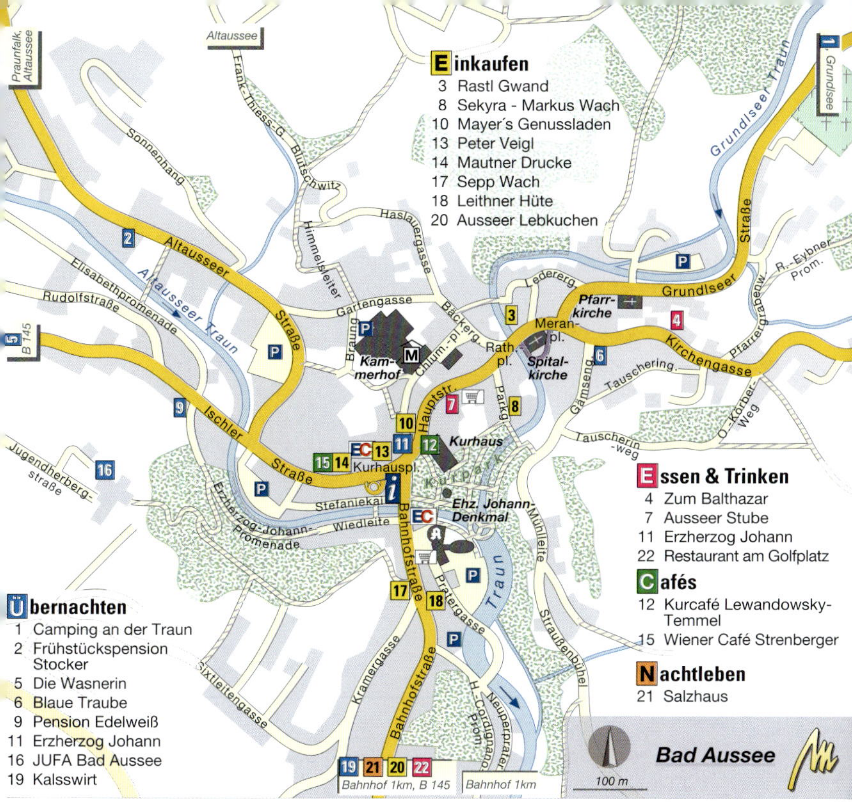

Golf GC Ausseerland, 9-Loch-Platz in Traumlage hinter dem Hotel Wasnerin, geöffnet Mai–Nov. www.golfclub-ausseerland.at.

Parken Gebührenpflicht im Stadtzentrum Mo–Fr 9–18 Uhr (Kurzparkzone 0,50 €/Std., Dauerparkplatz 3 €/24 Std.). Parkscheinautomat wechselt nicht.

Veranstaltungen Ausseer Fasching (→ Kasten S. 218). **Ausseer Jazzfrühling** im Juni, Jazzabende in Wirtshäusern. **Narzissenfest** im Mai/Juni (→ Kasten S. 214). **Ausseer Sommerkonzerte**, Klassik und Jazz im Juli/Aug. Krampusläufe, Brauchtum am 5. Dezember.

Wintersport 12 km Panoramaloipen (Skating und klassisch).

Übernachten/Essen & Trinken

Hotels/Gasthöfe **** **Die Wasnerin** **5**, das um einen kühl-modernen Zubau erweiterte 500-jährige Traditionshaus ist ein großes Wellness-Resort mit tollem Dachsteinblick und 80 elegant-modernen Zimmern und 10 Suiten, Bade- und Saunaareal sowie Außenpool. DZ inkl. Halbpension 190–250 €, Suite bis 280 €. Sommersbergseestr. 19, ✆ 03622-52108, 📠 52108400, www.diewasnerin.at.

**** **Erzherzog Johann** **11**, erste Adresse im Stadtzentrum; freundliches familiengeführtes Hotel mit 62 schönen Zimmern, der Großteil davon mit Balkon/Loggia und stilvoll-moderner Zirbenholzausstattung. Wellnessbereich im Rustikalstil, Leihräder. Gourmetrestaurant. WLAN und Parkplatz gratis. DZ 160–260 €. Kurhausplatz 62, ✆ 03622-52507, 📠 52507680, www.erzherzogjohann.at.

*** **Blaue Traube** **6**, traditionsreicher Gasthof (15. Jh.) gegenüber der Kirche. 14 geräumige, schlichte, rustikale Zimmer. Kein Restaurantbetrieb mehr. DZ 88–100 €. Kirchen-

Kurhausplatz in Bad Aussee

gasse 165, ✆ 03622-523630, 📠 5236330, www.blauetraube.at.

*** **Kalsswirt** 19, hübscher Landgasthof in Unterkainisch unweit der Bahnlinie. 4 Zimmer und 3 Studios, alle geschmackvoll eingerichtet. Gutes Restaurant. DZ 76–80 €, Studios bis 90 €. Sießreithstr. 58, ✆ 03622-55215, 📠 53718, www.kalsswirt.at.

Gästehaus/Pensionen **JUFA Bad Aussee** 16, topmodernes Jugend- und Familiengästehaus in ruhiger Lage unweit der Ortsmitte; 170 Betten in gemütlichen, zweckmäßigen Zweibett- und Familienzimmern mit Du/WC. Reichhaltiges Frühstücksbüffet. DZ 70–76 €. Jugendherbergsstr. 148, ✆ 05-7083520, 📠 7083521, www.jufa.at.

*** **Frühstückspension Stocker** 2, 500 m nördlich außerhalb Richtung Altaussee. 6 ländlich-rustikale Zimmer, teils mit Balkon. Sehr freundliche Gastgeberin, WLAN und Parkplatz gratis. DZ 54–66 €. Altausseerstr. 245, ✆ 03622-52484, 📠 52483, www.zimmer-ausseerland.at/stocker.

Pension Edelweiß 9, 3 rustikale Zimmer mit Balkon und teils Etagendusche sowie 1 Ferienwohnung (2 Pers.) in zentraler Lage. DZ 44–60 €. Ischler Str. 184, ✆/📠 03622-52838, www.edelweiss-aussee.com.

Fewos/Camping Viele **Ferienwohnungen und -häuser**. Infos im Gastgeberverzeichnis (telefonisch anfordern) bzw. unter www.ausserland.at.

Camping an der Traun 1, 4 km Richtung Grundlsee; kleiner, gut ausgestatteter Wiesenplatz am Flussufer; gehört zum Gasthof Staud'nwirt, 30 Stellflächen, Swimmingpool. 2 Pers., Auto, Zelt 20 €. Grundlseerstr. 21, ✆ 03622-54565, 📠 52427, www.aussee.at/staudnwirt.

Restaurants **Erzherzog Johann** 11 → „Hotels". Das haubenprämierte ländlich-gediegene Restaurant bietet köstliche, verfeinerte Regionalküche aus heimischen Produkten (Ausseer Rind, Grundlseer Milchlamm), herrliche Desserts und eine große Wein-Auswahl. Schöne Gartenterrasse. Lunchbuffet (Mo–Fr) 15 €, 5-Gänge-Abendmenü 37 €, à la carte ab 19 €.

Ausseer Stube 7, im Ortszentrum; bodenständiges Wirtshaus mit preiswerter Hausmannskost, Backhendl und Pizza. Mai–Okt. durchgehend Küche, in der Nebensaison Mo ab 14 Uhr geschlossen und Di Ruhetag. Hauptstr. 152, ✆ 0664-9953372.

Restaurant am Golfplatz 22, Haubenkoch Stefan Haas sorgt in dem modernen Lokal in Panoramalage für eine kreativ verfeinerte steirische Küche, gute Auswahl heimischer Weine. Hauptgericht 9–15 €. Mi Ruhetag (außer Juli/Aug.) Sommersbergseestr. 392, ✆ 0676-7773304, www.stefan-haas.at.

Zum Balthazar **4**, ein junges, freundliches Team ist in dem historischen Barockhaus mit hübschem Innenhof am Werk. Steirische Küche mit mediterranen und asiatischen Einflüssen zu günstigen Preisen (unter 12 €). Di–Sa 16–24, So 11–22 Uhr. Kirchengasse 28, ✆ 03622-54520.

Mayers Genussladen **10** → Einkaufen

Kaffeehäuser/Bars **Kurcafé Lewandofsky-Temmel** **12**, traditionelles Kurhauscafé mit großer Auswahl an Mehlspeisen, bekannt für hausgemachtes Eis. Kastaniengarten zum Sehen und Gesehenwerden. Mo–Sa 8–19, im Sommer bis 22 Uhr, So 9–19/22 Uhr. Kurhausplatz 144.

Wiener-Café Strenberger **15**, traditionelles Kaffeehaus der Ausseer Lebzelter mit großem Tortenangebot und schönem Gastgarten. Mo–Sa 8–21 Uhr, So Ruhetag (außer Juli/Aug.). Ischler Str. 72.

Salzhaus **21**, riesige Discothek-Pizzeria-Lounge im früheren Sudhaus in Unterkainisch. Mi–Sa ab 17 Uhr. Sießreithstr. 15, www.salzhaus.com.

Sehenswertes/Ausflüge

Kurhausplatz und Kurpark: Der verkehrsreiche Kurhausplatz bildet die Ortsmitte von Bad Aussee. An ihm kommt jeder vorbei: Hier münden Ischler Straße (von der B 145 her), Bahnhofstraße, Hauptstraße (Richtung Grundlsee) und Kammerhofgasse ineinander. Man trifft sich hier beim „Lewan“ auf einen Kaffee, das Traditionshotel der Stadt und das Kurhaus (Veranstaltungszentrum) stehen sich hier gegenüber. Der angrenzende Kurpark wurde im 19. Jh. anstelle der mittelalterlichen Sudhäuser und Salinengebäude angelegt. In seiner Mitte steht das 1935 errichtete *Denkmal für Erzherzog Johann*, das ihn lebensgroß in Jagdausrüstung zeigt. Wenige Schritte weiter markiert der marmorne *Mittelpunktstein* die geografische Mitte Österreichs. An der Südostecke des Kurparks wurde über dem Zusammenfluss der Altausseer und der Grundlseer Traun der größte *Mercedes-Stern* der Welt (27 m) als begehbare Brücke errichtet. Wer da wohl Sponsor war? Auf der anderen Seite der Altausseer Traun stehen das revitalisierte *Alte Kurmittelhaus* von 1889 (heute Kurapotheke) mit einem modernen ovalen Anbau, in dem Amtsräume der Bezirksverwaltung Liezen untergebracht sind.

Eine berühmte Romanze

Bei einem Tanzfest 1819 am Toplitzsee begegneten sich der damals 37-jährige Erzherzog Johann und die 15-jährige Anna Plochl das erste Mal – sie die Tochter des Ausseer Postmeisters, er der Bruder des herrschenden Kaisers Franz I. Auf Feldzügen wenig erfolgreich und wegen seiner liberalen Gesinnung am Wiener Hof argwöhnisch beäugt, hatte er sich in seine Wahlheimat Steiermark zurückgezogen und diese kulturell und wirtschaftlich gefördert. Auf die kaiserliche Einwilligung in die Hochzeit mit seiner bürgerlichen „Nanni“ musste er bis 1829 warten – bei den Habsburgern heiratete man üblicherweise aus dynastischen Gründen, nicht aus Liebe. 1844 wurde Anna Plochl schließlich zur Gräfin von Meran erhoben. Mit seiner Volksverbundenheit, dem Tragen der einheimischen Tracht und seiner Bescheidenheit machte sich Erzherzog Johann beliebt und die Region und seine Kultur weithin bekannt. Anna Plochl überlebte ihren Johann um 26 Jahre und starb 1885 in Aussee. Die Erinnerung an die beiden ist im Ausseerland allerorten lebendig. Ihre letzte Ruhestätte fanden sie allerdings in Schenna bei Meran (Südtirol), wo sie ein Schloss besaßen. Ihr berühmtester Nachkomme ist ein Ururenkel: der österreichische Dirigent Nikolaus Harnoncourt.

Hauptstraße und Rathausplatz: Die enge, ampelgeregelte Hauptstraße führt vom Kurhaus über die Erzherzog-Johann-Brücke zum Meranplatz. Sie ist gesäumt von ansehnlichen Bürgerhäusern, deren Kern oft bis ins Mittelalter zurückreicht. Mittendrin steht eine schön verzierte, gusseiserne Säule aus dem 19. Jh. mit der sog. *Lößluhr*, deren Uhrwerk nur durch Luftdruckschwankungen angetrieben wurde. Als ihr Schöpfer, der Wiener Wissenschafter und Wahl-Ausseer Friedrich Ritter von Lößl 1907 starb, musste sie mangels Kenntnis dieser Technik auf einen herkömmlichen Antrieb umgestellt werden.

Die „heiligen Faschingstage" – die fünfte Jahreszeit im Ausseerland

Der Höhepunkt der Fasnachts- oder Karnevalszeit sind die Heiligen Drei Faschingstage unmittelbar vor Aschermittwoch, also von Faschingssonntag bis Faschingsdienstag. Heilig daran ist den Ausseern die jahrhundertelange Tradition (nachweislich seit 1767), wirklich heilig sind die prunkvollen, trinkfreudigen Rituale nicht: *Maschkera* (Masken) ziehen einzeln oder in Gruppen umher und tragen in Anlehnung an mittelalterliche Rügegerichte Faschingsbriefe vor, in denen lokale Schandtaten und Missgeschicke angeprangert werden. Am Montag und Dienstag haben die in weiße, nostalgische Nachtgewänder und Schlafhauben gehüllten *Trommelweiber* ihren Auftritt (→ Foto). Diese nur hier bekannten Faschingsfiguren, hinter denen sich auserwählte Ausseer Bürger (nur Männer!) verbergen, ziehen ab dem frühen Morgen zum Klang des endlos eintönigen Ausseer Faschingsmarsches durch die Straßen, um mit ihrem Trommellärm den Winter zu vertreiben.

Auf erste Frühlingsboten trifft man am Faschingsdienstag, wenn die eleganten *Flinserln* ab 14 Uhr durch das Bad Ausseer Stadtzentrum ziehen. Sie tragen einen spitzen Hut, eine Halskrause und kostbare, farbenfrohe und mit Pailletten (das sind die „Flinserln") bestickte Gesichtsmasken und Kleider, die an den Karneval von Venedig erinnern. Tatsächlich sollen Salzhändler die Kostüme aus dem Süden gebracht haben. Der Flinserlzug wird von Flöten und Geigen begleitet – eine Wohltat zum vortägigen Getrommel. Kinder am Straßenrand, die der überlieferten derben Flinserlsprüche mächtig sind, werden von den Flinserln mit Nüssen, Mandarinen und Bonbons belohnt. Der mit einer Schweinsblase an einem Stock bewaffnete *Zacherl* bewacht den Zug. Und wenn die Flinserln im Lauf der folgenden Nacht wieder verschwinden, kann der Frühling kommen ...

Tipp: Die Faschingsfiguren sind auch im Kammerhofmuseum zu sehen.

Meranplatz: Den geschlossenen länglichen, vom Autoverkehr belasteten Platz umstehen historische Bauten: Im flussnahen Mauthaus aus dem 16. Jh. (Nr. 39) leisteten die Salzfuhrleute einst ihre Abgaben. Die benachbarte **Alte Steinmühle** aus dem 15. Jh. erhielt 1600 eine prächtige Sgraffitofassade. 1735–53 war sie im Besitz des Ausseers Josef Fröhlich, der es in Dresden zum Hofnarren von August dem Starken und als solcher zu Reichtum gebracht hatte. Das mit einer Biedermeierfassade versehene **Meranhaus** (16. Jh.) ist das Geburts- und Sterbehaus von Anna Plochl, der Gattin Erzherzog Johanns (→ Kasten S. 217). Die mit einem Steildach und einem achteckigen Glockentürmchen geschmückte frühgotische **Spitalkirche zum Hl. Geist** entstand vor 1395 als Kapelle des angrenzenden Salinenspitals, das erst 1954 aufgelassen wurde. Die noch mittelalterlich erhaltene Kirche weist im Inneren ein bemerkenswertes Kreuzrippengewölbe und Wandfresken auf sowie einen von Friedrich III. 1449 gestifteten gemalten Flügelaltar. Geöffnet zeigt er in der Mitte die Hl. Dreifaltigkeit und auf den Flügeln die 12 Apostel und Engelfiguren. Links neben der Spitalkirche steht die **Alte Schmiede** aus dem 16. Jh., in der einmal wöchentlich ein Schauschmieden stattfindet (Mai bis Sept. Do 9–13/16 Uhr).

Kirchengasse und Pfarrkirche St. Paul: Vom Meranplatz führt die *Kirchengasse* vorbei an einem der ältesten Häuser der Stadt, dem stattlichen Gasthaus „Zur Blauen Traube", das in seinem Eingangsbereich zwei römische Grabsteine birgt, zur erhöht gelegenen Ausseer *Pfarrkirche*. Der ursprünglich frühromanische Bau aus dem 12./13. Jh. wurde später gotisch und 1800 barock umgebaut. Sein wuchtiger, weißer Turm aus dem 15. Jh. ist augenfälligstes Merkmal der Stadtansicht. Man betritt die Kirche durch ein spätgotisches Portal. Im geräumigen zweischiffigen Inneren verdienen das Rippengewölbe, das hohe Sakramentshäuschen aus rotem Marmor (1523) und die in der barock stuckierten Marienkapelle aufbewahrte, gotische Steinplastik einer „Schönen Madonna" (um 1420) Beachtung.

Chlumeckyplatz und Kammerhof: Auf einer Anhöhe oberhalb der Hauptstraße befindet sich der ruhige obere Marktplatz, der nach einem österreichischen Minister des 19. Jh. benannt wurde. Wichtigstes Gebäude am Platz ist der palastartige *Kammerhof*, der bis 1926 das Ausseer Salzamt beherbergte und heute als Museum genutzt wird (s. u.). Mit Baubeginn im 14. Jh. ist er einer der ältesten erhaltenen Profanbauten Österreichs. Seine prächtigen Fenster- und Türumrahmungen im Stil der Spätgotik erhielt er um 1530, ein Wappenstein über dem Portal erinnert an den Besuch Kaiser Maximilians 1511.

Kammerhofmuseum: Das sehenswerte Museum zeigt im 1. Stock bemerkenswerte archäologische Funde aus der Region (darunter römische Hipposandalen), eine Darstellung der lokalen Salzgeschichte, eine Ausstellung zu Anna Plochl und Erzherzog Johann sowie Interessantes aus der Ortsgeschichte und zum Handwerk (Seidendrucke, Hüte, Lederhosen). Prächtigster Raum ist das *Kaiserzimmer*, dessen Wandfresken von 1756 mit Motiven aus der Region erst 1961 freigelegt wurden. Der 2. Stock präsentiert die heimische Volksmusik rund um Landler, Steirer, Gstanzl, Geigen- und Pfeifermusik und das Paschen (wobei vier g'standene Ausseer via Bildschirm zum Mitpaschen einladen), das im Ausseerland

Die von Mitte Mai bis Ende Sept. gültige **Ausseerland Sommerclou-Card** gewährt freien Eintritt in 15 Hauptattraktionen des Ausseerlands (u. a. Kammerhofmuseum, Salzwelten Altaussee, Loser- und Tauplitzalmstraße, Alpengarten). Sie ist erhältlich für 3 (25 €), 4 (32 €), 5 (38,50 €), 6 (43,50 €) oder 7 (48 €) Tage; Kinder etwa die Hälfte.

intensiv gelebte Brauchtum (Glöckler, Perchten, Ausseer Fasching) und die Höhlenkunde, wobei Steinzeitfunde aus der Salzofenhöhle im Toten Gebirge und ein vollständiges Höhlenbärenskelett zu sehen sind.

Mai bis Ende Okt. Di/Sa 16–18, Fr/So 10–12 Uhr. Juni bis Ende Mitte Sept. tägl. 10–12/15–18 Uhr. Eintritt 4 €, bis 18 J. 2 €, Fam. 6 €. Skg-Card/Sommerclou-Card gültig. ✆ 0676-83622520, www.aussee.at/kammerhofmuseum.

Alpengarten Bad Aussee: In dem in einem früheren Steinbruch am Fuß des *Ischlkogels* (3 km westlich, Wegweiser an der B 145) angelegten Alpengarten sprießen seit 1913 über 2500 Arten von Alpenpflanzen vom Almrausch bis zur Zirbe. Der Alpengarten ist auch Ausgangspunkt des mit naturkundlichen Informationstafeln interessant gestalteten **Libellenwegs**. Er führt am Sommersberger See (s. u.) und einer aussichtsreichen Panoramastation vorbei und endet wieder am Alpengarten (Gehzeit ca. 1 Std.).

Mitte Mai bis Ende Sept. tägl. 8–18 Uhr. Eintritt 4 €, Kind 2 €. Skg-Card/Sommerclou-Card gültig. Führungen Mo 14.30 Uhr. www.neza.at.

Am Sommersberg(er) See: Der dunkle, bis 27 °C warme Moorsee liegt 5 km westlich von Bad Aussee in einer idyllischen, bewaldeten Senke auf 856 m Seehöhe. Ein Erlebnis ist schon die Anfahrt über die (leider zusehends verbaute) Wiesenhochfläche in Lerchenreith, wo man zwischen Dachsteinblick und Aussicht über das vom Toten Gebirge umkränzte Ausseer Becken hin und her gerissen ist. Baden in dem 24 m tiefen und 160 m breiten, mit Seerosen und vielen Fischen belebten Privatgewässer ist gegen Eintritt erlaubt und sehr beliebt (gepflegte Liegewiese, Sonnenschirmverleih, Badestege).

Hin & weg Badebus ab Kurhausplatz Juli/Aug. 4x tägl. (10.30–17.45 Uhr).

Baden 7–22 Uhr. Eintritt 2 €, Kinder frei.

Essen & Trinken **Jausenstation Sommersbergsee**, nettes Lokal mit Hausmannskost am Seeufer, Mai bis Ende Okt. bei Schönwetter tägl. 11.30–21 Uhr. ✆ 0664-5477143.

„Via Artis" Bad Aussee: Dieser Rundweg ist einer von vier Via-Artis-Themenwegen im Ausseerland, die seit den 1990er Jahren den Spuren einst hier ansässiger Künstler folgen. Auf großen, teils vom Wetter vergilbten Staffeleien erfährt man Wissenswertes zu deren Leben und zum Wegverlauf. Faltblätter dazu gibt es in der Information, ein zusätzlicher Stadt- oder Wanderplan ist ratsam. Die Via Artis Bad Aussee spürt Wilhelm Kienzl, Nikolaus Lenau, Hugo von Hofmannsthal u. a. nach. Sie beginnt im Kurpark, führt 12 km um den Ort (Reitern – Lerchenreith – Obertressen) und dauert 4–5 Std.

Wander- und Radweg durch das Koppental → Obertraun S. 204

Am Altausseer See

Die Gegend um den Altausseer See ist eine der schönsten Ecken des Salzkammerguts. Von einer „poetischen Landschaft" zu sprechen, ist wahrlich zutreffend angesichts der vielen Mitglieder der schreibenden Zunft, die seit Ende des 19. Jh. hier verweilten, etwa Jakob Wassermann, Theodor Herzl (der Vater des Zionismus), Arthur Schnitzler, Nikolaus Lenau, Hugo von Hofmannsthal, Hermann Broch, Friedrich Torberg und Fritz Herzmanovsky-Orlando. Die einen logierten den Sommer über in einfachen Zimmern der Altausseer Bauern, die anderen leisteten sich eine eigene Villa. Die Landschaft war ihnen Quelle der Inspiration, der See ein „riesiges

Spätsommer in Altaussee

Tintenfass, in das sie ihre Federkiele tauchten", wie Raoul Auernheimer passenderweise meinte. Zu den allerersten Gästen am See zählten die Fürsten Hohenlohe-Schillingsfürst, die 1860 im Zuge einer Jagd die Gegend entdeckten und sich hier niederließen. Nicht zweite, sondern erste Heimat ist die Region der Schriftstellerin Barbara Frischmuth (geb. 1941) und dem Schauspieler und Oscar-Preisträger Klaus Maria Brandauer (geb. 1944).

Altausseer See: 712 m Seehöhe. 3 km lang, bis zu 1 km breit. Max. Tiefe 53 m, max. Temperatur 20 °C. Linienschifffahrt von Mai bis 26. Okt. www.altaussee-schifffahrt.at.

Einzige Siedlung am sonst von Berghängen umkränzten Seeufer ist **Altaussee**. Das frühere Bergknappen- und Fischerdorf ist heute eine entzückend beschauliche Idylle, überragt von den Kalkklippen des **Loser**, der als Wander-, Schi- und Aussichtsberg beliebt ist. Eine Touristenattraktion ist auch das Salzbergwerk **Salzwelten Altaussee**.

Basis-Infos

Information **Infobüro Altaussee**, im Kurhaus, Juli/Aug. Mo–Fr 9–18, Sa/So 9–12, sonst Mo–Sa 9–12, Mo–Fr 14–18 Uhr. 8992 Altaussee, Fischerndorf 61, ✆ 03622-71643, www.altaussee.at, www.altaussee-tourismus.at.

Hin & weg **Bus**: 1x stündl. nach Bad Aussee **(Linie 955)**. www.verbundlinie.at.

Schiff: Seit 2011 verkehrt am Altausseer See zwischen Altaussee/Madlmaier und Seewiese/Jagdhaus ein Solarschiff (Fahrzeit 25 Min.); Juli/Aug. 4x tägl., bei Schönwetter 5x tägl.; Mai/Juni und Sept. Di–So bei Schönwetter 3–4x tägl.; 1.–26. Okt. Sa/So/Fei bei Schönwetter 3x tägl.; Ticket 6 €, hin/zurück 10 €, Kind 3/5 €. Skg-

Card/Sommerclou-Card gültig. ✆ 03622-20501, www.altausseeschifffahrt.at.

Angeln Lizenzen (15. 6.–31. 8., 20 €/Tag) bei der Fischervereinigung Altaussee, Fischerndorf 20, ✆ 03622-71884, www.fischen.at.

Baden Frei zugängliches Seeufer, die besten Badestellen mit Kiesstrand sind am Südost-Ufer.

Bootsverleih Mai–Sept. zwischen Hotel am See und Seeklause; Elektro-, Tretboote und Plätten, 12–15 €/Std.

Einkaufen **Haselnus**, hochwertige Trachtenmode, Konfektion und nach Maß. Mo–Sa 8.30–12.30, Mo–Fr 13.30–18.30 Uhr. An der Ortseinfahrt; Puchen 57, ✆ 03622-71253, www.haselnus.at.

Fahrrad Verleih bei **Zweirad Kohl**, Mo–Fr 8–12/15–18, Sa 8–12 Uhr. Fischerndorf 13, ✆ 03622-71980. E-Bikes gibt es in der **Hotel Seevilla** und in der **Hagan Lodge**.

Parken Gebührenpflicht von 1. Juni bis 15. Okt. tägl. 9–18 Uhr auf den Parkplätzen Fischerndorfstraße/Kirche und Kurhaus/Seeklause (0,50 €/Std., 3 €/24 Std., Parkscheinautomat ohne Wechselgeld). Gebührenfrei parkt man an der Ortseinfahrt beim Gasthof Scheichlmühle und an der Donisbrücke Richtung Blaa-Alm.

Veranstaltungen **Narzissenfest** im Mai/Juni (→ Kasten S. 214).

Altausseer Kiritag Bierzelt, 1. Sa–Mo im Sept. Legendäres, urtümliches Volksfest mit 30.000 Besuchern, Holzzelt, echter Volksmusik, Brathendl, Saibling und 600 Fässern Gösser-Spezialbier. www.bierzelt-altaussee.at.

Loser Bergpreis, Mitte Sept., Oldtimerrennen auf der Loser-Panoramastraße.

Wintersport **Schigebiet Loser-Altaussee**, 4 Sessel- und 4 Schlepplifte, 29 km Pisten mit Beschneiungsanlage. Tageskarte 36 €, Kind 18 €. Gratisschibus ab Bad Aussee bzw. Altaussee, www.loser.at.
Langlauf: Panoramaloipe (6,5 km) auf der Blaa-Alm.

Übernachten/Essen & Trinken

Hotels/Gasthöfe/Herbergen ****S **Seevilla**, aus einer Gründerzeitvilla am Seeufer entstand durch mehrere Anbauten ein großzügiges gepflegtes Romantikhotel. 47 geräumige Zimmer im gediegenen Landhausstil, die im Mitteltrakt wurden 2012 zu Superiorzimmer umgebaut. Luxuriöser Wellnessbereich mit Panoramahallenbad, Sauna, Sole-Inhalation. Gute Küche. WLAN und Parkplatz gratis. DZ mit Halbpension 208–250 €. Fischerndorf 60, ✆ 03622-71302, 📠 713028, www.seevilla.at.

Villa Salis, schönes Traditionshaus an der Ortsstraße in zentraler Lage, romantisches Ambiente, charmante Gastgeberin. 5 Zimmer und 6 Suiten, alle liebevoll im Ausseer Stil ausgestattet und mit tollen Ausblicken. Kein Lift. DZ/Suite 120–150 €. Altaussee 21, ✆ 03622-71773, 📠 71774, www.villa-salis.at.

**** **Gasthof zum Hirschen**, familiärer Traditionsbetrieb in Ortsmitte mit urig-rustikaler Gaststube mit Kachelofen und 9 großzügigen, schlicht-modernen Zimmern und 6 Appartements, teils mit Balkon. WLAN und Parkplatz gratis. DZ 110–150 €, App. bis 190 €. Fischerndorf 17, ✆ 03622-71347, 📠 7134717, www.hirschen-altaussee.at.

JUFA Altaussee → S. 226.

Privatzimmer **Ferienhaus Hermann Wimmer**, schönes Privathaus in zentraler Lage mit 2 gemütlich rustikalen Ferienwohnungen, die auch als 4 Zimmer vermietet werden. Der Hausherr ist auch Schnapsbrenner. DZ 60–70 €. Fischerndorf 23, ✆ 03622-71806, www.hermann-wimmer.at.

Haus Takacs, in ruhiger Lage, 10 Gehmin. vom See entfernt. 3 nette, einfache Zimmer, Sauna. DZ 50–60 €. Puchen 128, ✆ 03622-71180, 📠 711821, www.haus-takacs.at.

Haus Starl, Privathaus in Waldrandlange oberhalb des Orts; 2 einfache Zimmer mit Du/WC und 1 Ferienwohnung (3 P.). DZ 50–60 €. Fischerndorf 27, ✆ 03622-71702, 📠 717020, www.hausstarl.at.

Fewos Gutes Angebot an **Ferienwohnungen** und schmucken **Ferienhäusern**, Information im Ausserland-Gastgeberverzeichnis bzw. unter www.ausseerland.at.

**** **Alpenparks Hagan Lodge**, 3 km nördlich der Ortsmitte direkt an der Talstation der Loser-Schilifte; autofreie Anlage mit 46 neuen, komfortabel ausgestatteten Ausseer Ferienhäusern (4–9 Pers.), teils mit Sauna. Auf Wunsch mit Frühstück, Halbpension oder Catering. Lodges (6 Pers.) 160–260 € je nach Komfort, Endreinigung

Kurhaus von Altaussee, überragt vom Gipfel des Loser

80–100 €. Lichtersberg 84, ✆ 03622-7232, 📠 7232444, www.hagan-lodge.at.

Gasthäuser/Cafés **Gasthof Loser**, traditionsreiches Lokal mitten in Altaussee, seit 2011 mit neuem Wirt. In den gemütlichen Stuben und im Kastaniengarten genießt man bodenständige Salzkammergut-Kost aus regionalen Zutaten zu fairen Preisen, Spezialität sind Saibling- und Forellengerichte. Hauptgericht 9–18 €. Küche durchgehend, Fr Ruhetag. Fischerndorf 80, ✆ 03622-71373, www.gasthof-loser.at.

Berndl, heimeliges Dorfgasthaus in der Villa Salis (→ „Hotels"). Hausmannskost (ab 6 €), steirische Spezialitäten (ein Tipp sind die Fischgerichte) und exzellente Weine. Hauptgericht 10–14 €. Schattiger Garten, Küche durchgehend 11–21.30 Uhr, Mo Ruhetag. Altaussee 21, ✆ 03622-71227, www.villa-salis.at.

Schneiderwirt, bodenständiges Ausseer Wirtshaus mit Veranda und Biergarten an der Ortsdurchfahrt; Braten, Kraut und Knödel zu günstigen Preisen. Mo/Di Ruhetag. Altaussee 19, ✆ 0664-12110844.

»» **Unser Tipp: Wirtschaft Altaussee**, außen unscheinbares, kleines Lokal mit wenigen Tischen in modernem Ambiente und ausgezeichneter, haubenprämierter Crossover-Küche. Die Bar ist abends ein beliebter Treffpunkt. Reservieren! Mi–Sa 17–0.30 Uhr. Fischerndorf 191, ✆ 0676-3401608. ««

Bäckerei & Café Maislinger, hausgemachte Mehlspeisen, köstliches Gebäck (Salzstangerl!), guter Kaffee und warme Mittagsgerichte. Tägl. außer So 6–18 Uhr. Altaussee 22 (an der Hauptstraße), ✆ 03622-71739.

Sehenswertes/Ausflüge

Ortsrundgang in Altaussee: Das sonnige Altaussee (712 m, 1800 Einwohner) erstreckt sich mit seinen Streusiedlungen vom Seeufer Richtung Pötschenpass und bis an den Fuß des „salzhaltigen" Sandlings. Schöne Holzhäuser mit verzierten Vorbauten und Balkonen sind in den sattgrünen Wiesen verstreut, die Sehenswürdigkeiten konzentrieren sich im ufernahen Ortsteil Fischerndorf. Dort steht das gefällige **Kurhaus- und Amtshaus** mit der Touristinformation, einem **Literaturmuseum** (s. u.) und dem Trinkbrunnen der örtlichen Glaubersalzquelle. Den anliegenden kleinen Kurpark ziert eine schlichte Dreifaltigkeitssäule aus dem 17. Jh. und der von Barbara Frischmuth angelegte Literaturgarten. 300 m weiter seewärts erhebt sich die romanisch-spätgotische **Pfarrkirche St. Aegidius**, die ihr heutiges Aussehen im Zuge eines neugotischen Umbaus im 19. Jh. erhielt. Im Inneren birgt sie ein Sakramentshäuschen (1520) und Chorfenster aus der Gotik sowie zwei Gemälde von *Leopold Kupelwieser* (1860). Gleich nach der Kirche rechts gelangt man auf dem *Brahmsweg* entlang dem Ufer zur Seeklause, wo die Altausseer Traun aus dem See abfließt. Vor dem Hotel Seevilla landeinwärts trifft man auf die 2012 renovierte denkmalgeschützte **Gradieranlage**. Bei dieser Freiluft-Sole-Inhalationsanlage tropft die aus dem Altausseer Salzberg hergeleitete Rohsole über Stahlelemente bzw. über Tannenreisig und setzt so ätherische Öle frei, die bei Atemwegsbeschwerden lindernd wirken. Derartige Anlagen dienten einst den Salinen zur Erhöhung des Salzgehalts der Sole, ein Vorgang, der „gradieren" genannt wurde. Geradeaus weiter gelangt man, vorbei am früheren Domizil von Friedrich Torberg, zur Hauptstraße und rechts wieder zum Kurhaus zurück.

Literaturmuseum: Das im Kurhaus eingerichtete Museum bietet im Erdgeschoss einen Leseraum mit prominenten „Gästen" (z. B. Hugo von Hofmannsthal und Klaus Maria Brandauer) sowie eine Präsenzbibliothek. Im 1. Stock, dem eigentlichen Museum, werden alle bekannten Maler, Komponisten und Schriftsteller, die sich in Altaussee vorübergehend oder dauerhaft niederließen, mit historischen Exponaten, Fotos, Gemälden, Video- und Hörbeispielen, Originalausgaben, Faksimiles und Autografen gewürdigt. Im amüsanten Kuriosenkabinett hat der Maler *Horst Jandl* Anekdoten und Zitate mit Installationen umgesetzt, außerdem finden den Sommer über Lesungen statt.

Juni–Sept. Mo–Sa 10–12/14.30–18 Uhr, Okt.–Mai Mo–Sa 14.30–17 Uhr. Eintritt 3 €, Kinder frei. ✆ 0664-4441069, www.literaturmuseum.at.

Rundweg um den Altausseer See: Die 7 km lange, kinderwagentaugliche Promenade ist einer der schönsten Seeuferwege Österreichs (Gehzeit 1½ Std.). Die Landschaft ist nahezu perfekt: die hinter dem See senkrecht aufragende *Trisselwand* (1754 m), die idyllische *Seewiese* mit dem malerischen Jagdhaus (heute Jausenstation), der grandiose Fernblick auf den vergletscherten Dachstein, die Kiesbuchten, die Spiegelungen im klaren Wasser und, über allem thronend, die Felskrone des Loser.

Essen & Trinken am Seerundweg

Kahlseneck, Jausenstation für Feinschmecker am Nordufer mit Spielplatz und Badestrand (15 Gehminuten ab der Kirche). Gute Regionalküche, Salate, Mehlspeisen, ein Tipp sind die Saiblingspatzen (9,50 €). Im Sommer Volksmusikabende. Tägl. ab 10 Uhr. www.kahlseneck.at.

Jagdhaus Seewiese, ehemals fürstliche Jagdhütte der Hohenlohe, heute Bilderbuch-Jausenstation mit Hausmannskost, Räucherfischen und Traumblick, Mini-Naturmuseum. Mai bis Ende Okt. tägl. geöffnet.

»» **Unser Tipp: Strandcafé**, von Mai bis Okt. geöffneter nostalgischer Sommerfrischebau in Traumlage am Südufer; verfeinerte Regionalküche aus hochwertigen Zutaten (Hauptgericht 13–18 €), tolle Weine, gute Mehlspeisen und dazu Illy-Kaffee. Mo/Di Ruhetag. Puchen 197, ✆ 0664-2129309, www.strandcafe.at. ««

Ruine Pflindsberg (956 m): Es sind nur wenige Mauerreste erhalten, dennoch lohnt sich wegen des herrlichen Ausblicks der einstündige Aufstieg von Altaussee. 1250 wurde die Burg zum Schutz der Salztransportwege und der Altausseer Salinen errichtet. Im 15./16. Jh. diente sie als Gefängnis, ab 1750 verfiel sie. 2000 wurde ihr ein hölzerner Aussichtspavillon zur Seite gestellt. Rund 100 Höhenmeter unterhalb der Ruine ergießt sich der Trattenbach über einen 100 m hohen Wasserfall.

Wanderweg zur Ruine: Der beschilderte Weg beginnt links vom Hotel Tyrol an der Altausseer Ortseinfahrt und führt auch am Wasserfall vorbei.

„Via Artis“ Altaussee und Mühlbergmühle: Der 4 km lange Rundweg führt, ausgehend vom Altausseer Kurhaus, an den Sommerdomizilen der Künstler Friedrich Torberg, Johannes Brahms (Hotel Seevilla) und Jakob Wassermann (Uferweg) vorbei und bringt dann vom Nordufer des Sees auf einem Höhenweg hinüber nach Posern, wo es entlang der Loser-Straße wieder zurückgeht (Gehzeit 1½–2 Std.). Die romantische Mühlbergmühle im Ortsteil Posern erreicht man in einem kurzen Abstecher von der Via Artis (Schaumahlen Juni bis Aug. Mi 17 Uhr).

Blick von der Seewiese zum Dachsteingletscher

Salzwelten Altaussee: Der 1717 m hohe Sandling ist Österreichs größte Salzlagerstätte. Zahlreiche Stollen wurden in seine dem See zugewandte Ostseite getrieben, der erste bereits 1147. Der in 948 m Seehöhe 3 km oberhalb von Altaussee geschlagene *Steinbergstollen* ist heute der Eingang in das Schaubergwerk. In den umliegenden Steinberghäusern waren die Bergwerksverwaltung und Knappenwohnungen untergebracht, 2009 wurden sie zu einem Jugend- und Familiengästehaus umgestaltet.

Rund 80 Min. dauert die Führung durch die Salzwelten (Kinder erst ab 4 J.). Ganz in Weiß gewandet gelangt man – nachdem im Einführungsfilm ein Kabarettist anschaulich das Salz im Berg erläutert hat – durch den 700 m langen Stollen ins 7 °C kalte Berginnere. Dort sieht man die durch die Gebirgsauffaltung entstandenen bunten Salz- und Gesteinsschichten, gelangt über Bergmannsrutschen in tiefer gelegene Stollen, besucht die von Bergleuten 1935 aus Steinsalzblöcken erbaute Barbarakapelle und den unterirdischen Salzsee, wo man mit einer Licht- und Soundshow beglückt wird. Nicht fehlen darf die „Schatzkammer der Europäischen Kunst“, jene Kavernen, in denen die Nationalsozialisten ab 1943 aus Museen geraubte oder von Privatleuten enteignete Kunstschätze bombensicher lagerten: 6577 Gemälde, 230 Zeichnungen, 954 Grafiken, 137 Plastiken, darunter der „Genter Altar“ und die „Bauernhochzeit“ von Pieter Brueghel d. Ä. sowie 2000 Bücherkisten. Beim Heranrücken der Front im April 1945 gab der Gauleiter die Sprengung des Bergwerks mitsamt den Kunstwerken in Auftrag. Ausseer Bergleute entdeckten noch rechtzeitig das im Berg deponierte und als Marmorblöcke getarnte Sprengmaterial und brachten es entgegen aller Befehle aus den Stollen. Die Anfang Mai eingetroffenen Amerikaner konnten die Kulturschätze schließlich bergen.

Öffnungszeiten/Eintritt Mai/Mitte Sept. bis 26. Okt. tägl. Führungen um 9, 11, 13, 15 Uhr. Juni bis Mitte Sept. 1x stündl. Führungen 9–16 Uhr. Abendführung ganzjährig

(!) Mi 19 Uhr, Jan.–April zusätzlich Mi 17 Uhr. Eintritt 15 €, Kind 7,50 €, Familie (2 Erw., 1 Kind) 32 €. Skg-Card/Sommerclou-Card gültig. Gutes Schuhwerk und warme Kleidung sind ratsam. Im Stollengebäude gibt es einen Salzwelten-Shop und ein Bistro. ✆ 06132-2002400, www.salzwelten.at.

Hin & weg Mitte Mai bis Ende Sept. fährt ein Bus 2x tägl. vom Kurhaus zum Salzberg und zurück.

Übernachten JUFA Altaussee; schlicht-modern eingerichtetes Jugend- und Familiengästehaus mit 172 Betten, verteilt auf 46 Zimmer (2–4 Betten) gegenüber den Salzwelten, im Winter an der Schiabfahrt. Bustransfer in den Ort, ideal für Familien. DZ inkl. Frühstück 70–90 €. Lichtersberg 67, ✆ 05-7083560, 📠 7083561, www.jufa.at.

Bergtour auf die Trisselwand → Grundlsee, S. 231

„Via Salis": Dieser rund 9 km lange Rundwanderweg mit über 20 Informationstafeln folgt den Spuren des Salzes im landschaftlich reizvollen Gebiet des Ausseer Sandlings (Gehzeit 2½–3 Std.). Wanderung 11 (s. u.) deckt sich großteils mit diesem Themenweg.

Wanderung 11:
Rundtour entlang der Via Salis mit Abstecher zur Sandlingalm → S. 284
Themenweg zu alten Bergwerksstollen und eine aussichtsreiche Almwanderung

Loser-Panoramastraße: Von Altaussee führt eine 9 km lange Mautstraße in 15 Kehren vorbei an der *Loserhütte* (1540 m) hinauf zur *Loseralm* (1600 m, Bergrestaurant, Sonnenterrasse), von wo man einen fabelhaften Ausblick auf das Ausseerland und den glänzenden Dachsteingletscher genießt. Kurze und längere Wanderungen bieten sich hier an, feste Schuhe und wetterfeste Kleidung sind angeraten: In nur 10 Gehminuten steht man am Ufer des *Augstsees* (1643 m), einem eiskalten Dolinensee ohne Abfluss, in rund 40 Min. erreicht man das *Loserfenster*, ein großes Loch im Fels. 2½ Std. führt der *Geo-Erlebnisweg Loser* über das Karstplateau, dessen 25 Stationen in einem Flyer erläutert werden (in den Touristinfos und im Bergbahnenbüro erhältlich). Anspruchsvoll ist der Anstieg auf den markanten Losergipfel (→ Wanderung 12, S. 286). Von Dezember bis April bietet der Loser mit dem gegenüberliegenden Sandling ein schneesicheres Schivergnügen, und unter Paragleitern ist er als Startplatz beliebt. Kletterer schätzen den anspruchsvollen *Panorama-Klettersteig Sisi* an der Südwand des Loser wegen seiner einmaligen Aussicht und seiner schwindelerregenden Routenführung.

Mautstraße Mai–Okt. tägl. geöffnet; Mautgebühr Pkw 15,50 €, Motorrad 5 €, 18–9 Uhr nur 6,50 € bzw. 3 €. Die Gebühr zahlt man bei der Rückfahrt am Automaten (nur Scheine à 5, 10, 20 €). Mit Skg- bzw. Sommerclou-Card erhält man das Ausfahrticket in der Loser-Alm.

Essen & Trinken Helis Loserhütte, uriger Berggasthof auf 1540 m mit Sonnenterrasse und Panoramablick. Bekannt gute Ausseer Küche (Fleischknödel, Fisch, Schwarzbeernocken, Krapfen). Küche durchgehend. ✆ 03622-71202, www.loserhuette.at.

Wanderung 12: Auf den Losergipfel → S. 286
Stellenweise ausgesetzte Bergtour auf eine prächtige Aussichtskanzel

Blaa-Alm (902 m): Fährt man an der Mautstelle der Loser-Panoramastraße (s. o.) links vorbei, gelangt man nach mautfreien 1,5 km zum Parkplatz am Rand der weiten, in der Senke zwischen Loser und Sandling eingebetteten Blaa-Alm. Ihre schöne Lage und das große Almgasthaus machen sie zu einem beliebten Ausflugsziel. Viele Wanderer und Mountainbiker kommen auch von der 1½ Std. entfernten Ischler Rettenbachalm (→ S. 154) herüber. Von Altaussee kann man auch zu Fuß über den beschilderten Wiesenweg zur Blaa-Alm wandern (Gehzeit 1 Std.) – zur Narzissenblüte im Mai und Juni ein besonderes Erlebnis.

››› Unser Tipp: **Blaa-Alm**, rustikaler Almgasthof mit gemütlichen Stuben und riesigem Garten. Hausmannskost, Küche durchgehend bis 20 Uhr. Jeden Di Hüttenabend mit Volksmusik. Spielplatz, Murmeltiergehege. 5 geschmackvoll rustikale Zimmer (DZ 90 €). ✆ 03622-71102, www.blaa-alm.co.at. ‹‹‹

Blick durch das Loserfenster

Am Grundlsee

Das lang gestreckte Gewässer in einem von Bergen umrahmten sattgrünen Wiesental ist der größte See im Ausseerland. Er bietet kilometerlange Naturstrände für ein erfrischendes Bad, spannende Windbedingungen für Segler und Surfer, im Sommer beste Sichtweite für Taucher. Der Name *Grundlsee* ist auch Überbegriff für die Streusiedlungen am See, die ihre schönen, mit Holzveranden versehenen Häuser im Ausseer Stil auf sanfte Uferhänge verteilen. Gänzlich unverbaut und dem Wanderer zugänglich sind Teile des Südufers. Ebenfalls nur per pedes erreichbar ist der **Toplitzsee**, der östlich an den Grundlsee anschließt.

Grundlsee: 708 m Seehöhe. 5,7 km lang, bis zu 0,9 km breit; max. Tiefe 64 m; max. Temperatur 20 °C. Linienschifffahrt Mai–Okt.

Während in Bad Aussee die Salinen und in Altaussee das Bergwerk für Einkommen sorgten, war Grundlsee lange Zeit auf Fischfang und Forstwirtschaft angewiesen. Das 19. Jh. brachte dann die ersten Touristen. Den englische Sportfischern folgten Maler, dann Adelsfamilien wie die Fürsten Kinsky und die Grafen Meran und spätestens im 20. Jh. folgten die Schauspieler, unter ihnen Josef Kainz, die Hörbigers, Paul Dahlke und Johannes Heesters.

Basis-Infos

Information **Infobüro Grundlsee**, am Westende des Sees gegenüber der Bushaltestelle. Juli/Aug. Mo–Fr 9–13/14–19, Sa 14–19, So 16–19 Uhr, sonst Mo–Fr 9–12/14–17 Uhr. 8993 Grundlsee, Mosern 25, ✆ 03622-8666, www.grundlsee.at.

Hin & weg **Bus (Linie 956)**: Bad Aussee–Grundlsee–Gößl und zurück alle 1–2 Std. www.verbundlinie.at.

Schiff: Nur bei Schönwetter, Mai–Okt. 5x tägl. (10.30, 11.45, 13.35, 14.45, 16.25 Uhr) Grundlsee/Seehotel–Post am See–Gößl und retour. Hin/zurück 14 €, Kind 7 €. Skg-Card. ✆ 0676-6462510, www.3-seen-tour.at.

Baden/Wassersport Viele ausgewiesene **Badeplätze** am Nordufer, etwa **Forsthaus**, an der Seeklause, **Murboden** mit FKK-Bereich, **Gößl** mit größter Liegewiese, seichtem Strand und Büffet.

Für **Taucher** gibt es am Nord- und Ostufer 6 Einstiegstellen, die bekannteste liegt beim Gasthof Rostiger Anker in Gößl, dort befindet sich auch die **Tauchschule Grundlsee**, ✆ 0664-4321241, www.ts-grundlsee.at.

Bootsverleih In Gößl und beim Seehotel Grundlsee. Ruder-, Tret- und Elektroboote für 8–12 €/Std.

Einkaufen **s'Gschäft**, 1x pro Woche bieten heimische Bauern an der Uferstraße ihre Produkte an. Fr 15.30–18.30 Uhr. ■

Fahrrad Verleih von E-Bikes im **Mondi Holiday** (→ Übernachten).

Parken Alle Seeuferparkplätze sind gebührenpflichtig (tägl. 9–18 Uhr). 1 €/90 Min., Tagesticket 3 € (auch in Bad Aussee und Altaussee gültig).

Veranstaltungen **Narzissenfest**, Ende Mai (→ Kasten S. 214).

Seer Open Air, Mitte Aug., riesiges Heim-Open-Air der bekannten Musikgruppe im Sportzentrum Zlaim. www.dieseer.at.

Übernachten/Essen & Trinken

Im Ortsteil Bräuhof (Nordwestufer) **** **Seehotel Grundlsee**, Holzbau im modernen Landhausstil direkt am Seeufer gegenüber dem Infobüro; seit 2012 unter neuer Führung. 17 modern-rustikale Zimmer, attraktiver „SPAvillon" mit Panoramasauna, Dampfbad, Badesteg. Gourmetrestaurant „Max's" mit Seeterrasse (à la carte 15–25 €). DZ Standard 110–190 €, mit Seeblick 110–270 €. Mosern 22, ✆ 03622-86044, ℻ 860444, www.seehotelgrundlsee.at.

**** **Mondi-Holiday Grundlsee**, gelungene Variante eines Ferienclubs in Traumlage oberhalb des Westufers; Hauptgebäude mit Rezeption, Restaurant, Hallenbad und Wellnessbereich mit Panoramablick sowie 9 weitere Häuser, auf die sich insgesamt 171 etwas abgewohnte Zimmer (1–2 Pers.) und Appartements im Landhausstil (2–6 Pers., mit Küchenzeile) verteilen. DZ 110–180 €, App. (2–4 Pers.) inkl. Frühstück 109–169 €; mit Seeblick jeweils 20 € mehr. Archkogl 31, ✆ 03622-84770, ℻ 847744, www.grundlsee.mondiholiday.at.

*** **Alpengasthof Max Schraml**, bodenständiger Gasthof oberhalb des Nordufers. Altösterreichische Küche von Schnitzel bis Kaiserschmarrn, holzgetäfelte Gaststuben, aussichtsreicher Kastaniengarten. Hauptgericht 6–15 €. Do Ruhetag. 9 Zimmer, teils mit Balkon. DZ 64–70 €. Bräuhof 14, ✆ 03622-8642, ℻ 8156, www.grundlsee.at/alpengasthofschraml.

Gästehaus Syen, Ausseerhaus in Hanglage über dem Nordufer unweit der Kirche. 4 Zimmer mit Balkon, 1 Ferienwohnung. DZ 44–50 €, Fewo (2 Pers.) 50 €. Bräuhof 15, ✆ 03622-8631, ℻ 86314, www.syen-grundlsee.at.

Adlmannseder, modernes Haus im Ausseer Stil oberhalb des Infobüros, 1 Zimmer und 3 Ferienwohnungen (auf Wunsch mit Frühstück) im Landhausstil mit Balkon und Seeblick. DZ 40 €, Fewo (2 Pers.) 45–50 €, Endreinigung 15–20 €. Mosern 66, ✆ 03622-8696, www.adlmannseder.at.

Ferienwohnungen: Weitere empfehlenswerte Vermieter unter www.grundlsee-ferien.at.

Post am See, das dezent moderne, mit zwei Hauben prämierte Gourmetlokal an der Nordduferstraße (eigener Schiffsanleger) ist das Beste des Ausseerlands; Chef Robert Hocker sorgt für eine fabelhafte regionale Küche mit kreativen Ausflügen ins Me-

Am Grundlsee

diterrane. Es gibt 3 Menüs (4 Gänge ca. 44 €), man kann daraus auch einzelne Gerichte wählen (Hauptgericht ca. 25 €). Garten am See. Mai–Okt. Mi–So 12–22, Dez.–April Mi–Fr 18–22, Sa/So 12–22 Uhr. Bräuhof 94, ✆ 03622-20104, www.postamsee.com.

Restaurant Max's → Seehotel

Fischkalter, gemütliches Lokal mit nur 25 Plätzen an der Seeklause, quasi direkt über dem Wasser. Hausmannskost und Fischspezialitäten (ca. 15 €). Fr–Di 11–24 Uhr. ✆ 0664-4429340.

In Gößl (Nordostufer) *** **Gasthof-Pension Hofmann**, ländlich-gemütlicher Betrieb in Gößl am Ostufer. 11 großteils neu renovierte rustikale Zimmer und 4 Appartements, gratis Leihräder, eigener Badeplatz. Gasthof mit gutbürgerlicher Küche und Sonnenterrasse tägl. außer Mo ab 17 Uhr. DZ 72–96 €, App. (2 Pers.) 69–77 €. Gößl 150, ✆ 03622-82150, ℻ 82157, www.gasthofhofmann.at.

JUFA Grundlsee, modernisiertes Jugend- und Familiengästehaus in ruhiger, einsamer Lage an der Süduferstraße, 2 km von Gößl entfernt; Sauna, eigener Badestrand, Leihräder. 5 zweckmäßig mit Naturholzmöbeln ausgestattete Doppel- und 17 Mehrbettzimmer (3–4 Betten) mit Du/WC/TV. DZ mit Frühstück 64–90 €. Gößl 149, ✆ 05-7083530, ℻ 7083531, www.jufa.at.

››› **Unser Tipp:** *** **Pension Ladner**, direkt an der Norduferstraße bei Schachen (Bushalt vor dem Haus). Das charmante Besitzerpaar vermietet in dem uralten Wirtshaus mit originaler Stube von 1799 und einem Nebengebäude 11 nette Zimmer, teils mit Seeblick und Veranda. DZ 66–90 €. Gößl 1, ✆/℻ 03622-8211, www.lad.at. ‹‹‹

Biobauernhöfe: Für einen preisgünstigen Urlaub auf dem Bauernhof empfehlen sich in Gößl das **Haus Annerl** und das **Haus Schachner**, www.zimmer-ausseerland.at.

Camping Gößl, kleiner, komfortabel ausgestatteter Grasplatz in Bilderbuchlage in Gößl, 75 Stellflächen und Mietwohnwägen, moderne Sanitäranlagen. 2 Pers., Auto, Zelt 20 €. Gößl 201, ✆ 03622-8181, ℻ 81814, www.campinggoessl.com.

››› **Unser Tipp:** **Gasthof Veit**, nostalgischer Traditionsgasthof in ruhiger Lage zwischen Grundl- und Toplitzsee, berühmt für regionale Spezialitäten. Rind und Schwein aus eigener Zucht, Nocken- und Knödelgerichte. Durchgehend Küche, Di Ruhetag. Gößl 13, ✆ 03622-8212. ‹‹‹

Sehenswertes/Ausflüge

Fahrt entlang dem Grundlsee-Nordufer: Von Bad Aussee kommend, stößt man an der Seeklause beim Abfluss der Grundlseer Traun erstmals an das Seeufer. Der unscheinbare Holzbau rechts an der Brücke ist der **Fischkalter**. Er steht auf Pfählen im Wasser und hält in Unterwasserkäfigen Seefische auf Vorrat. Schon im Mittelalter waren Grundlseesaiblinge wegen ihres Geschmacks geschätzt und wurden in Fässern lebend bis an den Wiener Hof geliefert. Der zuständige Fischmeister wohnte ab dem 16. Jh. im Forsthaus gegenüber. Diesem folgt an der Straße der mit dem Reichsadler geschmückte imposante **Kaiserliche Stall** aus dem 16. Jh., der den Sommer über für Kunstausstellungen genutzt wird.

Temperaturkontrolle – hat der Grundlsee endlich 20 Grad?

Blickt man über den See, fällt die weiße, mit einem Türmchen versehene **Villa Castiglioni** aus dem Jahr 1881 auf; ab 1920 gehörte sie dem italienischen Spekulanten Camillo Castiglioni, nach dem sie bis heute benannt ist. Ab 1942 war hier Hitlers Privatbibliothek eingelagert, bevor sie 1945 von den Amerikanern nach Washington verbracht wurde. Weiter am Nordufer, passiert man das eigentliche Zentrum von Grundlsee mit Bäckerei, Bank- und Postfiliale, einem kleinen Lebensmittelladen und einer gepflegten Grünanlage mit Rastbänken und Musikpavillon am Seeufer. Oberhalb erhebt sich am Hang die **Herz-Jesu-Pfarrkirche**, die 1890 von reichen Sommergästen spendiert wurde, die sich den sonntäglichen Kirchgang nach Bad Aussee ersparen wollten.

Entlang der Uferstraße folgen nun ein Dutzend kostenloser Bade- und gebührenpflichtiger Parkplätze. Wo der Zimitzbach seinen dicht bewaldeten Schwemmkegel in den See geschoben hat (Ortsteil **Schachen**; in der *Villa Grundlsee* am Ufer residierte einst Joseph Goebbels), schwenkt die Straße kurz vom See ab und erreicht ihn wieder in der sonnigen Gößler-Bucht.

Gößl: Der Ortsteil am Ostende des Grundlsees (350 Einwohner) hat eine Schiffsstation und einen großen Bade- und Tauchplatz. Der eigentliche Dorfkern, ein idyllischer Haufen schöner Holzhäuser, liegt abseits des Ufers am Fuß der steil aufragenden Gößler Wand. Er ist für den Straßenverkehr gesperrt. Mittendrin liegt der Traditionswirt *Veit* von 1886, etwas abseits steht das Kirchlein *St. Raphael*, das Gößler Bauern 1819 gemeinsam errichteten. Auch heute spielt in dieser abgelegenen Gegend der Zusammenhalt noch eine Rolle; so gibt es hier noch einen Dorfrichter, der jährlich aus dem Kreis der Gößler Bauern gewählt wird.

Wanderweg um den Grundlsee: Der See kann in 3–4 Std. umwandert werden, der 14 km lange, einfache Weg verläuft aussichtsreich und meist in Sichtweite des Ufers. Als Ausgangspunkt empfiehlt sich die Seeklause am westlichen Seeende. Auf Promenadenwegen geht es am Südufer mit schönen Ausblicken auf die imposanten Felsabstürze des *Backensteins* (1772 m) bis zu den Wiesen des Ortsteils Wienern und auf einer verkehrsarmen Asphaltstraße unterhalb der Steinbrüche des Gipsbergbaus nach Gößl. Wer abkürzen möchte, kann von hier mit Boot oder Bus zur Seeklause zurückfahren. Der Rückweg am Nordufer führt von Gößl kurz entlang der Uferstraße und dann auf erhöht gelegenen Wald- und Wiesenwegen sowie Nebenstraßen wieder zurück zum Ausgangspunkt. Der Weg am Südufer ist eine Teilstrecke des **Geo-Trails**, eines Themenwegs zur geologischen Entwicklung des Ausseerlands (wenige Schautafeln, Broschüre mit weiteren Infos bei den Touristbüros erhältlich). Der Weg am Nordufer ist Teil der **Via Artis Grundlsee**, einem Künstlerweg mit Pulttafeln, die den Spuren mehr oder minder bekannter historischer Sommerfrischler folgen.

Wanderung zur Zimitzalm (983 m): Ausgangspunkt für die gemütliche Wanderung ist der Parkplatz an der Uferstraße in Schachen, kurz nach der Pension Ladner (Bushalt, Parkgebühr). Von dort (Wegweiser „Zimitzalm") geht es zunächst auf einer Forststraße, vorbei an einer Schottergrube und bald darauf auf einem Waldpfad links oberhalb des Zimitzbachs bergauf. Nach rund 30 Min. lohnt der beschilderte kurze Abstecher steil hinunter zum *Zimitzwasserfall*. Wieder zurück, wandert man weiter aufwärts, quert auf einer Brücke den Bach und erreicht nach insgesamt etwa 1 Std. die auf einer Waldwiese gelegene Alm. Sie wird von der imposanten Südwand des Reichensteins (1913 m) beherrscht und belohnt mit einem schönen Dachsteinblick. Eine der Almhütten ist im Sommer bewirtschaftet (Juli/Aug. tägl. 11–16 Uhr, ✆ 0644-8661616).

Bergtour auf die Trisselwand (1754 m): Ausgangspunkt für die Tour ist der Tressensattel (3 km lange Zufahrt von Grundlsee-Bräuhof). Links am Gasthof Trisselwand vorbei (Wegweiser) zunächst durch die Wiese, dann im Wald und zwischen einer Felskluft steil bergauf, bis man nach 20 Min. in den rot-weiß-rot markierten Weg von Altaussee einmündet. In vielen Serpentinen geht es durch einen sturmgeschädigten Wald und später durch Latschen rund 1½ Std. einen steilen Bergrücken hinauf. Schöner Tiefblick zum Grundlsee. Nach einem Sattel erreicht man die Hochfläche, auf der es in weitem Linksbogen bergauf und bergab zum schon lange vorher sichtbaren Gipfelkreuz geht (20 Min.), unter dem die berühmte Westwand senkrecht zum Altausseer See abfällt (→ Foto oberes Covermotiv). Schönes Dachstein- und Loserpanorama. Zurück geht es auf gleicher Strecke.

An Toplitzsee und Kammersee

Der kaum 2 km östlich von Gößl gelegene und nur zu Fuß in rund 25 Min. erreichbare **Toplitzsee** ist wohl der meist beschriebene See des Salzkammerguts. Seine Berühmtheit rührt von dem Gerücht, Nationalsozialisten hätten in seinen Tiefen gegen Kriegsende rund 100 Kisten Gold versenkt. Zahlreiche Tauchgänge mit U-Booten und hochtechnischem Gerät haben aber bisher nur Kriegsrelikte und Kisten mit gefälschten Pfundnoten zu Tage gebracht, Baumstämme und Schlamm am Seegrund erschweren allerdings die Suche. Immerhin wurde 1983 dabei eine neue Wurmart entdeckt, die im sauerstofflosen Wasser lebt. Selbst jene amerikanische Bergefirma, die schon die Titanic ortete, konnte keinen Schatz finden. Tatsache ist,

Toplitzsee: 718 m Seehöhe. 1,8 km lang, bis zu 0,3 km breit. Max. Tiefe 103 m, max. Temperatur 18 °C. Tauchverbot!

dass sich Nazi-Bonzen wie Ernst Kaltenbrunner, Adolf Eichmann und Joseph Goebbels gegen Ende des Krieges in das abgelegene Ausseerland zurückzogen und der See von den Nationalsozialisten 1943–44 als Versuchsstation für neue Wasser-Luft-Raketen genutzt wurde.

Auch wenn man kein Schatzsucher ist, ein landschaftliches Kleinod ist der Toplitzsee allemal. Seine von hohen bewaldeten Felsflanken umschlossenen Ufer sind so steil, dass sogar Platz für einen Uferweg fehlt. Nur am westlichen Rand liegt eine Wiese mit Rastbänken, Badestellen und einem Gedenkstein, der an die 1819 hier stattgefundene erste Begegnung zwischen *Erzherzog Johann* und *Anna Plochl* erinnert (→ Kasten S. 217). Am Nordufer versteckt sich unter hohen Bäumen das beliebte Fischrestaurant *Fischerhütte am Toplitzsee*, wo man nicht nur gut speist, sondern auch Bildmaterial und Fundstücke von den Tauchgängen zu sehen bekommt.

Den hinter dem Toplitzsee gelegenen **Kammersee** erreicht man nur auf dem Wasserweg. Mit einer Motorplätte tuckert man – vorbei an Wasserfällen – ans Ostende des Toplitzsees und gelangt von dort auf einem Pfad in wenigen Minuten bergauf zu dem düsteren, in einem Felskessel gelegenen See. Der kleine Wasserfall an seiner Nordseite ist der offizielle Ursprung der Traun, des wichtigsten Salzkammergutflusses, die tatsächlich über mehrere Quellflüsse verfügt.

Wanderwege zum Toplitzsee **Straße**: vom Kreisverkehr in Gößl bis zur Kirche und weiter entlang der Gößler Wand durch den Wald. **Waldweg**: vom Großparkplatz nach der Traunbrücke in Gößl durch den Wald mit einem Abstecher zur romantischen Ranftlmühle am Stimitzbach und zu den Gletschermühlen.

Schiff: Plättenfahrt über den Toplitzsee (ab 8 Pers.) Mai bis Ende Sept. Hin/zurück 7 €, Kind 3,50 €.

Essen & Trinken **Fischerhütte am Toplitzsee**, beliebter rustikaler Ausflugsgasthof mit Seeterrasse. Bekannt für Fischspezialitäten (Hauptgericht ab 8 €). Mi Ruhetag. Nov./Dez. geschlossen. ✆ 03622-8296, www.toplitzsee.at.

Zur **Drei-Seen-Tour** wird der Besuch von Toplitz- und Kammersee, wenn man zusätzlich mit dem Schiff über den Grundlsee nach Gößl anreist – ein beliebter Halbtagesausflug im Ausseerland. www.3-seen-tour.at.

Im Hinterbergertal

Verlässt man Bad Aussee ostwärts Richtung Ennstal, erreicht man ein weites, sonniges Becken, das sich von Pichl-Kainisch und dem Ödensee über Bad Mitterndorf bis Tauplitz erstreckt. Die Landschaft ist wie verwandelt, breit und bäuerlich mit grünen Wiesen und dichten Wäldern, der Sommerfrischestil der Häuser ist verschwunden, und feine Ohren hören den Unterschied zum Ausseer Dialekt.

Der Name Hinterbergertal leitet sich vom früheren Namen „Hinterberg“ für Bad Mitterndorf ab, der sich wiederum auf die Lage „hinter“ dem Grimming (2351 m) bezog, jenes imposanten Bergstocks, der im Südosten das Steirische Salzkammergut wie ein Wächter gegen das Ennstal abgrenzt. Im Westen, von Bad Aussee kommend, markieren zwei Engstellen den Übergang ins Hinterbergertal: der Talpass der *Kainischtraun*, dem die Salzkammergut Straße (B 145) und Bahnlinie folgen, und der 853 m hohe, steile *Radlingpass* nordöstlich davon. Heute führt über ihn eine schmale Nebenstraße zwischen Bad Aussee bzw. Grundlsee und Kainisch, früher verlief über den Radling die Salzstraße, auf der die Fuhrleute das weiße Gold von Aussee Richtung Ennstal transportierten.

Bad Mitterndorf im Zentrum des Hinterbergertals ist ein heilklimatischer Kurort mit Thermenanlagen und ein traditioneller Wintersportort. Schon im frühen 20. Jh. wurden hier Schirennen ausgetragen, 1908 entstand am nahen **Kulm** eine Sprungschanze. Dort liegt auch der 1000-Einwohner-Ort **Tauplitz**. Rund um die beiden Orte erinnern große Appartementanlagen an den touristischen Bauboom der 1970er-Jahre.

Oberhalb von Bad Mitterndorf und Tauplitz breitet sich in den Ausläufern des Toten Gebirges das Hochplateau der **Tauplitzalm** (1600 m) aus, das über eine Alpenstraße bzw. eine Vierer-Sesselbahn erreichbar und als Wander- und Wintersportgebiet erschlossen ist. Kunstfreunden sei ein Abstecher über den Rand des Salzkammerguts hinaus nach **Pürgg** ans Herz gelegt.

Basis-Infos

Information **Infobüro Bad Mitterndorf**, im Ortszentrum gegenüber dem Dorfbrunnen. Mo–Fr 8–12 und 14–17/18, in der Hauptsaison auch Sa 9–12 Uhr. 8983 Bad Mitterndorf, Hauptstr. 59, ✆ 03623-2444, www.bad-mitterndorf.at.

Infobüro Tauplitz, am Weg ins Ortszentrum, gleiche Öffnungszeiten. 8982 Tauplitz Nr. 128, ✆ 03623-2444, www.tauplitz.at.

Hin & weg **Bahn/Bus**: alle 1–2 Std. nach Bad Ischl bzw. zur Ennstalbahn. Bahnhalt in Kainisch Bhf., Bad Mitterndorf-Heilbrunn und Bahnhof, Tauplitz Bhf. und Pürgg Bhf.; Bushalt in Kainisch Ort, Knoppen, Obersdorf Ort, Bad Mitterndorf Ort und Pürgg Ort. www.verbundlinie.at.

Baden **Grimming Therme**, moderne Anlage am südlichen Ortsrand von Bad Mitterndorf (20 Gehminuten) mit angeschlossenem 4-Sterne-Clubhotel Aldiana. 5 Thermalbecken, textilfreies Saunadorf (Zutritt erst ab 15 J.), Fitness- und Wellness-Studio. Tägl. 9–22 Uhr. Tageskarte 13 €, inkl. Sauna 20 €, Kind 10 €, Familie 48 €, inkl. Sauna 58 €. Neuhofen 182, ✆ 03623-21010, www.grimming-therme.at.

Moor- und Thermalbad Heilbrunn, 3 km südlich von Bad Mitterndorf, abgeschiedene Lage in einem waldreichen Tal. Zielpublikum des 1967 erbauten Bads und seines Hochhaushotels sind vorwiegend Kurgäste. In dem 32 °C warmen Thermalwasser sollen schon die Römer gebadet haben. Tägl. 10–20 Uhr, Tageskarte 7,50 €, Kinder erst ab 3 J. Neuhofen 108, ✆ 03623-2486, www.heilbrunn.at.

Alpenbad Bad Mitterndorf, Ortsmitte, großes beheiztes Freibad mit Rutsche, Strömungskanal und Erlebnisbecken. Mai–Aug., Eintritt 3,80 €, Skg- und Sommerclou-Card gültig. ✆ 03623-3420.

Erlebnisbad Tauplitz, kleines, von Juni bis Sept. geöffnetes Freibad. Eintritt 3 €. Skg- und Sommerclou-Card gültig. ✆ 03688-2505.

Ödensee → S. 235.

Hinterberger Nikolospiel

Dieses Schauspiel mit Umzug, eine bäuerliche Version des Jedermann-Themas, wird seit mehr als 100 Jahren am 5. Dezember abends an verschiedenen Plätzen aufgeführt. Über 80 Figuren nehmen teil, darunter furchterregende Krampusse, eine Habergeiß als Fruchtbarkeitsdämon und die Schab, in Stroh gehüllte, peitschenschnalzende, mit langen Hörnern bewehrte Gestalten.

Einkaufen Ausgezeichneten Zirbenschnaps (www.zirbe.at) gibt's auf der **Knödlalm** → „Essen & Trinken".

Fischzucht Pointinger, in Pichl-Kainisch unweit der B 145. Reinanken, Forellen, Saiblinge, fangfrisch oder geräuchert. Mo–Sa 9–12, Di–Fr 14–17 Uhr. Kainisch 103, ✆ 03624-289.

Fahrrad Verleih von MTBs bei **Mount Action Hierzegger**, in Tauplitz neben Info, ✆ 03688 2737. E-Bikes verleihen **Hotel Kanzler** (s. o.) und **Sport Spanner** in Tauplitz.

Parken Kurzparkzone in Bad Mitterndorf Mo–Fr 8–18, Sa 9–12 Uhr (90 Min., Parkuhr).

Wintersport Schifahren/Snowboard: → Tauplitzalm, S. 236. **Langlaufen**: 130 km langes, zusammenhängendes und bestens präpariertes Loipennetz zw. Pichl/Kainisch und Tauplitz; Tageskarte ca. 5 € (bei den Touristinfos und an vielen Automaten).

Übernachten/Essen & Trinken

Übernachten ***S **Kanzler**, traditionelles Wander- und Landhotel in dem ruhigen Dorf Krungl zwischen Bad Mitterndorf und Tauplitz (eigenes Auto ratsam); 19 schöne Landhauszimmer, Panorama-Whirlpool, Sauna, E-Bike-Verleih; im Winter direkt an der Loipe bzw. Hotelschibus. Restaurant und uriges Almstüberl. DZ mit Halbpension 140–190 €. Krungl 2, ✆ 03623-2260, 📠 22603, www.landhotel-kanzler.at.

*** **4 Jahreszeiten**, 500 m von der Ortsmitte in Bad Mitterndorf entfernt; 18 neu und modern eingerichtete Zimmer, kleines Hallenbad mit Liegewiese, Sauna, gutes Frühstücksbüffet, Restaurant, Vinothek, Gartencafé. Schibus hält vor der Tür. WLAN gratis. DZ 88–120 €. Bad Mitterndorf 291, ✆ 03623-2553, 📠 255322, www.hotel-4jahreszeiten.at.

***S **Seebacherhof**, 2011 erweitertes, familienfreundliches Hotel gegenüber dem Infobüro in Tauplitz. 32 Zimmer, großteils mit Balkon. Sauna mit Panoramablick, Lift im Haus, WLAN gratis, Hotelschibus, Loipennähe. Tanzbar im Keller. DZ 72–76 €, im Neubau (Aufpreis lohnt sich) 82–86 €, im Winter je 25 € teurer. Tauplitz 188, ✆ 03688-2324, 📠 23246, www.seebacherhof.at.

*** **Peterwirt**, schöne Pension mitten in Bad Mitterndorf; 7 renovierte Zimmer im Landhausstil. Sauna, Solarium. Hausbrauerei mit Bräustüberl (Di–Sa ab 15 Uhr). DZ 52–72 €. Bad Mitterndorf 68, ✆ 03623-2597, 📠 25974, www.peterwirt.com.

*** **Pension Speckmoser**, ruhige Lage am westlichen Rand von Bad Mitterndorf, 1,5 km außerhalb vom Ortszentrum. 15 neu eingerichtete rustikale Zimmer mit Balkon; Leihräder, Sauna und WLAN gratis. DZ 64–70 €, im Winter bis 90 €. Zauchen 95, ✆ 03623-2567, 📠 25674, www.speckmoser.at.

** **Landhaus Kulm**, gemütliches Haus in sonniger Lage, 5 Gehminuten nördlich der Kirche von Bad Mitterndorf. 3 Zimmer mit Balkon, 1 Ferienwohnung. DZ 56–64 €. Salzafeld 265, ✆ 03623-2455, 📠 24554, www.landhaus-kulm.com.

Camping Grimmingsicht, kleiner Platz unter holländischer Leitung mit 27 Stellflächen in schöner, zentrumsnaher Lage. Gut ausgestattet, ganzjährig geöffnet. 2 Pers., Auto, Zelt 20 €. Bad Mitterndorf 338, ✆ 03623-2985, 📠 29854, www.grimmingsicht.at.

Essen & Trinken **Grimmingwurz'n**, an der Straße Richtung Heilbrunn, führendes Gourmetlokal des Tals; das Ambiente ist eine Zeitreise in die 1970er, die Küche (Regionales mit mediterranem Einschlag) ist beeindruckend gut und mit einer Haube prämiert. Günstiges 4-Gänge-Mittagsmenü (12,40 €), abends Gourmetmenüs (ca. 40 €), à la carte 13–26 €. Reservieren! Di/Mi Ruhetag. Bad Mitterndorf 354, ✆ 03623-3132, www.grimmingwurzn.com.

Schupfer's Dorfstube, der junge Haubenkoch Roland Schupfer hat die Alte Dorfschmiede in Bad Mitterndorf übernommen

Pfarrkirche von Bad Mitterndorf

und bietet in derb-rustikalem Ambiente preisgünstige bodenständige Küche und Gourmetmenüs (46 €). Mo und Do/Fr 17–22, Sa/So 11.30–14/17–22 Uhr. Hauptstr. 31, ✆ 03623-29717, www.schupfers-dorfschmiede.at.

Schmankerlstubn Diechtl, in der urigen Gaststube der Fleischhauerei Dichtl mitten in Bad Mitterndorf gibt es neben Hausmannskost täglich zwei Menüs (6/7,90 €) sowie Di Knödel-, Mi Pizza- und Fr Hendlgerichte. Mo–Fr 7.30–19, Sa 7.30–13.30 Uhr. Hauptstr. 31, ✆ 03623-2321, www.diechtl.at.

Knödlalm Knoppenberg, Traditionsgasthof in Panoramalage am Knoppenberg in Pichl/Knoppen (Wegweiser an der B 145); bekannt für deftige Knödelkost (Knödel 3 €), Lammspezialitäten aus eigener Zucht (Fr), Grillhaxn (Sa ab 18 Uhr), Volksmusikabende (Do 20 Uhr) und Zirbenschnaps (Verkauf im Hofladen). Do–So ab 11 Uhr. Knoppen 3, ✆ 03624-21132, www.urig.at.

Kohlröserlhütte → unten.

Café-Konditorei Egger, altmodisches Lokal im Zentrum von Bad Mitterndorf, hausgemachte Mehlspeisen, im Sommer gutes Eis. Tägl. außer Mo/Di 9–18.30 Uhr. Hauptplatz 152, ✆ 03623-2700.

Nachtleben **Take Five**, legendäre Disco mitten in Bad Mitterndorf. Fr/Sa 21–5 Uhr. Hauptstr. 60, www.take-five.at.

Sehenswertes/Ausflüge

Am Ödensee: Der idyllische, rund 670 m lange und 300 m breite Moorsee liegt eingebettet in dichten Wald in Pichl-Kainisch (Wegweiser an der B 145, dann noch 2 km zum gebührenfreien Parkplatz beim See). Im Sommer ist er ein beliebter, sehr erfrischender Badesee, geduldige Angler holen Forellen, Saiblinge, Hechte, Karpfen und Weißfische aus den Tiefen und im Gasthaus *Kohlröserhütte* an seinem Ufer lässt es sich gemütlich einkehren. Empfehlenswert ist die einfache Wanderung rund um den See, die stets ufernah durch ein Naturschutzgebiet führt und schöne Ausblicke auf Grimmung und Tauplitzalm bietet (Gehzeit 45 Min.). Im Bereich des Ödensees und der nordöstlich vorgelagerten Moorlandschaft sind vier Naturerlebniswege ausgeschildert und mit Informationstafeln versehen (www.naturerlebnis-oedensee.at). Sie führen auch an einem früheren Torfstich vorbei; Torf vom Ödensee wurde Ende des 19. Jh. anstelle von Holz zum Beheizen der Ausseer Sudpfannen genutzt.

Baden/Angeln Beste Badeplätze am Südufer. Fischerkarten (26 €/Tag) in der Kohlröserlhütte. www.fischen.at.

Essen & Trinken **Kohlröserlhütte**, bodenständiger Wald- und Ausflugsgasthof am Ödensee, Terrasse, steirische Küche, Fischgerichte (ab 16.30 Uhr), Mehlspeisen. Durchgehend Küche. Nov. geschl. ✆ 03624-213, www.kohlroeserlhuette.at.

Wallfahrtskirche Maria Kumitz: Auf dem Kumitzberg, dem zwischen Pichl-Kainisch und Bad Mitterndorf isoliert und rund 100 m aufragenden bewaldeten Felshügel steht seit 1773 eine Gnadenkirche, die als Pilgerziel und Hochzeitsort beliebt ist. Ein vom Pferd gestürzter und unverletzt gebliebener Pfarrer soll gelobt haben, sie zu errichten.

Obersdorfer Rundweg: Der 10 km lange, einfache und gut beschilderte Themenweg erschließt das Gebiet zwischen Kumitzberg, dem in seinem Schatten gelegenen idyllischen Dorf Obersdorf und der Westeinfahrt von Bad Mitterndorf; Thema des Wegs ist die Geologie und Kulturgeschichte der Region (Gehzeit 2½ Std.).

Bad Mitterndorf: Der 3000-Einwohner-Markt (809 m) ist ein vom Tourismus geprägtes Straßendorf, in dem sich nur wenige alte Gebäude erhalten haben. Die auf einem Hügel in Ortsmitte stehende **Pfarrkirche der Hl. Margaretha** ist ein spätgotischer Bau aus dem 14./15. Jh. mit schönem Netzrippengewölbe und prächtiger barocker Innenausstattung. Das nahe am Ufer der Salza gelegene private **Heimatmuseum Strick** (öffnet nach Anmeldung unter ✆ 03623-2217) zeigt ein buntes

Auf der Tauplitzalm

Sammelsurium, darunter auch Kostüme und Masken des berühmten Nikolospiels (→ Kasten S. 233). Gegenüber der Kirche beginnt der im zweiten Teil etwas steile Wanderweg (1 Std.) auf die seit 1905 bestehende **Simonywarte** (1227 m), von deren Holzunterstand aus man einen großartigen Ausblick genießt.

Salzastausee: 3 km südlich von Bad Mitterndorf, unweit von Bad Heilbrunn trifft man auf den schmalen, 1947 aufgestauten See. Fjordartig windet er sich rund 5 km lang südwärts durch die enge Salza-Schlucht zwischen Grimming und den Ausläufern des Dachsteingebirges bis zur 120 m hohen Staumauer oberhalb des Ennstals. Das Seeufer begleitet eine schmale, landschaftlich reizvolle Straße, die als Rad- und Spazierweg beliebt, im südlichen Abschnitt aber wegen Steinschlaggefahr offiziell gesperrt ist (was offenbar wenige kümmert). 500 m nach dem Seeanfang kann man im Sommer Boote ausleihen und so das Tal auf dem Wasserweg erkunden.

Bootsverleih Salzastausee: Ruder- und Tretboote, Kanus, Surfbikes; Juni–Sept. bei Schönwetter Mo–Fr ab 13, Sa/So ab 10 Uhr. 6–9 €/Std. Skg- und Sommerclou-Card gültig.

Auf der Tauplitzalm: Die 10 km lange, mautpflichtige Alpenstraße auf die Tauplitzalm beginnt am östlichen Ortsrand von Bad Mitterndorf. Über 10 Kehren geht es mit herrlichem Dachsteinblick bis zum Großparkplatz auf rund 1600 m. Vom Talort **Tauplitz**, 7 km östlich von Bad Mitterndorf, gelangt man im Hochsommer bzw. bei Schibetrieb auch mit einer Vierer-Sesselbahn (inkl. Fahrradtransport) auf die lang gestreckte Almhochfläche, die im Norden von der Kalkwüste des Toten Gebirges begrenzt wird. In den Senken des Almbodens haben sich 6 Seen aufgefüllt, die die Tauplitz zum größten Seenhochplateau Mitteleuropas machen. Bekannt ist die Alm auch für ihre üppige Alpenflora. Im Hochsommer blühen königsblaue Enzianarten und der rote Almrausch. Orchideen und Lilien sind im September dran, im Oktober vergolden die verfärbten Lärchen das Bild.

Das aussichtsreiche Almplateau wird schon lange touristisch genutzt. So ist es von Straßen und Wegen durchzogen und von Schiliftanlagen überspannt. Eine Hand voll Berghotels sowie ein Dutzend Schutz- und Almhütten bilden das Tauplitzalm-Dorf (im Winter autofrei), selbst eine moderne Kirche (1963) fehlt nicht. Vorteil dieser Infrastruktur ist, dass die zentralen Wege mit Kinderwagen befahrbar sind, und allerorten eine Hütte zur Einkehr bereit ist. Die beliebteste Wanderung auf der Tauplitz ist die Seenwanderung (Wanderung 13, s. u.).

Hin & weg **Tauplitzalm-Alpenstraße**: ganzjährig befahrbar, Pkw 9,80 €, Skg- und Sommerclou-Card gültig. www.alpenstrasse.at.

Ein **Bus** verkehrt von Juni bis Ende Sept. Mo–Sa 4x tägl. ab Hotel Post bis Tauplitzalm. Hin- und Rückfahrt 10 €.

Vierer-Sesselbahn Tauplitz: Juli bis Mitte Sept. tägl. 8.30–12/13–16.30 Uhr (außer bei Regenwetter), Berg- und Talfahrt 14 €, einfach 11 €, Kind 9/6 €, Fahrradtransport gratis. Skg- und Sommerclou-Card gültig. www.dietauplitz.com

Bummelzug: 1-stündige Rundfahrten auf dem Almplateau; Juni–Sept. Mo, Mi und Fr 10 Uhr. Fahrpreis 5 €, Kind 4 €.

Wintersport 1 Achter-Gondelbahn, 3 Vierer- und 1 Sechser-Sesselbahn, 13 Schlepplifte, 42 km Schipisten, Tageskarte 36 €; 10 km Höhenloipen (Tageskarte 4 €). Betrieb von Anfang Dez. bis Mitte April. Besonders schneesicher!

Übernachten Urige Almhütten und Bergquartiere, Infos in den Tourismusbüros Bad Mitterndorf und Tauplitz bzw. unter www.dietauplitz.at und www.ausseerland.at.

Wanderung 13: Seenwanderung auf der Tauplitzalm → S. 286
Einfache Almwanderung auf einem sonnigen Hochplateau

Schiflugschanze Kulm: Die größte Naturflugschanze der Welt befindet sich westlich von Tauplitz am Nordhang des Kulms. Sie wurde 1950 erbaut, 2004 erneuert und ist seit 1975 Austragungsort von Schiflug-Weltmeisterschaften und Weltcupwettbewerben – neben Oberstdorf (Deutschland), Vikersund (Norwegen), Harrachov (Tschechien) und Planica (Slowenien). 2016 findet hier wieder eine Weltmeisterschaft statt, die Schanze wird dafür 2013 umgebaut. Den Schanzenrekord mit 215,5 m hält seit 2009 der Österreicher Gregor Schlierenzauer. Ein Museum im Kampfrichterturm, erreichbar auch mit einem Doppelsessellift, informiert über die Geschichte der Schanze (nur im Winter geöffnet, Eintritt frei).

Pürgg und seine Kirchen (→ Foto S. 33): Das Bilderbuchdorf Pürgg liegt 6 km östlich von Tauplitz (Abzweigung von der B 145). Es bezaubert nicht nur mit seiner Lage gegenüber dem mächtigen Grimming (2351 m) und den malerischen Häusern, sondern verfügt auch über zwei kunsthistorisch wertvolle Sakralbauten. Die im Dorfkern gelegene **Pfarrkirche St. Georg** entstand 1130, wurde im 14. Jh. gotisch umgestaltet und 300 Jahre später barockisiert. In der sog. Turmläutkammer, die man über einen Seiteneingang erreicht, wurden umlaufende Fresken von 1300 frei gelegt. Sie zeigen die Leidensgeschichten von Christus und der Hl. Katharina, nach der die Kapelle benannt war. Auf einer freien Anhöhe, 400 m weiter östlich erhebt sich die kleine **Johanneskapelle**, eines der bedeutendsten romanischen Bauwerke des Landes. Ihr Innenraum ist zur Gänze mit Fresken von 1160–65 ausgeschmückt. Das berühmteste Motiv ist der Katzen-Mäuse-Krieg an der hinteren Südseite. Mit Pfeil und Bogen verteidigen sich die Mäuse auf ihrer Burg gegen die angreifenden Katzen, von denen sich eine mit einem Schild schützt.

Hin & weg Pürgg ist erfreulicherweise für den Verkehr gesperrt, man lässt also sein Fahrzeug am Ortsrand stehen und erkundet das Dorf zu Fuß.

Essen & Trinken **Gasthaus Krenn**, der romantische Traditionsgasthof im Dorf schwächelte in den letzten Jahren, mit dem neuen Küchenchef geht's wieder bergauf; verfeinerte Küche (souffliertes Alpenlachsfilet 21,90 €) und Deftiges wie Grammelknödel (10 €) und Schulterscherzl vom Ennstaler Rind (15,90 €). Mo/Di Ruhetag, Nov.–Feb. selten geöffnet. ✆ 03862-22274, www.puergg.at/krenn.

Morgennebel am Traunsee

Am Traunsee und im Almtal

Grandiose Felskulisse, aussichtsreiche Höhenrücken, ein spannendes Segelrevier und eine historische Kurstadt mit Flair machen den Traunsee am Nordostrand des Salzkammerguts zum Ziel von Urlaubern, Ausflüglern und Sportbegeisterten. Und im nahen Almtal bezaubert landschaftliche Idylle.

Der lang gestreckte, in Nord-Süd-Richtung verlaufende Traunsee wird von der Traun durchflossen. Er ist der tiefste See Österreichs, was Taucher begeistert. Segler und Surfer werden von „drehenden" Winden gefordert. Das Ostufer ist steil, meist unzugänglich und vom **Traunstein** (1691 m) geprägt. Wie ein landschaftlicher Grenzstein markiert er das Salzkammergut, seine rassigen Felsflanken locken Bergsteiger und verzaubern sonnige Abende mit Alpenglühen. Für die Salzwirtschaft war der Traunsee einst von großer Bedeutung. Das weiße Gold aus dem Inneren Salzkammergut nahm auf dem Schiff seinen Weg nach **Gmunden** am sanfthügeligen Nordufer und von dort in alle Welt. Die Stadt war wichtigster Umschlagplatz und Sitz des Salzoberamts und mauserte sich im 19. Jh. zur stolzen Kurstadt.

12 km lang ist das Westufer zwischen Gmunden und Ebensee an der Südspitze des Sees. Hier verlaufen die Verkehrswege Richtung Bad Ischl, die Salzkammergut Straße B 145 und die Salzkammergutbahn. Die zwei größten Siedlungen sind **Altmünster** und das reizvolle **Traunkirchen**. Sie und die zahlreichen Herrschaftssitze und Villen, die das Ufer säumen, profitieren von der majestätischen Kulisse des Traunsteins, der gegenüber aus dem See ragt. Am südlichen Seeende, wo Totes und

Traunsee: 423 m Seehöhe. 12 km lang, bis zu 3 km breit. Max. Tiefe 191 m, max. Temperatur 20 °C. Motorboot-Verbot im Sommer. Linienschifffahrt tägl. von Mitte Mai bis Ende Sept., Tageskarte 18 €. ✆ 07612-66700, www.traunseeschiffahrt.at.

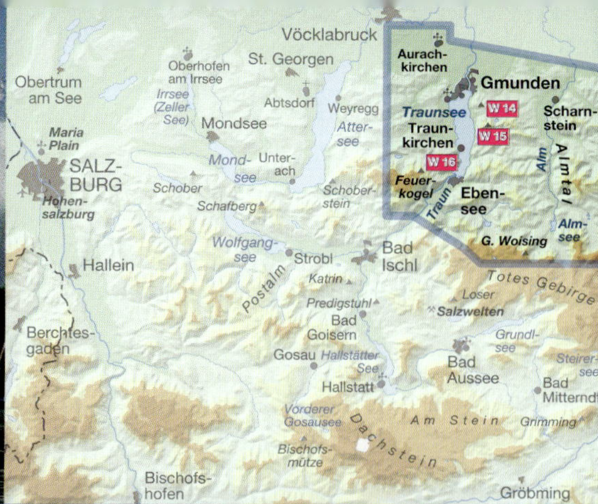

Höllengebirge mit dem aussichtsreichen **Feuerkogel** an das Traunseeufer grenzen, ist **Ebensee** als Standort der Saline noch immer dem Salz verbunden. Zeugnis der jüngeren Vergangenheit ist die dortige KZ-Gedenkstätte.

Die Schlösser und Villen an den Gestaden des Sees, die der Adel zur Blütezeit der Sommerfrische im 19. Jh. errichtete, frequentierten viele Komponisten und Maler, darunter Brahms, Schubert und Gerstl. Zum Sitz am Traunsee entschieden sich auch zwei entthronte Herrscherfamilien: Die toskanischen Habsburger bezogen die Halbinsel Ort, die Könige von Hannover ließen sich im Gmundner Stadtteil Traundorf nieder. Im benachbarten **Almtal**, das mit seinem **Almsee** zu den verträumten Ecken des Salzkammerguts gehört, erwarben die Hannoveraner riesige Waldgebiete. Ihre Nachfahren gründeten dort in den 1970ern den sehenswerten **Wildpark Cumberland**.

Gmunden

13.000 Einwohner, 425 m

Die frühere Salzhandels- und heutige Kurstadt schmiegt sich um die nordwestliche Bucht des Traunsees. Die Seepromenade ist die schönste des Salzkammerguts, der Blick zum Traunstein einmalig. Mediterranes Flair sorgt für Muße, das Ufer und sein Hinterland locken zu Spaziergängen. Zu Ruhm gelangte Gmunden auch durch das Seeschloss Ort und die Keramik.

Im Wettstreit der drei Salzkammergutstädte hat Gmunden ein Ass im Ärmel: Ischl und Aussee wurden zwar mit einem „Bad“ geadelt, doch die Stadt am Traunsee liegt direkt am Wasser! Hier genießt man von den Cafés und den Uferanlagen den offenen Blick auf den See, sieht Schiffe und Boote anlegen und Schwäne vorbeiziehen (übrigens ein Gmundner Wahrzeichen). Zwei Höckerschwanpaare hat eine habsburgische Erzherzogin 1875 hier angesiedelt, heute sind es über 100. Ein anderes Markenzeichen, und das schon lange vor seiner TV-Karriere als Serienhotel, ist Schloss Ort auf einer Insel im See. Wer an Gmunden denkt, denkt auch an Keramik. Hafner und Töpfer fanden hier die erforderlichen Rohstoffe, v. a. Ton, Wasser und Holz und entwickelten die Stadt im 17. Jh. zur Hochburg der Keramikerzeugung.

Aus dieser Zeit stammt auch das typische grün geflammte Dekor, das noch heute in den Manufakturen dominiert.

Geschichte: Die Lage am Abfluss der Traun aus dem Traunsee machte Gmunden schon im 11. Jh. zu einem wichtigen Umschlagplatz für das auf Schiffen hierher transportierte Salz aus Hallstatt. Im 13. Jh. wurde Gmunden landesfürstliche Stadt und mit einer Mauer befestigt. Von ihrem Kammerhof aus, in dem das Salzoberamt eingerichtet war, wurde die gesamte Salzproduktion im Kammergut überwacht. Das weiße Gold wurde hier in gepressten Formen transportfähig gemacht und auf dem Landweg oder die Traun flussabwärts weiterbefördert. Man lebte gut davon, wie die prächtigen Bürgerhäuser der Salzfertiger in der Altstadt bezeugen. 1829 erleichterte die Pferdeeisenbahn Gmunden–Linz–Budweis den Salztransport nach Böhmen. Mit dem Bau der Salzkammergutbahn 1826 verlagerte sich der Transport zur Gänze vom Schiff auf die Eisenbahn und Gmunden verlor seine Rolle im Salzhandel. Es wandelte sich allmählich zur Sommerfrische und Kurstadt mit Esplanade, Theater und Hotels. Heute ist Gmunden Hauptstadt des gleichnamigen Bezirks, der den Großteil des oberösterreichischen Salzkammerguts umfasst.

Basis-Infos

(→ Karte S. 242/243)

Information **Gästezentrum Traunsee**, an der südlichen Stadteinfahrt beim Toscanaparkplatz, Prospekte zur ganzen Region, Gratis-Stadtplan. Juli/Aug. Mo–Fr 8–20, Sa/So 10–19 Uhr. Mai bis Mitte Okt. Mo–Fr 8–18, Sa/So 10–16 Uhr, Mitte Okt.–April Mo–Fr 9–17, Sa/So 9–13 Uhr. 4810 Gmunden, ✆ 07612-74451.

Tourismusbüro im Rathaus, Mai/Juni und Sept./Okt. Mo–Fr 9–15, Sa 9–12 Uhr, Juli/Aug. Mo–Fr 9–17, Sa 9–12 Uhr, Nov.–April Mo–Fr 9–13 Uhr. www.traunsee.at/gmunden.

Hin & weg **Bahn**: 1x stündl. zur Westbahn bzw. nach Ebensee, Bad Ischl, Hallstatt, Obertraun, alle 2 Std. nach Bad Aussee. Mit der schmalspurigen *Traunseebahn* ab Gmunden/Seebahnhof Mo-Sa 1x stündl. nach Vorchdorf, So 4x tägl.; www.stern-verkehr.at.

Bus (Linie 533/535): nach Grünau im Almtal Mo–Fr alle 1–2 Std., Sa/So 3–4x tägl.; www.ooevv.at.

Linienschiff: Mitte Mai bis Ende Sept. bis Ebensee 2x tägl., bei Schönwetter 4x tägl.; zum Gh. Hoisn 3–8x tägl., bis Traunkirchen 2–3x tägl. Tageskarte 18 €, Fahrrad 3 €, Gmunden–Ebensee 9,50 €. Skg-Card. ✆ 07612-66700, www.traunseeschiffahrt.at.

Stadtverkehr: 3 **City-Bus-Linien**, nur Mo–Sa alle 30 Min. Eine **Straßenbahn** (→ Kasten S. 245) verbindet das Zentrum (Franz-Josef-Platz) mit dem Hauptbahnhof Gmunden (2 km außerhalb), die Fahrten sind auf Zugankünfte/-abfahrten abgestimmt. Tickets (1,80 €) beim Fahrer.

Baden/Wassersport **Strandbad Gmunden**, Architekturjuwel aus den 1920ern an der B 145 Richtung Altmünster, große Liegewiese, Seezugang, beheizte Becken, Erlebnisrutsche, Restaurant. Mai–Sept. Eintritt 5,10 €, Kind 2,60 €. ✆ 07612-64144. Kostenlose **Badeplätze** beim Seebahnhof, neben dem Jachtclub und entlang der Traunsteinstraße.

Surfschule Hammerschmid, Surfen, Wakeboard, Kajak. Geöffnet Juni–Sept. Traunsteinstr. 139, ✆ 07612-63692, www.surfhammerschmid.at.

Tauchschule Neptun, Traunsteinstraße Umkehrplatz. ✆ 0664-3119397, www.tauchschule-neptun.at.

Bootsverleih An der Esplanade, Tret-, Ruder- und Elektroboote. 10–15 €/Std.

Fahrrad Trekking- und Mountainbike-Verleih (10–14 €/Tag) bei **Hammerschmid** → „Baden". E-Bikes (20 €/Tag) verleiht das **Gästezentrum** am Toscanapark.

Kino **Kino und Stadttheater Gmunden**, Theatergasse 7, ✆ 0676-88794505, www.kino.gmunden.at.

Markt **Wochenmarkt** jeden Di 7–13 Uhr am Rathausplatz.

Parken Gebührenpflicht in der Altstadt und in Traundorf Mo–Fr 8–18, Sa 8–12 Uhr. Parkscheinautomaten ohne Wechselgeld. Kostenlose Dauerplätze beim Gästezentrum am Toscanaplatz.

Taxi am Rathausplatz, ✆ 07612-67909.

Einkaufen **Gmundner Keramik 1**, größte Keramikmanufaktur Mitteleuropas (seit 1843), ihre Produkte findet man in jedem 2. Haushalt Österreichs. Berühmte Dekore sind „Geflammt" und „Streublumen". Werksverkauf 1. und 2. Wahl (bis zu 30 % billiger) Mo–Fr 9–18, Sa 9–17 Uhr, Mai–Okt. So 10–16 Uhr. Werksführungen nach Voranmeldung (✆ 07612-786391). Keramikstr. 24 (Bahnhofsnähe), www.gmundner-keramik.at.

Keramikwerkstätte 3, am Trauntor; Schauwerkstätte mit Gastkeramikern und Verkauf. Mo–Fr 9–18, Sa 9–17 Uhr. Kößlmühlgasse 1/Ecke Traungasse.

Reingruber 9, Trachten bekannter Marken. Mo–Fr 9–18, Sa 9–16 Uhr. Schiffslände 1.

Haas Hüte 5, Traditionsladen (seit 1852, schöner Innenhof), bekannt für den „Cumberland Hut". Mo–Fr 8.30–12/14.30–18, Mi/Sa nur bis 12 Uhr. Kammerhofgasse 3.

Ludwig Reiter 10, Filiale der berühmten Wiener Schuhmanufaktur in der Austria-am-See-Passage. Mo–Fr 10–12/15–18, Sa 9–13 Uhr.

Frauscher Bootswerft 11, die 1927 gegründete Werft fertigt elegante Motor- und Elektro-Yachten für die betuchte Klientel weltweit. Traunsteinstr. 10–14, www.frauscherboats.com.

Veranstaltungen **Glöcklerlauf und Hl. Drei Könige** am 5. Januar, Rathausplatz, altes Brauchtum. **Liebstattsonntag** am 4. Fastensonntag, Brauchtum mit Kirchgang und Lebzeltherzenverteilung. **Hafenfest und RC44 Cup**, Mai, mehrtägiges Event mit Konzerten, Flottenparade, Einkaufsnacht und hochkarätiger Segelregatta

Rathausplatz mit Töpfermarkt

mit schnellen Rennyachten; www.rc44at. **Salzkammergut Festwochen Gmunden**, Juli/Aug., Konzerte, Theater, Ausstellungen mit renommierten Künstlern; ✆ 07612-70630, www.festwochen-gmunden.at. **Lichterfest**, Mitte Aug., Sommerfest mit Feuerwerk. **Töpfermarkt** am letzten Fr/Sa/So im Aug., Kunstmarkt mit großem Rahmenprogramm am Rathausplatz und an der Esplanade mit Werkstätten aus ganz Europa; www.toepfermarkt.at. **Schlösser Advent**, Sa/So im Advent, im See- und Landschloss Ort.

Übernachten/Essen & Trinken

(→ Karte S. 242/243)

Übernachten **** **Schlosshotel Freisitz Roith 18**, Schlösschen aus dem16. Jh. in herrlicher Aussichtslage oberhalb des Ostufers. Sehr freundliches Ambiente. 19 mit Stilmöbeln eingerichtete Zimmer und 4 Suiten, Gourmetrestaurant. Sauna, Whirlpool, eigene Liegewiese am See. Parkplatz und WLAN gratis. DZ 130–230 € je nach Größe und Komfort, Suite bis 280 €. Traunsteinstr. 87, ✆ 07612-64905, 📠 6490517, www.freisitzroith.at.

**** **Seehotel Schwan 6**, freundliches Traditionshotel der Fam. Nöstlinger direkt am Rathausplatz. 34 altmodisch traditionell oder modern (Superior) eingerichtete Zimmer, teils mit Seeblick und Balkon. WLAN gratis, Parkplatz 8 €/Tag. DZ 110–120 €, Superior bis 140 €. Rathausplatz 8, ✆ 07612-633910, 📠 633918, www.seehotel-schwan.at.

*** **Hois'n Wirt 20**, altbekannter Gasthof in schöner Lage am Ostufer direkt unterhalb des Traunsteins, 5 km vom Zentrum (kein Citybus, im Sommer Schiffsstation). 17 schöne geräumige Zimmer in hellen Farben, alle mit Balkon und Seeblick. Terrassenrestaurant, eigener Badestrand. DZ 104–170 €. Geöffnet März bis Ende Okt. Traunsteinstr. 277, ✆ 07612-77333, 📠 7733395, www.hoisnwirt.at.

*** **Steinmaurer 16**, jüngst umfassend renovierter Seegasthof am sonnigen Ostufer unweit vom Segelhafen. 12 schicke, moderne Zimmer. Leihräder, WLAN und Parkplatz gratis. DZ 96 €, mit Balkon und Seeblick 102–110 €. Traunsteinstr. 23, ✆ 07612-70488, 📠 7048831, www.steinmaurer.at.

Austria am See 10, 6 preiswerte funktionelle Zimmer im früheren Grand Hotel im Zentrum, ruhige Lage zur Innenhofseite. Imperiales Stiegenhaus, kleine Gästeküche. DZ ohne Frühstück 54–62 €. Sparkasseg 1/2. Stock. ✆ 0676-3506231, 📠 07673-3591, www.tiscover.at/austria-am-see.

Inge Reiser 15, Frühstückspension in ruhiger, zentrumsnaher Lage unweit des Ostufers. 7 einfache Zimmer mit Du/WC. DZ 48–62 €. Freygasse 20, ✆/📠 07612-72425, www.pension-reiser.at.

Restaurants **Freisitz Roith** 18 → „Übernachten". 2-Hauben-Lokal im edel gestylten Wintergarten. Großartige kreative Regionalküche, die kunstvoll angerichtet wird. Hauptgericht ab 19 €, 5-Gänge-Menü 65 €, Businesslunch 19 €.

Orther Stub'n 17, Restaurant im Seeschloss Ort, historische Räume und traumhafte Seeterrasse. Haubenkoch Christoph Parzer legt Wert auf Zutaten aus der Region, Spezialität sind fangfrische Fische. Mittags à la carte 10–19 €, abends Gourmetmenüs bis 8 Gänge (89 €). So abends geschl., im Winter auch Mo Ruhetag. ✆ 07612-62499, www.schlossorth.com.

Grünberg am See 19, 2 km vom Zentrum; freundliches, gemütliches Restaurant im gleichnamigen Landhotel direkt am Ostufer, Spezialitäten sind Traunseefisch (16,50 €), Junglamm (13 €) und Wild; gute Weinauswahl, tolle Desserts (ca. 6 €). Panoramaterrasse. Kein Ruhetag, warme Küche 11.30–22 Uhr. Traunsteinstr. 109, ✆ 07612-77700, www.gruenberg.at.

Hois'n Wirt 20 → „Übernachten". Gemütlicher Seegasthof, sonnige, mit Kastanien bestandene Terrasse, bodenständige Küche und Jausenkarte, ein Tipp ist die Gmundner Fischsuppe. Service manchmal überfordert. März bis Ende Okt. tägl. offen, Küche durchgehend.

Seegasthof Steinmaurer 16 → „Übernachten". Freundliche, geschmackvoll modernisierte Stuben, großer, sonniger Garten mit Panoramablick, gute regionale Küche zu fairen Preisen.

Brot & Wein 2, köstliche Aufstriche zum selbst auf das Brot Schmieren, dazu erlesene Weine. Di–Fr 16.30–22, Sa 11–17 Uhr. Marktplatz 20.

»» **Unser Tipp: Fisch & Pasta** 14, Edelimbissbude von Haubenkoch Johann Parzer am Toscanaparkplatz. Verkauf von Frischfisch und kulinarischen Spezialitäten wie Alpenfischsalami und Fischweißwürsten. Saiblinge vom Holzkohlengrill, Steckerlfisch, geräucherte Reinanken und Pastagerichte kann man gleich vor Ort verspeisen. Di–Sa 9–18 Uhr, So variabel. ««

Seehotel Schwan 6 → „Übernachten". Gutbürgerliches Restaurant mit rustikalen Gaststuben, Wiener Küche und Fischspezialitäten. Hauptgericht 13–20 €, 2-Gänge-Tagesmenü Mo–Fr 8,50 €, Sa/So 10,80/12,80 €.

Kaffeehäuser/Nachtleben Konditorei Grellinger **7**, kleines Kaffeehaus mit Altwiener Charme (seit 1878), feinste Mehlspeisen, Gmundner Torte, Schloss-Ort-Törtchen und Schwanenküsse, Konditoreis. Tägl. außer Mi 8.30–18.30 Uhr. Franz-Joseph-Platz 6.

Konditorei Baumgartner **12**, an der Esplanade direkt am See, Terrasse, großer Wintergarten. Die Freundlichkeit hält mit der tollen Lage nicht ganz Schritt, Spezialitäten sind das süße Schwanenei, Traunsee-Forelle und Schloss-Ort-Trüffel. Günstige Tagesmenüs, hausgemachtes Eis. Tägl. außer Mo 7.30–19.30, Juli/Aug. tägl. bis 22 Uhr. Esplanade 1, www.konditorei-baumgartner.at.

Café Brandl **8**, tagsüber ein Kaffeehaus mit gutem Frühstücksangebot und pikanten Snacks (Würstl, Toast), schön zum Draußensitzen. Abends wird das Brandl zum lauten Partylokal (Do ab 21 Uhr Karaoke). Tägl. 9–24, Do–Sa bis 2 Uhr. Rathausplatz 1.

Kulturcafé Villa Lehmann **13**, ein Platz zum Wohlfühlen mit vielen Live-Veranstaltungen (Jazz, Soul, Blues), italienischer Küche und guten Weinen. Mo–Fr ab 18, Sa ab 15, So ab 11 Uhr. Esplanade 27, www.kulturcafe-gmunden.at.

Blauer Affe – die Bar **4**, nette Café-Pub-Bar mit großer Auswahl an Drinks, Mo–Sa ab 20 Uhr. Kirchengasse 8, www.blauer-affe.com.

Altstadt und Gmunden-Ort

Rathausplatz: Der zum See hin offene untere Stadtplatz wird dominiert vom Gmundner *Rathaus*. Der schöne, zartgrüne Bau stammt in seinem Kern aus dem 16. Jh., 1756 erhielt er eine reich stuckierte Fassade und zwei Ecktürmchen mit Zwiebelhaube. Der vorspringende, wappengeschmückte Mittelteil ist mit Loggien versehen, in der obersten hängt das einzige *Keramikglockenspiel* Österreichs. Die 24 Glocken aus Meissner Porzellan im grün geflammten Gmundner Dekor erklingen im Sommer um 10, 12, 13, 14, 15, 16, 17 und 19 Uhr, in der restlichen Zeit seltener und von Januar bis März gar nicht. Von 1836–70 endeten die Gleise der Pferdeeisenbahn (→ Geschichte) direkt beim Rathaus. Hier wurde das Salz von den Schiffen auf die Bahn verladen und bis Böhmen weitertransportiert. 1874 eröffnete der hinter dem Rathaus gelegene Hotelpalast *Austria am See*; heute ein Geschäfts- und Appartementhaus.

Altstadt um die Pfarrkirche: Malerisch ist der Blick vom Rathausplatz in die mittelalterliche *Kirchengasse*, die Richtung Norden bergauf führt. Getrübt wird er leider durch den unablässigen Verkehr, der das historische Ensemble von Rathausplatz und restlicher Altstadt durchschneidet. Abhilfe soll eine Ortsumfahrung schaffen, sie ist jedoch erst im Planungsstadium. Die Kirchengasse führt an Bürger- und Salzfertigerhäusern aus dem 16./17. Jh. vorbei zur frühgotischen, im 18. Jh. barockisierten **Pfarrkirche Mariä Himmelfahrt**. Ihr bedeutendster Schatz ist die Figurengruppe am Hochaltar (1678). Sie stellt die Anbetung des Jesuskindes durch die Heiligen Drei Könige dar und ist neben dem Doppelaltar von St. Wolfgang (→ S. 140) das Hauptwerk des Bildhauers *Thomas Schwanthaler*. Die Statuen von Elisabeth und Zacharias sowie der Anna-Altar stammen von *Michael Zürn d. J.* An der südlichen Außenwand sieht man Fresken von 1525.

Am Gmundener Rathaus läuten Keramikglocken

Über die Schwanthalergasse kommt man zum **Rinnholzplatz**, auf dem ein bunter Keramikbrunnen (1948) mit der Figur eines Salzträgers steht. Die Salzfertigergasse bergab und dann links geht es zum lang gestreckten, schmucken **Marktplatz** mit Brunnen, Bäumchen und historischen Häusern. Am Ende des Platzes führt die schmale Traungasse steil hinab zum Trauntor im Kammerhof am Seeufer.

Kammerhof Museen Gmunden (K-Hof): Der gotische Kammerhof bei der Traunbrücke war seit seiner Errichtung 1450 bis 1850 Sitz des Salzoberamts, der obersten Verwaltungsbehörde des Salzkammerguts. Von hier brachen die Kaiser per Schiff zu Inspektionsreisen in ihre Salzbetriebe auf. Heute beherbergt der repräsentative Bau das modern gestaltete Stadtmuseum, das sich auf drei

Denkmäler unterwegs

Der Hauptbahnhof von Gmunden liegt oberhalb der Stadt auf einem Schutthügel des eiszeitlichen Traunseegletschers. Seit 1894 startet hier die kleinste und älteste elektrische Straßenbahn Österreichs. Ihre gewagte Trasse mit einer Neigung von bis zu 10 % (!) führt in 2,3 km durch das Gmundner Villenviertel in das knapp 60 m tiefer gelegene Stadtzentrum am See. Voller Nostalgie ist die Fahrt im Jugendstilwagen oder offenen Sommerwagen von 1898 jedes zweite Wochenende im Juli/Aug, am Liebstattsonntag, zum Lichterfest oder zum Töpfermarkt.

Unweit der Endstation ankert in der Stadtbucht die *Gisela* (Betonung auf e) – eines der ältesten Dampfschiffe der Welt und das zweite denkmalgeschützte Verkehrsmittel Gmundens. Benannt ist das weiße, elegant geschwungene Schaufelradschiff von 1871 nach der Tochter von Kaiser Franz Joseph, der auf der Gisela über 40-mal den Seeweg über Ebensee nach Bad Ischl antrat. Heute startet der Raddampfer im Juli und August Sonntagnachmittag bei Schönwetter zu einer Seerundfahrt. Der Dampfschiffzuschlag von 3 € lohnt sich.

Geschosse verteilt: Zunächst informiert es über die Lage der Stadt am Endmoränenwall des eiszeitlichen Traungletschers, die für geologische Vielfalt und Fossilienreichtum (bedeutende Ammonitensammlung aus dem Gschliefgraben) sorgt. Steinzeitliche Pfahlbau- und Gräberfunde aus der Bronzezeit sowie Reste einer römischen Villa Rustica und deren Keramikwerkstätte zeugen von der langen Besiedlung der Region. „Gmunden im Mittelalter" ist vertreten durch gotische Skulpturen, Zunftordnungen und die baulich integrierte gotische **Bürgerspitalkirche St. Jakob** von 1340, die einstige Hauskirche der Salzamtleute. Ein Raum widmet sich der Gegenreformation, ein weiterer dem Salztransport – in der Soleleitung, am Traunsee, auf der Traun, mit der Pferdeeisenbahn – und den Kaiserbesuchen. Erinnert wird auch an die Adeligen und Künstler, die sich im 19. Jh. in der Kurstadt niederließen, und an die Entwicklung zur Keramikstadt. Sonderausstellungen in der Adventszeit würdigen die Krippentradition am Traunsee. Die ebenfalls im K-Hof untergebrachte ungewöhnliche Sammlung historischer Sanitärobjekte („**Klo und so**") wurde 2012 neu gestaltet. Zu bestaunen sind kunstvoll bemalte Klosettmodelle aus dem 19. Jh., gut getarnte Zimmertoiletten, Leibstühle und Urinale, Badestühle und Bassenas, Bidets für die Reise und zu Hause sowie Stücke aus dem Kaiserhaus.

Mi–So 10–17 Uhr, Juni–Aug. auch Di geöffnet. Eintritt 6 €, bis 18 J. 2 €. Skg-Card. ✆ 07612-794423, www.k-hof.at.

Esplanade: Die von einer Kastanienbaumallee gesäumte Seepromenade entstand 1850–62, nachdem man die Stadtmauern abgerissen und das Ufer aufgeschüttet hatte. Mit herrlichem Blick zum Seeschloss Ort und zu den schroffen Felsen von *Traunstein* (1691 m) und *Erlakogel* (1575 m, wegen des markanten Profils auch „Schlafende Griechin" genannt) flaniert man vom Kurpark bis zum Jachtclub und dann abseits vom Ufer auf breiten Gehwegen bis zur Halbinsel Toscana und den Schlössern von Ort (1,2 km). Den **Franz-Josef-Park**, das kleine Grünareal am Beginn der Esplanade, ziert eine Porträtbüste des Namensgebers Kaiser Franz Joseph und die viel fotografierte Brunnenfigur „Der Gnom mit dem Bergkristall" (1887), beide von *Heinrich Natter*.

Seeschloss Ort: Das auf einer Felseninsel gelegene und nur über eine lange, malerische Holzbrücke erreichbare Seeschloss Ort ist Gmundens Wahrzeichen. Internationale Berühmtheit erlangte es als Kulisse der TV-Serie „Schlosshotel Orth", die 1996–2005 hier gedreht wurde. Zur Enttäuschung vieler ist das Schloss gar kein Hotel. Es ist im Besitz der Stadt, beherbergt das Restaurant „Orther Stub'n" (→ „Essen & Trinken"), wird als romantisches Standesamt und für Veranstaltungen genutzt. Im malerischen Arkadenhof befindet sich ein stilvoller Andenkenladen (Ostern bis Ende Sept. tägl. 9–18 Uhr , sonst Mo Ruhetag) und die spätgotische Schlosskapelle. Schöne Aus- und Einblicke bietet der Promenadenweg rund um das Schloss.

Kurios ist die Geschichte des Schlosses: 909 erstmals erwähnt, erhielt es im 15. Jh. den wuchtigen Torturm, Umbauten erfolgten nach einem Brand 1634. 1879 erwarb es Erzherzog *Johann Nepomuk Salvator von Toskana*. Er war Spross der 1869 aus

Auch abends lohnt sich der Weg zum Seeschloss Ort

Florenz vertriebenen toskanischen Linie der Habsburger und Neffe von Kaiser Franz Joseph. Als Kritiker und Reformer am Wiener Hof in Ungnade gefallen, legte er seine Titel nieder, heiratete unstandesgemäß eine Balletttänzerin und nannte sich fortan „Johann Orth". Als leidenschaftlicher Kapitän trat er mit seiner Frau 1890 eine Seereise nach Südamerika an, das er nie erreichte. 1911 wurden die beiden Verschollenen für tot erklärt.

Bummelzug: Rathaus–Seeschloss–Toscanaparkplatz Mai bis Ende Sept. tägl. 10–17.30 Uhr alle 40 Min. Einfache Fahrt 3 €, hin/zurück 4,50 €, Kind 2/3 €. www.bummelzug-gmunden.at.

Landschloss Ort/Villa Toscana: Das Landschloss, eine schlichte vierflügelige, mit Ecktürmen versehene Anlage direkt gegenüber dem Seeschloss stammt von 1626. Es gehörte ebenfalls Erzherzog Johann Salvator, heute ist es eine forstliche Ausbildungsstätte und nicht öffentlich zugänglich. Links am Schloss vorbei gelangt man zu dem in der Mitte der Halbinsel gelegenen Prachtschlösschen **Villa Toscana**, das der Erzherzog 1870 für seine Mutter, die verwitwete Großherzogin von Toskana selbst entworfen hatte. 1913 gelangte es an *Margarete Stonborough-Wittgenstein*, Schwester des berühmten Philosophen *Ludwig Wittgenstein*, die es innen im Jugendstil umgestalten ließ. Die Villa ist seit den 1970ern Teil des gesichtslosen Kongresszentrums an ihrer Rückseite und nur zu Veranstaltungen geöffnet. Der umliegende, vom See umsäumte Landschaftspark mit alten Linden und Buchen ist einen Spaziergang wert. In der sog. *Kleinen Villa Toscana* befindet sich das *Thomas-Bernhard-Archiv*, das über den gesamten Werknachlass des großen österreichischen Literaten verfügt, der lange in Gmunden lebte und hier 1989 mit 58 Jahren starb. Die Villa ist ein gut gewählter Platz, setzte doch Bernhard mit dem Roman „Wittgensteins Neffe" 1982 einem Familienmitglied der früheren Besitzer ein literarisches Denkmal (Archivbesichtigung → www.thomasbernhard.at).

Traundorf

Über die Traunbrücke im Stadtzentrum, die den Abfluss der Traun aus dem See überspannt, gelangt man nach **Traundorf**, in die frühere Gmundner Vorstadt, die mit ihren sonnigen Hängen eine begehrte Wohngegend ist.

Galerie Schloss Weyer: In der K.-J.-v.-Frey-Gasse 27 liegt etwas versteckt hinter hohen Mauern das Schloss Weyer. Der bescheidene Renaissancebau aus dem 15./16. Jh. hat einen malerischen Hof mit Arkaden und schmucken Sgraffitofassaden; er beherbergt eine europaweit bedeutende **Meissen-Porzellansammlung** mit Stücken der Kaiserinnen Maria Theresia und Sisi, der russischen Zarinnen, August des Starken und Madame Pompadours, die in thematischen Ausstellungen gezeigt werden.

Juni bis Ende Sept. Di–Fr 10–12/14–17.30, Sa 10–13 Uhr. Eintritt 9,50 €, Kinder frei. Skg-Card.

Schloss Cumberland: 1868 siedelte sich das im Deutschen Krieg entthronte und exilierte Königshaus von Hannover, die Welfen, in Traundorf an. Zunächst bewohnte *König Georg V.* (1819–78) die bis heute im Familienbesitz stehende Villa Thun an der Cumberlandstraße, mittlerweile **Königinvilla** genannt. 1882–86 ließ sein Sohn *Ernst August* (1845–1923), der den Titel Herzog von Cumberland angenommen hatte, auf einer Anhöhe etwas nördlich davon *Schloss Cumberland* mit Kapelle und Mausoleum bauen. Die Anlage im neugotischen Tudorstil diente ihm bis zu seinem Tod 1923 als Residenz. Seine Nachfahren verkauften das Schloss 1979 an das Land Oberösterreich. Heute ist es eine Pflegeanstalt, von der wertvollen Inneneinrichtung blieb nichts erhalten. Bei einem Spaziergang durch den umgebenden Park lässt sich die türmchen- und erkerreiche Anlage von außen bewundern, auf Anfrage dürfen Eingangshalle, Haupttreppe und Kapelle besichtigt werden. Unterhalb des Schlosses liegt das Naturjuwel **Krottensee**, ein sogenanntes Toteisloch (→ S. 19) mit schwimmender Moorinsel und seltener Flora und Fauna. Die neugotische **Evangelische Kirche** an der Traundorfer Georgstraße 9 entstand übrigens 1869–76 durch eine großzügige Spende der Welfen. Durch ihren Hofstaat stieg die Anzahl der Evangelischen immerhin um 200 an.

Fußweg zum Schloss: Nach der Traunbrücke links in die Linzer Straße, diese bis ans Ende gehen, die B 144 queren, geradeaus und links hinauf Am Weinberg/Blumauerweg (20 Min.).

Themenweg „Auf den Spuren der Pferdeeisenbahn": Der mit Schautafeln und interaktiven Modellen bestückte Spazierweg folgt der einstigen, etwa 2 km langen Stadttrasse der 1832 eröffneten Pferdeeisenbahn Gmunden–Linz–Budweis. Ausgangspunkt des aussichtsreichen Spazierwegs ins Grüne ist das Gmundner Rathaus, nach dem ersten Drittel verläuft er parallel zur Traunseebahn. Am Endpunkt nach rund 1 Std. Gehzeit lädt der *Gasthof Engelhof* mit guter Küche zur Einkehr (So ab 15 Uhr, Mo geschlossen). Rückweg auf gleicher Route oder stündlich mit der Traunseebahn (So alle 2 Std.).

Grünberg (1004 m) und Laudachsee: Die bewaldete Kuppe links neben dem mächtigen Traunstein ist Gmundens Hausberg und beliebtes Sport- und Ausflugsziel. 1957 wurde eine Seilbahn auf den Grünberg gebaut, die Talstation ist 20 Gehminuten vom Zentrum entfernt. Mittlerweile eine Nostalgiebahn, wurde sie 2010 eingestellt und soll durch eine neue Pendelbahn ersetzt werden. Die Inbetriebnahme ist für 2013 geplant. Auf markierten Wanderwegen kann man von der Bergstation wieder nach Gmunden absteigen (Gehzeit 1½ Std.). Lohnenswerter ist die Wanderung Richtung Südosten auf breiten Waldwegen (Waldlehrpfad) über das Radmoos zum idyllischen **Laudachsee** (880 m), der in einem Hochmoor zwischen Grünberg und den Nordabstürzen des Traunsteins eingebettet ist. Man kann den kleinen Bergsee in rund 40 Min. umrunden, sich darin erfrischen und in der *Ramsaualm* oberhalb seiner Ufer wunderbar einkehren. Geübte Wanderer können vom Laudachsee in 4½ Std. den Traunstein umrunden (Weg Nr. 410). Dabei ist die exponierte *Hohe Scharte* (1090 m) zu überwinden, danach geht es über die von Mai bis Nov. bewirtschaftete *Mairalm* und eine Forststraße an das Seeufer und entlang der Traunsteinstraße zurück nach Gmunden.

Betriebszeiten Wegen Neubau kein Betrieb bis voraussichtlich 2013. Infos unter www.gruenberg-gmunden.net.

Essen & Trinken **Grünbergalm**, Almhütte unweit der Bergstation, tolle Panoramaterrasse, günstige Hausmannskost. Fr–So ab 9 Uhr, bei Schönwetter täglich. ✆ 07612-77798, www.gruenbergalm.at.

››› **Unser Tipp:** **Ramsaualm**, das alte Ausflugslokal wirkt nach dem Umbau aufgeräumt und doch stimmig mit den alten Wirtshausbänken und historischen Kachelöfen. Es gibt Hüttenkost, Suppenteller, Schweinsbraten, Jausenbrote. Mai bis Ende Okt. tägl. außer Di/Mi 9–17 Uhr, im Juli/Aug. auch Di offen. ✆ 07203-316847, www.laudachsee.com.

Wanderung 14: Rundweg über Laudachsee und Grünberg → S. 287
Aufstiegsvariante auf den Grünberg mit Start im Gmundner Ortsteil Im Holz

Traunstein (1691 m)

Bis weit ins Alpenvorland ist er bei schönem Wetter zu sehen – der Traunstein. Der „Wächter des Salzkammerguts" prägt mit seinen schroffen Felswänden das Ostufer und ist einer der bekanntesten Aussichtsberge Österreichs. Dass sein Gip-

Traunstein – 1200 Höhenmeter Aufstieg, die es in sich haben

fel trotz der vergleichsweise bescheidenen Höhe von allen Seiten über lange, versicherte Steige (ca. 1200 Höhenmeter), die ausschließlich ausdauernden, erfahrenen und trittsicheren Bergsteigern vorbehalten sein sollten, zu erreichen ist, macht ihn für viele umso reizvoller und fordert jährlich seine Opfer (Gedenkstein am Fuß des Hans-Hernler-Steigs). Die Ausgangspunkte für Aufstiege auf den Traunstein, für die Traunstein-Umrundung und die interessante Wanderung durch die Kaltenbachwildnis und den atemberaubenden Miesweg (→ Wanderung 15, S. 290) liegen an der **Traunsteinstraße**, die ab Gmunden 6 km am Ostufer des Traunsees und unterhalb des durch einen Hangrutsch bekannt gewordenen **Gschliefgrabens** entlangführt. Da sich an dem sonnigen Ufer auch beliebte Badeplätze befinden, ist entlang der Traunsteinstraße an schönen Sommerwochenenden der Bär los. Die Parkplätze, die unverständlicherweise noch immer kostenlos sind, sind überfüllt, die Gehwege teilweise zugeparkt. Dann empfiehlt sich die Anreise von Gmunden mit dem Schiff (bis zum Hois'n Wirt) bzw. mit dem *Wander- und Badebus*, der leider erst ab 9 Uhr verkehrt.

Traunstein-Anstiege **Hans-Hernler-Steig** (Weg Nr. 416) bzw. **Naturfreundesteig** (Nr. 414) über den Südwestgrat von der Seeseite, **Mairalmsteig** (Nr. 412) von der Mairalm auf der Südseite (wird meist als Abstiegsvariante gegangen); gesicherte Steige, jeweils 3 Std. Aufstieg.

Hin & weg **Wander- & Badebus**: 1. Mai bis 26. Okt. Sa/So/Fei im Stundentakt von 8.55 bis 20 Uhr ab Franz-Josef-Platz (Endstation Straßenbahn) bis zum Umkehrplatz Unterm Stein. www.stern-verkehr.at.

Essen & Trinken **Hois'n Wirt** → S. 242. **Jausenstation Moaristidl**, 10 Gehminuten vom Umkehrplatz (Bushalt) am Ende der Traunsteinstraße, schöne Lage oberhalb des Seeufers. Mai bis Mitte Okt. tägl. außer Mi ab 12 Uhr. ✆ 0699-10129429.

Wanderung 15: Kaltenbachwildnis und Miesweg → S. 290
Eindrucksvolles Fels-Feeling für jedermann am Fuß des Traunsteins

Nördlich von Gmunden

„Römerkirche" in Aurachkirchen: Die schön renovierte Kirche 11 km nördlich von Gmunden (jenseits der Autobahn A 1) ist eine der besterhaltenen romanischen Dorfkirchen Österreichs. Sie stammt aus dem 12. Jh., 1472 erhielt sie einen spätgotischen Chor und ein gotisches Portal.

Die Kirche ist von April bis Okt. Sa/So tagsüber geöffnet.

Bernhard-Haus bei Ohlsdorf: Der Vierkanthof in Obernathal Nr. 2, 2 km nördlich von Ohlsdorf, den der Schriftsteller *Thomas Bernhard* (1931–89) 1965 baufällig erwarb, jahrelang restaurierte und mit Antiquitäten und selbst entworfenen Möbeln ausstattete, ist unverändert erhalten. Er vermittelt einen guten Einblick in Bernhards Leben, seine Lust an Widersprüchen und Provokationen und kann mit Führung besichtigt werden. Ausgehend vom Bernhard-Haus erinnert der 12 km lange, auch für Fahrräder geeignete Rundweg „gehen denken" (11 Stationen mit Zitaten) an den Schriftsteller.

Ostern bis Ende Okt. Sa/So 14–18 Uhr. Eintritt 8,80 €, Schüler/Stud. 4,40 €. Voranmeldung unter ✆ 07612-47013, www.thomasbernhard.at.

Altmünster

9500 Einwohner, 442 m

Der südlich an Gmunden anschließende Ort schmiegt sich in eine weite, nach Südwesten offene Bucht mit herrlichem Traunsteinblick. Sein Ortsbild prägen neben der bemerkenswerten Pfarrkirche Hotels, zwei Schlösser, Sommerfrischevillen und Tourismuseinrichtungen und leider auch die stark befahrene Salzkammergut Straße. Das sommerliche „Strandleben" spielt sich am Seeufer zwischen der Fischerbucht (Schiffsanlegestelle, Bootsverleih, Stanglfischverkauf) und dem rund 1 km nördlich gelegenen Solarbad ab. Dazwischen liegt die Seepromenade (Esplanade), ein breiter Grünstreifen mit zwei Badestegen, zwei Sommerbars und zahlreichen Freizeit- und Wassersportmöglichkeiten.

Wassersportarena Altmünster

Das „Alt" im Ortsnamen legt nahe, dass Altmünster einer der ersten Orte am Traunsee und Standort eines Klosters war, möglicherweise jenes, das in einer bairischen Urkunde von 909 als *monasterium an trunseo* erwähnt, später aber zerstört wurde.

Basis-Infos

Information **Tourismusbüro**, neben Prospekten ist auch ein praktischer Orts- und Wanderplan erhältlich (gratis). Mai/Juni, Sept./Okt. Mo–Fr 9–12/14–17, Sa 9–12 Uhr, Juli/Aug. Mo–Fr 9–18, Sa 9–12/16–19 Uhr, Mitte Okt. bis April Mo–Fr 9–12 Uhr. 4813 Altmünster, Marktstr. 6, ✆ 07612-87181, www.traunsee.at/altmuenster.

Hin & weg **Bahn**: 1x stündl. nach Gmunden, Bad Ischl, Hallstatt, Obertraun, alle 2 Std. nach Bad Aussee. Bahnhof 15 Gehminuten oberhalb des Seeufers. **Bus (Linie 505)**: Mo–Sa 6x tägl. nach Gmunden, Traunkirchen, Ebensee; www.ooevv.at. **Linienschiff**: Mitte Mai bis Ende Sept. 3x tägl. nach Gmunden (4 €). www.traunseeschiffahrt.at.

Baden/Wassersport **Solarbad Altmünster**, Seebad an der B 145 Richtung Gmunden, solarbeheiztes Becken, große Liegewiese, tolle Aussicht, Kiesstrand und Badestege, Strandbuffet. Mitte Mai bis Mitte Sept. Eintritt 4,40 €, ab 16 Uhr 2,30 €.

Badeplätze (gratis) an der Seepromenade mit Duschen, Badestegen, Liegewiese, Spielplatz. Hundeverbot!

Wasserski Wakeboardschule, an der Seepromenade, Juni–Sept. 10–20 Uhr. ✆ 0676-3024066, www.wasserskischule.org.

Tauchbasis Petro Diving, Kurse, Geräteverleih. Fischerweg 3, ✆ 0664-3408913, www.pedro-diving.at.

Bootsverleih **Trawöger** bzw. **Mayer**, alle am Fischerweg unweit der Schiffsstation, Ruder- und Segelboote.

Veranstaltungen **Sommerkonzerte**, Juli/Aug. Do 20.30 Uhr, Seepromenade.

Da Traunstoan leucht, Ende Juli, Seefest mit Volksmusik und Klangfeuerwerk.

Übernachten/Essen & Trinken

Übernachten **** **Alpenhotel**, direkt an der verkehrsreichen Hauptstraße in Seenähe. Außen Alpenstil der 1970er, innen großteils modernisiert. 18 Superiorzimmer mit Seeblick, Lärmschutzfenstern und Minibar, 18 eher abgewohnte Zimmer. Sauna, Solarium, Leihräder. Tolles Frühstücksbuffet. Gute Küche. Parkplatz und WLAN gratis. DZ 104–114 €, DZ Superior 20 € extra. Hauptstr. 28, ✆ 07612-87377, 📠 88837, www.alpenhotel-traunsee.at.

*** **Bruderhofer**, Hotel-Pension in ruhiger Hanglage 900 m vom See entfernt. 27 modern-rustikale Zimmer, teils mit Balkon und Seeblick, schick-modernes Restaurant, Sonnenterrasse. DZ 70–80 €, Pauschalangebote buchbar. Abteistr. 10, ✆ 07612-87402, 📠 8740217, www.bruderhofer.at.

*** **Gästehaus Schweizerhof am See**, direkt am See; 4 schöne, moderne Zimmer im Dachgeschoss, teils mit Balkon, 4 einfache Zimmer (Du/WC am Gang). Fischrestaurant im Haus. DZ (alt) 56 €, DZ (neu) 96–140 €. Hauptstr. 14, ✆ 07612-87276, 📠 872764, www.schweizerhof.cc.

Camping Traunsee, terrassenförmige, gut ausgestattete Anlage mit 35 Stellplätzen direkt an der Seepromenade, tolle Aussicht, Buffet. Mai bis Ende Sept. geöffnet. 2 Pers., Auto, Zelt ca. 20 €. Hauptstr. 14, ✆ 0664-5454370, www.camping-traunsee.at.

Großes Angebot an **Ferienwohnungen** privat und auf Bauernhöfen im Hinterland, Infos unter www.traunsee.at.

Essen & Trinken **Alpenhotel** → „Übernachten". Kreativ und bodenständig aus regionalen Zutaten ist das Motto. Mittlere Preise, das 2-Gänge-Mittagsmenü (Mo–Fr) gibt es für günstige 7 €.

»» **Unser Tipp:** **Schweizerhof** → „Übernachten". Feines, kleines Restaurant am Seeufer mit Terrasse, bekannt für seine Gerichte aus Traunseefisch, z. B. im Ganzen gebraten für ca. 18 €. Gute Weinauswahl. Mi Ruhetag. Reservieren! ««

Landgasthof Hocheck, in Panoramalage am oberen Ortsrand (neben der Kalvarienbergkirche), modern-rustikale Gaststube, Sommerterrasse. Hausmannskost. Ein Tipp sind das gekochte Rindfleisch und ein Schnapserl aus der hauseigenen Brennerei. Mo/Di Ruhetag (außer Juli/Aug.) Kalvarienbergweg 4, ✆ 07612-87461, www.hocheck.at.

Höllerwirt, der alte Landgasthof 3 km südlich außerhalb von Altmünster (unweit der Bahnlinie) wurde sanft modernisiert, Küchenchef Markus Höller liefert dazu köstliche moderne österreichische Küche. Hauptgericht 10–20 €, mehrgängige Gourmetmenüs (30–50 €). Reservieren! Mi–So 11.30–14.30, 17.30–22 Uhr. Eben 1, ✆ 07612-87013, www.höllerwirt.at.

››› Unser Tipp: **Fischerbucht**, bei Schönwetter gibt es bei den Brathütten an der Schiffsstation frisch gegrillte Traunsee-Stanglfisch' (Saibling, Reinanke) auf Schwarzbrotscheiben. Juni–Sept. ab 12 Uhr. Fischerweg 23. ‹‹‹

Coconut und **Waikiki**, die beiden karibisch gestylten Sommerbars an der Seepromenade sind im Juli/Aug. ab mittags bis 23 Uhr geöffnet.

Sehenswertes/Ausflüge

Ein mit Plänen und Schautafeln gut beschilderter **Themenweg** verbindet 14 sehenswerte Orte in Altmünster zu einem 2-stündigen einfachen Rundweg.
Für Kinder gibt es dazu Rätsel-/Malaufgaben, Begleitheft in der Touristinfo erhältlich.

Pfarrkirche Hl. Benedikt: Die Kirche in der Ortsmitte von Altmünster präsentiert sich als interessantes Stilgemisch: Ältester Teil ist der auffällige steinerne Turm aus der Romanik (12. Jh.). Die Kirche selbst ist spätgotisch (15. Jh.), das Schiff schmückt ein schönes Rippengewölbe. Der Chor entstand um 1625 im Renaissancestil, in seiner Seitenwand wurde ein römischer Grabstein aus dem 2. Jh. eingemauert. Zur kostbaren Ausstattung gehören der barocke Hochalter von 1636 mit den Figuren der Heiligen Georg und Florian und zweier Engel, allesamt ein Werk von *Michael Zürn d. J.* (1690), sowie der Allerheiligenaltar mit Steingussrelief von 1518.

Schloss Traunsee (Württemberg): Das am Ortsausgang in Richtung Gmunden oberhalb der B 145 (und des Solarbads) thronende Prachtschloss ließ Herzog Philipp von Württemberg 1873–75 im Stil der Neorenaissance für seine habsburgische Gemahlin bauen. In dem schön restaurierten Bau ist heute ein Gymnasium mit Internat untergebracht, der Festsaal wird für Veranstaltungen und Hochzeiten genutzt.

Museum Eggerhaus: Dieses von 1700 stammende Wohnhaus eines Bauerngehöfts, ein bildschöner Stein- und Holzbau, wurde an seinem ursprünglichen Standort abgetragen und nördlich von Schloss Traunsee, unweit der Bahnlinie, wieder aufgebaut und zum Teil mit Originalmobiliar ausgestattet. Es dient als regionales Museum für ländliche Bau- und Wohnkultur des 18./19. Jh. und mit dem benachbarten Eggerstadl als stimmungsvolles Veranstaltungslokal.
Mai–Sept. Sa/So 13–17 Uhr. Eintritt 3 €, Kind 2 €. Skg-Card. Wiesenhof 69. www.eggerhaus.at.

Schloss Ebenzweier: Oberhalb der Fischerbucht (Schiffsstation) erstreckt sich jenseits der B 145 ein mit botanischen Raritäten, einem Rosengarten und einem alten hölzernen Troadkasten (Getreidespeicher) von 1818 versehener Park (frei zugänglich). Der Park gehört zum oberhalb gelegenen Schloss Ebenzweier, das dem See seine wuchtige, mit einem Säulenvorbau geschmückte Rückseite zuwendet. Die Ursprünge des Anwesens liegen im 13. Jh., die Besitzer wechselten häufig. Einer von ihnen war Maximilian Habsburg d'Este, ein Enkel von Kaiserin Maria Theresia, der dem Schloss 1842 sein jetziges Aussehen verlieh. Heute beherbergt es das Internat einer gastgewerblichen Berufsschule; Festsaal und Schlosshof werden für Konzerte genutzt.

Oldtimermuseum „Rund ums Rad": Das kleine Museum in der Maria-Theresia-Straße 3 unweit von Schloss Ebenzweier dokumentiert mit über 130 fahrbereiten

Exponaten die Entwicklung vom hölzernen Lauf- über das Hoch- bis zum Waffenrad des frühen 20. Jh. (Probe fahren!). In Sonderausstellungen sind Motorradveteranen zu sehen.

Juni–Sept. tägl. 10–12/13–17 Uhr, Mai/Okt. Sa/So/Feiertage 14–17 Uhr. Eintritt 5,50 €, Kind 3 €. Skg-Card. www.radmuseum.at.

Gmundnerberg (822 m): Der lange, nahezu baumfreie Höhenrücken oberhalb des Traunseewestufers, der Hausberg der Altmünsterer, bietet ein fantastisches Panorama vom Alpenvorland bis zum Höllengebirge. Von der B 145 in Altmünster führt die Gmundnerbergstraße hinauf. Oben befindet sich ein Rehabilitationszentrum, Ausflugsgasthäuser laden zur Einkehr, die flachen Gipfelwiesen sind ideal für Spaziergänge. Wer zu Fuß auf den Gmundnerberg möchte, folgt von der Marktstraße in Altmünster den Wegweisern (Weg 1/8). Durch Waldhänge und über steile Wiesen geht es in 1¼ Std. nach oben.

Berggasthof Urzn, deftige, fleischlastige Hausmannskost, Jausengerichte und belegte Brote. Sonnenterrasse. Ganztägig warme Küche, kein Ruhetag. Gmundnerberg 91, ✆ 07612-87214, www.urzn.at.

Hier dreht sich alles ums Rad

Viechtauer Heimathaus in Neukirchen: Das 6 km westlich von Altmünster Richtung Großalm/Attersee gelegene Bauernhaus bietet Einblicke in das Landleben um 1900; zum Anwesen gehört auch eine im Gschwandhäusl nebenan eingerichtete Werkstatt der Viechtauer Holzwarenerzeuger. Vom Mittelalter bis zum Ersten Weltkrieg produzierten diese in Heimarbeit Löffel, Teller, Eimer, Schachteln, landwirtschaftliches Gerät, Spielwaren, Puppenmöbel und andere Holzwaren, die in der Habsburgermonarchie von sog. Verlegern und bis China vertrieben wurden und einen lebensnotwendigen Zusatzverdienst bescherten.

Juni–Okt. Di/Do/Sa 14–16.30 Uhr. Eintritt 4 €, Kind 2 €. Skg-Card. www.heimathaus-viechtau.at.

Traunkirchen

1600 Einwohner, 422 m

Die in den See vorspringende, bewaldete Felszunge von Traunkirchen mit dem dahinter aufragenden Traunstein ist ein Postkartenmotiv der Region.

Der kleine, um zwei Plätze zentrierte Ort im südlichen Drittel des Traunsees ist berühmt für seine malerische Lage an der engsten Stelle des Sees und die sehenswerte Fischerkanzel in der Pfarrkirche. Traunkirchen entwickelte sich aus dem 1020 gegründeten Benediktinerinnenkloster, das ein Vorposten bei der Christianisierung des Inneren Salzkammerguts war. 1622 übernahmen Jesuiten im Zug der Gegenreformation das zwischenzeitlich verödete Kloster und bauten es barock aus. Sie errichteten den Kalvarienberg und führten die bekannte Fronleichnamsprozession am See ein. 1773 wurde das Kloster aufgelöst, seine Kirche zur Pfarrkirche. 1861 und 1876 erhielt Traunkirchen mit dem Bau der Straße bzw. Eisenbahnlinie eine

Landverbindung Richtung Süden und 2008 die lang ersehnte Ortsumfahrung durch den Geisswandtunnel.

Basis-Infos

Information **Tourismusbüro**, im Gemeindeamt in der Ortsmitte. Sept.–April Mo–Fr 8–12/13–17 Uhr, Juli/Aug. Mo–Fr 9–12/12.30–18, Sa 9–12/14–18 Uhr; sonst Mo–Fr 8–12/13–17 Uhr. 4801 Traunkirchen, Ortsplatz 1, ✆ 07617-2234, www.traunsee.at/traunkirchen.

Hin & weg **Bahn**: vom Bhf. Traunkirchen (2 km außerhalb) 1x stündl., von Traunkirchen-Ort (zentral!) alle 2 Std. nach Gmunden, Bad Ischl, Hallstatt, Obertraun, Bad Aussee.

Bus (Linie 505): Haltestelle am Ortsplatz, Mo–Sa 6x tägl. nach Gmunden bzw. Ebensee; www.ooevv.at.

Kopfüber in den Traunsee

Linienschiff: Mitte Mai bis Ende Sept. 2x tägl. nach Gmunden und Ebensee, bei Schönwetter bis 4x. www.traunseeschifffahrt.at.

Wassertaxi: Mai–Sept., 2 Anbieter am Ortsplatz; z. B. Überfahrt nach Karbach (4–6 €), ab dort 3-Std.-Wanderung am Ostufer nach Gmunden/Umkehrplatz.

Parken am Orts- und am Klosterplatz Gebührenpflicht (max. 3 Std., 1 €/Std.), 200 m außerhalb Richtung Altmünster gratis.

Baden **Bräuwiese**, größter und beliebter Badeplatz, 2 km nördlich. Liegewiese, flacher Kiesstrand, Imbiss, Duschen, frei zugänglich, Parkplatzgebühr.

Badeinsel, in der Ortsmitte am Fuß des Johannesbergs, kleines, seichtes Seebadebecken, Schwimmplattform im Traunsee, kleine Liegewiese, Umkleide, frei zugänglich.

Bootsverleih **Loidl** bzw. **Haugeneder**, beide am Ortsplatz; Elektro-, Tret-, Ruderboote und Plätten, auch Halb- und Ganztagstarife. Mai–Sept.

Einkaufen **Greisslerei**, Edelladen mit Kunsthandwerk, Most, Speck und Schnaps aus der Region. Mi–Fr 14–21, Sa/So 11–21 Uhr. Ortsplatz 6.

Veranstaltungen **Antlass-Singen**, kath. Brauch am Gründonnerstag, **Fronleichnamsprozession am See**, Tradition seit 1632, Beginn 9 Uhr. **Sommerakademie**, Juli bis Sept., Kunstkurse im Kloster; www.sommerakademie-traunkirchen.at. **Seefest Märchennacht** im Aug., Sommerfest mit Bergfeuer, Musik und Feuerwerk. **Traunkirchner Holzmarkt**, 1. Sa/So im Sept., in und um die Spitzvilla werden Spielwaren, Schnitzereien, Krippen, Möbel und andere Holzprodukte präsentiert.

Übernachten/Essen & Trinken

Übernachten **** **Symposionhotel Post**, im Ortskern; das traditionsreiche, freundliche Haus der Familie Gröller, einst die Klostertaverne, ist heute vorrangig ein Seminarhotel, aber auch als Urlauber fühlt man sich wohl. 55 moderne Zimmer, großteils mit Balkon. Sauna, Solarium, eigener Seestrand. DZ 122–142 €, viele Pauschalen. Ortsplatz 5, ✆ 07617-23070, ✆ 2809, www.hotel-post-traunkirchen.at.

Ein Sommerabend in Traunkirchen

››› Unser Tipp: **** **Seehotel „Das Traunsee"**, Schwesterbetrieb der „Post" auf der Nordseite der Halbinsel, liegt als einziges Hotel der Region direkt am See. 38 Zimmer, alle mit Balkon und Seeblick, Minisuiten mit privatem Seezugang. Neues Gourmetrestaurant „Bootshaus" (tägl. 19–22 Uhr). Eigene Tauchschule, Wellnessbereich, Leihräder. DZ 130–182 €, Suite bis 230 €. Klosterplatz 4, ✆ 07617-2216, ✆ 3496, www.dastraunsee.at. ‹‹‹

Strandcamping Traunkirchen, 3,5 km nördlich, 40 Stellplätze direkt am See, eigener Strand. Geöffnet Mai bis Ende Sept. 2 Pers., Auto, Zelt 22 €. Uferstr. 46, ✆/✆ 07617-2281.

Essen & Trinken **Hotel Post** (s. o.), gepflegtes Restaurant mit gediegenen Stuben, netter Garten am Ortsplatz. Österreichische Küche, auch Vegetarisches, auf regionale Produkte wird Wert gelegt; zum Dessert die Traunkirchner Torte (2,80 €) probieren. Hauptgericht 12–20 €. Küche durchgehend.

Klosterstube, das kleine, schlicht eingerichtete Wirtshaus im Klosterhof (schöner schattiger Gastgarten) serviert regionale Küche, gute Weine und kleine Snacks. Mitte Mai bis Ende Okt. Mo/Di und Fr/Sa 15–23, So 10.30–21 Uhr. Klosterplatz 2, ✆ 07617-2307, www.klosterstube.at.

Seeside-Lounge, am Badesteg des Seehotels (→ „Übernachten"). Drinks und leichte Sommerküche. Mai–Okt. tägl. 11–20 Uhr.

Eiscafé Johannsberg, Mehlspeisen und hausgemachtes Giovanni-Eis aus Ischl, Terrasse direkt am Seeufer. Mai bis 26. Okt. tägl. 9–22, sonst nur Fr–So 9–19 Uhr. Ortsplatz 13.

Sehenswertes/Ausflüge

Pfarrkirche mit Fischerkanzel: Die wegen ihrer Kanzel berühmte Kirche ist nicht jene am Berg, sondern der schlossähnliche Bau mit dem großen Satteldach und den zwei niedrigen Türmen nördlich davon. Sie entstand 1632 als barocke Jesuitenkirche. Im Inneren zählt man fünf Altäre. 1753 erhielt sie ihr kostbarstes Ausstattungsstück, die in Form eines Bootes geschnitzte Kanzel. Sie stellt das Wunder vom reichen Fischfang (Lukasevangelium) dar: Die Apostel Jakobus und Johannes ziehen vor Jesus und Petrus ein Netz mit zappelnden Fischen ins Boot, nach unten trieft silbriges Wasser. Auf dem Schalldeckel steht der Jesuitenheilige Franz Xaver, umgeben von dunkelhäutigen Figuren, die seine Missionstätigkeit in Asien symbolisieren. Der große Krebs bezieht sich auf die Legende, wonach der Heilige bei einem Schiffbruch sein Kreuz verloren hatte und es von einem Hummer wieder gefunden wurde. Umgeben ist die Kirche von einem stimmungsvollen Friedhof mit alten schmiedeeisernen Kreuzen.

Ehemaliges Kloster und Handarbeitsmuseum: An die Kirche schließen die aufwendig renovierten früheren Klostergebäude an. Die stilvollen Räume, darunter der Klostersaal mit barock bemalter Holzkassettendecke, können für Veranstaltungen gemietet werden. Im 1. Stock zeigt ein liebevoll gestaltetes Handarbeitsmuseum Stick-, Strick-, Häkel- und Klöppelarbeiten, die in 34 verschiedenen Techniken von Hand gefertigt wurden.

Mai bis Ende Okt. Mi, Sa, So 14–16.30 Uhr, Juli/Aug. tägl. 14–16.30 Uhr. Eintritt 2,50 €, Skg-Card. ✆ 0664-5401364, www.goldhauben.info.

Blick zum Johannesberg

Johannesbergkapelle: Unbekannt ist die Bauzeit des Kirchleins, das auf dem bewaldeten Felsriegel Traunkirchen überragt. Sein Bauplatz aber ist uralt, auf dieser Anhöhe sollen bereits ein vorgeschichtlicher Opferplatz und ein römischer Tempel gestanden haben. Ein Steinkopf aus der Römerzeit ist in der Vorhalle der Kapelle zu sehen, ihr kleiner Altar stammt von 1622. Bestiegen wird der Johannesberg am besten vom Seeufer aus. Unter Naturschutz steht er, weil auf ihm der letzte geschlossene Eibenhain Österreichs wächst. Andernorts wurden diese Bäume wegen ihrer giftigen Nadeln und Samen entfernt.

Kulturweg „Via Historica": Der mit 15 Schautafeln beschilderte Weg passiert die Highlights von Traunkirchen. Die erste Etappe (ca. 45 Min.) lohnt sich unbedingt: Vom Ortsplatz geht es den See entlang, vorbei an dem in die Felswand gemeißelten Weltkriegsmahnmal (1966) und der Badeinsel, dann auf den Johannesberg, wieder abwärts zur Schiffsstation, am Seeufer um die Pfarrkirche und durch das Seetor in den Klosterhof. Wer noch Lust hat, kann nun rechts am Hotel Post vorbei auf den **Kalvarienberg** wandern; er passiert dabei die vom berühmten Architekten Theophil Hansen 1850–54 für eine russische Fürstentochter errichtete **Russenvilla**, in der Rainer Maria Rilke, Richard Wagner und Adalbert Stifter verkehrten. Die Kalvarienberganlage entstand 1696 unter den Jesuiten und ist die älteste im Salzkammergut. Vorbei an vier barocken Andachtskapellen und über unzählige Steinstufen geht es im Wald nach oben bis zur Hauptkapelle, die eine barocke Kreuzigungsgruppe birgt. In der Nacht von Gründonnerstag auf Karfreitag endet hier auch das traditionelle Antlass-Singen.

Löwendenkmal und Wechselkreuz: 2 km südlich von Traunkirchen markiert ein großer, zungenloser Löwe eine aussichtsreiche Stelle an der 1856–61 aus dem Felsen gesprengten und in diesem Abschnitt heute als Rad- und Fußweg genutzten Uferstraße (Abzweig von der B 145). Sie ermöglichte erstmals den Landweg ins Innere Salzkammergut. Das Denkmal wurde 1963 von Rechtsextremisten gesprengt, bald aber wiedererrichtet. Etwas südlich des Denkmals steht direkt am Seeufer (Stichweg) ein schlichter Bildstock, das sog. Wechselkreuz. Hier, etwa auf halbem Weg, „wechselten" sich die Ruderer ab, die bis zum Bau einer eigenen Kirche 1729 jeden Sonntag rund 2000 Ebenseer auf großen Salzzillen zur Heiligen Messe nach Traunkirchen fuhren.

Wanderung 16: Auf den Kleinen Sonnstein → S. 291
Kurze steile Bergtour auf einen Gipfel mit atemberaubendem Traunseeblick

Ebensee

7900 Einwohner, 443 m

Der Salinen- und Fremdenverkehrsort am Südende des Traunsees erstreckt sich in einer von der Traun aufgeschütteten Ebene zwischen Höllengebirge und Totem Gebirge. Ebensee ist Talort der Seilbahn auf den Feuerkogel und Ausgangspunkt zu den Langbathseen und zum Offensee.

Seit 1595 wird in Ebensee Salz erzeugt. Die dazu benötigte Sole wird seit 1607 vom Hallstätter Salzberg und seit 1905 auch aus Altaussee zugeleitet. Industrie- und Gewerbebauten sind daher Teil des Ortsbilds, wenn auch 1979 die große Saline in den Ortsteil **Steinkogel** (5 km südlich) verlegt wurde. Dort produziert sie als größtes Werk Österreichs jährlich bis zu 1,1 Mio. Tonnen Salz. Es wird u. a. verwendet als Speise-, Vieh- und Auftausalz sowie als Grundstoff für die Kunststoff-, Pharma-, Farb- und Textilindustrie, als Düngemittel und zur Unkrautvernichtung. Der nach Abriss der alten Salinengebäude frei gewordene Platz im Ebenseer Zentrum wurde modern bebaut, ein Teil zum Rathauspark mit Musikpavillon umgewandelt. Oberhalb davon blieb rund um die barocke *Pfarrkirche Hl. Josef* (1729) der kleine, alte Ortskern erhalten, in dem sich zwei sehenswerte Museen befinden (s. u.). Im Ortszentrum werden auch die alten, weithin bekannten Ebenseer Volksbräuche gepflegt: der *Glöcklerlauf* zur Raunacht am 5. Januar und der *Fetzenzug* als Höhepunkt des Faschings – beide zählen seit 2011 zum Kulturerbe der UNESCO.
Im Ortsteil **Rindbach** an der südöstlichen Traunseebucht präsentiert sich Ebensee als Sommerfrischeort mit historischen Villen, Bootshäusern und einem großen Freizeitzentrum am See. Das dortige Mikroklima bietet Seglern und Surfern perfekte Windverhältnisse. In **Roith** 2 km südlich, wird mit einer Gedenkstätte an das größte **Nebenlager des KZs Mauthausen** erinnert, das hier 1943 eingerichtet wurde.

Basis-Infos

Information Tourismusbüro, Juli/Aug. Mo–Fr 8–18, Sa 9–12/14–18 Uhr, sonst Mo–Fr 8–12/13–16 Uhr. 4802 Ebensee, Hauptstr. 34, ✆ 06133-8016, www.traunsee.at/ebensee.

Hin & weg Bahn: 1x stündl. nach Gmunden, Bad Ischl, Hallstatt, Obertraun, alle 2 Std. nach Bad Aussee. Haltestelle „Ebensee Landungsplatz" liegt näher zu Ortsmitte und See.

Bus (Linie 505): Mo–Sa 6x tägl. Richtung Gmunden; www.ooevv.at.

Linienschiff: Mitte Mai bis Ende Sept. 2x tägl., bei Schönwetter 4x tägl. bis Gmunden; Ebensee–Gmunden 9,50 €.

Angeln Fliegenfischen in der Traun, 1. April bis 15. Nov. Tageslizenz 65 €.

Baden/Wassersport Freizeitanlage Rindbach, Strandbad in der Rindbacher Bucht (2 km östlich vom Zentrum), große, sonnige Liegewiese, Buffet, seichter Kiesstrand, Bootsverleih, frei zugänglich, Parkplatzgebühr.

Wassersport Stadlmann, in der Rindbacher Bucht. Segelkurse. Wasserschi, Wakeboard, Bootsverleih. Strandbadstr. 46, ✆ 0664-5864312, www.freizeitparadies-rindbach.at.

Einkaufen Lederhosenmacher Ahamer, Traditionsbetrieb seit 1932, maßgefertigte Hosen, Jacken und Röcke aus Wildleder. Mo–Fr 8–12/15–18, Sa 8–11.30 Uhr. Marktgasse 22, ✆ 06133-6693, www.leder-ahamer.at.

Goldschmiede Lorenz, Trachten- und Grandlschmuck (aus den Eckzähnen von Rothirschen). Mo–Fr 8–12, 14.30–18, Sa 8–12 Uhr. Marktgasse 6, ✆ 06133-8464.

Fahrrad MTB-Verleih (23 €/Tag) in der Drahteselklinik, Mo–Fr 8–12/14.30–18, Sa 8–12 Uhr. Solvaystr. 7, ✆ 0660-2201781, www.drahteselklinik.com.

Kino Kino Ebensee, Schulgasse 6, ✆ 06133-6308, www.kino-ebensee.at.

Reiten Panoramareitweg Höllengebirge Traunsee, 30 km auf markierten Forstwegen zwischen Traunsee und Langbathseen. Mai–Okt. gegen Gebühr nutzbar (Tageskarte 8 €). www.reiten-traunsee.at.

Veranstaltungen Glöcklerlauf, 5. Jan. ab 18 Uhr, in Ebensee im 19. Jh. entstandener Brauch mit über 300 Glöcklern (→ S. 22).

Fetzenzug, Faschingsmontag, Höhepunkt des Ebenseer Faschings. Die am Umzug (unter den Klängen des Fetzenmarsches) teilnehmenden *Fetzen* tragen Gewänder aus Lumpen und Stoffresten sowie kunstvoll geschnitzte Holzmasken. Derart unkenntlich gemacht, können sie „austadeln", d. h. den Leuten die Meinung sagen.

Übernachten/Essen & Trinken

Übernachten **** Hochsteg Gütl, das 32-Betten-Hotel mit Hallenbad und Sauna soll 2012 unweit der Mostschenke im Heustadl (s. u.) eröffnen. Infos unter ✆ 0650-3869925.

*** Landhotel Post, in Ortsmitte; 68 Zimmer, die im Haupthaus sind abgewohnt, die im „Parkhotel" nebenan modern, geräumig und großteils mit Balkon. Viele Busgruppen. Gutes Restaurant. DZ (Parkhotel) 82–90 €. Hauptstr. 19, ✆ 06133-5208, 📠 520852, www.hotel-post-ebensee.at.

*** Berggasthof Edelweiß → Feuerkogel

*** Pension Ahamer, nette Frühstückspension der Fam. Sklona in zentraler, trotzdem ruhiger Lage. 19 freundlich gestaltete Zimmer, reichhaltiges Frühstücksbuffet, Saunahütte. DZ 56–66 €. Rindbachstr. 20, ✆ 06133-52020, 📠 520233, www.tiscover.at/pension-ahamer.

Haus Lehner, freundliches Privatquartier in Roith, 2 km südlich mit 3 Zimmern im Landhausstil. DZ 60–70 €. Roitherstr. 65, ✆/📠 06133-6836, www.fam-lehner.at.tt.

Essen & Trinken Landhotel Post → „Übernachten". Großes Hotel-Restaurant mit gehobener regionaler und internationaler Küche in eher kleinen Portionen. Im Winter Mi Ruhetag.

››› Unser Tipp: **Mostschenke im Heustadl**, 2 km südlich unweit der B 145. Beliebtes Lokal am bildhübschen Bauernhof der Familie Steinkogler; Hausmannskost und Jausengerichte mit Zutaten vom eigenen Hof bzw. aus der Region. Spezialität sind Blunzn (Blutwurst), Schafkäse und süße Pofesen. Schöner Hofgarten, Spielplatz, Streichelzoo. Mi–Sa ab 15, So ab 12 Uhr.

Almhausstr. 28, ✆ 0650-3869925, www.most stadl.com. «

Tiki Taki, Restaurant-Café-Bar in einem hölzernen Pavillon an der Ortseinfahrt. Regionale und mediterrane Schmankerl, frischer Traunseefisch, Taki-Burger, gute Weine, Gastgarten. Mittagsmenüs für 6–8 €. Di–So 11–22 Uhr, abends Barbetrieb und Parties. Hauptstr. 31, ✆ 0699-11199478, www.tiki-taki.at.

Sehenswertes/Ausflüge

Museum Ebensee: Das sehenswerte, modern gestaltete Museum im früheren Verwaltungsgebäude der Saline oberhalb der Ortseinfahrt informiert im 1. Stock anhand zahlreicher Modelle über die Salzgewinnung, die Soleleitung und das Leben der Holzknechte, über regionale Trachten und das Ebenseer Brauchtum rund um den Glöcklerlauf (toll präsentierte Glöcklerkappen im Dachgeschoss), Singvogelfang, Weihnachtskrippen und Faschingstreiben. Zu sehen gibt es auch ein historisches Klassenzimmer und Erinnerungen an den frühen Tourismus am Feuerkogel, auf dem 1936 Österreichs erster Schlepplift fuhr. Der 2. Stock widmet sich der (un)freiwilligen Auswanderung aus der Region und den damit verbundenen Sprachinseln sowie der Einwanderung in die Region.

Juni bis Ende Sept. Di, Do, Sa 14–18 Uhr. Krippenschau Mitte Dez. bis Ende Jan. tägl. 13–17 Uhr. Eintritt 6 €, Kind 2 €, Skg-Card. Hauptstr. 27, ✆ 0676-83940778, www.museumebensee.at.

Zeitgeschichtemuseum Ebensee: Das Museum im ehemaligen Schulgebäude neben der Pfarrkirche präsentiert mit 1000 historischen Fotos, Filmen, Dokumenten und Plakaten die Geschichte des Salzkammerguts zwischen 1918 und 1955 im gesamtösterreichischen Kontext, von der Ersten Republik über Bürgerkrieg, Austrofaschismus 1934–38, Nationalsozialismus und die Geschichte des KZs Ebensee (→ Kasten S. 260) bis zu den Nachkriegsjahren.

Mitte Juni bis Ende Sept. tägl. außer Mo 10–17 Uhr, Okt.–Feb. nur Di–Fr, März bis Mitte Juni Di–Sa. Eintritt 5 €, Schüler 3,50 €. Skg-Card. Kombikarte mit KZ-Gedenkstätte 7,50 € bzw. 5 €. www.memorial-ebensee.at.

Aussicht vom Kalvarienberg auf Ebensee

KZ-Gedenkstätte und Gedenkstollen Ebensee

4 km südlich von Ebensee dokumentiert eine Gedenkstätte das Schreckensregime der Nationalsozialisten. Ende 1943 errichtete die SS hier am Fuß des Seebergs das Arbeitslager „Zement“, ein Nebenlager des Konzentrationslagers Mauthausen bei Linz. 27.000 Häftlinge aus 20 Nationen mussten Stollen in den Berg treiben, in denen eine Raketenversuchsanstalt untergebracht werden sollte. Ab 1944 gab es hier eine Raffinerie, später wurden Panzerteile produziert. Etwa 8500 Häftlinge kamen durch die gnadenlosen Arbeitsbedingungen ums Leben. Im Mai 1945 befreiten US-Truppen rund 18.000 Gefangene. Für die rund 1000 aufgefundenen Leichen wurde 1946 ein Friedhof errichtet – das übrige Lagergelände wurde mit einer Wohnsiedlung weitgehend überbaut. An ihrer Zufahrt blieb der steinerne KZ-Haupteingang erhalten. 1948 wurden zwei Massengräber mit weiteren 4000 Leichen entdeckt. An dieser Stelle entstand 1952 eine *Gedenkstätte*, an der nun 4000 Menschen beerdigt sind und Angehörige und Heimatländer der Opfer Denkmäler errichteten. 2012 kam ein weiteres Denkmal hinzu, das auf 156 Glastafeln an die 8412 namentlich bekannten Opfer erinnert, um auch individuelles Gedenken zu ermöglichen. Die Gedenkstätte ist ganzjährig frei zugänglich, die Anlage inmitten der Einfamilienhäuser macht das jahrzehntelanges Schwanken zwischen Vergessen wollen und Gedenken sollen recht anschaulich. Rund 500 m von der Gedenkstätte wurden 1997 Teile des Stollenanlagen für Besucher geöffnet, begehbar gemacht und darin eine erschütternde Dokumentation zur KZ-Geschichte eingerichtet.

Gedenkstollen: Mai bis Ende Sept. Sa/So 10–17 Uhr, Mitte Juni bis Mitte Sept. Di–So 10–17 Uhr. Eintritt 4 €, Schüler 3 €, Skg-Card. Kombikarte mit Zeitgeschichtemuseum s. o. Im Stollen ist es 8 °C kalt, warme Kleidung wichtig!

Ebenseer Kalvarienberg: Der Aufstieg zu dem seiner Lage wegen eindrucksvollsten Kalvarienberg des Salzkammerguts beginnt am Soleweg hinter der Marktgasse. Über 300 steinerne Stufen führen an sechs Kreuzwegkapellen vorbei zur 1779 erbauten Kalvarienbergkapelle, die aussichtsreich über dem Ort thront.

Rindbachwasserfall: Das Naturdenkmal 2 km östlich außerhalb von Ebensee erreicht man vom Parkplatz am Ende der Rindbachstraße in einem 25-minütigen Spaziergang.

Gassel-Tropfsteinhöhle (1226 m): Im Massiv des Erlakogels östlich von Ebensee befindet sich eine der schönsten Tropfsteinhöhlen der Nördlichen Kalkalpen und zugleich die einzig öffentlich zugängliche Höhle des Toten Gebirges. Ihren Eingang erreicht man nach einer 2½-stündigen Wanderung ab dem Parkplatz Rindbach (Wegweiser an der B 145) vorbei am Rindbachwasserfall (s. o.). Während der Führung (Dauer 50 Min.) durch die 6 °C kalte Höhle sieht man bis zu 6 m hohe reinweiße, gelbliche oder dunkelbraune Tropfsteine, Sinterfahnen und orgelförmige Gebilde. Eine Schutzhütte neben der Höhle liefert die Stärkung.

1. Mai bis Mitte Sept. Sa/So/Feiertage 9–16 Uhr. Nur mit Führung. Eintritt 6 €, Kind 3 €, Skg-Card. Ein **Zubringerbus** fährt bis 30 Gehminuten unter die Höhle. Juli/Aug. Sa stündlich von 9 bis 15 Uhr. Abfahrt gegenüber dem Bahnhalt Ebensee-Landungsplatz. Ticket 19 €, Kind 5 €. Anmeldung unter ✆ 0680-4446510.

Naturmuseum Salzkammergut: 8 km südlich, im Ebenseer Ortsteil Langwies, hat sich ein Tierpräparator den Traum vom eigenen Museum erfüllt. In einer modernen Ausstellungshalle unweit der B 145 sieht man ausgestopfte Tiere, vom Käfer bis zum Braunbär, inmitten detailverliebter Dioramen, die ihre natürliche Umgebung darstellen.

Tägl. 9–18, So ab 10.30 Uhr. Eintritt 5,50 €, Kind 4,50 €. Skg-Card. www.naturmuseum.at.

Feuerkogel (1594 m)

Der mächtige Kalkstock des Höllengebirges erstreckt sich vom Südende des Traunsees 16 km Richtung Westen bis an die südlichen Ufer des Attersees (→ Steinbach S. 182). Seine Hochfläche ist ein hügeliges, von Latschen bewachsenes Felsgelände, das herrliche Ausblicke bietet. Auf den Feuerkogel, den nordöstlichsten Gipfel des Gebirges, führt bereits seit 1927 von Ebensee aus eine **Seilbahn** (der Aufstieg zu Fuß dauert rund 3 Std.). Auf dem Plateau rund um die Bergstation gibt es vier Berggasthöfe, ein Almhüttendorf und ein kleines Skigebiet. Wer nicht bloß von einer der Terrassen die grandiose Rundsicht vom Dachstein bis zum Böhmerwald genießen möchte, kann 40 km markierte Wander- und Höhenwege in Angriff nehmen.

Problemlos und viel begangen sind die Pfade zu zwei Aussichtspunkten: Weg Nr. 820/835 führt in 45 Min. von der Bergstation (1525 m) zum **Alberfeldkogel** (1707 m) mit einer gemauerten Aussichtskanzel und dem nachts beleuchteten Europakreuz (seine 25 Stahlwürfel stehen für die 25 EU-Staaten). Seine Nordwand bricht spektakulär gegen das Langbathtal ab, imposant ist der Tiefblick zum Langbathsee. Weg Nr. 837 führt in 1 Std. von der Bergstation auf den **Helmeskogel** (1633 m), ebenfalls mit Aussichtskanzel und Blick zum Traunsee. Lang, wegen des steinigen Wegs anspruchsvoll und nur bei guten Wetter zu gehen ist die Bergtour auf den **Großen Höllkogel** (1862 m), der etwa in der Mitte des Gebirges als höchste Erhebung aufragt (Weg Nr. 833, nur Hinweg 2½ bis 3 Std.).

Seilbahn Mitte Mai bis 26. Okt. tägl. 8.30–17 Uhr. Fahrten zur halben und vollen Stunde. Berg- und Talfahrt 18,90 €, Kind 9,40 €, ab 14 Uhr bzw. nur Bergfahrt 14 € bzw. 7 €, Skg-Card. ✆ 06133-5397, www.feuerkogel.net.

Das günstige **Salzkammergut Gipfelticket** (Erw. 38 €, Kind 23 €) gilt einen Sommer lang für je eine Berg- und Talfahrt bei der Feuerkogel-, Gosaukamm- und Krippensteinbahn.

Alberfeldkogel mit Europakreuz

Mountainbike 5,6 km lange, naturbelassene Downhillstrecke – nur für Könner. Bei Seilbahnbetrieb geöffnet. Tageskarte inkl. Seilbahn 27,50 €. www.50grad.com.

Wintersport 1 Kabinenbahn, 1 Sesselbahn, 3 Schlepplifte, 10 km Pisten. Tageskarte ca. 32 €. Betrieb von Weihnachten bis Ostern.

Übernachten/Essen **Hüttendorf**, 13 komfortabel ausgestattete Selbstversorgerhütten für je 12 Pers. 732–956 €/Woche. ✆ 0463-55080, www.huetten.com.

»» Unser Tipp: *** **Berggasthof Edelweiß**, in Panoramalage auf 1600 m. Familie Neubacher bietet 22 liebevoll eingerichtete Zimmer, darunter 3 Familiensuiten, 1 Bauernzimmer und eine urige Almstube mit „Plumpsklo". Sauna, höchstgelegener Weinkeller Österreichs. Sehr gute Küche, Wildgerichte, Hausmannskost, selbst gebrannte Schnäpse. Sehr freundlicher Service. Bei Seilbahnbetrieb tägl. geöffnet. DZ 96–120 €, Almstube 132 €. Feuerkogel 13, ✆ 06133-5490, 549030, www.feuerkogel.at. ««

An den Langbathseen und am Offensee

Die Gebirgsseen vor großartiger Felskulisse am Ende zweier Seitentäler bei Ebensee sind beliebte Ausflugsziele und mit dem Auto erreichbar. An heißen Sommertagen herrscht an ihren Ufern reger Badebetrieb.

Zu den **Langbathseen** am Fuß des Höllengebirges gelangt man durch das 9 km lange, enge Tal des Langbathbaches, das vom Ebenseer Ortszentrum nach Nordwesten ansteigt. Die Straße endet beim Parkplatz vor dem *Vorderen Langbathsee.* Gleich von seinem Ostufer hat man v. a. vormittags einen atemberaubenden Blick über das glasklare, von tiefgrünen Wäldern gesäumte Gewässer, in dem sich die felsige Umgebung spiegelt. Das einzige Gebäude im Blickfeld ist das frühere Jagdschloss von Kaiser Franz Joseph in einer sattgrünen Seewiese am gegenüberliegenden Ufer. Es erinnert daran, dass das gesamte Höllengebirge bis zum Ersten Weltkrieg kaiserliches Jagdgebiet war und nur mit Genehmigung betreten werden durfte. In einem Talkessel 1 km hinter dem Ende des vorderen Sees liegt etwas erhöht (753 m) sein ebenfalls sehenswerter kleiner Bruder, der idyllische *Hintere Langbathsee.*

> **Vorderer/Hinterer Langbathsee:** 664/753 m Seehöhe. 1,1/0,5 km lang, beide bis zu 0,4 km breit. Max. Tiefe 33/15 m, max. Temperatur 23 °C.

Lohnenswert ist die etwa 8 km lange Umwanderung (2 Std.) beider Langbathseen, die auf Schotterstraßen und breiten Wegen auch mit Kinderwagen oder Fahrrad (dann vermutlich schneller) möglich ist. Wer nur den vorderen See umrundet, braucht zu Fuß etwa 40 Min. Zwischen den beiden Seen mündet von Norden der Weg von der Großalm ein (→ S. 184).

Angeln Mai bis Mitte Nov. mit Fischerkarte und Lizenz, Tageskarte 40 €, erhältlich im Gasthof in der Kreh.

Baden Alle Ufer sind frei zugänglich, der beste Platz mit seichtem Kiesstrand ist gleich am Ostufer.

Essen & Trinken **Langbathsee Stüberl**, nette Jausenstation mit Aussichtsterrasse am Ufer des Vorderen Sees. ✆ 06133-40181, www.lb-stueberl.at.

Landgasthof In der Kreh, Restaurant und Pferdezucht im Langbathtal, 2 km vor dem Vorderen See. Die Küche bietet regionale Schmankerl, Hausmannskost und Brettljause. April bis Ende Okt. geöffnet. Langbathsee 1, ✆ 06133-6235.

Die Straße zum **Offensee** zweigt 3 km südlich von Ebensee von der B 145 ab und führt dann 9 km aufwärts in Richtung Osten zu den Ausläufern des Toten Gebirges. Dort eingebettet liegt das kristallklare, mehr rechteckig als rund geformte Gewässer, dessen seichte Schotterufer ideal zum Baden sind. Parkplätze gibt es beim zurzeit

Einst waren die Langbathseen exklusives Jagdrevier des Kaisers

geschlossenen Restaurant Offensee (rechts abbiegen) bzw. am Ende der Straße (geradeaus weiter), von wo es nur mehr wenige Schritte bis zur Nordostspitze des Sees sind. Am Rand der breiten, sonnigen Seewiese am Südufer (20 Min. zu Fuß ab Parkplatz) lädt die kleine *Jausenstation Seeau* zur Einkehr.

Offensee: 649 m Seehöhe. 1,2 km lang, bis zu 1,1 km breit. Max. Tiefe 36 m, max. Temperatur 22 °C.

Der Spaziergang um den See dauert etwa 1 Std. Es geht auf kinderwagentauglichen breiten Fahrwegen dahin, nur am Südufer muss der Schotterkegel, den der Rinnerbach in den See schiebt, überquert werden. Am Nordwestufer kommt man an einer Haflingeralm und am einstigen Jagdschloss von Kaiser Franz Joseph vorbei. Beim Restaurantgebäude sollte man rechts den Waldweg zurück zum Parkplatz erwischen, ansonsten muss man 1 km auf der Asphaltstraße traben. Der See darf übrigens auch mit dem Fahrrad umrundet werden und ist so Ziel eines netten Radausflugs von Ebensee.

Vom Ostufer des Sees erreicht man in langen Bergtouren zwei weitere Seen: Rund 4 Std. dauert der steile, anspruchsvolle Anstieg (Weg Nr. 212) über die Rinnerhütte (Juli/Aug. geöffnet) zum *Wildensee*, einem wildromantischen Gebirgssee auf 1535 m Seehöhe. 5 Std. ist man unterwegs auf dem Hochpfad (Weg Nr. 420) Richtung Osten zum *Almsee* am Ende des Almtals (→ S. 266).

Jausenstation Seeau, kleine Mahlzeiten und Getränke. Mitte April bis Mitte Okt. bei Schönwetter geöffnet. ✆ 0664-1122970. Zum **Baden** ideal sind Ost- und Südufer des Offensees, dort auch große Liegewiese.

Im Almtal

Östlich des Traunsees erstreckt sich in Nord-Süd-Richtung das 20 km lange innere Almtal, das mit seiner verträumten stillen Landschaft zu den Perlen des Salzkammerguts zählt. Anziehungspunkte in dem „Tal der Vögel" sind der Cumberland-Wildpark und der Almsee in grandioser Kulisse am Talende.

Von Gmunden über die B 120 kommend, trifft man in **Scharnstein** auf das Almtal. Im örtlichen Renaissanceschloss sind mehrere Museen eingerichtet, lohnenswerter ist der Besuch der alten Schmiede direkt am Almfluss (s. u.). 6 km weiter taleinwärts folgt mit dem Bergsteigerdorf **Grünau** der Hauptort des Almtals. Hier teilt sich die Straße: Rechts (Richtung Almsee) folgt sie der kristallklaren Alm durch dichte Wälder weiter flussaufwärts, passiert nach 6 km den **Cumberland-Wildpark Grünau** und nach weiteren 3 km den schmucken *Gasthof Jagersimmerl*, wo links eine 6 km lange, schmale Straße in die wildromantische Hetzau zum **Almtalerhaus** und den smaragdgrünen **Ödseen** abzweigt, und trifft schließlich nach weiteren 4 km auf den **Almsee** im prächtigen, von den Gipfeln des Toten Gebirges überragten Talschluss.

Konrad Lorenz und das Tal der Vögel

1973 wurde der Österreicher *Konrad Lorenz* (1903–89) gemeinsam mit Karl von Frisch (→ S. 125) und dem Niederländer Niko Tinbergen für seine grundlegenden Arbeiten in der modernen Verhaltensforschung mit dem Nobelpreis für Medizin ausgezeichnet. Berühmt wurden Lorenz' Versuche an Graugänsen, bei denen er medienwirksam als „Gänsevater" demonstrierte, dass die Nachlaufprägung der Küken angeboren war. Um die Experimente nach seiner Emeritierung 1973 fortzusetzen, suchte Lorenz eine neue Unterkunft für seine halbzahmen Graugänse. Er fand sie im Cumberland-Wildpark in der Grünau, wo eine eigene *Konrad-Lorenz-Forschungsstelle KLF* errichtet wurde. Diese beschäftigt sich mittlerweile nicht nur mit Graugänsen, sondern auch mit den hochintelligenten Kolkraben. Jüngste Forschungserfolge beruhen auf der Waldrappe, einer vom Aussterben bedrohten Ibisart. Da den gezüchteten Waldrappen die traditionellen Zugvogelrouten unbekannt waren, wurden sie darauf trainiert, im Spätsommer ihren Zieheltern in Ultraleichtflugzeugen über die Alpen und im Juni wieder zurück ins Almtal zu folgen. So sollen frei lebende Waldrappen wieder in Mitteleuropa heimisch gemacht werden.

Kostenlose Führungen: durch die Forschungsstelle jeden Di 15 Uhr nach Anmeldung: ✆ 07616-8510, www.klf.ac.at.

Nimmt man in Grünau die Straße nach links (Richtung Schindlbach), kommt man in das breitere Tal des Grünaubaches. Nach 3 km beginnt rechts die kurvenreiche Mautstraße Farrenau zum **Hochberghaus** (1100 m), das Ausgangspunkt schöner Wanderungen im Gebiet des **Kasbergs** (1747 m) ist. Dieser Gebirgsstock ist ein Vorposten des Toten Gebirges und im Winter ein beliebtes Familienskigebiet. Nach 4 km am Ende der Talstraße bietet das *Kinderland Schindlbach* Familienunterhaltung.

Information Tourismusbüro Grünau, unweit der Kirche. Mo–Fr 9–12/13–17, Sa 9–12 Uhr. 4645 Grünau, Im Dorf 17, ✆ 07616-8268, www.gruenau-almtal.at.

Hin & weg Almtalbahn: Wels (Westbahn)–Grünau 1x stündl. **Bus (Linie 533/535)**: nach Gmunden Mo–Fr alle 1–2 Std., Sa/So 3–4x tägl.; zum Almsee mind. 3x tägl.; www.ooevv.at.

Angeln Die Alm und der Almsee sind bei Fliegenfischern begehrt, Tageskarten 45 bzw. 95 €

Baden Erlebnisfreibad Grünau, Ortsmitte; geheiztes Becken. Sommer tägl. 9–21 Uhr. Tageskarte 2,70 €. **Ödseen**, s. u.

Fahrradtour Almtalradweg (R 11, 58 km) von Wels bis zum Almsee.

Fahrrad Verleih im **Hotel Almtalhof** → „Übernachten". E-Bike-Verleih (19 €/Tag) bei **Weidinger/Gasthof Gerndiele**, Im Dorf 9.

Veranstaltungen Almabtrieb vom Kasberg Mitte September.

Wintersport Ski/Snowboard → Kasberg **Langlauf**: 9 km Loipen im Ort, 13 km beim Jagersimmerl. **Eislaufen**: am Almsee.

Übernachten **** **Romantikhotel Almtalhof**, in Gartenlage am südlichen Ortsrand von Grünau, schlösslartiger, charmant-rustikaler Familienbetrieb, 23 Zimmer und Suiten im eleganten Landhausstil. Hallenbad, Sauna, Dampfbad, Whirlpool, Leihräder. Sehr gutes Restaurant. DZ 128–200 €. Grünau 382, ✆ 07616-8204, 820466, www.almtalhof.at.

*** **Pension Wanderruh**, 2 km südlich von Grünau, ruhige Lage an Wald und Fluss. Geschmackvoll renovierte Pension, 4 schöne Zimmer und 4 Appartements. DZ 64–70 €, Fewo (4 Pers.) 65 €. Rabenbrunn 4, ✆ 07616-8337, 833715, www.wanderruh.at.

»» **Unser Tipp:** *** **Gasthof Jagersimmerl**, Bilderbuchgasthof in Alleinlage 4 km nördlich des Almsees. 6 rustikal-elegante Zimmer, 5 Juniorsuiten. Gästebibliothek, Sauna, Solarium, Leihräder, Angeln am Ödsee und eigene Loipen mit Gratis-Skiverleih. DZ 90–110 €. Habernau 6, ✆ 07616-8505, 850533, www.jagersimmerl.at. ««

** **Pension Kasbergblick**, am Ortsrand, ruhige Lage am Waldrand mit Garten, familienfreundlich. 10 Zimmer mit Balkon. Leihräder, Sauna. DZ 60–66 €. Almeggstr. 28, ✆ 07616-8279, 827926, www.kasbergblick.at.

Essen & Trinken Almtalhof → „Übernachten"; ausgezeichnete Gourmetküche, serviert in gemütlichen, liebevoll dekorierten Stuben oder im idyllischen Garten. Vollwertgerichte, Spezialitäten vom Almtalrind, gute Weinauswahl. Hauptgericht ab 24 €. Tägl. 12–13.30, 18–21 Uhr.

Jagersimmerl → „Übernachten"; heimelige Kachelofenstube, kreativ verfeinerte Regionalküche, Wild und Forellen aus eigener Jagd und Zucht. À la carte 9–19 €. Di Ruhetag.

Forellenhof Wieselmühle, rustikaler Gasthof in schöner Lage, Forellen aus eigener Zucht. Do Ruhetag. Almseestr. 73, ✆ 07616-8250, www.wieselmuehle.at.

Sehenswertes/Ausflüge

Sensenmuseum Geyerhammer Scharnstein: An die große Tradition der Sensenerzeugung in Scharnstein erinnert eine Dokumentation in der 400 Jahre alten Sensenschmiede Geyerhammer, die erst 1987 still gelegt wurde und noch über drei original erhaltene, mit dem Wasser der Alm betriebene Hämmer und Essen verfügt. 1. Mai bis 26. Okt. Sa/So 10–12/14–16 Uhr, Schmiedevorführungen jeden 1. Sa 15 Uhr. Eintritt 3 €, Kind 2 €, Skg-Card. Grubbachstr. 10, www.sensenmuseum.at.

Grünau im Almtal: Der Ort (2100 Einwohner) ist schnell durchstreift; sehenswert ist der prächtig goldene Hochaltar der barocken *Pfarrkirche St. Jakob*, der kaum Platz im Chor zu finden scheint. Er stand 200 Jahre in der Stiftskirche Kremsmünster, bevor er 1712 hier eingepasst wurde. Weite Gebiete des Almtals sind bis heute im Besitz von Stift Kremsmünster.

Cumberland-Wildpark Grünau: In dem entlang dem Almfluss gelegenen, 60 Hektar großen Areal sind an die 500 Tiere in großartiger Landschaft zu sehen, darunter heimische Wildarten (Steinböcke, Gämsen, Rothirsche, Adler, Wölfe, Braunbären und Luchse) und europäische Arten (Elche, Wisente und Urwildpferde). Da die Konrad-Lorenz-Forschungsstelle nicht weit ist, sind auch Graugänse, Kolkraben und Waldrappe im Wildpark anzutreffen (→ Kasten S. 264). Alle Wege durch den Park sind kinderwagentauglich, das Wildparkstüberl sorgt für Speis und Trank. Bis 2020 sollen zudem alle Gehege modernisiert werden. Eigentümer des weitläufigen Areals ist übrigens Ernst August von Hannover, der mit seiner Gattin Caroline von Monaco gern im nahen Jagdschloss Auerbach weilt.

April–Okt. tägl. 9–18, Nov.–März tägl. 10–16 Uhr. Eintritt 7,80 €, Kind 5,50 €, Skg-Card. Hundeverbot. www.wildparkgruenau.at.

Almtaler Haus, Großer und Kleiner Ödsee: Schon die Zufahrt zum Almtaler Haus auf der schmalen, kurvenreichen Straße durch das Hetzautal ist ein Abenteuer (kaum zu glauben, dass sie von 1. Mai bis 15. Sept. mit dem Pkw erlaubt ist; zu Fuß rund 1½ Std.) und ein landschaftlicher Genuss. In dieser Zeit hat auch das Almtaler Haus am Ende der Straße geöffnet. Es ist eine Schutzhütte des ÖAV (714 m, www.almtalerhaus.at) und Ausgangspunkt hochalpiner Touren in das Tote Gebirge, deren imposante Nordgipfel (*Großer Priel* 2515 m, *Schermberg* 2396 m) die Hintere Hetzau umschließen.

Beim Almtaler Haus vor der Kulisse des Toten Gebirges

Wanderbus (Bhf. Grünau-Almtaler Haus): 1. Mai bis 15. Sept. Abfahrt Mo, Do, So 9 Uhr; hin/zurück 6 €. ✆ 0644-2301910.

Nicht versäumen sollte man die einfache Rundwanderung (1½ Std.) zu den beiden kleinen, mitten im Wald gelegenen Ödseen, in denen im Sommer auch gebadet wird. Der Weg ist ab dem Parkplatz beim Almtaler Haus beschildert. In rund 15 Min. ist der **Kleine Ödsee** erreicht, der nur am Südufer zugänglich ist. 25 Min. dauert der Weg bis an den **Großen Ödsee**, den man – vorbei an einer Jagdhütte und mit schöner Bergaussicht – zur Hälfte umrunden kann. Von seiner Westspitze gelangt man wieder auf die Hetzaustraße und zum Almtaler Haus zurück. Einen tollen Blick aus der Vogelperspektive auf die Seen hat man vom **Herrentisch** (800 m), einen Rastplatz auf einem Felsvorsprung, den man vom Almtaler Haus in ca. 25 Min. (Weg Nr. 430 Richtung Steyrling) erreicht.

Almsee: „Hier hält die Stille", sagte *Adalbert Stifter* vor 150 Jahren über den Almsee, der bis heute mit seinem kristallklaren Wasser und seiner pittoresken Lage am Fuße majestätischer Felsgipfel des Toten Gebirges bezaubert (von links nach rechts: Rotgschirr, 2270 m, Zwölferkogel, 2099 m, Woising, 2064 m). Und das gilt vom Frühjahr, wenn die Narzissen blühen und die Berge noch weiß sind, bis in den goldenen Herbst mit angezuckerten Gipfeln. Am Westufer führt eine Straße entlang bis zum großen Parkplatz beim *Seehaus*, einem 1652 vom Stift Kremsmünster erbauten Wirtschaftshof am südlichen Seeende. Das östliche Ufer hingegen ist naturbelassen, teils mit Schilf und Auwäldern und einem empfehlenswerten Promenadenweg, auf dem man mitunter auf die berühmten Graugänse (→ Kasten S. 264) trifft. Die Gehzeit von einem zum anderen Ende des Almsees beträgt etwa 1 Std. (zurück auf gleicher Route). Man kann das Gewässer auch ganz umrunden, ist dann aber etwa 500 m entlang der Straße unterwegs.

Almsee: 589 m Seehöhe. 2,3 km lang, bis zu 0,7 km breit. Max. Tiefe 9 m, max. Temperatur 18 °C.

Vom Parkplatz beim Seehaus treten Bergsteiger ihre anspruchsvollen Touren in das Tote Gebirge an, etwa zur *Pühringerhütte* (4 Std.). Dazu müssen sie zunächst eben auf einer Forstraße in den Talschluss zum gewaltigen Felskessel *In der Röll* marschieren, dieser Abschnitt ist auch als einfache Talwanderung zu empfehlen.

Veranstaltungen Echoblasen: Ende Juni bis Anfang Sept. Mi ab 19.30 Uhr, Echoplatzl am Westufer.

Wanderweg Von Grünau erreicht man den Almsee über den 13 km langen Reutlweg und den anschließenden Konrad-Lorenz-Weg in ca. 3½ Std.

Essen & Trinken Seehaus, modern-rustikaler Ausflugsgasthof in historischen Mauern. Regionale Küche, fangfrische Saiblinge und Forellen. Innenhofgarten, Veranda mit Seeblick. Ende März bis Anfang Nov. tägl. (So ab 18 Uhr und Mo geschl.). Almsee 6, ✆ 07616-8366.

Bergstraße Farrenau und Kasberg (1747 m): 6 km geht es durch Wiesen und Hochwald mit schönen Ausblicken hinauf zum 1150 m hoch gelegenen *Berghotel Hochberghaus*. Bei 1000 m passiert man den *Du-Stein*, der darin erinnert, dass man sich ab dieser Höhe üblicherweise duzt. Die Hänge oberhalb des Hochberghauses sind mit ihren Liftanlagen vom Wintersport geprägt. Eine kurze Wanderung führt in 30 Min. zum *Jagerspitz* (1266 m). 1½–2 Std. ist man unterwegs über die Farrenau und den Benn-Nock-Gipfel zu den von Weidevieh bevölkerten Kasbergalmen mit der *Sepp-Huber-Hütte* (1506 m, Mai bis Mitte Sept. geöffnet) und der urigen *Kasbergalmhütte* (Schausennerei Mi/So 12–17 Uhr). Eine Bergtour für Trittsichere ist der Weiterweg von der Alm durch Latschenfelder und Dolinenmulden auf den *Kasberggipfel* (1747 m, 1½ Std.), der für seine prächtige Rundsicht bekannt ist.

Mautstraße Bergstraße Farrenau: Mai bis 26. Okt. tägl. 8–21 Uhr. Pkw 10 €, Skg-Card. www.hochberghaus.at.

Wintersport Familienskigebiet **Grünau-Kasberg**, 2 Kabinenbahnen, 1 Sessellift, 6 Schlepplifte, 40 km Pisten, Tageskarte 33,50 €. www.kasberg.at.

Übernachten/Essen *** Hochberghaus Familienalm, Gasthof auf 1200 m mit rustikalen Stuben und Aussichtsterrasse; bodenständige Küche, Wild- und Pfandlgerichte. Kinderfreundliches Familienhotel mit 5 Zimmern im Stammhaus und 12 rustikal-modernen Familienzimmern in der Familienalm. Sauna. DZ alt 74–90 €, DZ neu 114–140 €. Kasberg 1, ✆ 07616-8477, 📠 847777, www.hochberghaus.at.

Kinderland Schindlbach: In idyllischer Lage im Schindlbachtal finden sich ein Märchenwald, ein Bassin mit Elektrobooten, ein Kurs für Elektroautos, ein Bogensportparcours und Kinderspielplatz. Ein Selbstbedienungsrestaurant nebenan versorgt mit warmer Küche.

Juli/Aug. tägl. 10–18, Mai/Juni und Sept. bis 26. Okt. nur Sa/So/Fei. Eintritt Märchenwald 2,60 €, Kind 1,70 €. Für die diversen Spielgeräte sind Jetons à 1,10 € zu erwerben. www.kinderland-schindlbach.at.

November am Gaisberg

Kleiner Wanderführer

Blick zum Steirersee (Tour 13)

Kleiner Wanderführer durchs Salzkammergut

Die Landschaft des Salzkammerguts ist für Wanderer und Bergsteiger ideal. Das Angebot reicht von langen flachen Uferpromenaden über aussichtsreiche Bergtouren bis zu anspruchsvollen Klettersteigen. Unterwegs laden zünftige Schutzhütten, Jausenstationen und Berggasthöfe zur Einkehr.

Alle Wanderwege der Region sind einheitlich nach dem international anerkannten Schweizer System beschildert, d. h. gelbe Aluminiumwegweiser mit Angaben zu Wanderziel und Gehzeit sowie farbigen Punkten für den Schwierigkeitsgrad: *blau* für leichte, einfache Wege, die schmal und steil sein können; *rot* für mittelschwere, schmale und oft steil angelegte Bergwege mit absturzgefährlichen Passagen, *schwarz* für schwere Wege mit gesicherten Gehpassagen, für die Trittsicherheit und Schwindelfreiheit unbedingt erforderlich sind.

Die Region durchquert von Ost nach West, vom Almsee bis zur Stadt Salzburg, auch ein Teilstück des europäischen *Fernwanderwegs E 4*. Seine Hauptroute deckt sich mit dem österreichischen Voralpenweg 04, die alpine Variante (E 4 alpin) mit dem Nordalpenweg 01. Weitwanderwege sind üblicherweise rot-weiß markiert.

Die **Wandersaison** in den Gebirgsregionen des Salzkammerguts beginnt üblicherweise Mitte Mai und endet Mitte/Ende Oktober. Dann sind auch die wichtigsten Berg- und Schutzhütten geöffnet bzw. Seilbahnen in Betrieb.

Im Folgenden beschreiben wir **16 Wanderungen** im Salzkammergut mit kleinen Kartenskizzen und den wichtigsten Infos zu Ausgangspunkt, Wegverlauf, Besonderheiten und Einkehrmöglichkeiten. Mit Hilfe der Regionsübersichtskarte auf

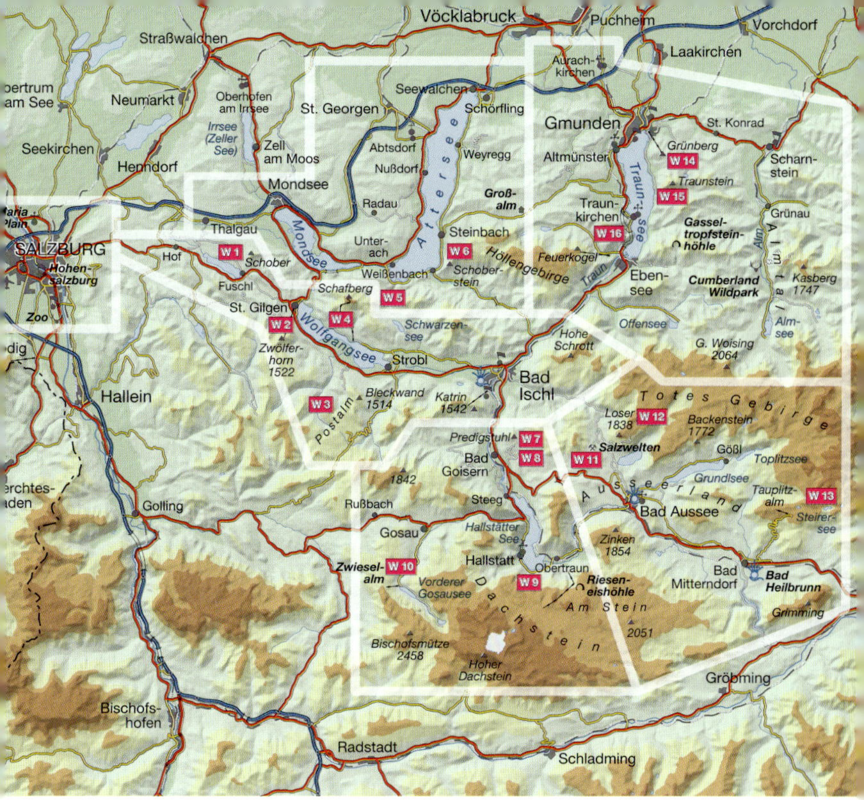

dieser Seite kann man sie rasch lokalisieren. Trotz Kartenskizzen ist die Mitnahme einer Wanderkarte ratsam. Im Reiseteil des Buches finden sich weitere Vorschläge für Spaziergänge, Wanderungen und Bergtouren, die auch ohne detaillierte Beschreibung begangen werden können.

Wanderkarten Zur Region gibt es von **Kompass** folgende Karten für 8 bis 10 €: WK 229 Salzkammergut (2010), WK 020 Inneres Salzkammergut–Ausseerland, WK 018 Wolfgangsee–Fuschlsee–Mondsee (2009), alle drei im Maßstab 1:25.000; WK 18 Nördl. Salzkammergut (2010), WK 19 Almtal–Totes Gebirge (2010), WK 20 Dachstein–Ausseerland–Bad Goisern–Hallstatt (2009), jeweils 1:50.000.

Die Karten von **Freytag & Berndt** im Maßstab 1:50.000 sind derzeit aktueller, sie stammen von 2011: WK 082 Bad Aussee–Totes Gebirge, WK 281 Dachstein—Ausseer Land, WK 282 Attersee–Traunsee–Höllengebirge–Mondsee–Wolfgangsee, WK 391 Mattsee–Wallersee–Irrsee–Fuschlsee–Mondsee. Detaillierter, aber von 2010 ist die WK 5281 Bad Ischl–Bad Goisern–Bad Aussee–Hallstätter See (1:35.000). Preis pro Karte 7–8 €.

Gut lesbar sind die XL-Karten (1:25.000) vom **Mayrverlag** für 5,95 €. Erhältlich sind WM 510 Attersee–Mondsee–Fuschlsee, WM 520 Traunsee–Almtal, WM 530 Bad Ischl–Wolfgangsee, WM 540 Ausseerland, WM 550 Dachsteingebirge–Hallstätter See, alle von 2009.

Ausrüstung Wichtig sind feste, am besten knöchelhohe Schuhe mit griffiger, rutschfester Sohle; eine bequeme Hose, eine Jacke zum Schutz gegen Regen, Wind und Kälte bzw. eine Kopfbedeckung als Sonnenschutz. Hilfreich sind Teleskopwanderstöcke. Im Rucksack sollten ausreichend Flüssigkeit und Müsliriegel oder Traubenzucker für den kleinen Hunger zwischendurch nicht fehlen.

Bis zur Ruine ist die Tour auch für Kinder geeignet

Wanderung 1: Von Fuschl über die Ruine Wartenfels auf den Schober (1328 m) (→ Karte S. 273)

Charakteristik: Viel begangene Bergtour auf einen großartigen Aussichtsgipfel, zunächst einfach durch Wald und Wiese, ab der Ruine Wartenfels steil, im Gipfelbereich ausgesetzt, Schwindelfreiheit und Trittsicherheit erforderlich, bei Nässe nicht begehbar. **Gesamtgehzeit**: 3½ Std. **Einkehr**: D'Waldhofalm (→ S. 117); Forsthaus Wartenfels **2** (→ S. 119). **Ausgangspunkt**: Hotel „Ebners Waldhof" am Ortsrand von Fuschl am See (→ S. 118).

Wegbeschreibung: Links vom Hotelkomplex **„Ebners Waldhof" 1**, 675 m, nehmen wir den beschilderten Weg Richtung Ruine Wartenfels (Weg Nr. 10), der uns in rund 1 Std. durch ein abwechslungsreiches Wald- und Wiesengelände mit schönen Ausblicken führt – vorbei am Golfplatz, der Waldhofalm und einigen Bauerngehöften zum 925 m hoch gelegenen Forsthaus Wartenfels **2**. Von hier sind es noch rund 15 Min., zunächst auf einer Forststraße, dann auf einem Waldpfad steil bergauf zur sehenswerten Ruine Wartenfels (→ S. 119). Der Weiterweg zum Schober (ca. 1 Std.) ist ein steiler Pfad (ebenfalls Weg Nr. 10), auf dem wir in zahlreichen Serpentinen und über Holzstufen den zunächst bewaldeten Bergrücken nach oben steigen. Im letzten Drittel müssen wir eine gefährlich abschüssige und ausgesetzte Felsflanke überwinden, die mit Drahtseilen gesichert und Trittklammern versehen ist. Etwa 1 Std. nach der Ruine Wartenfels erreichen wir das Gipfelkreuz des 1328 m hohen Schobers **3**. Von oben fantastischer Ausblick auf Mondsee, Schafberg und Wolfgangsee!

Auf Trittklammern steigen wir nun bergab, vorbei an einer im Fels platzierten Unterstandshütte (Schoberhütte) und über einen Steig durch den Hochwald, bis wir nach kurzem Gegenanstieg in 15 Min. das nächste Gipfelkreuz auf dem 1303 m hohen Frauenkopf erreichen **4**. Schöner Tiefblick zum Fuschlsee!

In steilen Kehren und abermals über Holzstufen steigen wir nun den felsigen, bewaldeten Südgrat hinab, passieren einige Geröllfelder und erreichen schließlich auf einer Forststraße wieder das Forsthaus Wartenfels **2**. Auf der Aufstiegsroute geht es nach Fuschl zurück.

Wanderung 2: Über Almen bergab vom Zwölferhorn (→ Karte S. 274)

Charakteristik: Mit der Seilbahn von St. Gilgen auf den Panoramagipfel und in einer reizvollen Almrunde wieder hinab zur Talstation; zunächst auf breiten Wegen und Schotterstraßen, der letzte Abstieg steil und drahtseilgesichert. **Gesamtgehzeit**: 4 Std. **Einkehr**: Franzl's Hütte bei der Bergstation (ganzjährig offen) **1**; Jausenstation Illingerbergalm (Mai–Okt., www.illingerbergalm.at) **5**; Berggasthöfe Sausteigalm **8** und Weisswand, beide ganzjährig offen. **Ausgangspunkt**: Bergstation der Zwölferhornbahn (Auffahrt von St. Gilgen, → S. 127).

Wegbeschreibung: Neben der 1482 m hoch gelegenen **Bergstation der Zwölferhorn-Seilbahn** **1** steigen wir bergseitig die Treppe hinauf und wandern über den Kamm, vorbei an einer Sonnenterrasse (Aussicht vom Dachsteingletscher bis zum Watzmann), in 15 Min zum Gipfel des Zwölferhorns (1522 m). Von hier folgen wir den Wegweisern Richtung Pillstein und steigen am Kamm entlang zur Schotterstraße hinab. Auf dieser weiter und links haltend wandern wir auf dem Panoramaweg um die Kuppe des **Pillstein** (Abstecher zum Gipfelkreuz lohnt sich). Bei der nächsten **Weggabelung** **2** nehmen wir die Forststraße nach links Richtung Illingeralm. Nach 5 Min wieder nach links in eine Forststraße und hinab bis zu einem Wiesensattel. Wir ignorieren die erste Linksabzweigung und gehen am Zaun entlang, bis der Illingeralmweg links abbiegt **3**. Über Almwiesen wandern wir hinab zu den ersten Hütten **4** und links haltend die Forststraße bergab zur **Jausenstation Illingerbergalm** **5**, die wir etwa 45 Min. nach dem Wiesensattel erreichen.

Nun geht es 30 Min. lang die Schotterstraße in weiten Kehren durch Almwiesen bergab in einen Waldgraben und bei einer Straßenteilung links über eine

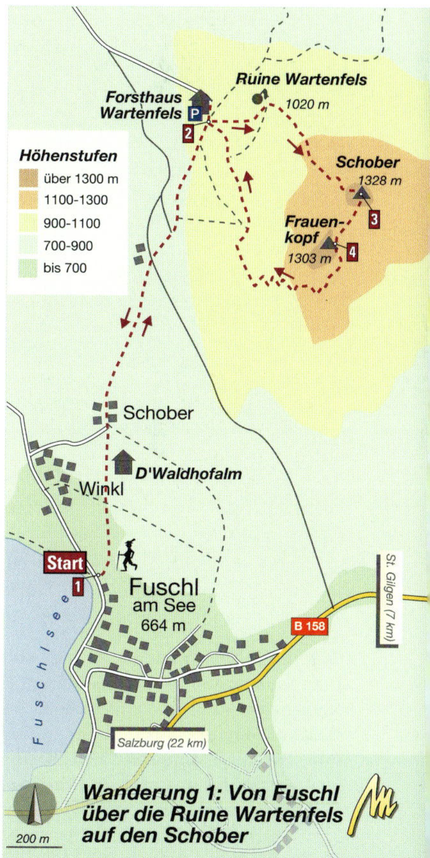

Wanderung 1: Von Fuschl über die Ruine Wartenfels auf den Schober

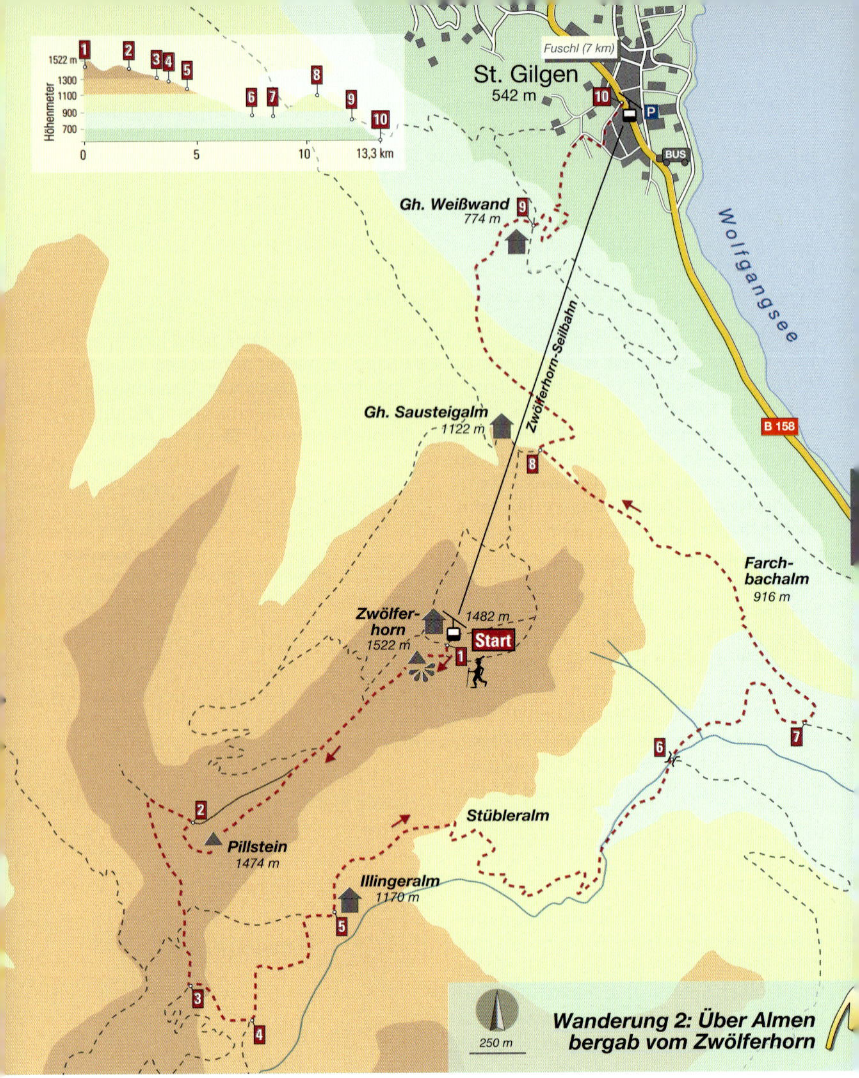

Brücke **6**. Nach weiteren 15 Min. steigen wir links **7** einen Forstweg hinauf Richtung Sausteigalm, durchqueren nach 15 Min. die **Farchbachalm** und münden in einen Karrenweg, der uns 20 Min. steil bergauf zu einem Sattel bringt. Kurz vor dem **Gasthof Sausteigalm** und der Seilbahn biegen wir rechts **8** in den Abstiegsweg (Weg Nr. 855) vom Zwölferhorn ein. Diesen durch Wald und über die Schipiste steil bergab, bis uns nach 30 Min. in einer Kehre ein Pfeil **9** den Weg zum Gasthof Weißwand weist. Am Gasthof Weißwand (imposanter Tiefblick nach St. Gilgen und hinüber zum Schafberg) rechts vorbei und auf einem steilen, felsigen Pfad (Weg Nr. 855) steigen wir in 30 Min. in den Ort hinab. Über Helenenstraße und Breitfeldweg erreichen wir die Talstation **10**.

Wanderung 3: Von der Postalm auf das Wieslerhorn (1603 m)

Charakteristik: Fabelhafter Aussichtsgipfel am Rand der Postalm, der nach kurzem Aufstieg (schmaler Bergpfad im Gipfelbereich) zu erreichen ist. **Gesamtgehzeit**: 2½ Std. **Einkehr**: Am Weg liegen vier Almhütten (Mai–Okt. bewirtschaftet) **2**. **Ausgangspunkt**: Parkplatz 3 auf der Postalm (→ S. 133), Auffahrt von Strobl.

Wegbeschreibung: Vom oberen Ende des 1320 m hoch gelegenen **Parkplatz 3** **1** führt uns der beschilderte Rundweg 3 (Weg Nr. 877) auf einer breiten, sanft ansteigenden Schotterstraße in rund 30 Min. zur **Wiesleralm** **2** mit ihren vier Jausenstationen Wieslerhütte, Schafbergblickhütte, Erlbachalm und Seeblickhütte. An den beiden letzten vorbei führt uns zunächst ein Abstecher 10 Min. geradeaus zum Abhang mit schöner Aussicht zum Wolfgangsee **3**. Wieder zurück bei der Erlbachalmhütte, geht es nun rechts über Almweiden auf einem Pfad bergauf Richtung Wieslerhorn. Wir queren den grasigen Südhang und steigen schließlich auf dem Bergrücken, zum Teil steil und ausgesetzt, bis zum 1603 m hohen Aussichtsgipfel des **Wieslerhorns** **4** hinauf (ca. 50 Min., toller Schafbergblick!). Auf der einen Seite grasbewachsen, fällt er Richtung Nordwesten in steilen Felsflanken hinab, bei Nässe und mit Kindern ist daher Vorsicht geboten. Auf dem Aufstiegspfad wandert man in 30 Min. wieder zurück zur Wiesleralm **2** und entlang der Schotterstraße zum Ausgangspunkt zurück.

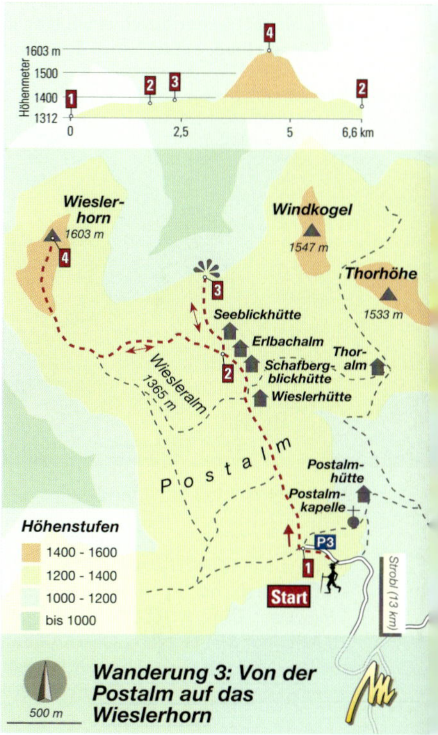

Wanderung 4: Abstieg vom Schafberg über die Vormaueralm

(→ Karte S. 277)

Charakteristik: Auffahrt mit der Zahnradbahn auf den Schafberg, danach panoramareiche Bergabwanderung. Steile Grashänge und seilgesicherte Felspassagen erfordern Trittsicherheit und Schwindelfreiheit, bei Nässe nicht begehbar. **Gesamtgehzeit**: 4¼ Std. **Einkehr**: Berghotel Schafbergspitze und Schutzhaus Himmelspforte unweit von **1** (→ S. 144); unterwegs keine. **Ausgangspunkt**: Bergstation der Schafbergbahn (→ S. 143), Auffahrt von St. Wolfgang.

Wegbeschreibung: Wo die Gleise bei der **Bergstation der Schafbergbahn** **1** enden, zweigt links der Pfad Richtung **Purtschellersteig** (Weg Nr. 17) ab. Über

Almwiesen geht es bergab, nach 10 Min. queren wir die Bahntrasse und wandern dann durch abschüssige, felsdurchsetzte Grashänge (Vorsicht bei Nässe!), vorbei an einer Höhle (Wetterloch) und erreichen nach 30 Min. eine kurze, exponierte Stelle: Drahtseilgesicherte, aus dem Fels geschlagene Stufen leiten uns hier über eine 30 m hohe Felsflanke hinab. Danach gelangen wir auf schmalem Pfad durch den abschüssigen Gras-, später bewaldeten Hang weiter, bis nach rund 40 Min. der Himmelpfortsteig einmündet. An dieser Stelle lohnt sich schräg links der kurze Abstecher zum kreisrunden, schattigen **Mönichsee** **2**. Vom See zurück, geht es links (Weg Nr. 27) weiter durch einen lang gezogenen Wald- und Wiesenrücken, den wir auf einem Pfad, später einer Schotterstraße eine halbe Stunde lang durchqueren, bis wir die Kuhweide und 10 Min. später sanft bergan die (leider nicht bewirtschafteten) Hütten auf der sonnigen **Vormaueralm** **3** erreichen – mit tollem Blick zurück zum Schafberg. Von der obersten Almhütte lohnt sich für den trittsicheren Wanderer der Abstecher (25 Min.) über die Wiesen hinauf zu dem mit einem Kreuz geschmückten Felsgipfel des **Vormauersteins** **4**, wo einem St. Wolfgang zu Füßen und im Nordosten der Attersee vor Augen liegt.

Vormaueralm mit Schafbergblick

Wieder zurück **3**, beginnt am oberen Rand der Alm (Wegweiser bei einem Baumgrüppchen) der **Vormauerweg** (Weg Nr. 26) hinab nach St. Wolfgang. Ein wenig langweilig ist das Traben auf der Schotterstraße schon, der wir nun 1½ Std. in weiten Kehren bergab folgen, bis endlich ein Wegweiser **5** rechts nach St. Wolfgang weist. Diesem folgen wir und treffen nach 15 Min. bei den ersten Häusern (Ahornplatz) auf eine Straßenkreuzung **6**, wo wir rechts (Weg Nr. 28) abbiegen. Durch den Ort und entlang der Seepromenade erreichen wir wieder den Bahnhof der Schafbergbahn **7**.

Wanderung 5: Durch die Burggrabenklamm auf die Eisenauer Alm (1015 m)

(→ Karte S. 278)

Charakteristik: Im Auf- und Abstieg steile Bergwanderung durch eine exponierte Klamm zur sonnigen Alm unter den Nordflanken des Schafbergs, nicht bei Nässe. **Gesamtgehzeit**: 4 Std. **Einkehr**: Buchberghütte auf der Eisenauer Alm (Mai bis Ende Okt., ✆ 0664-2105333) **5**. **Ausgangspunkt**: Ehem. Gasthof Jägerwirt in Burgbachau, 3 km südlich von Unterach Richtung Weißenbach (→ S. 174).

Wegbeschreibung: Der klassische Weg auf die Eisenau beginnt auf 479 m Höhe bei der Madonna der **Burggrabenklamm** **1**. Von hier führt uns der 1890 angelegte **Valerie-Weg** (Nr. 28) steil bergauf und dann oberhalb der Schlucht teilweise exponiert und mit Holzgeländer gesichert in 30 Min. zur **Magdalenenquelle** **2**. Nun steigen wir nochmals 10 Min. steil bergauf zu einem Sattel mit einer Weggabelung **3**,

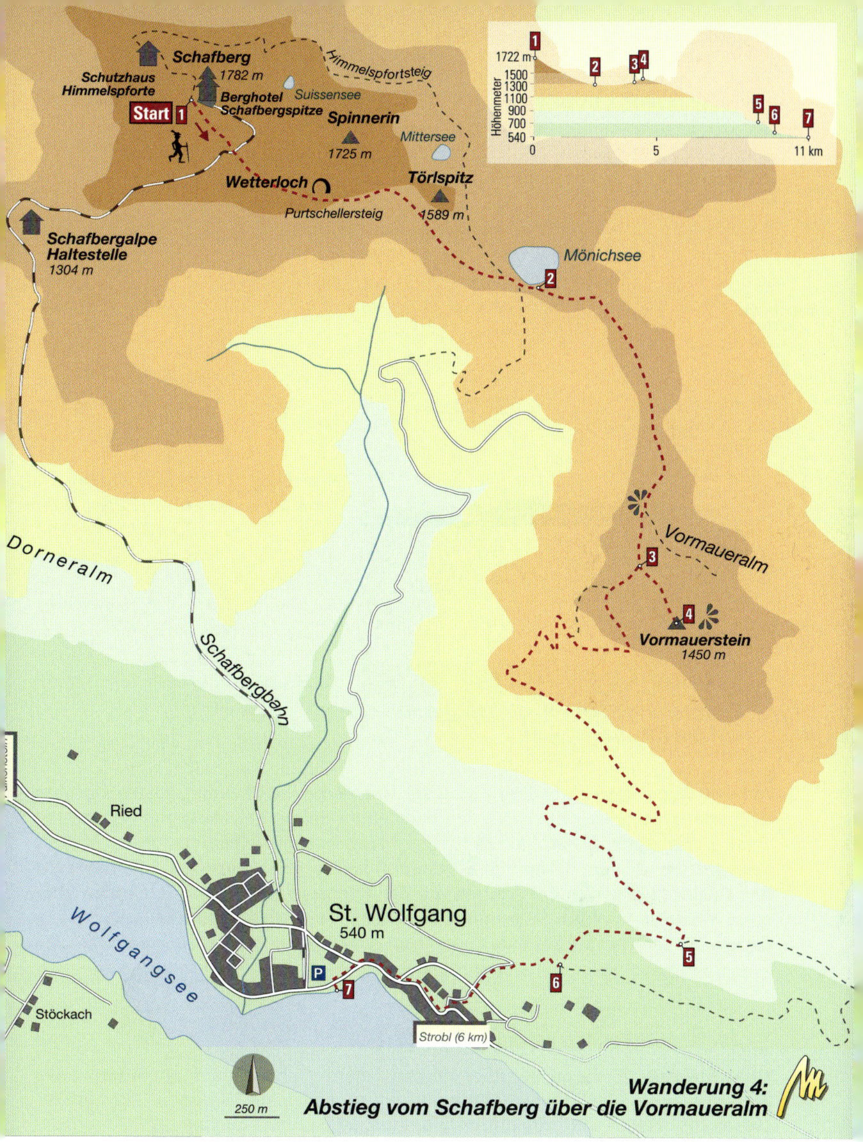

wo wir den Weg Nr. 26 nach rechts nehmen und Richtung Eisenau weiterwandern (Weg Nr. 28 führt zum Schwarzensee → S. 132). 30 Min. geht es auf schmalem Pfad links, dann rechts von einer Schlucht dahin, bis wir auf der **Unterackeralm** **4** in einen breiten Weg einmünden. Auf diesem wandern wir stetig bergauf, an den Hütten und Kühen der **Oberackeralm** vorbei, bis wir nach einer weiteren Stunde die Eisenauer Alm (1015 m) mit der **Buchberghütte** **5** erreichen. Von hier schöner Blick auf die steilen Nordabstürze des Schafbergs.

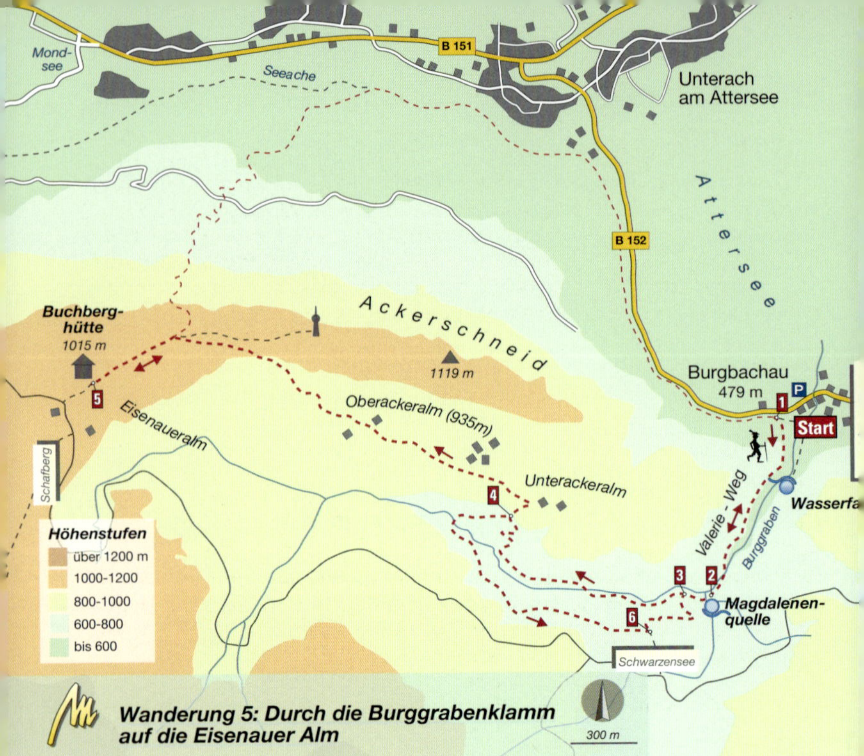

Wanderung 5: Durch die Burggrabenklamm auf die Eisenauer Alm

Auf dem Aufstiegsweg wandern wir bis zur Unterackeralm **4** zurück, folgen nun aber dem breiten Weg bergab, queren den Bach und wandern links auf einer Forststraße 20 Min. eben weiter, bis wir links **6** steil zur Magdalenenquelle **2** hinabsteigen. Ab dort gelangen wir auf dem bekannten Weg zum Ausgangspunkt zurück. Als Variante für den Rückweg böte sich der Abstieg von der Eisenauer Alm Richtung Norden über einen Waldpfad in steilen Serpentinen hinab nach Unterach an. Von dort geht es dann entlang der Seeache und des Burgauwegs zum Ausgangspunkt zurück (Gehzeit 2 Std.).

Wanderung 6: Schoberstein und Nixenfall

(→ Karte S. 279)

Charakteristik: Einfache Bergtour für trittsichere Wanderer auf einen prächtigen Aussichtsgipfel über dem Attersee und ein romantischer Wasserfall als Zugabe. **Gesamtgehzeit**: 4 Std. **Einkehr**: keine. **Ausgangspunkt**: Fachbergbrücke an der B 153 am Eingang zum Weißenbachtal (→ S. 185) in Weißenbach, 4 km südlich von Steinbach am Attersee.

Wegbeschreibung: Gegenüber der **Fachbergbrücke** **1** im Weißenbachtal (480 m) beginnt der markierte, gut angelegte Steig auf den nur scheinbar unzugänglichen westlichsten Gipfel des Höllengebirges. Über viele mäßig ansteigende Serpentinen gelangen wir aufwärts. Ein paar Steilstellen sind mit bequemen Leitern überbrückt, an aussichtsreichen Plätzen laden Tische und Bänke zur Rast (→ Foto S. 185). Hat man den Wald hinter sich, kommen ein paar drahtseilgesicherte Passagen. Bei der Abzweigung am **Sattel** **2** wenden wir uns dann nach links und erreichen den

1037 m hohen Gipfel des **Schobersteins** 3 sozusagen von hinten. Der grandiose Ausblick auf Schafberg und Drachenwand ist umso überraschender.

Der Rückweg erfolgt auf gleicher Route. Am Ausgangspunkt angekommen, lohnt sich noch der kurze Abstecher zum Nixenfall. Dazu folgen wir dem Weg Nr. 10, der neben dem Weißenbach in den Wald führt. Bei einer Abzweigung nach rund 20 Min. weist ein hölzernes Portal zum Nixenfall (4, Weg Nr. 10 b). Über Stufen und Holzstege steigen wir ab hier bergauf zu dem auf 540 m Höhe gelegenen **Fallendwasser** 5, das wie ein Schleier in einen rund 40 m hohen Felsenkessel rieselt und von der Nixe Adhara bestaunt wird. Zurück auf gleicher Route.

Wanderung 7: Zur Hütteneckalm (1238 m)

(→ Karte S. 281)

Charakteristik: Einfache Almwanderung auf breiten Wegen und schmalen Pfaden mit einmaligem Dachsteinblick und sehenswertem Bergsturzgelände. **Gesamtgehzeit**: 2¾ Std. **Einkehr**: Berghof Predigstuhl 1 (→ S. 193); Hütteneckalm (Mitte Mai bis Mitte Okt. tägl. 10–18 Uhr, ✆ 0664-4215560) 6. **Ausgangspunkt**: Berghof Predigstuhl, am Ende der Panoramastraße ab Bad Goisern (→ S. 193).

Wegbeschreibung: Los geht es auf 973 m Höhe beim **Berghof Predigstuhl** 1, von wo wir den Pfeilen Richtung Roßmoosalm folgen. Sie leiten zu einer Schotterstraße (Weg Nr. 247), auf der wir rechts bergauf durch den Wald wandern. Nach 20 Min. passieren wir die idyllische **Roßmoosalm** 2, 10 Min. später münden wir an ihrem oberen Ende (schöner Dachsteinblick!) in eine Forststraße 3. Diese rechts entlang und stets bergauf, bis ein Weidezaun 4 die Straße quert (20 Min.). Hier wenden wir uns scharf links, steigen über Stufen hinauf und wandern auf einem spärlich markierten Steig an die bewaldete Rückseite der Zwerchwand und diese, später auf einem Karrenweg, entlang (Vorsicht tiefe Dolinen!). Dann geht es auf einer Forststraße kurz bergauf bis zu einem Sattel (5, 30 Min.), wo wir rechts weiter in 10 Min. auf einem Promenadenweg zu unserem Ziel, der auf 1240 m gelegenen **Hütteneckalm** 6 gelangen – mit gemütlichem Alpengasthof samt Kastaniengarten, traumhaftem Blick zum Dachstein und Sisi-Salettl, dem Nachbau eines 1880 für Kaiserin Sisi erbauten hölzernen Aussichtspavillons.

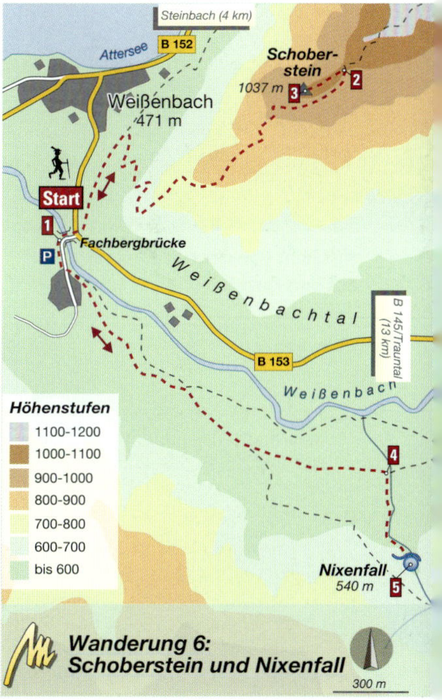

Für den Rückweg folgen wir den Pfeilen zur Roßmoosalm und gelangen nach 15 Min. in das eindrucksvolle **Bergsturzgelände** 7, wo 1978 und 1983 haushohe Felsbrocken von der **Zwerchwand**

gestürzt waren (→ Foto S. 61). Heute ist es ein beliebter Klettergarten, sogar ein „Kleines Matterhorn" mit Gipfelkreuz ist zu erkennen. Wir durchqueren das Gelände, an seinem Ende führt eine Holztreppe zu einer Rastbank 8 hinauf und wenige Minuten später passieren wir wieder den Zaun 4 und gelangen auf dem Aufstiegsweg zum Ausgangspunkt zurück.

Wanderung 8: Durch die Ewige Wand auf den Predigstuhl (1275 m)

(→ Karte S. 281)

Charakteristik: Abwechslungsreiche Bergtour für schwindelfreie Wanderer mit schönen Ausblicken, zunächst ein Promenadenweg, danach steile, teils ausgesetzte Pfade. **Gesamtgehzeit**: 3 Std. **Einkehr**: Berghof Predigstuhl 1 (→ S. 193); unterwegs keine. **Ausgangspunkt**: Berghof Predigstuhl, am Ende der Panoramastraße ab Bad Goisern (→ S. 193).

Wegbeschreibung: Die Wanderung startet auf 973 m Höhe beim **Berghof Predigstuhl 1**, wo wir uns an den Pfeilen Richtung **Höhenweg** orientieren, die zu einer Schotterstraße leiten, der wir links folgen. Nach 10 Min. zweigt links ein Karrenweg Richtung Höhenweg/Rathlucknhütte in den Wald ab. Wir wandern auf diesem bergab, stets geradeaus bis unter die hohen, überhängenden Felsen der **Ewigen Wand**, die sich oberhalb von Bad Goisern rund 1 km lang hinziehen (auch vom Tal aus gut sichtbar). Nach einer Kehre gelangen wir zu einer Weggabelung 2. Links ginge es zur Rathlucknhütte (→ S. 193, ca. 15 Min. entfernt), wir folgen aber rechts dem in den 1950ern spektakulär angelegten Höhenweg, der bald darauf in seinem spannendsten Abschnitt die senkrecht abfallenden Felsen der Ewigen Wand in zwei Tunnels durchquert. Am Ende der Felsen treffen wir auf eine Weggabelung 3. Links ist eine Rastbank mit Traumblick ins Goiserer Tal. Wir wenden uns scharf rechts und steigen auf einem steilen Pfad (Weg Nr. 245) in vielen Serpentinen etwa 70 Min. bergauf. Etwa zur Halbzeit passieren wir die **Blaschekwarte 4**.

Aussicht von der Hütteneckalm auf den Dachstein

In der Ewigen Wand

Nach einer kurzen mit Drahtseil gesicherten Steilstufe bergab gelangen wir auf ein Plateau, wo rechts der gesicherte Radsteig einmündet 5. Durch ein bewaldetes Hochtal gehen wir 20 Min. weiter, das letzte Stück bergauf, bis zu einer Weggabelung 6. Hier rechts nochmals 5 Min. über Felsstufen hinauf zum exponierten Gipfel des **Predigstuhls** (1275 m) mit fabelhaftem

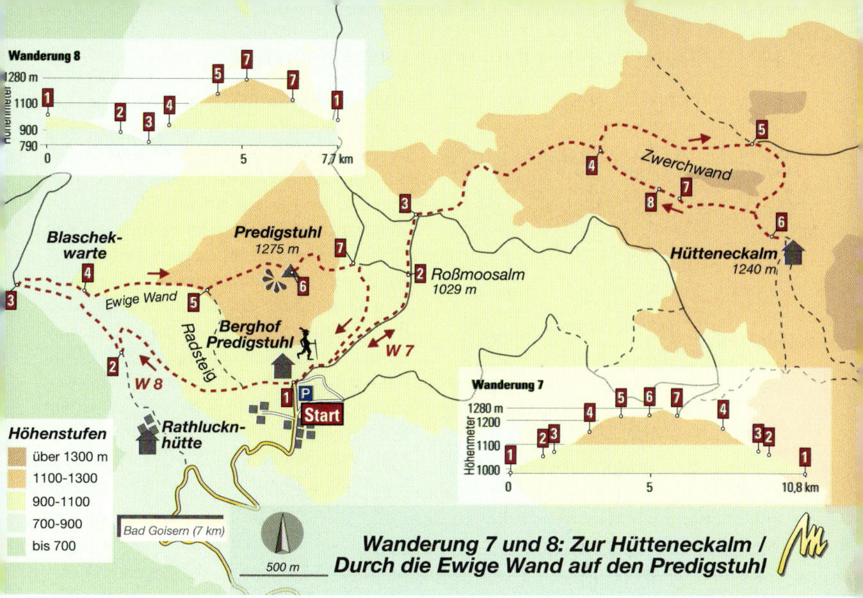

Wanderung 7 und 8: Zur Hütteneckalm / Durch die Ewige Wand auf den Predigstuhl

Ausblick zu Dachstein, Hallstätter See und Zwerchwand. Zurück zur Weggabelung 6 und jetzt rechts, über eine kleine Holzbrücke Richtung Roßmoos. 20 Min. wandern wir steil über viele Kehren in dem von Felsen übersäten Wald bergab bis zu einer Forststraße 7. Diese rechts entlang erreichen wir nach 15 Min. den Ausgangspunkt.

Wanderung 9: Echerntal und Waldbachstrub

(→ Karte S. 282)

Charakteristik: Das wildromantische Echerntal beeindruckt mit steilen Felswänden, Wasserfällen und einem Gletschergarten. Breite Wege, der drahtseilgesicherte Gangsteig erfordert Trittsicherheit (bei Nässe nicht ratsam). **Gesamtgehzeit**: 2½ Std. **Einkehr**: keine. **Ausgangspunkt**: Parkplatz am Ende der Echerntalstraße (→ S. 201), 2 km bzw. 20 Gehminuten von Hallstatt-Lahn entfernt.

Wegbeschreibung: Vom Parkplatz 1 ausgehend (540 m), wenden wir uns zunächt dem schönen Holzpavillon zu, der über den ebenfalls hier startenden Themenweg informiert. Auch wir folgen diesem **Malerweg** flussaufwärts. Nach 15 Min. überqueren wir auf der **Kuhbrücke** 2 den Fluss und wandern weiter bis zu einer Forststraße 3. Auf dieser links Richtung Waldbachstrub, an Häusern vorbei und nach einer Wiese mit Blick rechts zum **Schleierfall** wieder in den Wald hinein bis zu einer Wegteilung 4. Wir folgen den Pfeilen rechts zum Waldbachstrub und gelangen über Stufen bergan zur Abzweigung des Gangsteigs. Bevor wir hier rechts hinaufsteigen, sind es noch 100 m geradeaus zum 95 m hohen, imposanten **Wasserfall Waldbachstrub** (720 m), der sich in drei Stufen herabstürzt. Der **Gangsteig** führt uns über drahtseilgesicherte Stufen 25 Min. durch eine Felswand hinauf zu einer Forststraße 5, der wir links Richtung Hallstatt folgen.

Nach der Steinbrücke hoch über dem Waldbachstrub (794 m) links die Asphaltstraße mit schönem Ausblick zum Hallstätter See bergab, durch einen Tunnel und unter einer Seilbahn hindurch bis zu einer **Brücke** 6, wo links hinab der Weg zum

Gletschergarten abzweigt (30 Min.). Diesem folgen wir. Es ist ein felsiger Steig (Vorsicht bei Nässe!), der uns über Stufen bergab führt – vorbei an Felstöpfen und -mühlen, die der eiszeitliche Gletscher geschaffen hat. Dann geht es links in den Wald, kurz bergauf bis zu einer Wegteilung. An dieser rechts und hinunter bis zu einem Steg **7** unterhalb des Waldbachstrub. Kurz davor wenden wir uns nach rechts und folgen dem Malerweg, der nach 20 Min. bei der Kuhbrücke **2** in den Aufstiegsweg mündet. Die Runde lässt sich zu einem Spaziergang (1 Std.) verkürzen, wenn man vom Waldbachstrub-Wasserfall zur Wegteilung **4** zurückgeht, rechts abbiegt und so den Steg **7** erreicht.

Wanderung 10: Vom Gosausee über Zwieselalmhöhe und Herrenweg nach Gosau (→ Karte S. 283)

Charakteristik: Einfacher Wanderklassiker im Gosautal mit herrlichen Rundblicken; nach steilem Anstieg geht es meist auf breiten Wegen bergab. Rückfahrt mit dem Bus von Gosau zum Gosausee. **Gesamtgehzeit**: 4¼ Std. **Einkehr**: Gablonzer Hütte (Mitte Mai bis Ende Okt., ✆ 06136-8465) **2**; Sonnenalm (Mitte Mai bis Ende Okt., ✆ 0664-4428675); Zwieselalmhütte (Mitte Juni bis Ende Sept., ✆ 06136-8389) **4**. **Ausgangspunkt**: Gasthof Gosausee am Vorderen Gosausee (→ S. 210).

Wegbeschreibung: Nachdem wir die Staumauer **1** des auf 940 m Höhe gelegenen Vorderen Gosausees rechts entlang gewandert sind, beginnt an ihrem Ende rechts der gut markierte Steig Nr. 620 zur Gablonzer Hütte, der in vielen Serpentinen im Wald, später an der Schutthalde des Donnerkogels und der Krautgartenalm vorbei bergauf führt. Nach 1½ Std. erreichen wir, zuletzt auf breitem Weg, die 1522 m hoch gelegene **Gablonzer Hütte** **2**. Wer auf den Anstieg bis hierher verzichten will, kann auch die Gosaukammbahn (→ S. 211) benutzen. Von der Gablonzer Hütte geradeaus weiter Richtung Zwieselalm kommen wir zu einer Weggabelung **3**, wo wir uns links halten und durch Almwiesen weiter sanft bergan steigen. An der **Sonnenalm** (1580 m) vorbei, gelangen wir nach rund 20 Min. zur **Zwieselalmhöhe** (1587 m), wo der Panorama-Jet, eine 8er-Gondelbahn seine Bergstation hat (nur Winterbetrieb). Einmalig sind hier der Tiefblick zu den Gosauseen und die Bergparade im Südwesten mit Tennengebirge im Vorder- und den eisbedeckten Hohen Tauern im Hintergrund.

Nun geht es, teils auf einer Schipiste, 30 Min. steil bergab bis zu einer Senke mit der auf 1484 m gelegenen, urigen **Zwieselalmhütte** **4**, in der einst schon Kaiserin Sisi einkehrte. Rechts weiter kommt man nach 5 Min. zu einer Weggabelung **5**, wo der Jägersteig von der Gablonzer Hütte her einmündet. Es geht links auf dem **Herrenweg** (Weg Nr. 611) weiter. Nach 20 Min., kurz nach einer Rastbank mit letztem Panoramablick, mündet der Weg hinab in eine Forststraße **6**, der wir links folgen. Es geht sanft bergauf, nach 15 Min. zweigen wir links in einen Waldweg ab **7**, der

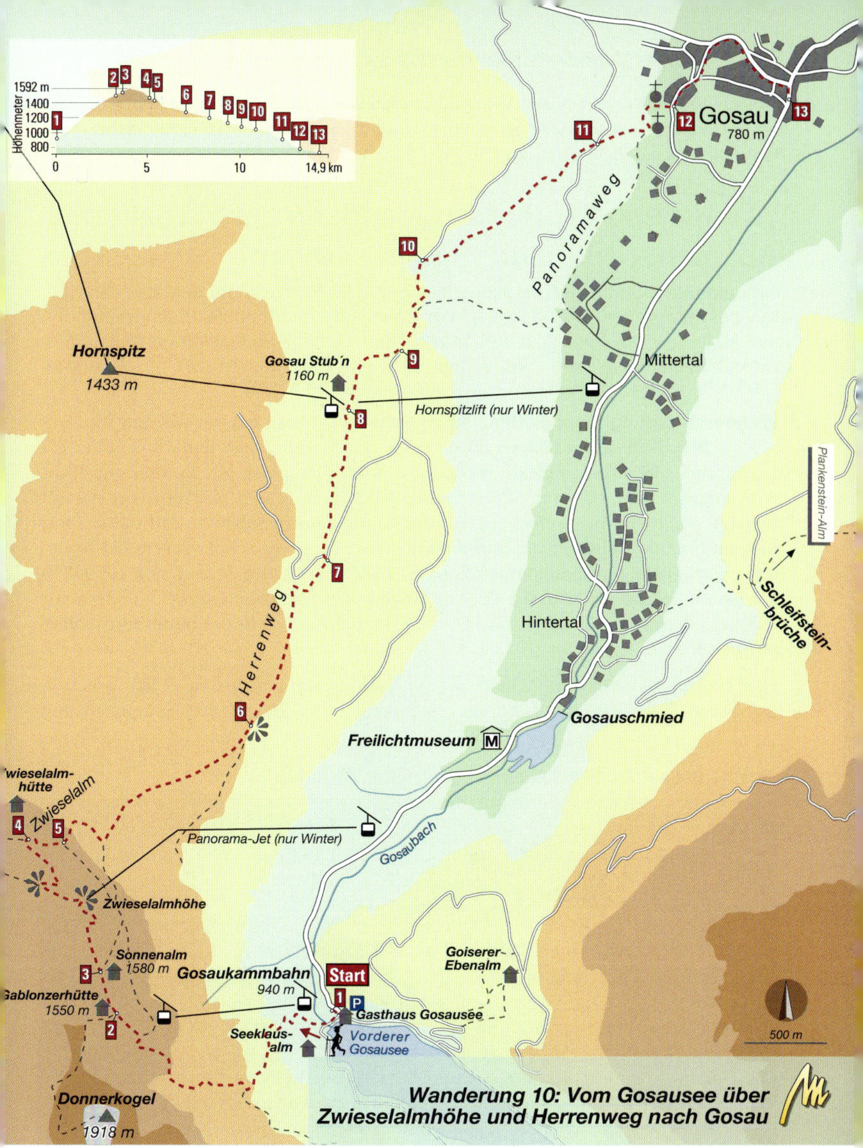

Wanderung 10: Vom Gosausee über Zwieselalmhöhe und Herrenweg nach Gosau

nach 15 Min. die **Gosau Stub'n** (nur bei Schibetrieb geöffnet) an der Mittelstation des Hornspitzlifts **8** passiert und nach weiteren 10 Min. wieder die Forststraße erreicht **9**.

Auf dieser links 15 Min. weiter, die Abzweigung nach Gosau-Mittertal ignorieren wir und biegen erst in den Waldweg Richtung Gosau rechts ab **10**. Es geht bergab, bald queren wir eine Forststraße **11** und gelangen dann zur Kalvarienbergkirche in

Gosau und links vorbei zur Evangelischen Kirche **12**. Von dort gehen wir links hinunter zur Bushaltestelle **13** an der Hauptstraße (770 m); die Rückfahrt zum Gosausee ist möglich bis ca. 16 Uhr.

Wanderung 11: Rundtour entlang der Via Salis mit Abstecher zur Sandlingalm (1250 m) (→ Karte S. 285)

Charakteristik: Einfacher, landschaftlich reizvoller Rundwanderweg, der den Spuren des Altausseer Salzbergbaus folgt (zahlreiche Informationstafeln), mittendrin ein Abstecher zu einer Alm mit fabelhaftem Loserblick. **Gesamtgehzeit**: 4 Std. **Einkehr**: Bistro in den Salzwelten **4** (→ S. 225); Gasthäuser in Altaussee (→ S. 223). **Ausgangspunkt**: Kurhaus in Altaussee (→ S. 223).

Wegbeschreibung: Vom **Kurhaus** **1** ausgehend (739 m), queren wir den Kurpark bis zur Blaa-Alm-Straße, folgen dieser nach rechts und gehen dann links über die Donisbrücke **2**. Danach gleich rechts und dem Wiesenweg Nr. 2a Richtung Blaa-Alm folgend, geht es durch Wiesen und Wald an einzelnen Häusern vorbei sanft bergauf. Nach 40 Min. treffen wir auf die Straße **3** zum Salzberg. Auf dieser links bergauf bis zum **Kaiser-Franz-Stollen**. Ein steiler Forstweg schräg gegenüber bringt uns – vorbei am Ferdinandbergstollen von 1621 – in 10 Min. hinauf zum auf 948 m gelegenen **Salzberg Altaussee** **4**. Am Eingang der Salzwelten vorbei wandern wir die Asphaltstraße steil bergauf bis zum 1625 geschlagenen **Kriechbaumbergstollen** (10 Min.).

Hier beginnt der markierte Abstecher zur Sandlingalm (ansonsten → **7**): Wir steigen einen Waldweg hinauf, queren eine Forststraße **5** und drei Schipisten und

Spätherbst auf der Sandlingalm, rechts hinten der Loser

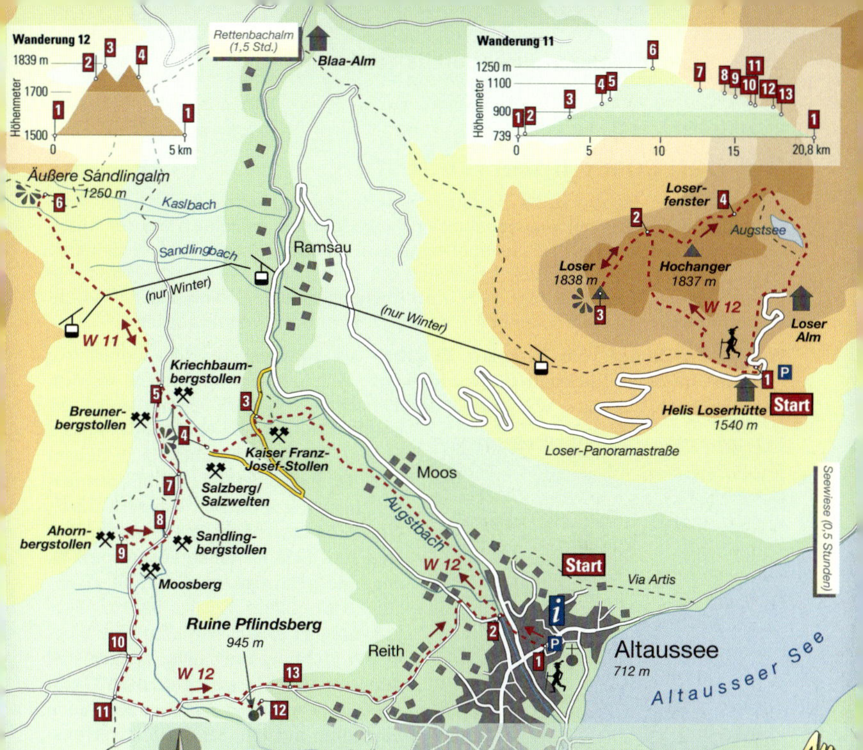

Wanderung 11 und 12: Rundtour entlang der Via Salis mit Abstecher zur Sandlingalm / Auf den Losergipfel

erreichen nach 40 Min. die idyllische, auf 1250 m gelegene **Äußere Sandlingalm** 6 mit Loserblick. Auf gleichem Weg zurück zur Forststraße 5 und diese nun rechts entlang. Am Breunerbergstollen und einem Aussichtspunkt mit Blick zu Loser und Trisselwand vorbei erreichen wir einen Sattel (7, 45 Min. ab Sandlingalm). Hier herauf führt auch die Straße vom Kriechbaumberg-Stollen. Auf der Forststraße geradeaus weiter und bergab in 10 Min. zum **Sandlingbergstollen** 8. 50 m unterhalb führt uns ein markierter Waldweg rechts über eine kleine Brücke in 5 Min. bergauf zum **Ahornbergstollen** 9 von 1147.

Wieder zurück auf der Straße erreichen wir bergab die weite Moorfläche **Moosberg** (1011 m, → Foto S. 27), wo kaum noch etwas daran erinnert, dass sich hier bis ins 19. Jh. das Zentrum des Altausseer Salzbergbaus befand. 10 Min. weiter schneiden wir links, dem Wegweiser „Lupitsch“ 10 folgend, auf einem Hohlweg durch den Wald eine Kehre ab. Wieder auf der Schotterstraße 11 folgen wir den Pfeilen links zur **Ruine Pflindsberg** (956 m; → S. 224), die wir nach 25 Min. erreichen 12. Auf der Schotterstraße weiter kommen wir nach 5 Min. an eine Weggabelung, wo wir uns links in den Karrenweg wenden. Dieser führt uns bergab und dann links zu den Wiesen und Häusern von Reith. Auf flachem Weg mit dem Loser im Blick weiter bis zur alten Salzbergstraße, dort rechts hinab bis zur Donisbrücke 2 und zum Ausgangspunkt zurück.

Wanderung 12: Auf den Losergipfel (1838 m)

(→ Karte S. 285)

Charakteristik: Relativ kurze Rundtour mit Besteigung eines großartigen Aussichtsgipfels, stellenweise ausgesetzt und mit Drahtseil gesichert; nur für trittsichere Bergwanderer, bei Nässe nicht begehbar. **Gesamtgehzeit**: 2½ Std. **Einkehr**: Helis Loserhütte **1** (→ S. 226); Loser Alm am oberen Ende der Loser-Panoramastraße (Mai bis Ende Okt. tägl. 9–19 Uhr). **Ausgangspunkt**: Parkplatz bei Helis Loserhütte an der Loser-Panoramastraße (→ S. 226), Auffahrt von Altaussee.

Wegbeschreibung: Vom Parkplatz **1** gehen wir zunächst zu Helis Loserhütte (1540 m), an deren Rückseite der rot markierte Weg beginnt. Wie steigen 45 Min. steil durch abschüssiges Wiesengelände (Vorsicht bei Nässe!) bergauf und links hinüber in das kurze Hochtal des Loserbodens. Bei der Weggabelung an dessen Ende **2**, auf rund 1750 m Höhe, wenden wir uns nach links und wandern durch Gras- und Latschenhänge 15 Min. mäßig steil zum 1838 m hohen **Losergipfel 3**, der eine prächtige Aussicht auf Dachstein & Co. bietet. Zurück bis zur Wegkreuzung **2** folgen wir nun dem Wegweiser Richtung Hochanger, steigen steil durch Latschen bergauf zu dessen Gipfel (1837 m, Sender) und erreichen über einen Felskamm nach 45 Min. das **Loserfenster 4**, ein großes Felsloch auf 1770 m.

Aufstieg zum Loser

Nun geht es 15 Min. bergab bis zum **Augstsee** (1648 m), wobei wir zwischen dem traditionellen Weg (durch eine Felsrinne, mit Drahtseil gesichert) oder einem einfacheren neuen Weg wählen können. Vom See steigen wir zum Großparkplatz am Ende der Loser-Panoramastraße hinab und erreichen über Straße und Schipiste wieder den Ausgangspunkt.

Wanderung 13: Seenwanderung auf der Tauplitzalm

(→ Karte S. 287)

Charakteristik: Einfache Almwanderung auf breiten Wegen. **Gesamtgehzeit**: 2½ Std. **Einkehr**: ÖAV Berggasthof Hollhaus (Pfingsten bis Ende Sept., ✆ 03688-2316), TVN Tauplitz Haus/Naturfreundehaus (Juni bis Anfang Okt., ✆ 03688-2722); Grazer Hütte (Mitte Juni bis Mitte Okt., ✆ 03688-29397); Alpengasthof Hierzegger (Juni bis Ende Sept., ✆ 03688-2316). **Ausgangspunkt**: Oberster Parkplatz der mautpflichtigen Tauplitzalm-Alpenstraße (→ S. 236).

Wegbeschreibung: Vom obersten, 1603 m hoch gelegenen **Parkplatz 1** gehen wir auf der Asphaltstraße weiter zwei Kehren bergauf, rechts am Berggasthof Hollhaus vorbei und geradeaus weiter zum Zentrum der Tauplitzalm mit der Bergstation der Vierer-Sesselbahn Tauplitz, mehreren Berghotels und einer Bergkirche aus den

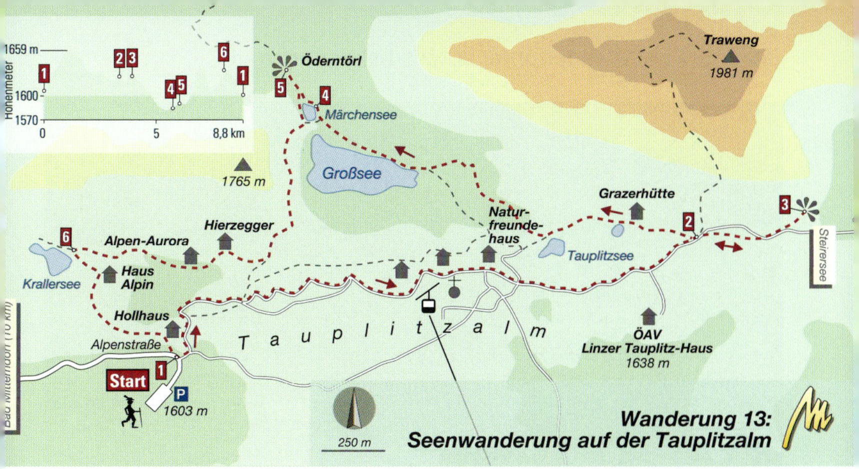

1960ern. Entlang der Straße geht es weiter, vorbei am Naturfreundehaus und fast eben über das Almplateau bis zu einer Straßenteilung 2 auf 1620 m. Hier wandern wir rechts weiter Richtung Steirersee, zunächst mitten durch die Almwiese, dann auf die Schotterstraße und, bevor diese bergab führt, links auf flachem Weg zum sog. **Werner Bankerl** 3 mit Blick hinauf zum Felsklotz des Sturzhahn (2028 m) und Blick hinunter zum **Steirersee** (15 Min., → Foto S. 270).

Zurück zur Kreuzung 2 und nun auf der Schotterstraße geradeaus weiter. An der Grazerhütte und dem kleinen **Tauplitzsee** vorbei geht es auf einem Wanderweg zum **Großsee** (25 Min.) Wir wandern sein Nordufer entlang bis zur Mitte und dann kurz hinauf über den Kamm zum kleinen **Märchensee**. 30 m vor dem See 4 rechts über die Wiese zum Felsabbruch **Öderntörl** mit schönem Tiefblick (5, 10 Min.). Zurück und rechts am Märchensee vorbei wieder zum Großsee. Dort halten wir uns rechts und gelangen oberhalb des Großsee hinauf auf das obere Almplateau, von wo wir der Straße rechts hinab in die mit Liftanlagen verunzierte Mulde mit dem Alpengasthof Hierzegger und dem Hotel Alpen Aurora (ehemals Zand) folgen. An den beiden vorbei gelangen wir zum versteckten, 1630 m hoch gelegenen **Krallersee** 6. Von dort hinauf zum Haus Alpin, unter der Seilbahn hindurch und auf einem Pfad zum Hollhaus und nach insgesamt 40 Min. zum Ausgangspunkt zurück.

Wanderung 14: Rundweg über Laudachsee und Grünberg

(→ Karte S. 289)

Charakteristik: Einfache, landschaftlich reizvolle Rundwanderung auf den Gmundner Hausberg; der Hinweg führt vorbei an einem idyllischen Bergsee in schöner Lage, der Rückweg aussichtsreich durch Obstbaumwiesen. **Gesamtgehzeit**: 3 Std. **Einkehr**: Ramsaualm 6 (→ S. 248); Grünbergalm 8 (→ S. 248); Jausenstation Franzl im Holz (Do Ruhetag, ✆ 07612-62645); Jausenstation Silberfuchs (Mo Ruhetag, ✆ 07612-62646). **Ausgangspunkt**: Schranke (Parkmöglichkeit) an der Forststraße zum Laudachsee oberhalb der Jausenstation Franzl im Holz, 5 km nordöstlich von Gmunden.

Wegbeschreibung: Von der Schranke 1 auf 665 m wandern wir die Forststraße noch 5 Min. bergauf, dann wenden wir uns links 2 in den Wald und steigen auf

Laudachsee und Ramsaualm – ein Wander- und Badetipp für den Sommer

dem breiten Weg Nr. 08/410 in Kehren bergan. Nach 20 Min. treffen wir auf eine Forststraße **3** und folgen dieser nach links 5 Min. bis zu einer Wegteilung am **Radmoos** **4**. Hier halten wir uns links und gelangen über die sanft ansteigende Waldstraße, vorbei am Siebenbrünnlein **5**, in 30 Min. zum **Laudachsee** **6** (→ S. 248) mit der gastlichen **Ramsaualm**. Auf selbem Weg zurück zum Radmoos **4**, nehmen wir nun den Weg (Nr. 410) schräg links in den Wald Richtung Grünberg. Nach 500 m **7** können wir zwischen zwei Varianten wählen: aussichtsreicher, aber 15 Min. länger ist jene rechts über das **Hochgschirr** (981 m). Die wieder vereinten Wege führen uns durch einen vom Sturm verwüsteten Hochwald weiter, an der Bergstation der Grünberg-Seilbahn (derzeit außer Betrieb) vorbei bis zur aussichtsreichen, 984 m hohen **Grünbergalm** **8** mit der gleichnamigen Almhütte (1¼ Std. ab Laudachsee).

Von hier steigen wir die steile Schipiste hinab, unterqueren die Seilbahn und wandern im Wald und entlang der Piste bergab. Rechts haltend münden wir nach 25 Min. oberhalb des **Grünbergbauer** in eine Asphaltstraße **9** und folgen dieser bergab durch Obstbaumwiesen. Nach 15 Min. und zwei Haarnadelkurven weist uns der gelbe Pfeil „Im Holz" bei einem Bauernhaus nach rechts **10**. Wir folgen ihm, steigen in einen Waldgraben hinab bis zu einer kleinen Brücke **11**, queren diese, gehen rechts und gleich darauf links bergan in einen Hohlweg. Durch Wiesen und Wald erreichen wir nach 30 Min. die Asphaltstraße **12** zum Laudachsee. Nun bergauf zur Jausenstation Franzl im Holz **13** und zum Ausgangspunkt zurück.

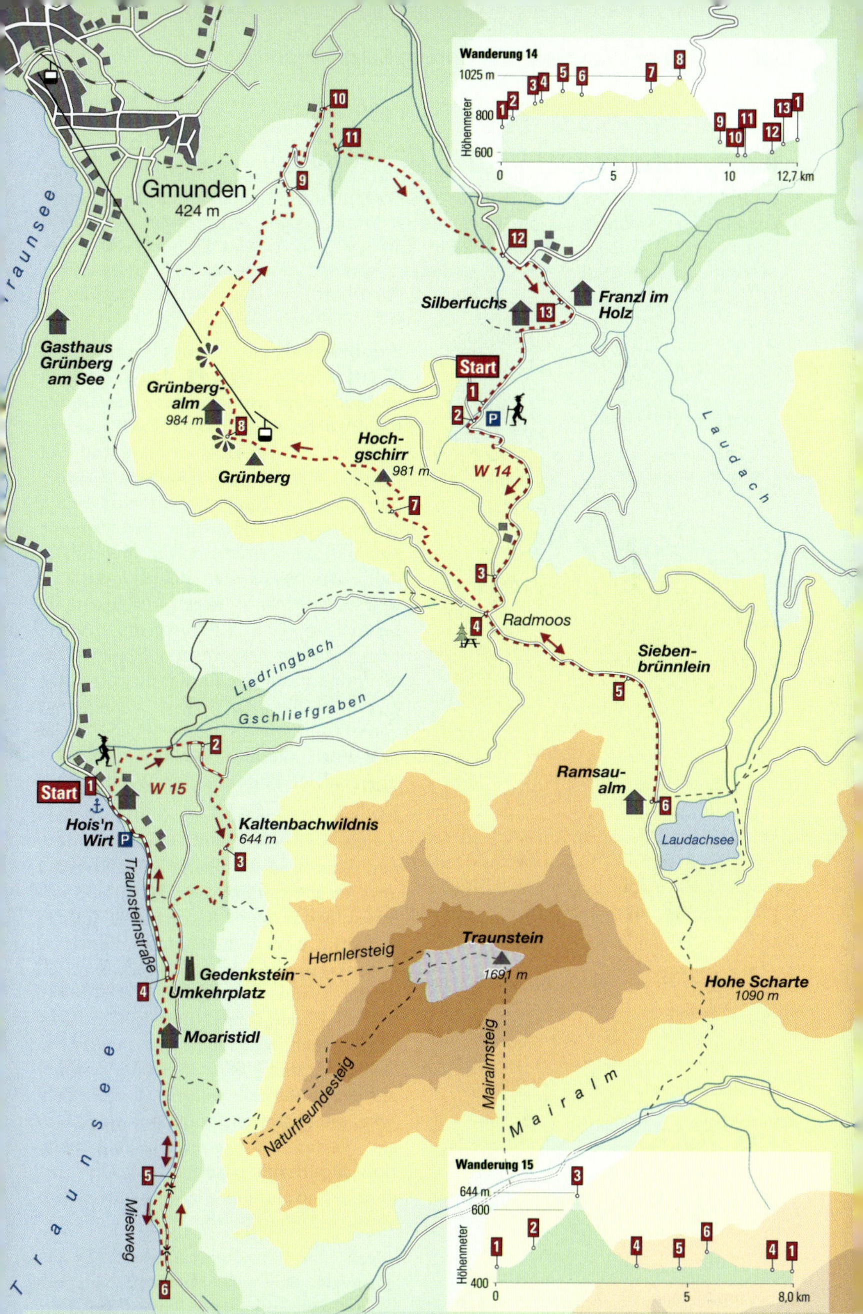

Wanderung 14 und 15: Rundweg über Laudachsee und Grünberg / Kaltenbachwildnis und Miesweg

Wanderung 15: Kaltenbachwildnis und Miesweg

(→ Karte S. 289)

Charakteristik: Kurze, landschaftlich atemberaubende Tour durch die Felshänge am Fuß des Traunsteins, am Miesweg ist Trittsicherheit erforderlich, bei Nässe nicht ratsam. **Gesamtgehzeit**: 2½ Std. **Einkehr**: Hois'n Wirt **1** (→ S. 242); Jausenstation Moaristidl (→ S. 249). **Ausgangspunkt**: Hois'n Wirt (Schiffsstation, Parkplätze) an der Traunsteinstraße in Gmunden (→ S. 249).

Wegbeschreibung: Links vorbei am **Gasthof Hois'n Wirt 1**, 436 m, steigen wir auf einem asphaltierten, beschilderten Pfad bergauf in den Wald und gelangen in 10 Min. zu einer Forststraße **2** – linker Hand ist das gewaltige Ausmaß der Hangrutschung im Gschliefgraben sichtbar. Die Forststraße wandern wir 100 m links weiter bergauf und folgen dann dem Wegweiser rechts in die **Kaltenbachwildnis**, deren Felsnadeln, Schluchten und Klettertürme (Adlerhorst) wir auf Serpentinen, Stufen, Brücken und in einem Tunnel durchqueren. Nach 25 Min. Aufstieg erreichen wir einen 644 m hoch gelegenen Sattel **3** mit einer kleinen Holzhütte, höchster und zugleich Endpunkt der Wildnis.

Ab hier führt der Weg 15 Min. in Serpentinen durch einen kiefernbestandenen Gras- und Waldhang bergab, vorbei am Ausgangspunkt des Hans-Hernler-Steigs, bis zu einer Forststraße, die uns in 10 Min. links hinunter zum Traunsteingedenkstein und zum **Umkehrplatz 4** an der Traunsteinstraße bringt (440 m). Von hier marschieren wir weiter Richtung Süden: entweder auf der Forststraße Richtung Mair Alm oder schöner auf dem unterhalb gelegenen, ufernahen Weg, der später an privaten Badeplätzen am Wasser entlanggeht, die **Jausenstation Moaristidl** passiert und kurz vor dem ersten Tunnel wieder in die Forststraße mündet (20 Min.).

Direkt am Tunnelportal rechts **5** beginnt der schmale **Miesweg**, der zunächst über eine felsige Kuppe und dann 20 Min. durch Felswände und auf

Verschnaufpause in der Kaltenbachwildnis mit Traunseeblick

schmalen Holzstegen knapp über dem Wasser bis zur meist trockenen Mündung des Lainaubaches führt (schöne Badestelle mit mediterranem Flair). Von dort steigen wir auf einem schmalen Pfad in steilen Serpentinen hinauf zur Forststraße **6** und kommen entlang dieser nach links durch die beiden Tunnels wieder zum Umkehrplatz **4** zurück. Von dort sind es noch rund 15 Gehminuten entlang der Traunsteinstraße bis zum Ausgangspunkt beim Hois'n Wirt.

Wanderung 16: Auf den Kleinen Sonnstein (923 m)

(→ Karte S. 290)

Charakteristik: Kurze, viel begangene Bergtour auf einen schönen Aussichtsgipfel über dem Traunsee. Im oberen Bereich Schwindelfreiheit und Trittsicherheit erforderlich. **Gesamtgehzeit**: 2½ Std. **Einkehr**: Sonnsteinhütte (Ostern bis Ende Okt. Sa/So/Fei, Juli/Aug. tägl., ✆ 0664-3698389). **Ausgangspunkt**: Parkplatz vor dem Straßentunnel in Siegesbach an der B 145, 1 km südlich von Traunkirchen (→ S. 253).

Wegbeschreibung: Der gut markierte Weg beginnt auf 437 m Höhe beim **Parkplatz 1** mit einer Betontreppe durch die Straßenstützmauer, dann geht es über Holzstufen durch einen Wald aufwärts, an einigen Häusern vorbei und auf einem Hohlweg wieder in den Wald. Dann steigt der Weg in unzähligen Kehren steil nach links an, bis wir nach 1 Std. auf 830 m Höhe einen **Sattel 2** erreichen. Links wandern wir durch den von Kiefern bestandenen, felsigen Gipfelhang 30 Min. weiter bergauf bis zur **Sonnsteinhütte** und über Felsplatten auf den nahen, auf drei Seiten steil abfallenden und mit einem fotogenen Kreuz versehenen Aussichtsgipfel des 923 m hohen **Kleinen Sonnsteins 3**. Traumhafter Blick zum imposanten Traunstein, auf den Traunsee und nach Traunkirchen! Der Rückweg erfolgt auf der Aufstiegsroute.

Register

ISBN 978-3-89953-719-2

 Druck: Wilhelm & Adam, Heusenstamm.